U1016648

熊铁基文集

第三卷

汉唐文化史

熊铁基／著

华中师范大学出版社

新出图证(鄂)字 10 号

图书在版编目(CIP)数据

熊铁基文集. 第三卷/熊铁基著. —武汉:华中师范大学出版社,2021.8
ISBN 978-7-5622-9478-8

Ⅰ.①熊… Ⅱ.①熊… Ⅲ.①文化史—中国—汉代—文集 ②文化史—中国—唐代—文集 Ⅳ.①C53 ②K234.03-53 ③K242.03-53

中国版本图书馆 CIP 数据核字(2021)第 160476 号

熊铁基文集 第三卷

©熊铁基 著

责任编辑:庞 丹 张怀东 **责任校对**:王 炜 **封面设计**:罗明波
编辑室:学术出版中心 **电话**:027-67867792/3280
出版发行:华中师范大学出版社
社址:湖北省武汉市洪山区珞喻路 152 号 **邮编**:430079
销售电话:027-67863426
网址:http://press.ccnu.edu.cn **电子邮箱**:press@mail.ccnu.edu.cn
印刷:湖北新华印务有限公司 **督印**:刘 敏
开本:710mm×1000mm 1/16 **字数**:365 千字
版次:2021 年 12 月第 1 版 **印次**:2021 年 12 月第 1 次印刷
印张:23 **定价**:118.00 元

欢迎上网查询、购书

敬告读者:欢迎举报盗版,请打举报电话 027-67867353

幼年与父母合影（中为作者）

初中留影

本科留影

研究生留影

与弟弟、妹妹合影
（右一为作者）

在华东师范大学

全家人合影（左一女儿、左二妻子、左四儿子）

与李雪松游长沙

与妻子李雪松游鸣沙山

与妻子李雪松手托老照片，记录时光

本科同班同学合影（二排右一为作者）

与研究生导师吴泽（中）、同学郭惠青（右）合影

研究生同学合影（前排左一为作者）

与何兹全（中）、李雪松（左）合影

与陈启云（右）合影

与安作璋（左）合影

与陈鼓应（右）合影

与李学勤（右）合影

与林甘泉（左一）、窦连荣（左二）、张美娣（左三）合影

与田昌五（右）合影

与裘锡圭（右）合影

与钟肇鹏（右）合影

与第一届研究生
赵国华（右）合影

第一届博士生论文答辩会合影
（含第二、三届的博士生，前排右三为作者）

八十华诞合影（前排右四为作者）

学／术／著／作

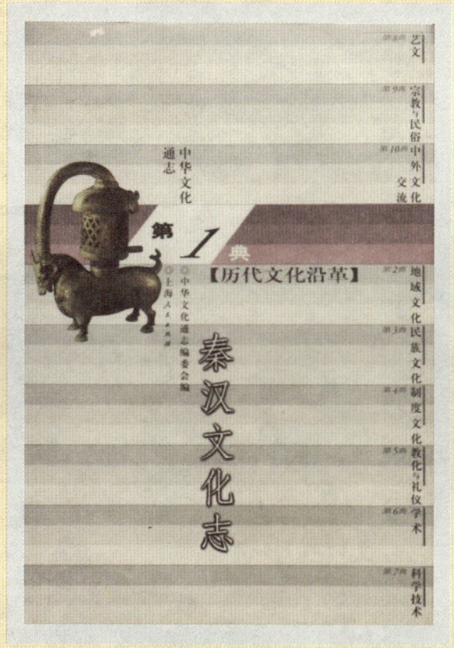

《秦汉文化志》

《秦汉文化史》

《汉唐文化史》

《秦汉新道家略论稿》

《秦汉军事制度史》

《熊铁基学术论著选》

《中国老学史》

《中国庄学史》

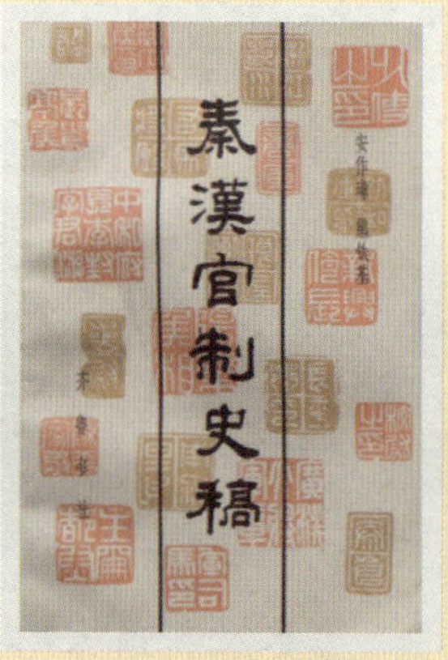

《秦汉官制史稿》

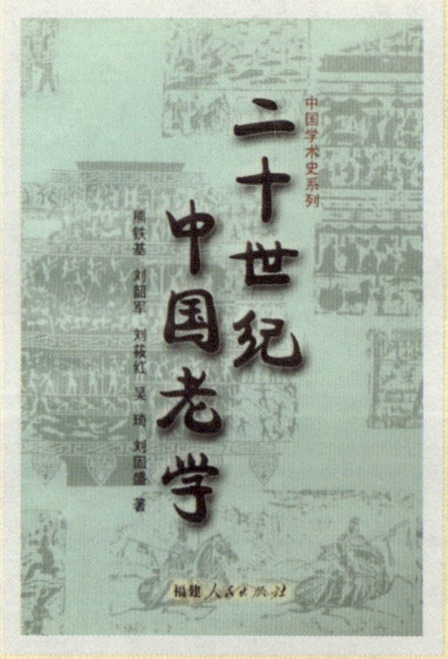

《二十世纪中国老学》

《汉代学术史论》

自　序

有几位好学的朋友（学生）极力促成为我出一套文集，这对于一辈子读书、教书、写书的人也是一种总结，既有纪念意义，也有继续为社会做点贡献的作用。首先是它应有社会作用，这可以从内容谈起。

本文集共 10 卷，其中有 9 卷，主要是曾经出版过的专著（包括与人合作的由我撰写的部分）以及两部论文集。

我的第一本书是 1984 年出版的《秦汉新道家略论稿》，该书在当时是有一定影响的，引起哲学史领域的诸多学者的关注，这些我在 2001 年出版的《秦汉新道家》的前言中有所记述。1993 年我参加大型丛书“中华文化通志”的编写，写了一本《秦汉文化志》，是有点新思考的（当时范军写了一篇有思想的书评），2007 年上海东方出版中心组织一套断代文化史书系，把它以《秦汉文化史》的书名出版，除了做过一些文字校对之外，内容未做修改。没想到 10 年之后（2018 年），北京新世界出版社又比较高调地出版了一次，书腰上写道：“一部诠释全球视野下秦汉时代文化发展脉络的重磅力作”，“一部了解秦汉时代历史文化沿革的入门经典读物”。两次重新出版，反映的是社会的某种需要。另一本书是我和安作璋先生合作的《秦汉官制史稿》，除开 2007 年因某些需要，齐鲁书社出了一个第 2 版之外，现在人民出版社又准备纳入“人民文库”出版，责任编辑翟金明告诉我：“‘人民文库’精选出一批在当时产生过重要历史作用，在当下仍具有深刻思想性、学术性以及珍贵史料价值的优秀作品。”看来该书有文化积累的意义，对当前社会文化的发展也是有意义的。前几天参加研究生的读书会，讨论制度史研究延伸和发展的问题。有学生说，即使延伸，原来的重要著作，如《秦汉官制史稿》之类的，也是基础，不可忽略（在读学生有此见解，也很难得）。以上是讲影响较大的两本书，其他如《汉唐文化史》（出版 10 年后，曾被纳入“学海一牛鸣”丛书再版）、《秦汉军事制度史》、《秦汉新道家》等，在小范围内也是有点影响的，读者各有所好地予以赞赏。既然如此，出版文集也不过是再多印刷一次罢了，或能满足需求者的需要。

主编和合作撰写的《中国老学史》与《中国庄学史》，我发起组织并自己动手撰写（《中国老学史》的秦汉以前部分、《中国庄学史》的隋唐以前部分）。这两本书在社会和学术上的影响都比较大，《中国老学史》出版以后，加印了四五次。《中国庄学史》先后在湖南人民出版社和福建人民出版社（增订本）两次出版。实际上可以说是开辟了老庄学史研究这样一个新的领域（紧接着我还组织出版了《二十世纪中国老学》和《二十世纪中国庄学》），后续的还有断代的和专题的老学史以及多卷本的中国老学通史出版。

另一大类是论文集，两卷。一卷是古代史，分秦汉史（秦汉史专攻了30多年）和其他关于古代史的论文两部分（包括几篇未刊稿，反映我学习和研究古代史的足迹）。另一卷是关于道家与道教研究的论文，道家研究是从读秦汉史书《吕氏春秋》开始的。开始是把它当作秦汉史的资料读，后来发现其思想研究的意义更大，写了《重评〈吕氏春秋〉》，接着是读《淮南子》，评《淮南子》，因而提出了一个“秦汉新道家”。道家与老子有关，从而研讨老学，进而研究庄学，这就有老庄学史的产生。20世纪90年代以后，道教界的学术研究风气日渐浓厚，时不时举行一些研讨会，我也常被邀请参加，因为老子是道祖，我写老子学史，那也就是道教文化的研究者。参加活动多了，自觉和不自觉地思考一些道教有关问题，陆陆续续也写了一些小文章，至今还在继续。现在我想解决的是道教何时产生的问题。

有些论文是产生过一定影响的，例如《秦始皇的最后十年》《重新认识古书辨疑》等曾为一些朋友津津乐道；有些论文如关于道教产生的问题，被作为一家之言看待；还有些虽被人称引（如李振宏的推介“汉人改造先秦典籍”并且有所发挥），我认为还未引起足够的重视，所以又写了“再论”和“三论”。“汉人改造先秦典籍”，这虽不是完全新的发现，但关系到如何依靠文献资料研究先秦史的问题，出土先秦文献越多，越说明这个问题重要，不应该把汉人的思想当作先秦人的思想。文集收集了一些散见的论文，更便于查考，这是最直接的意义。

文集收了几篇未刊稿，意在表明在某些问题上自己是思考过的，其实还有一些，就不必全收了。未公开发表的只是自己学习和研究的一个记录，从 1956 年当研究生开始，我可以说是笔耕不辍的，有些是作业，还有吴泽、束世澂等老师或长或短的评语；有些是自己学习过程中的心得体会，开始想学明清史，写过一些理论方面的东西，如资本主义萌芽问题之类。后来拜师唐长孺先生，认真读过《隋书》、新旧《唐书》、《资治通鉴》等相关史籍，写过几篇文章，还做过《隋书·食货志》译注（有原稿保存）。1979 年转学秦汉史，开始写《秦统一六国》（也保存有原稿），汉武帝研究除已发表的之外，还有未刊的稿子。还有一些未刊稿没有产生过社会影响，也没有很特殊的见解，就不必收录了。

还有一卷，包括回忆录、序跋、杂文等，可以说这是从几个横断面看人生的足迹。我始终认为自己是一个普通人（本来也是），普通人和大众更接近，经历能得到更多人理解，有人或可从中获得点什么启发。记得何建明主持过我的一次讲座，一个较大的阶梯教室，室内走道、室外走廊满满都是人，屏声静气一个多小时。内容大概是结合个人经历讲未来。何建明说，不必太高远，可望而可即，也许这就是流行的接地气吧。我这一生，也就是读书、教书、写书，但不论什么时候，不论做什么事，都会与社会时事有关。这也是我长时间表示的一个看法，从古到今，完全脱离时势、政治的人和事是没有的（当然是就大的方面而言）。历史就是《资治通鉴》，一代一代的“资治”。人生也是如此，任何人都脱离不了时势和政治，只有自觉和不自觉、主动和被动的不同。写回忆录，我翻阅了一些旧日记、信件等材料。最近找到了两本高中一年级时的作文本（残缺不全），感慨甚多，老师逐字逐句地批改，文后还有批评或鼓励，篇头还盖有教务处的图章（教学管理如此之细），是 1948 年下半年和 1949 年上半年的（长沙解放前夕）。我当时就读于兑泽中学，学校在长沙东郊丝茅冲。我是一个很普通的学生，虽跟着参加过一些迎接解放的集会和游行，但并不认识任何地下党团或者是进步的学生。从题目看，作文与时事政治是有密切关系的。《币制改革后长沙面面观》《戡乱与救国》《徐州战争》《我所理想的学校》《暑假生活杂传》（老师改“传”为“缀”）……第二学期的题目有《寒假生活回忆》《国共和谈之我见》《更夫》《凄风苦雨话四七》（记当时南京的学生运动，老师评语：语多慷慨激昂）……好像都不是命题作文。结合回忆录的内容，可见形势、政治对一个普通学生的影响。我常说，回忆、口述是有很多不可靠的东西，包括记忆之不完整，个人的心态和主观思想等，读回忆和口述，要做一定的分析。

我写回忆录，开始于2018年暑期，当时全家人聚集在女儿嘉慧家里一个多月，我带了一本1948年下半年至1949年上半年的日记本（包括50年代前后也有一些不完整的记录）。开始写作，我发现，有许多我记得很清楚的人和事，日记上没有，日记上有些人和事我忘记了，甚至印象都没有。2019年以后，就以问题为中心陆陆续续写了。也是有日记的，不过只是一本本简单的流水账，能反映思想和具体生活的内容太少了。写出来我自己都不满意。

序、跋不多，有些事能反映我的工作态度，如1993年组织青年教师编写一本《传统文化与中国社会》，在前言中写道："总的设想是我提出的，经过大家讨论、充实，然后才分头去做。前后三四个年头了，每一篇从草拟提纲到写作完成，我都是提出了意见的（或多或少），每一篇从初稿到定稿，最少的看了两遍，有的看了三四遍，甚至更多。提出这一点是说明我对这本书的责任，如果有问题的话（缺点、错误、不足之处），我是不能辞其咎的，我等待着大家的批评。"主编《帝王宰相辞典》，协助张舜徽先生主编《中国史学名著题解》和《中国古代学者百人传》，我都是这样做的，如张先生所说，"在编写过程中，在奔走联系、组织人力方面，熊君之力尤多"，花了大量的时间和精力。

人们如何从过往的经历中认识和总结，这恐怕是值得探讨的一个问题，不是名人、大家的普通人，其人生足迹也有自己的特点，有的内容多少或可给他人一点启示。

人的一生，时间长了，有各种各样的经历，某些时候，认识错误、行为错误会有不少，但是，我没有故意为恶、害人过，善良、正直是主导面。好学勤奋是一生的努力，真正是死而后已。我经常想到：吾日三省吾身，为人谋而不忠乎？与朋友交而不信乎？传不习乎？时至今日，我还没有停息，恐怕既不是为名也不是为利了，名和利已经基本定型了。刚好翻到一篇1948年的作文《我们要过有意义的生活》，老师批语："现在社会上的人个个都是争名夺利，所以作者也只看到名利二字才是有意义的生活，可是我们想想、看看，争名夺利的结果怎样，归宿怎样，那就知道名利的害人，知道为名利是无意义的生活。（十二月四日）"感谢老师的早期教育！几十年来，名利思想恐怕是反复斗争、变化过的。写回忆录，恐怕反映不了这么多、这么复杂的发展变化。

因为我活得比较长，而写作生涯中有一个突出的现象，大多数研究成果是 60 岁前后特别是 60 岁以后出来的。我想人生不必要像坊间所说的那样：60 岁告老还乡，70 岁打打麻将，80 岁晒晒太阳，90 岁躺在床上。我的经历是 60 岁以后可以干事，可以干较多的事。但这又似乎没有普遍意义，60 岁以前成果不多，一方面有时代的客观原因，读书、做学问受到不少干扰；另一方面也是自己不行。过去和现在都有 50 岁前很有成就的人，我的经历唯一可以说的就是告诉人们，60 岁以后可以做一些事，可以做较多的事。愿与老朋友们共勉。现在我的很多学生都已经步入了老年。

我讲话、作报告有时候会有些幽默，能获得一点笑声和掌声，写文章却太缺乏文采，只能实话实说，这既是优点也是缺点。

目　录

综　论　篇

分　论　篇

附 录

综论篇

第一章　秦汉以后中国古代文化发展的轨迹

文化有多种多样的解释，但其包括物质文化、制度文化和精神文化几个大方面是可以肯定的，它们又是一个有机的整体，这有机整体的运动、发展历程就是文化史。本书讲的文化史，主要是精神文化的发展史，本章将综合描述一下中国古代文化共同发展的轨迹。

连续性中的波浪式发展

中国古代文化是一个完整的系统，它如一条浩浩荡荡的大河，绵延不断，发展的连续性是其一个最鲜明的特点。同时，也很容易看到它在发展中高潮迭起，高峰众多。当然有高潮也就有低潮，因而就呈现为波浪式的发展。问题是：何时是文化发展的高潮？是怎样的高潮？对待这个问题，我们可以看到一种矛盾的现象：有些历史学家、文学家歌颂汉唐盛世，包括认为这些时期的文化繁荣发展，相对而言，魏晋南北朝、宋辽夏金时期就是“乱世”，也包括说它们文化的衰败；有些哲学家的看法则不一样，认为汉唐在文化思想方面只有因袭，没有创造，倒是魏晋玄学、宋代理学有创造性的发展。这两种似乎对立的看法，事实上都是有一定道理的。那么到底何时是文化发展的高潮呢？

汉、唐、明这几个政治上统一强盛的朝代，特别是它们的初期，随着政治上的相对安定、向上发展，人们的精神面貌、文化心理是积极的、进取的，充满信心，相信自己的力量，豪迈、外向、热情、欢快……不但统治阶级、士大夫阶层是如此，一般人民由于身家性命的基本安全，所谓“民则家给人足”（当然只是基本、相对的，和“苟全性命于乱世”相比而言），也有一定的积极的生活态度。人是文化的创造者，上述状况当然是影响而且有利于文化发展的。

例如文学，文学是文化的重要组成部分，在一定意义上，它可以是文化的代表。汉赋、唐诗就可以反映上述汉唐盛世的时代精神和当时人们的心理状态。说汉赋是歌功颂德也是不错的，或者可以这样说，当时也确实有功可歌，有德可颂。更重要的是，“赋者，铺也；铺采摛文，体物写志也”①，表现了博大、雄伟的气派，欢快、进取的精神。司马相如的《子虚赋》《上林赋》可以作为代表，就是歌颂了大一统王朝宏大的气魄和声威。虽然铺张过分，却反映了“苞括宇宙，总览人物”② 的赋家之心。作家的这种心，实际上又是现实的反映，是汉朝空前统一、繁荣的现实，加强了上升时期的封建统治阶级的信心，从而也开拓了知识分子的眼界和胸襟。唐代文学光芒万丈，其中诗歌更是高度成熟。盛唐时期的诗风，充满蓬勃向上的精神，浪漫主义成为主流，与唐前期的时代精神是一致的。当然以上所说只是文学反映时代的一方面，另一方面则是针对社会政治的黑暗、残暴、荒淫、腐朽进行揭露、控诉和批判。两方面归结起来都说明，一定时期的文学像一面镜子，能够照出一定时期的政治面貌，同时也深刻地反映出人们的思想感情（包括统治阶级的、知识分子的乃至劳动人民的）。白居易说：“文章合为时而著，歌诗合为事而作。”③ 所谓时和事，就是当时政治。也就是说，文学主要是反映政治的，受政治影响甚至直接干预的，直接或间接为政治服务的，像汉、唐这样强大的统一王朝，这一特点十分明显。

那么文化的其他形态（思想、学术、宗教、艺术、道德、法律、风俗等等），是否也和文学一样，在汉、唐等几个统一王朝时期也有上述特点呢？回答是肯定的。这里无法详细列举，但可以从几个方面来说明：一是政治上的直接干预，对于各种观念形态的文化施行一系列的政策，采取许多不同形式的措施，直接决定和影响着文化的发展；二是在强有力的政治影响下的社会心理和价值观念，自然影响文化创造者的个体心理，从而也在各种观念形态的文化中表现出来；三是可以从各种门类文化发展的主要面貌和精神中看到政治的影响。

据上所述，我认为，汉、唐、明等几个强大的统一王朝是文化发展的高潮时期，这一个一个的高潮，可以称为政治文化的高潮。而几个高潮之

① 刘勰：《文心雕龙·诠赋》。
② 刘歆：《西京杂记》卷二。
③ 白居易：《白氏长庆集》卷二十八，《与元九书》。

间自然是相应的低潮，那就是魏晋南北朝时期和宋辽夏金时期，只有从不同于上述政治文化高潮来看，才可以说这两个时期处于低潮，否则与事实矛盾。

首先，魏晋南北朝和宋辽夏金时期的文化绝不是没有发展，反而从某些方面看甚至可以说是高度发展。其次，这两个时期的文化也绝不是和政治毫无关系。不过，魏晋南北朝时期政权更替频繁，北宋加强中央集权着力在政治和军事方面，因而政治对于文化的直接干预相对要少很多，有时甚至可以说完全无暇顾及。同时，干预的力量、范围（文化诸范围和地区范围）相对也要少很多，政治在各种门类文化中的直接反映也微弱得多。从为政治服务的角度来说，其恐怕是间接又间接了。魏晋玄学中有政治思想，是要经过许多分析的，它怎样为政治服务更加抽象，只能联系时代指出“无为”或者“名教与自然”的“政治意义”（如汤用彤先生的观点）。宋代的理学几乎被一致认为是官方哲学了，但它被统治阶级利用和它本身的发展并不能等同，从它本身的形成和发展看，很难说受政治的直接影响，它的政治意义也要联系其他情况才分析得出来。

那么，这两个时期在文化上有什么突出的特点呢？在政治对于文化的直接干预和影响相对减弱的时候，创造文化的人的个性得到较充分的发展（这与许多玄学家卷入政治仇杀斗争、“名士少有全者”并不矛盾）。颠沛流离于战乱之中，或者生活在“积贫积弱”的时代，人们没有奔放的热情，却有冷静细密的思考，在不平静中寻求平静，在苦难中寻求欢乐，在前途渺茫中寻找前途，甚至寄希望于来世。冷静思考，探索自然，分析社会，研讨人生，这一切都引起文化的变化。魏晋玄学被称为一次思想解放。两宋理学中思辨哲学更为精致，而且充分注重精神生活，肯定人的价值和人生的意义，力求达到崇高的精神境界（当然有时代的和阶级的局限性）。所以，哲学家们可以完全正确地认为这是中国古代哲学发展史上的两个高潮时期。而且不限于哲学，在这样的哲学指导下的社会心理和时代精神，必然直接或间接地反映在其他的文化门类中。这两个时期总的特点是，人们追求个性的精神上的丰富，力图使自己的内心世界更加完善。所以我们可以说，这两个时期是哲学文化发展的高潮时期。

这样，政治文化的高潮和哲学文化的高潮交替出现，甚至大波浪中还有许多小波纹，它们之间互相补充、互相交融，形成了一股十分壮观的文化潮流。在世界历史上，唯有中国古代文化可以称为真正的绵延不断，在群峰争胜的情况下，几乎没有严格意义上的低潮，中国没有出现欧洲中世纪那样古代文化传统“中断”的现象，因而可以说没有也不需要来一次明显的“文艺复兴”。

事物的发展本来是很复杂的，任何概括都只能是就某方面或者主要方面而言。说高潮、低潮，说波浪式发展，用描图的方式表示出来，绝不是一个规则的波纹，而是和心电图所示的那样，是不同高度的高低波纹，大波中还有小波，而且要用两种以上的线条或者颜色来表示上述不同的高低潮和波浪。

统一性中的不平衡发展

中国古代文化的统一性也是十分明显的，文化的统一是政治统一的反映，也是政治统一的基础。中国自古以来的统一文化，决定着中华民族的面貌。

讲文化上的统一，首先要讲政治上的统一，“车同轨，书同文，行同伦”是政治统一决定的。秦汉建立大一统的封建国家之后，虽出现过几次大的公开分裂，但从发展趋势和结果看，都是统一的。这个统一，是在一块辽阔的土地上的统一，从东北到西南，从高原到海边，各地土壤、气候等自然条件相差很大，决定着经济、文化的不平衡发展。政治上的统一不能违背这种自然形成的不平衡发展的规律，在不平衡发展中的自然对流、交融，才有利于统一巩固和发展。

文化上的不平衡发展，可以从很多方面看，不同时期、不同地区、不同民族、不同阶级各方面的发展是不平衡的。不平衡的含义也要从多方面理解，既包括发展水平（先进与落后、长短、多少、大小等等），也包括不同的风格和特点。不平衡性还可以从多样性方面来理解，差异也是不平衡。所有这些不同方面又是交织在一起的。例如地区和民族就密切相关，地区和民族与各种文化特点也有较多的联系。某些地区农业发达，某些地区畜牧业兴旺，各有所长；在这种经济基础上发展起来的文化也可以说各有所长：北方人善骑，南方人习水。“胡服骑射”是北方游牧民族的习惯，“断发文身”则是南方以渔业为生者的风俗。生活在广阔的草原上，人们长于骑马、射箭，性格豪迈、奔放；生活在河湖港汊之中，人们自然善于行船、游泳，坚韧、顽强等精神从而培养形成。所有这些不同，是地区、经济发展不平衡所产生的，但是各有所长，各有用处。

以上所说涉及多样性和差异性的问题。我们为什么不从多样性来说明这个问题，而强调说不平衡发展呢？是这样考虑的：

首先，文化上的统一和政治上的统一、民族的统一不完全一样，它表现为占统治地位，表现为影响广泛的中心，甚至可以表现为“时代精神”。但并非真正整个国家、整个社会、全体人民都是一致的。不仅有程度的差别、有无的不同，甚至有完全相反的表现。最明显的例子如秦朝，政治上统一，可以在全国实行郡县制，文化上的统一就有所不同了，尽管统一规定“以法为教”“以吏为师”“燔诗书”“禁私学”，但事实上在不少地方私人讲学不绝，以至陈涉起义之后，“缙绅先生之徒负孔子礼器往委质为臣者”①，像伏生、孔鲋、浮丘伯这样一些当时的头面人物均有不少从学者。虽然“令下三十日不烧，黥为城旦”②，但仍有许多人壁藏诗书，汉初除“挟书令”、搜求遗书，事实就说明诗书并未烧尽。其他朝代的文化统一莫不如此，除了“异端”是一种表现之外，统一推行的东西也是不平衡发展的。例如，从汉代开始统一下令，郡县立学校，乡曰庠，聚曰序。如果认为真正在全国推行了，那是不符合事实的，当时或以后都只有京辅以及成都等少数几个地区有可能部分地实行，全国大多数地区的教育则落后得很。

讲学术、思想、文化的时代特征时，有时可能使用“经学时代”“玄学时代”这样反映统一的词语，但从当时实际的社会影响来看，其发展是极不平衡的。玄学实际上不过是洛阳之学，它的影响是极其有限的。经学的影响要大一些，单就其发展范围来看，也是逐渐扩大的，在此过程中形成许多不同地区的特点，从而产生众多的流派。西汉“独尊儒术”，确定了经学的统治地位，但从东汉开始，大的区别南北经学各有特点，更不消说有众多的师说、家说。同样，宋代理学似乎也是一个统一的文化系统，实际上其中派别林立。

---

① 司马迁：《史记》卷一二一，《儒林列传》，中华书局1982年版，第3116页。

② 司马迁：《史记》卷六，《秦始皇本纪》，中华书局1982年版，第255页。

其次，文化统一性中的不平衡发展，虽然包括发展的先后、多少、大小等等的不同，也包括各地区、各民族在不同时期、在风格特点方面的差异，也可认为是多样性。但是从“发展”二字的意义看，多样性本身不能很好地说明文化统一的形成和发展，不平衡则可以反映需要和能够流动和交融。多样性是相对稳定的，差异的本身不一定互相影响，不平衡可表示不会一成不变，而会引起对流，不仅仅是落后向先进学习，先进带动落后，而且会既保持和发扬自己的特点和长处，也兼采和容纳其他的特点和长处。

统一性中的不平衡发展是客观存在的，司马迁在《史记·货殖列传》中的一些记述，对于理解这一问题有不少启发。他写道：

> 夫山西饶材、竹、穀、纑、旄、玉石；山东多鱼、盐、漆、丝、声色；江南出楠、梓、姜、桂……龙门、碣石北多马、牛、羊、旃裘……此其大较也。皆中国人民所喜好，谣俗被服饮食奉生送死之具也。

第一，他从自然、经济讲到习俗，也讲到了文化，因为所谓“谣俗”，不仅是指风俗习惯，也包括心理、性格、审美观、价值观等等，这都是观念文化的重要内容。第二，他讲到了统一性中的多样性和不平衡发展的问题，如某某地方土地如何，人民生活如何，再就是其“俗”如何，或“其俗纤俭习事”，或“人民矜懻忮，好气，任侠为奸”，或“民俗懁急，仰机利而食。丈夫相聚游戏，悲歌慷慨”，或“其俗宽缓阔达，而足智，好议论……怯于众斗，勇于持刺”，或“其俗剽轻，易发怒”，或“清刻，矜己诺”，或“南楚好辞，巧说少信”等等，虽不一定概括得确切，但他指出不同的习俗、性格等均与各地经济、生活发展的不平衡有密切关系。第三，他还讲到各地风俗的相互影响，如说“郑、卫俗与赵相类，然近梁、鲁，微重而矜节”，又如燕“大与赵、代俗相类，而民雕捍少虑”。第四，司马迁还指出来，有“善者因之，其次利道之，其次教诲之，其次整齐之”的必要，这是一个如何统一不平衡发展的问题。

总之，看到文化统一性中的不平衡发展，我们能更全面、更准确地认识我们的传统文化。

承传性中的老翻新

我国古代文化代代相传，即使是不同民族所建立的朝代，也是完全继承前代传统，流传中的继承性使人产生错觉：中国古代文化是静止的、封闭的、超稳定的。当然，谁也不会说中国古代文化没有发展变化，其之所以会让人产生某些错觉，是因为中国古代文化的发展采取了老翻新的形式。

春秋战国时期形成的一些儒家经典，到汉代成为经学，以后代代相沿，一部经学历史可以一直写到近现代，尤其在封建社会里，它是占统治地位的，它的影响面很广，是影响思想文化各方面（特别是哲学、史学、文学、伦理学、文字学等方面）的一种学术。鸟瞰一下经学发展的轨迹：先是分成经今文和经古文两派齐头并进，后又看到汉学与宋学两派相辅而行，因为经学“枝叶蕃滋”，更可以看到众多的师说、家说和林林总总的派别，不论说两大派也好，三大派也好，或四大派也好，共同之点都是以经学为形式，都是披着经学的外衣，通过对经典的解释、阐发和议论，发挥自己的思想。在长期的发展过程中，有时候比较着重于训诂，但并不是没有思想；有时候则着重发挥义理，当然也以训诂为基础。由训诂而义理，又由义理而考证，再一变又托古改制了。似乎在那里翻来覆去，实际上是在不断地老翻新，任何一个时期的经学，也不论是重训诂或重义理，都反映着该时期某些人（不同阶级和阶层的人）的思想、观念。新的思想，进步的思想，唯物主义的思想，也多半是这样从旧中翻新出来的。王充是新道家也是经学家，他的经学是属于经古文学派的，他却能独树一帜，从反对当时流行的谶纬迷信而被称为战斗的唯物主义者。纬书、纬学也可以说是经学中翻出来的新东西，不过它不是什么进步的新东西罢了。玄学是魏晋时期产生的一种新学，它与经学显然是不同的，但是玄学家以老庄之说解经，翻出了新意。何晏还与郑冲等人撰《论语集解》，杂采众说，并下己意，不仅盛行于当世，而且流传至今。侯外庐在《中国思想通史》中谈到一个例子：“在《论语集解》‘温故而知新’章说：‘温，寻也，寻绎故者，又知新者，可以为师矣。’按此释大背孔义。……何晏此论，完全是他自己由旧通‘新’的学术路径，企图在‘师’的地位上，得出内老外儒的‘新’义。”① 王弼所作《周易注》《周易略例》和《论语释疑》等著作中亦多已见，说他们是经学的又一个派别似也可以，尤其是这个派别大破汉儒家法，大谈义理，从老经典中翻出了许多新意。明义理就是讲微言大义，这样发展下去，谁都可以说自己得圣人之心传，是正宗的。打着经学的招牌，发挥的是自己的思想，从旧的经学和经说中翻出来的，有时代、阶级等烙印的思想。所以，宋代也可以说是经学的时代，但和汉代那经学时代就大不一样，宋学与汉学泾渭分明。但就事论事我们很难评出高低、优劣，把它们看成随时发展的不断的旧翻新，倒可以作出种种议论。明清以至近代的启蒙思想、改良主义，从某种意义说，都是从旧的经学中翻出来的（决定的当然是时代条件的成熟），康有为作《孔子改制考》，当是一个很好的例子。

以上举例能够反映整个中国古代文化发展中的老翻新。可否这样说，中国古代文化的发展，主要的不是采取推陈出新的道路，而是采取老翻新的形式，这一点值得注意，值得进一步研讨。那么承传性中的老翻新应如何看待呢？我们说以下两点：

首先，老翻新的道路可能有其局限性，但决不能否定。它有利于保持文化发展的连续性，有利于形成真正的传统。

其次，从我国古代文化发展的情况来看，创新离不开传统，也不应该离开传统。问题在于我们如何具体对待传统文化？如何去粗取精？如何剔去糟粕取其精华？社会主义都不是凭空产生的，中国的社会主义理所当然有自己的特点，这特点不是与传统有关吗？自己本来有路可走，何必完全学别人的走法呢？

讲到老翻新，会联想到马克思的一段话：“他们战战兢兢地请出亡灵来给他们以帮助，借用它们的名字、战斗口号和衣服，以便穿着这种久受崇敬的服装，用这种借来的语言，演出世界历史的新场面。”它曾被用成一种批判语言，完全从反面理解了，恐怕是片面的。因为在这一段话前面，马克思明确地说：“人们自己创造自己的历史，但是他们并不是随心所欲地创造，并不是在他们自己选定的条件下创造，而是在直接碰到的、

① 侯外庐、赵纪彬、杜国庠、邱汉生：《中国思想通史》第三卷，人民出版社 1957 年版，第 106 页。

既定的、从过去承继下来的条件下创造。”①

以上描述的发展轨迹是否与发展本身的事实相符？政治文化与哲学文化发展高潮相间的提法是否恰当？不平衡性与多样性的关系如何？老翻新与推陈出新如何区别？我国没有也不需要经过“文艺复兴”的提法是否合适？文中大大小小的问题都值得进一步研究，乃至于统一性这样的问题也还可以讨论，且不说抗战时期范文澜曾写过《斥所谓中国文化的统一性》，今天关于统一性事实上也存在着不同的理解。这里只是想就传统文化发展的一个侧面提出问题，以便进一步研讨。

---

① ［德］马克思、［德］恩格斯：《马克思恩格斯全集》第八卷，中共中央马克思恩格斯列宁斯大林著作编译局编译，人民出版社1961年版，第121页。

第二章 从制度文化的建设到精神文化的发展

中国古代文化源远流长，它的发展可以分成几个大的阶段，第一个阶段当是先秦时代。但先秦是一个很笼统的说法，时间也相当长，而一般所说的先秦，不过就只是讲到夏、商、周（包括春秋、战国）。可是，中国文化的起源却是在更为遥远的古代，所以，以先秦时代作为中国文化发展的第一个阶段，事实上只是从“流”的角度来划分的，不过是长河之上游罢了。从文化发展看，先秦时代（夏、商、周）也可以说是发展的源头，因为中国文化的一切因子都在先秦时代具备了，中国文化的基本精神和内容，各种各样的思想、观念，自然的、人生的，哲学的、政治的、艺术的乃至科学的，大至宇宙观、世界观，小至一些具体观念乃至格言警句，后世所有的，外国所有的，大都可以在先秦时代找到，而且许多都有比较完整的记载。所以后来乃至现在，人们所说什么什么东西（文化观念方面的）《易经》中有，《诗经》《书经》中有，孔子言论中有，道家著作中有，这也是不错的。作为原始的素材，的确许多东西都在先秦时代有了。至于后人如何理解，如何发挥，文化传统如何形成，那是另外一回事。因为先秦的各种文化因素中，消极的、积极的都有，后人如何取舍，如何继承，必须在以后的历史发展中才能看到。文化传统的形成，是一个在发展中不断完善和充实的过程，源头很重要，每一个发展阶段也有自己的重要性。汉唐时代是一个相当重要的阶段，它对于我国文化传统的形成和发展有很特殊的意义，那就是全面地完成了从制度文化的建设到精神文化的发展，中国古代社会政治、文化的规模与制度大体上定下来了。

中国传统文化，是指中国这个自古以来统一国家一脉相承的文化，同时也是中华民族各族人民世代努力创造的文化。这里首先有一个国家观念和民族观念的问题。

我国古代的国家观是一种天下观，先秦古籍中家、国、天下连称，意思是积家成国，积国成天下。夏、商、周三代统一各诸侯国称为“有天下”，如《书经·大禹谟》所说，“奄有四海，为天下君”，为天下君者即天子（《礼记·曲礼下》：君天下曰天子）。最高统治者称天子，或称王，王统治的也是天下，春秋以后诸侯僭越称王，周天子就有了“天王”的称号。总之。先秦时期，人们已形成了四海统一的国家观念。

与此相关的是民族观念。天下之君奄有四海，四海之内是包括许多民族的，如《尔雅·释地》所说：“九夷、八狄、七戎、六蛮，谓之四海。”所以先秦时期虽有“蛮夷华夏”之别，但并无明显的民族界线。华夏似乎是一个中心民族，实际上也不过是在地域概念上发展起来的，可能是在华山、夏水一带生活的部族（待进一步考证），这是指尧、舜、禹时期。华夏作文彩广大解当是后起之意。后经夏、商、西周，这个中心民族不断扩大。

夏、商、周可以说是不同的民族（或者说部族），但他们在长期发展过程中互通婚姻（如周文王的母亲是商族的女儿，周武王的母亲又是属于原夏族的），于是血统上的区分和隔阂就没有了，华夏族包括了所有夏、商、周族的后代。再说，当时的蛮夷戎狄与诸夏通婚也是极普遍的事，称蛮夷戎狄也不是固定不变的，戎狄蛮夷可以互用，有些被称为夷狄者与诸夏同宗同种，如楚国之自称蛮夷。所以，很难从血统、种族上分蛮夷。所谓“诸侯用夷礼则夷之，进于中国则中国之”①，好像只有政治方式和某些生活习惯的不同。既然蛮夷戎狄都共有一个天下（国家），都在四海之内，彼此就很难分了，不仅如《荀子·议兵篇》说“四海之内若一家”，而且“四海之内皆兄弟”②。中国自古以来就认为民族的关系是兄弟关系。

上述这种统一的国家和民族观念，是中国文化史上的一个特有现象。国家与民族水乳交融地一致发展，是世界古代史上仅有的现象（希腊有民族而没有统一国家，罗马有国家但没有统一的民族）。不仅如此，它还与哲学的、宗教的一些观念相配合，诸如“天人合一”“心物合一”等等融成一片，混为一体。

从秦汉开始，中国成为一个疆域辽阔的统一的多民族的国家，有经济、政治上的深刻原因，而上述人们心理方面（包括各种观念）的原因恐

① 韩愈：《昌黎先生集》卷十一，《原道》。
② 《论语·颜渊》，诸子集成本，中华书局1954年版。

怕也是不容忽视的。秦汉开始的大统一，也可以说是上述文化现象发展的结果。当然，在政治上的统一实现之后，这种文化现象必将得到进一步的发展和完善。国家的范围大体上确定下来了，统一的国家观念更加明确。上述民族观念也得到进一步发展。虽然在以后的历史中，北方、南方都不断出现一些新的少数民族，但是他们都承认自己是炎黄子孙，如司马迁在《史记》中记载，匈奴族的祖先是夏后氏的后代，蛮夷的祖先高莘氏是黄帝的曾孙。这关系不论是事实还是后人拉扯上的，它都与上述先秦的民族观一脉相承，而且以后也继续如此。建立北魏的鲜卑拓跋部，说自己的祖先是昌意（黄帝之子）的少子；建立辽的契丹族的祖先，一说出自炎帝，一说“系轩辕之裔”。另外，历史上曾出现过的许多少数民族，都先后加入了以汉族为主体的中华民族，有许多根本不再独立存在了。

秦汉的统一是历史发展的结果，这个统一国家之所以绵延不断一直存在到现在，除了经济和政治的原因之外，共同的文化当是一个很重要的原因。而这种先秦时期已经产生和形成的文化，经过从汉到唐这一段历史时期，得到进一步的发展和完善。

在中国历史上，汉和唐这两个朝代常常是相提并论的，即所谓汉唐盛世。这主要是从政治上看的，它们都是强大的统一王朝。它们所形成的政治环境，有利于经济文化的发展。但毕竟是后来者居上，无论从哪一方面看，唐代都是胜过汉代的，从文化的发展看更是如此。

首先我们从制度文化的建设谈起。

什么是制度文化？这里笔者不想花笔墨来研讨。我们主要讲的就是史学界通用的制度，如政治制度、经济制度、军事制度、选举制度、监察制度等等。各种各样、大大小小的制度，本身就是一种文化或者说文化现象，同时它们又直接影响甚至决定着文化各方面的发展。

秦汉时期，统一多民族的国家形成之后，一切政治社会的规模和制度也就开始了新的建设，如班固在《汉书·百官公卿表》中所说：

> 秦兼天下，建皇帝之号，立百官之职。汉因循而不革，明简易随时宜也，其后颇有所改。

不仅是汉代颇有所改，以后历代都有所改，但不论怎么改，万变不离其宗，其基本精神始终没有改变。

政治制度的基本精神是什么呢？那就是国家之一统。请看一点具体说明：

一是建皇帝之号。皇帝作为统一国家的代表和最高领袖，象征着国家之一统，也就是天下一统，皇帝也就是天子，假借天威，维护一统天下，“天人感应”学说是应运而生的，是维护这种制度的。

二是以丞相为首的政府之设立。一个天子无论有多大本事也无法轻易治理一个疆域辽阔的统一国家，也许秦始皇是第一位当一个大统一国家的皇帝的吧！《史记》记道：

> 天下之事，无大小皆决于上，上至以衡石量书，日夜有呈，不中呈不得休息。

事实上“日理万机”是根本不可能的。那么统一国家内大大小小的事务谁来处理呢？于是就产生了以丞相为首的中央政府，由丞相辅助皇帝处理天下事。丞相的地位是一人之下、万人之上，这还是大统一的一种反映。丞相之下又有一套既分工又合作的办事机构，并且有众多的秘书人员，于是形成一个以丞相为首的中央政府。具体的机构和制度虽然不断地变化，从秦汉的三公九卿，到隋唐的三省六部，相当于丞相地位的人有时也不止一个，但基本精神却始终是一致的。

三是以郡县制为基础的地方政府。“并一海内，以为郡县”① 是从秦开始统一建立于全国的制度。这种制度比先秦的分封制确实更有利于国家之一统，这里不必赘述。所以，尽管从秦汉到隋唐，一直存在着郡县制和分封制的争论（甚至个别时候，分封制还在一定范围内付诸实施），但秦汉以后始终是以郡县为基础的地方政府。当然具体的变化也是有的，但是，从制度上说都一样，地方政府是完全服从中央的，是接受中央指挥和监督的，实行的是中央统一的政策和法令。

四是官吏选拔制度，旧称选举制。官吏是国家机器的重要组成部分，维持一个统一国家的庞大的中央政府和数量不小的地方政府，当然需要众

---

① 司马迁：《史记》卷六，《秦始皇本纪》，中华书局1959年版，第247页。

多的官吏（据《汉书·百官公卿表》，“吏员自佐史至丞相十二万二百八十五人”，这当然只是一个约数。此外，汉代有一百多个郡，“一千五百八十七”个县道国邑）。官吏如何产生，在一定程度上反映文化发展的水平和面貌。夏、商情况不很清楚，西周实行的是世官制，公门有公，卿门有卿，实际上没有选拔。春秋战国以后，随着世卿世禄制的逐步改变，选贤与能的思想日益发展起来。显然这与整个国家的文化普及（有限度的普及）和文化水平提高是有关系的。秦时的军功爵制、客卿制和征士、荐举等等，都是打破世官制的，表明选官制开始建立。到了汉代，才正式产生比较完善的察举制。不论其有多少原始性，也不论其有多大的局限性，但是，第一，考选的标准是公开的；第二，考选的面显然是扩大了，比如按郡国甚至按人口比例察举孝廉，被推举为明经明法、茂才异等、贤良方正、直言极谏之士的，除了现任官吏外，有不少布衣之士。由此可见，汉代察举制之所以形成，是与文化的普及和提高分不开的，同时它又反过来刺激文化的进一步发展。它刺激了学校教育的发展，乃至于“四海之内，学校如林”①。它还刺激了经学的发展，如班固在《汉书·儒林传》赞曰：

> 自武帝立五经博士，开弟子员，设科射策，劝以官禄，讫于元始，百有余年，传业者浸盛，支叶蕃滋，一经说至百余万言，大师众至千余人，盖禄利之路然也。

孝廉之重，士人竞相讲究孝行、廉洁，乃至于形成重名节的风气。诸如此类，不胜枚举。

汉代的选举制比先秦的世官制大大进步了。但是，虽名为“乡举里选”，其权却都操于地方长官之手。魏晋以后的九品中正制则由中正执行了，这是一个插曲。到了隋唐创设科举制，才是一个更重要的进步。科举制为封建统治服务，使“天下英雄尽入吾彀中矣”，“赚得英雄尽白头”，是束缚知识分子的一副精神枷锁，这些自不待言。从文化史发展进程看，它是一个大进步。世官制是最原始的、最落后的，选官讲门第、讲出身是其变种；选贤与能（也就是德才兼备）是最理想的、最进步的，尽管贤、能的

---

① 班固：《东都赋》。

标准有明显的时代性和阶级性；科举制作为一种公开竞选的考试制度，无疑是“唯才是举”的进一步落实。第一，它是公开的，标准、办法等等都公开，有志于从事政治活动者即可报名应试；第二，它由被动的被推荐、被挑选变成主动的报考应试，这无疑是又进步了，是文化上的进步。考试制度似乎只是一种才智的考试，然而才智的测验虽是主要的，并非没有道德的要求，应考资格上有身家清白一条，实际是一定的道德要求。科举制能否真正达到选拔人才的目的，这与很多客观条件有关，考试的内容也是很重要的，诗赋一项就大有学问，诗赋皆可以言志，无论国家、人生大事，个人抱负、情趣，皆可以从诗赋中婉转表达和宣泄出来。真正的好诗赋只有才情并茂、品学兼优的人才写得出来。因此说，唐代的科举制以诗赋取士，正是从多方面反映了我国的文化传统，反映了文化的发展和基本精神。

关于制度文化建设，除了以上粗略地描述几条外，重大的制度还有法律制度、军事制度、经济制度以及许多与文化更有关的制度，如学校教育制度、博士制度、修史制度以及各种各样的礼仪制度等等，这里就不一一谈了。本章主要想说明汉唐时期在制度文化方面的建设。第一，从以上描述的情况看，从秦汉到隋唐整个社会历史的情况看，汉唐时期是社会政治制度的建设时期；第二，从秦汉到隋唐制度文化的建立或者形成也有一个发展过程，大的框架和规模是秦汉时期大体确定下来的，隋唐时期则在其基础上进一步完善和充实（包括局部的改造）；第三，汉唐制度文化的建立，是先秦以来传统文化发展的结果，同时又对巩固和发展传统文化有重大的影响，甚至可以说规定和确立了文化发展的规模和方向；第四，制度文化是精神文化发展的环境和条件。

下面我们就接着来谈精神文化发展的问题。

精神文化是相对物质文化和制度文化而言的，或者说是观念形态的文化，它包括哲学、思想、伦理道德、宗教信仰、文学、艺术、风俗习惯等等许多内容，但是从研究文化史的角度来看，又绝不是上述这些内容的简单综合，而是要研究各种精神成果的产生过程，研究这些成果是怎样获得的，从中发现规律，并且要努力找出它们的共同的东西，共同的特点和共同的规律，比如从上述内容中反映出来的，人们的心理活动、性格特征、兴趣爱好、审美观、价值观等等。总之，仅仅“精神文化”四个字也是一个大得不得了的题目，本章也绝不可能面面俱到。这里想说的精神文化的发展，是从汉唐文化发展史中发现的一条规律，那就是制度文化的建立带来了精神文化的发展。

制度文化的建立，也可以说是历史上汉唐盛世的表现之一，它标志着国家强盛，政治走上轨道，社会相对安定，人们的生活有了不同程度的提高。人们在衣、食、住、行上得到不同程度的满足之后，还要不断地改善生活，充实和美化、乐化生活，当然也就包括精神生活了，进而还会有更高更深的富有哲理的人生享受和体味的追求，需要学习，需要从事各方面的理论探讨，需要文学艺术的创作。精神文化即由此而发展。

精神文化的发展，除了受政治的影响、统一的制约之外，也有人的个性发展的一面。这里我们也举例说明。

例如宗教。"宗教"一词与佛教有关（最先出现于有关佛教的文献中），可以这样认为，秦汉以前的中国古代没有严格意义的宗教，远古以来，中国人有上帝崇拜，有对天的尊敬，但是上帝崇拜与祖先崇拜是结合在一起的，属于宗教方面的观念完全和政治观念融合在一起了，"天人合一"不是宗教观念，这些就不详说了。佛教的传入，是从汉代开始而在唐代大盛的。它是正宗的、地道的宗教，它是外来的。它之所以能传入并且成为中国的宗教，除了政治的需要之外，也是因为人们精神生活的需要（包括消极的和积极的）。人们都知道佛教后来的中国化，禅宗就是中国化的佛教，这中国化的意义是什么呢？它既不像小乘佛教那样宣扬出世迷信，也不像大乘佛教那样是纯粹的哲学思辨，而是偏重在现实人生心理调整上下功夫。有人说得好："禅宗的精神，完全要在现实人生之日常生活中认取，他们一片天机，自由自在，正是从宗教束缚中解放而重新回到现实人生来的第一声。运水担柴，莫非神通，嬉笑怒骂，全成妙道。"① 外来的佛教就这样被纳入了中国传统文化的轨道。

中国自己创造的宗教——道教，恰恰也是在汉唐时期，它是从中国传统文化中发展起来的，又成为中国传统文化的一个重要组成部分，它虽受到佛教的影响，但主要精神是不同的，道教不寄希望于来世，而是追求长生不老，得道成仙，相信人可以经过修炼脱胎换骨，超凡入仙。可以说这

① 钱穆：《中国文化史导论》，商务印书馆 1994 年版，第 166 页。

是看重个体生命的价值。这是根植于传统文化之中的，先秦道家的《老子》《庄子》以及其他子书中都讲“长生久视之道”，求仙活动、成仙方术也早在先秦流行，是当时的文化活动之一。汉唐以后，道教成为中国人文化生活的内容之一，它在思想上、信仰上的影响相当广泛，它与古代医药、卫生、体育事业有密切关系，以后的整个文化中到处都可看到道教文化的印迹。

又例如文学。文学在文化史中占极重要的地位，甚至可以在一定意义上作为文化的代表。巴尔扎克曾经说“文学是社会的表现”，“一个国家的作品……形成一面照出这个国家全貌的镜子”。或者如我国曾有的一种说法，文学是时代的晴雨表。其意思都是说它能够反映时代，并且不是单纯的客观反映，而是或者赞扬歌颂，或者批评揭露。反映时代、表现社会，是反映和表现以人为主体的整个社会，所以人们又说文学是人学。文学是反映生活的一面镜子，反映的是人的生活，同时自然地从各个方面反映人的本身，“人禀七情，应物斯感，感物吟志，莫非自然”①。文学能够反映人的七情六欲，反映人的内心世界，反映人的灵魂深处，反映人的精神面貌，反映人的志趣情操，反映人的性格特征。它能够表达人的意志、情感、欲望，它还能够表达人的审美观、价值观、道德观，等等。总之，文学的发展能够反映人的发展，文学的水平能够反映人的文化水平。

北宋苏舜钦曾说：“诗之作，与人生偕者也。”② 有了人就有了文学。中国是人类起源地之一，中国的文学也是源远流长的。诗歌发展最早，先秦时期的《诗经》和楚辞是中国文学的光辉起点，其光芒经久不衰。先秦的散文也和诗歌一样是我国文学史上的光辉成就。秦汉以后主要也在这两方面继续发展，汉代可以说是辞赋的黄金时代。由于汉代散文和辞赋的发展，“文章”的概念才得以产生，士人“以文章显”者不少，文章家和经学家分开了，文章与生活的关系可以更密切，且将引起文学形式的变化，文学用途更广。反映这个变化的如《后汉书》在《儒林列传》之外立了一个《文苑列传》。从此，文学走上一条更加独立发展的道路。

到了唐代，出现了一个前所未有的万紫千红的局面。流传至今的 2200

---

① 刘勰：《文心雕龙·明诗》。

② 苏舜钦：《石曼卿诗集序》。

多人的将近 5 万首唐诗，是一面无所不照的镜子，不知能作出多少文化史的文章，而且其他体裁的文学也争相发展：散文，创造了诸如传记、游记、寓言、杂说等许多新型的短篇散文；小说，出现了许多富于文采的传奇作品；还有词的产生、变文之类的讲唱文体在民间流传等等。唐代文学描写的大多是社会生活、日常人生，能更全面地反映唐代的精神文化。

再说一下艺术。什么是艺术？艺术的内容有哪些？这也是一个比较复杂的问题。中国古代的艺术概念和现代不同，内容很宽。文学本也是和艺术难分的。我们也不讨论这些。我们想说的是指绘画、雕塑、音乐、舞蹈之类的艺术。“艺术是生活的镜子”，这是托尔斯泰的话。自然和文学一样，这镜子是可以照见社会、人生的。拿绘画来说吧，中国有自己的绘画传统是无疑的，《韩非子》论绘画之难易（“狗马最难”“鬼魅最易”），当可见其时绘画发展之一斑。秦汉时期的绘画也明显地受政治的影响，成为政教的一种辅助手段。据记载，当时宫殿门堂莫不有画，明堂、兵书莫不有图，为的是崇德尊功；画像之风也很流行，或用以颂功德，或用以彰善行。魏晋南北朝则增加了一个佛画流行。到了唐代才有自由发展的趋向，因而和文学一样百花齐放，无论人物画、山水画、花鸟画都有重大的发展。画苑异才如雨后春笋，名家辈出。各种重要画法都在此时奠定了基础。画论也承前启后。

还有音乐、舞蹈、雕塑等等都不说了，但要说一下书法。书法是中国特有的艺术，汉代的隶书是书法的精英，有强大的艺术生命力。但书法之成为艺术，魏晋南北朝是一个最重要的时期，从此时开始，隶、楷、行、草各体书法同时发展，东晋王羲之兼善隶、草、行、楷，被称为“书圣”。南北朝时，北方流行碑书，南方流行帖书，民间的书法也发展起来，标志着文化的普及和发展。唐代书法融合南北，也是名家辈出，书体繁茂。颜真卿所创之颜体，柳公权所创之柳体，流传至今为人们摹习。我国有“文如其人”的说法，也有“字如其人”的说法，是说和文一样，字也可以反映人的精神、气质。不过这是比较高深的欣赏和评判罢了。

从整个汉唐时期的精神文化发展来说，以上所述真正是挂一漏万。已经说到了的，也不过是蜻蜓点水。然而，即便如此，我们也不难体验到这一时期精神文化的蓬勃发展。本章的任务主要就只在指出这一点。同时也不难看出：这一时期的精神文化有很大进步，而且是不断进步；这一时期的精神文化琳琅满目，美不胜收；这一时期的精神文化从多方面反映了当时丰富多彩的社会生活；这一时期的精神文化所反映的人的个性还是相当自由的。也许我们还可以看出一些有意义、有价值的东西，这有待深入研讨。

汉唐时期，从制度文化的建设到精神文化的发展，给中国传统文化规定了大框架，奠定了稳固的发展基础。深入地了解汉唐文化，然后瞻前瞩后，必能更好地了解中国文化传统。

第三章　汉唐文化发展的特点

汉唐盛世是中国古代历史的光辉之页，在世界历史上也有其重要地位。因为这两个王朝的影响，世界各国不是称中国人为汉人，就是称中国人为唐人或唐家子，至今欧、美、澳的大城市中仍有华人聚居区被称为唐人街。汉语、汉字、汉学更成为中国文化的代称，中国式的绘画被称为唐绘，中国式的建筑被称为唐样等等。汉唐的世界地位，是由其文化在当时世界上的影响决定的。

汉王朝发展、强盛之时，世界上其他几个文明古国都衰落下去了。古埃及、古巴比伦早已衰落，古印度则由盛而衰，由统一走向分裂，乃至受外来势力奴役，古希腊为罗马所代替。这样，西方的罗马帝国与东方的汉王朝成为当时世界的两大文明中心，遥相辉映。罗马灭亡后，西方世界出现了四五百年的经济停滞和文化衰败的时期，而后经过法兰克王国，又经历了四五百年的恢复和发展，直到所谓“文艺复兴”，文化上才有新的发展。可是中国则不同，汉王朝结束之后，虽也出现过三四百年的分裂，其中有些时候也有经济上的暂时停滞现象，但文化的发展却是继续前进的。到七世纪初唐王朝建立后，出现了经济文化的空前繁荣。当时世界上虽有阿拉伯帝国的强盛与唐朝并存，但它在文化上是不及唐朝的。这时印度的佛教文化在其本土没有更多的发展，而是由唐朝借入、改造、传出，扩大了影响。

汉唐文化史是一个重要课题，也是一个很大的课题，需要从宏观到微观进行多方面的研究。论证汉唐文化在历史上的地位，就有必要研究它的发展过程。讲传统文化时，有人往往简单地追源于儒家的孔孟、道家的老庄，这是不合适的。从秦汉以后，历代都有学者曾标榜从孔孟、老庄那里探源、发微，追求“本义”，但是都不过是各人自己所理解的“本义”，而且宋元明清的学者还无法脱离汉唐人所理解和阐发的“本义”。历史是不能割断的，汉唐时期，上承先秦，下启宋元，本身有一千一百年，了解在这漫长的历史时期中，我国的文化是怎样发展的，在发展过程中有哪些特点，将加深我们对传统文化的认识。所以本章就研讨一下汉唐文化在发展过程中表现出来的特点。

统一与兼容

从秦汉到隋唐，是我们这个统一多民族国家建立和发展的时期。随着政治上大统一的日益巩固，相应地思想文化上的统一也日益发展。文化统一，主要受政治的影响，受统治阶级政策的影响。

从秦汉开始的历代统治者，为了巩固统治，为了巩固大一统的政治局面，都对统治思想进行了选定，秦代“以法为教”，汉代开始是黄老新道家，后来才确定“独尊儒术”，以后又不断地进行调整、补充。这些直接影响着文化的发展，在一定程度上规定着文化发展的方向。

但是我们要指出，尽管这一段时期始终在实行思想文化的统一，同时又始终有一种兼容并包的精神，无论是从整个汉唐时期看，还是从各个朝代、各个国家看，都是如此。

秦始皇“以法为教”，焚烧诗书，禁百家语，思想文化上的统一可以说是雷厉风行了。但他在事实上对于诸子百家也并不真正地“禁”“绝”：朝廷设有博士七十人，各家各派都有；在下令“收天下书”的同时，又“悉召文学方术士甚众，欲以兴太平”①。不论怎么评价“焚书坑儒”，秦时即大力而且严厉地统一思想文化，仍多少有些兼容精神，是毋庸置疑的。

汉代以后，更明显地表现出统一与兼容并行。汉初，作为统治阶级指导思想的是黄老新道家思想，但儒家、法家、阴阳家等等思想并存是明显的事实，“挟书令”被公开废除，各家各派在政治上都有出路，都可以自己讲学、传授。汉武帝时，是所谓“罢黜百家，独尊儒术”，但实际上百家并未罢，儒术也不是一下子独尊起来的，从统治政策、社会思潮各方面看，都有一个发展过程。人们并非不承认这一点，只是还缺乏深入具体的研究，因而对传统的发展过程不很清楚，也就难以总结出一些规律性的认识。事实上，从汉武帝开始确定儒家思想为地主阶级的统治思想之后，虽

① 司马迁：《史记》卷六，《秦始皇本纪》，中华书局1959年版，第258页。

一再地贯彻、传播（如西汉的石渠阁会议、东汉的白虎观会议等等），但儒家思想并非绝对地占了支配地位，不仅时有“异端”思想出现，而且由于儒、道等家各自在那里流传、发展，汉以后的历史时期中，甚至在统治思想的选择上也还有大的论战，如魏晋时自然与名教的辩论。直到唐代，又有儒、佛、道并行并重的局面。

随着隋唐大一统政治局面的重建（在更大范围、更深刻意义上的重建），也随着各种文化长期交流融合的发展，文化上的兼容并包精神表现得更加气派、更加生机勃勃，如《贞观政要》所记：

> 国学增筑学舍四百余间，国子、太学、四门、广文亦增置生员，其书、算各置博士、学生，以备众艺……四方儒生负书而至者，盖以千数。俄而吐蕃，及高昌、高丽、新罗等诸夷酋长，亦遣子弟请入于学。于是国学之内，鼓箧升讲筵者，几至万人，儒学之兴，古昔未有也。①

此外，考定《五经》，颁布统一的《五经义疏》等博大之举，真不胜枚举。

然而隋唐文化政策的突出特点，即不仅尊崇儒学，而且佛、道并重，华“夷”并举。隋开皇二十年的一道诏书说：

> 佛法深妙，道教虚融，咸降大慈，济度群品，凡在含识，皆蒙覆护。所以雕铸灵相，图写真形，率土瞻仰，用申诚敬……敢有毁坏偷盗佛及天尊像、岳镇海渎神形者，以不道论……②

唐初，在统治者心目中以及在具体措施上，也都是佛、道并重的。高祖、太宗均经常诏令沙门行道、高僧祈雨。如武德元年，命沙门、道士各六十九人于太极殿七日行道，散席之日设千僧斋，沙门法琳以释、老二教同处弘宣，乃撰颂称之③。唐太宗与佛教关系如何？人们根据不同记载可以提出不同看法，说他崇佛或者不崇佛都似乎有些根据。但我们认为，唐

① 吴兢：《贞观政要》卷七，《崇儒学》。
② 魏征等：《隋书》卷二，《高祖纪下》，中华书局 1973 年版，第 45～46 页。
③ 法琳所作颂见法琳著《辩正论》卷四。

太宗自觉地把它当作一种统治工具是很明显的。他曾对反佛最激烈的傅奕说："佛道玄妙，圣迹可师，且报应显然，屡有征验，卿独不悟其理，何也?"[①] 因为它有用，所以有种种崇佛的措施。但是唐太宗能慎其所好，对梁武帝等人"谈论苦空"[②]，以致亡国丧身的教训很重视，所以当萧瑀请求出家时，他下诏斥责，"瑀践覆车之余轨，袭亡国之遗风"[③]。这些关于唐太宗对佛教的态度问题我们说多了一点。话说回来，唐初（武德八年）下诏叙三教先后，先老、次孔、末释[④]，或可视为纲领性的政策，主要还是三教并重，道教虽列在首位（个别时期除外），但实际意义不大，其势力还不及佛教，实际上又还是以儒家为主，如唐太宗说：

> 朕今所好者，惟在尧、舜之道，周、孔之教，以为如鸟有翼，如鱼依水，失之必死，不可暂无耳![⑤]

上述情况告诉我们，汉唐时期的儒家思想统治，经历了从肯定到否定到再肯定的发展过程，而这个过程又始终是统一与兼容并行的。从总体上看，整个汉唐时期文化的发展，统一是主流，汉族文化是主体，儒家思想居于主导地位，这是其发展的方向性。同时，又因为统一中的兼容并包，并存的各派思想、各种文化免不了矛盾、斗争，也必然是互相取长补短。所以，整个发展过程，又是在各种差异中求统一，是在广泛性、多元性基础上的整合。这样的汉唐文化，不仅气势磅礴，而且面目更新。

斗争与发展

各种文化并存，不可能不发生矛盾、斗争，都要争自己的生存，争自己的地位，争自己的前途和发展。可以说，没有斗争就没有发展。

---

① 刘昫等：《旧唐书》卷七十九，《傅奕传》，中华书局 1975 年版，第 2717 页。

② 吴兢：《贞观政要》卷六，《慎所好》。

③ 刘昫等：《旧唐书》卷六十三，《萧瑀传》，中华书局 1975 年版，第 2403 页。

④ 道宣：《集古今佛道论衡》卷三。

⑤ 吴兢：《贞观政要》卷六，《慎所好》。

早在战国时期，“百家争鸣”，彼此间斗争十分激烈，水火不容，突出的如儒墨之争、杨墨对峙、儒法斗争等等。诸子的著作，多半是论战性的文章，诸子的思想往往在论争、答辩中表现出来。在彼此诘辩之中，虽也有互相影响，但主要是完善和充实自己的观点、主张，就是这样在斗争中带来了战国学术思想文化的大发展。

西汉以后，先是儒道之争，而且斗争得相当激烈①。但西汉初占统治地位的道家是新道家，不仅不再排斥而且大量吸收了儒家思想，这一变化，为我国统治思想的形成摸索了道路。接着出现了“罢黜百家，独尊儒术”，在斗争中占了上风的儒家，实际上大大改变了本来的面貌②。它不仅吸收了道家、法家的思想，还特别吸收了阴阳家的思想。它本身发展了，更直接影响我国古代整个思想文化的发展。人们说到我国统治思想发展时，或者说“外儒内法”，或者说“儒道互补”（有的则说是儒家与道家一明一暗），所谓“霸王道杂之”，是各种思想文化斗争发展的结果，同时也表现在文化领域的各个方面。

魏晋以后，思想文化的斗争和发展表现得更明显，并且更加自然地表现出文化发展的自身规律。自然与名教之争，也可以说是一次新的儒道之争。接下来，还有外来的佛教和土生土长的道教，还有诸少数民族的文化习俗与汉文化习俗等等。此时各种文化的斗争和发展，和西汉儒道之争、“独尊儒术”不同，较少地受到政治上的直接干预。当然并不是说完全不受政治的影响，统治者提倡佛教或者道教，某一权势人物喜欢儒家或者老子，如魏武好法术、魏文慕通达之类，都是会有影响的，这里就不多说。我们所说的是，这一时期文化发展中一种相对自由竞争的精神。不仅政治势力干涉少而弱，斗争各方也决不死守门户，而是互相取长补短，甚至是互相靠拢、接近的。自然与名教之争，看起来是儒道之争，但另一方面，所谓玄学家是《易》《老》并称的，既为《老子》作注，也为《易经》作注，并且还为《论语》作集解。儒生是兼通释、道之学者，玄学家也都是熟悉经书的。尤其在佛教文化发展起来后，儒、道各派学者都纷纷研究佛学，佛家人也多兼通儒、道之学。首先是在斗争中相互吸收、靠拢，这就

---

① 熊铁基：《秦汉新道家略论稿》，上海人民出版社 1983 年版，第 147 页。

② 有人说是新儒家，如杨向奎：《论西汉新儒家的产生》，《文史哲》1955 年第 9 期。

与先秦的斗争有所不同，不再只是在与对方的辩论中尽量充实和完善自己的东西，而是在吸收他家之长之后，使自己进一步得到丰富和发展。这更是文化自身发展的一种规律性的现象。

隋唐以后，儒、佛、道三教并立，都是以一个新的面貌出现的。彼此间继续斗争，继续发展，值得研究的不仅是表面现象——如何斗，更值得研究的是它们在斗争中互相影响了什么，又是如何在斗争中发展的。例如韩愈排佛老，可说是针锋相对的斗争。但仔细看看，他反对老子，只是反对其消极的一面，他排斥佛教，实际上仅仅是排斥其形式，而在思想内容上，是深受其影响的。他所创人性论，特别是他弟子李翱的《复性书》，不少地方打下了道家和佛教思想的印记，除了重复《中庸》的思想之外，新的大多来自佛教思想或庄子思想。并且，正是这种斗争中的接近、吸收和发展，使韩愈、李翱的思想成为宋代理学的先驱。可见，深入具体地研究和总结这方面的内容，对于认识我国的传统文化是很重要的。

继承与创新

过去曾流行过一种看法，认为汉唐时期在文化思想方面属于因袭时期，认为只有继承，没有什么创造，看不到继承基础上的创新，这是不符合事实的。

先秦的文化，在我国历史上无疑是具有开创意义的，在世界历史上也是最光辉之页。它内容丰富而且深刻，我国传统文化的各个方面，几乎都可以在这里找到源头。但并不能因此就说以后只有因袭了。文化上的继承，从发展方向看，很少是停留在简单因袭上面的，多半是在继承中有发展、有创新。反之，创新又离不开继承。

两汉经学是以继承儒家传统文化自居的，不少守文之徒滞固所受，进一步发展为讲究师说和家法。如果死守家法，则可能是只有继承，没有发展和创新。但从另一方面看，所谓师说、家法的形成本身，也是经学发展和创新的一种表现。一方面，守师说、重家法为统治者所提倡，选举、对问皆以师法、家法要求，否则不用；另一方面，殊不知“枝叶蕃滋”“经有数家，家有数说”，就是在不断地立师说、创家法。当时有所成就的学者，也恰恰就是在继承的基础上“成一家之言”的人，不过他们不是死守一家一师之说，而是广泛地继承，不仅是兼通数经，而且是“博通经传及百家言”，如王充之“博通众流百家之言”①，班固也“九流百家之言，无不穷究”②。这是超出经学范围的。就经学大师而言，贾逵、马融、许慎、郑玄等人，也都是大破今古文经学界限的通人。这些人有哪些创造和发展，也是一个深入研究还很不够的问题③。

魏晋玄学，可以说是文化学术方面的一个较大的创新，说是一次思想解放也是可以的。不论怎么评价，玄学家们通过有无、本末等等抽象命题的辩论，创造了一套思辨哲学的新体系。但是，他们绝不是抛弃传统而谈玄说理，绝不是凭空地冥思苦索。他们是在继承传统思想文化的基础上创新的。他们不仅仅“祖述老庄”，如前所述，对儒家经典也是精通的。应该说，正是由于他们深深地理解传统的文化思想，才有可能创新。这不仅在玄学上表现出来，在文化的其他方面都可以表现出来。

其他方面很多，今以唐诗为例。唐朝的诗，在文学史上是划时代的，有人甚至说可以拿唐诗来做唐代文化的代表。唐诗就是在继承的基础上的创造，它各种诗体齐备，无论风格、声调、修辞、内容，都可称登峰造极，是一种崭新的面貌。但是无论律诗或绝句，无论三、四、五言或六、七杂言，又无不滥觞于汉魏六朝。研究唐诗的人，可以找出许多名句的来源，笔者背得一首李白的诗：“朝辞白帝彩云间，千里江陵一日还。两岸猿声啼不住，轻舟已过万重山。”该诗描叙绝妙，其实《水经注》中已有它的素材：“有时朝发白帝，暮到江陵，其间千二百里，虽乘奔御风，不以疾也”，“每至晴初霜旦，林寒涧肃，常有高猿长啸，属引凄异，空谷转响，哀转久绝”④。笔者近来读庾信的文章，又发现他曾不止一次用“朝发白帝，暮宿江陵”⑤ 的句子。李白若不熟读前人的文章，反复体味（当然也还包括自己的实践），怎么能创造出那么一首好诗呢？我认为，这种具体而微的例子，颇能说明继承与创新的关系。其他绘画、音乐等艺术也莫不如此，这里无法面面举例。

总之，汉唐文化思想绝不是简单地因袭，而是有许多创造。至于有哪

① 范晔：《后汉书》卷四十九，《王充传》，中华书局 1965 年版，第 1629 页。
② 范晔：《后汉书》卷四十，《班固传》，中华书局 1965 年版，第 1330 页。
③ 张舜徽近著《郑学丛著》对郑玄的学术进行了新的研究。
④ 郦道元：《水经注》卷三十四，《江水》。
⑤ 庾信为他人所写碑文，见庾信《庾子山集》。

些创新虽有待进一步研究和总结，但其是在继承的基础上创新的，则毋庸置疑。这对我们是很有启发和教益的，对于传统（包括古老的和我们习惯称之为革命的传统），没有继承就不可能有什么创新！

吸收与消化

这里主要讲外来文化与文化发展的关系问题。

讲汉唐时期的外来文化，首先要说明一下“胡”和“夷”的概念，当时称为“蕃胡”“夷狄”者，都可以说是“外来者”。虽然其中有很多胡人都是中华民族的成员，很多地区都是中国的一部分。但是，从以中原为中心的或以汉族为中心的华夏传统文化看，可以称之为当时的外来文化，可以不必拘泥于这个“外”字。

汉唐时期，经济发展，国家强盛，统一多民族国家在发展过程中不断吸收外来文化（包括中国以外各国的文化和国内汉族以外的各族文化）。随着中外交通的发展，经济文化的交流，从汉到唐的长安、洛阳等地出现了四夷宾馆荟萃，殊方异物聚合的情景。班固在《汉书·西域传》赞中写道：

> （孝武之世）明珠、文甲、通犀、翠羽之珍盈于后宫，蒲梢、龙文、鱼目、汗血之马充于黄门，钜象、师子、猛犬、大雀之群食于外囿。殊方异物，四面而至。于是广开上林，穿昆明池，营千门万户之宫，立神明通天之台，兴造甲乙之帐，落以随珠和璧。天子负黼衣，袭翠被，冯玉几，而处其中。设酒池肉林以飨四夷之客，作巴俞都卢、海中砀极、漫衍鱼龙、角抵之戏以观视之。

这可以说是中外经济文化交流展览的一个概述。

从西汉开始，外来经济文化的借入越来越多，以至于有记载写道：

> （东汉）灵帝好胡服、胡帐、胡床、胡坐、胡饭、胡空侯、胡笛、胡舞，京都贵戚皆竞为之。①

① 范晔：《后汉书》志第十三，《五行一》，中华书局 1965 年版，第 3272 页。

经魏晋南北朝，发展到唐代，“长安胡化极盛一时”①，洛阳也是“家家学胡乐”②。当时胡风之盛，从两首诗的描述可见其一斑。元稹《法曲》云：

> 自从胡骑起烟尘，毛毳腥膻满咸洛。女为胡妇学胡妆，伎进胡音务胡乐。……胡音胡骑与胡妆，五十年来竞纷泊。

又白居易《时世妆》云：

> 时世妆，时世妆，出自城中传四方。时世流行无远近，腮不施朱面无粉。乌膏注唇唇似泥，双眉画作八字低。妍媸黑白失本态，妆成尽似含悲啼。圆鬟无鬓堆髻样，斜红不晕赭面状。……元和妆梳君记取，髻堆面赭非华风！

白居易看不惯得很，也担心得很！但是，尽管“胡化极盛一时”，“华风”却并没有被化掉，而是在某些“胡风”的影响下，产生了新的“华风”，外来东西被吸收、消化掉了。这中间给我们一些启发：

首先，外来东西流行时，有人爱好、仿效，有人不习惯③，有人反对，这都是很自然的事。就像外国人也喜欢中国东西、模仿中国风尚一样，当时所谓“胡着汉帽，汉着胡帽”④，互相模仿也是常情，用不着担心“胡风”化掉“华风”。事实上有些外来东西风行一时就过去了，有些东西又被“华化”了，似乎也有一个值得探讨的自然发展过程。

其次，汉唐时期文化发展中的兼容特点，也明显地表现在对外来文化的态度上。唐初一次置酒未央宫，突厥颉利可汗起舞，南越酋长冯智代咏诗，李渊高兴地说：“胡、越一家，自古未之有也。”⑤ 唐太宗曾说：“自古皆贵中华贱夷狄，朕独爱之如一。”⑥ 这种气魄、襟怀，无疑地有利于敞开大门吸收外来文化。

① 向达：《唐代长安与西域文明》，生活·读书·新知三联书店1957年版，第41页。
② 王建：《凉州行》，《全唐诗》卷二九八。
③ 如《唐语林》载，程知节入玄宗所起凉殿（据考证乃仿佛林国所造），当即生病。
④ 刘肃：《大唐新语》卷九。
⑤ 刘昫等：《旧唐书》卷一，《高祖本纪》，中华书局1975年版，第18页。
⑥ 司马光：《资治通鉴》卷一九八，《唐纪十四》。

汉唐人能够大胆“引进”外来文化，事例甚多，鲁迅曾经指出：

> 遥想汉人多少闳放，新来的动植物，即毫不拘忌，来充装饰的花纹。唐人也还不算弱……长安的昭陵上，却刻着带箭的骏马，还有一匹驼鸟，则办法简直前无古人。①

问题绝不只是简单的“拿来”，而是在吸收中有消化。采撷外来之菁英，创造和发展文化。在吸收、消化的过程中，既有选择和扬弃，也有改造和重铸，那些不合国情、民情的东西，就会被淘汰掉，那些要用和有用的，也并不都简单拿来。这一时期对佛教文化的吸收就是最明显的例子。佛教文化确实在我国文化史上有重要的影响，但是，不但我国没有被“全盘佛化”，反而是佛教的“华化”！唐代佛教宗派甚多，但以后在中国流行者乃中国所创，表现出我们这个国家和民族对外来文化的强大的吸收和消化能力，而且是充满信心的。

高潮与低潮

文化的发展是有连续性和方向性的，但从秦汉到隋唐这漫长的一段历史中，政治上、经济上都呈现出几个不同的阶段，政治上是统一—分裂—再统一，经济上是恢复发展—破坏停滞—再恢复发展。相应地，文化发展也自然有几个各具特色的阶段，似乎呈现出高潮—低潮—高潮这样一种马鞍形的现象。不过这个现象是需要具体说明的。

首先，所谓低潮阶段（魏晋南北朝阶段），仅仅是相对的低潮。这一阶段因政治分裂、经济破坏，文化发展受到一定的影响，但既未迟滞，也没有出现断层，与世界其他地区对比就更为明显，这一点已故的史学家吕思勉曾言简意赅地说：

> 中国为崇尚文教之国，两汉而降，此风尤甚。晋、南北朝，虽为丧乱之世，然朝廷苟获小安，即思兴学；地方官吏，亦颇能措意于

① 鲁迅：《鲁迅全集》第一卷，人民文学出版社2005年版，第208页。

> 此；私家仍以教授为业；虽偏隅割据之区，戎狄荐居之地，亦莫不然。较之罗马丧乱之后，晦盲否塞之情形，大异其趣矣。此亦中西史事不同之一端欤?①

此虽就学校兴废而言，但也反映了整个文化发展的状况，即便“丧乱之世”，文化仍继续发展，这也是我国文化发展有连续性、生命力的表现。

其次，所谓文化发展的低潮，严格地说只是政治文化发展的低潮。文化问题归根结底是解决人本身的问题以及人与人、人与环境的关系问题。人本身的问题，就是生老病死以及处理这些的态度、方法等等；人与人、人与环境的关系（包括社会和自然）除了与自然的斗争之外，从政治上看，就是历来所概括的修、齐、治、平以及围绕此而发生的一切。这后者就是我们所说的政治文化。

如何解决人生和社会政治问题，我国先秦诸子展开了激烈的讨论，提出了各种主张和方案。侧重解决人生问题的，或可称为“全生说”②，有时表现为一种出世思想，以道家为代表；与之相对立的，以儒家为代表，克己复礼，侧重解决社会政治问题，是入世的思想。此外，杨、墨的对立，也是这种侧重的不同。杨子唯我，侧重的是人生；墨子尚同，侧重的是社会政治。但是，人生和政治这两方面都是人类文化所需要解决的，因而两方面结合起来考虑是必然的趋势。我们不是可以看到吗，以秦皇、汉武为代表的统治阶级，一方面大讲统治之术，一方面也拼命追求长生久视，曹操是一个了不起的务实求治的政治家，有时候也叹息“人生几何”，为人生问题所苦恼。可见，政治和人生两个方面完全分割开是不可能的，侧重探讨是可以的。

从秦汉开始，文化上占支配地位的是政治文化。占统治地位的思想理论体系，无疑是为政治统治服务的，即便汉初打着清静无为旗号的黄老思想，也是一种政治指导思想，和儒家思想一样，是经世致用的（这是新道家的主要特点）。文化的各个方面，如学校教育的兴起，经学研究的发达，文学、艺术的歌功颂德，风俗习惯的整饬，伦理道德的宣传和实践，等

---

① 吕思勉：《两晋南北朝史》，上海古籍出版社 1983 年版，第 1335 页。

② 《管子·立政篇》，诸子集成本，中华书局 1954 年版。

等，确实是一个政治文化发展的高潮。

然而，随着汉王朝的衰败，三国两晋南北朝的分裂，上述政治文化的确相对处于低潮。不过在这政治文化的低潮时期，掀起了一股探讨人生问题的高潮，大畅玄风，去务实精神颇远，多少也是一种出世态度，似乎顾得个人的安危、物质享受、精神追求，就顾不得社会和国家。这种心态，是人生和政治问题没有得到统一解决的表现。当然，这主要是说理论体系上的没有解决，不是指现实生活。在现实生活中，人们任何时候都面临着这两方面的问题。因而玄学家并不是完全与政治无关的，玄学中也有明显的政治思想，不过是比较曲折地反映罢了。

隋唐时期出现的文化高潮，又主要是政治文化的高潮，但和前一个高潮也有不同，那就是文化的更全面发展。新高潮的出现与兼收并蓄、大量吸收融合是分不开的，与所谓低潮时期的发展也有直接关系，在政治文化发展的低潮时期，思想个性一定程度的解放，诸多民族文化的交融，给新高潮带来了前所未有的新面貌。文化的发展是进化的。

以上分别叙述汉唐文化发展过程中的几个特点，是想总结一下这一阶段文化发展的规律。这些特点在实际发展过程中是结合在一起的，汉唐文化是在不断地统一化（整合），在统一发展中既包括各种文化的矛盾、斗争，也包括它们之间的相互影响和吸取，同时，整个过程又是一个继承和创新不断前进的连续过程，整个过程也呈现为几个阶段。

作为文化发展的特点，它们确有与其他时期不同之处，如统一与兼容的发展，是随大一统封建国家的形成而出现的，先秦时期没有，也不可能有；各种文化间的斗争也与先秦那样水火不容的局面不同，而是更多地向对方学习，彼此靠拢；至于继承与创新、借入与传出等各方面，不但有自己的特色，而且给人的启示颇多。

文化的发展是一个有方向性的、有连续性的统一体，包括从原始到先进的各个阶段。汉唐文化在我们传统文化发展史上可以说是一个过渡阶段，如历来所说的，汉之学者为先秦诸子之余波，唐之学者乃宋代理学的先驱，经过从汉到唐长期的、连续的、有方向性的整合，以后才发展成为我们现在所说的传统文化。汉唐文化并不完全等同现在的传统文化，它发展中的特点也从一个侧面反映其面貌。

第四章　南北与中西

文化史中不同地区、不同民族、不同国家的文化交流，是一个重要问题，本章就是讲这个问题。但“南北与中西”这个题目要稍加说明：一般来说，南北主要是属于内部地区和民族文化交流问题，中西或叫中外，主要是属于中国和外国文化交流问题。不过具体说来又并非如此。按东西南北分，南北中间也有外，不仅汉唐时期的北方和东北方、西南方一些少数民族是当时的外族，还有今东南亚、南亚一些国家更是外国，而且不是在中国的西方。中西（外）中间又有内，西域就既包括外，也包括内。还有，上述南北有些地方也属于外，在中国东部的日本、朝鲜是外，又不能说是中西关系。因此，南北讲内，中西讲外，只是一个一般的、习惯的说法，这习惯说法自有其道理，用中西代表中外，说明西方外国与中国的交往发生得比较早，比较多，比较特殊、突出（尤其是后来）。至于南北，中国国内文化上的区域特点，以南北最为突出，所以自古以来就有文化上的南北问题。以下分别言之。

南北特点与融合

中国地域辽阔，虽然很早就有政治、文化上的统一，但山水相隔，长期存在着许多不同的地区以及各方面的地区特点。往往一山一水之隔，有不同的风俗习惯、不同的方言等等。有许多小文化区，也有相对大的块块，如东、南、西、北，东北、西北、东南、西南，等等。从文化上看，最大的、最突出的就是南与北的文化特点的不同。

文化上的南北问题是客观存在的，从古到今都存在。早在战国时期，孟子就提到南北学之不同：

陈良、楚产也，悦周公、仲尼之道，北学于中国。北方之学者，未能或之先也。[1]

这里既有南北问题，也有夷夏问题，孟子显然站在“中国”、华夏的立场，其下文公开指责南方学者（许行）为“南蛮鴂舌之人”。又如《礼记·中庸》云：

宽柔以教，不报无道，南方之强也，君子居之。衽金革，死而不厌，北方之强也，而强者居之。

这里是讲南北性格的不同[2]。这究竟是孔子春秋时的看法，还是汉人的看法，可以不细究，至少汉时已见到这种南北之不同。更有意思的是该文的注疏，唐人孔颖达疏曰：

然唯云南北不云东西者，郑冲云，是必南北互举，盖与东西俗同。故不言也。

郑冲是西晋时的人，说明唐以前的人已明显见到并且承认，南北风俗（而且是包括民性在内的广义的风俗）有不同特点。两晋南北朝以后，南北文化的不同特点，就越来越被人们所认识了，如《北史·儒林列传》序云：

大抵南北所为章句，好尚互有不同。江左，《周易》则王辅嗣，《尚书》则孔安国，《左传》则杜元凯。河洛，《左传》则服子慎，《尚书》《周易》则郑康成。《诗》则并主于毛公，《礼》则同遵于郑氏。南人约简，得其英华；北学深芜，穷其枝叶。考其终始，要其会归，其立身成名，殊方同致矣。

这里不详说“殊方同致”的问题，只说明隋唐之际的人，明显总结了南北儒学（或者经学）的不同特点。又如《北史·文苑列传》序云：

---

① 《孟子·滕文公上》，诸子集成本，中华书局1954年版。

② 似乎也有倾向性，“君子”或“强者居之”的不同可见。但此种倾向与上述孟子的倾向似有所不同。如何看待南北的不同，是大可研究的问题。

暨永明、天监之际，太和、天保之间，洛阳、江左，文雅尤甚，彼此好尚，互有异同。江左宫商发越，贵于清绮；河朔词义贞刚，重乎气质。气质则理胜其词，清绮则文过其意。理深者便于时用，文华者宜于咏歌。此其南北词人得失之大较也。

这是说文学上南北的不同特点，并且进一步分析了其得失。隋唐时期，政治上南北统一了，文化上也做了许多统一的工作，因而有更多的交流，更大的相互影响，也有融合，但并不等于从此南北文化再没有不同特点了。一直发展到近现代，南北各地在文化上始终是各有特色的，许许多多的南北对举，如南船北马、南腔北调，以及后来的京派、海派，现在的西北风、东北调等等，无一不表明文化上有南北的不同特点存在。

文化上的南北问题，历代均有记载，并且有一定的研究，如上之“殊方同致”“得失之大较”，就是一种初步的研究。又如上引《北史·文苑列传》那段文字之后还写道：

若能掇彼清音，简兹累句，各去所短，合其两长，则文质彬彬，尽美尽善矣。

作者在记述、分析了南北文学之异同，南北词人之得失以后，提出主张：“各去所短，合其两长”，以求创造“尽美尽善”的文学。这种有目的、有见解的研究，与隋唐统一的历史条件是分不开的。首先是南北各地人才皆归一统，所谓：

四隩咸暨，九州攸同，江、汉英灵，燕、赵奇俊，并该天网之中，俱为大国之宝。①

其次是适当的文化政策，所谓：

顿天网以掩之，贲旌帛以礼之，设好爵以縻之，于是四海九州，

① 李延寿：《北史》卷八十三，《文苑列传》，中华书局1974年版，第2782页。

强学待问之士，靡不毕集焉。①

这两段都是说隋的情况，半是事实，半是理想。唐代则有更大的可能实现一些正确的政策，例如：

贞观十四年诏曰："梁皇侃、褚仲都，周熊安生、沈重，陈沈文阿、周弘正、张讥，隋何妥、刘炫，并前代名儒，经术可纪，加以所在学徒，多行其讲疏，宜加优赏，以劝后生，可访其子孙见在者，录姓名奏闻。"二十一年诏曰："左丘明、卜子夏、公羊高、穀梁赤、伏胜、高堂生、戴圣、毛苌、孔安国、刘向、郑众、杜子春、马融、卢植、郑玄、服虔、何休、王肃、王弼、杜预、范宁等二十有一人，并用其书，垂于国胄，既行其道，理合褒崇，自今有事于太学，可并配享尼父庙堂。"其尊儒重道如此。②

由此可见一斑。其所以尊崇者，南北各地各学派的人都有，不仅表现了兼容并包的统一气派，而且有利于不同地区文化的交流和融合。

关于文化上南北问题的研究，唐以后继续发展，到了清代，既是知识分子中比较普遍的认识，又有人进行了学术性、理论性的探讨和研究，如顾炎武《日知录》中的《南北风化之失》说：

江南之士，轻薄奢淫，梁陈诸帝之遗风也；河北之人，斗狠劫杀，安史诸凶之余化也。

他讲这个问题，时间拉得很长，如果我们和上述《中庸》的说法比较一下的话，北方北人的特点大体相同："斗狠劫杀"和"衽金革，死而不厌"的意思相当。南方南人的特点则不一样："轻薄奢淫"，绝不同于"宽柔以教"（其中有无某种联系，如轻与柔的联系，又当别论）。或者南北文化的特点在长时间中有发展变化，或者由于总结和研究人的立场不同看法不一

① 李延寿：《北史》卷八十一，《儒林列传》，中华书局 1974 年版，第 2707 页。
② 吴兢：《贞观政要》卷七，《崇儒学》。

样，或者二者兼而有之，这也是有待深入研讨的问题，但这里可不谈它。此外，如《日知录》中还有《南北学者之病》的分析，如龚自珍自注其诗时所说“渡河而南，天异色，地异气，民异情”等等，均表明了对南北文化的看法。但特别值得提出的是清末民初的梁启超，他对中国历史上的南北文化问题，作了相当精深的研究。他在《论中国学术思想变迁之大势》《中国地理大势论》等论文中，有一些概括性的论述，如：

> 自周以前，以黄河流域为全国之代表。自汉以后，以黄河、扬子江两流域为全国之代表。近百年来，以黄河、扬子江、西江三流域为全国之代表。穹古之事不可纪，今后之局犹未来，然则过去历史之大部分，实不外黄河、扬子江两民族竞争之舞台也。前者西江未发达，故通称中部为南部。数千年南北相竞之大势，即中国历史之荣光，亦中国地理之骨相也。①

然后，他从政治、文学、风俗、兵事等几个方面进行了南北的比较，其所列举的现象和事实主要是汉唐之间的材料，所以他说：

> 大抵自唐以前，南北之界最甚，唐后则渐微。②

他看到了这种发展状况，并分析了其原因：

> 盖“文学地理”常随“政治地理”为转移。自纵流之运河既通，两流域之形势日相接近，天下益日趋于统一。而唐代君臣上下，复努力以联贯之。贞观之初，孔颖达、颜师古等奉诏撰《五经正义》，既已有折衷南北之意，祖孝孙之定乐，亦其一端也。文家之韩柳，诗家之李杜，皆生江河两域之间，思起八代之衰，成一家之言。书家如欧（欧阳询）、虞（世南）、褚（遂良）、李（邕）、颜（真卿）、柳（公权）之徒，亦皆包北碑南帖之长，独开生面。盖调和南北之功，以

---

① 梁启超：《饮冰室文集》卷十，《中国地理大势论》。
② 梁启超：《饮冰室文集》卷十，《中国地理大势论》。

> 唐为最矣。由此言之，天行之力虽伟，而人治恒足以相胜，今日轮船铁路之力，且将使东西五洲合一炉而共治之矣，而更何区区南北之足云也。①

梁启超的一些议论，显然受到了西方“地理唯物论”的影响，从这里“人治恒足以相胜”的议论看，他同时注意了“人治”的作用，与“地理环境决定论”者又显然不同，应该说是很了不起的，日后的讨论，乃至今日的研究，虽日渐完善、深刻，如阶级，如生产之类，但又终究都是“人”力！

关于南北文化的特点，梁启超有一些具体的概括，他从不同侧面、不同角度所言之特点，都多少有一定道理。如他论学术思想时说：

> 北地苦寒硗瘠，谋生不易，其民族销磨精神日力以奔走衣食维持社会，犹恐不给，无余裕以驰骛于玄妙之哲理，故其学术思想，常务实际，切人事，贵力行，重经验，而修身、齐家、治国、利群之道术最发达焉。惟然，故重家族，以族长制度为政治之本（封建与宗法皆族长政治之圆满者也）。敬老年，尊先祖，随而崇古之念重，保守之情深，排外之力强，则古昔，称先王，内其国，外夷狄，重礼文，系亲爱，守法律，畏天命，此北学之精神也。南地则反是，其气候和，其土地饶，其谋生易，其民族不必惟一身一家之饱暖是忧，故常达观于世界以外，初而轻世，既而玩世，既而厌世，不屑屑于实际，故不重礼法，不拘拘于经验，故不崇先王。又其发达较迟，中原之人常鄙夷之，谓为蛮野，故其对于北方学派，有吐弃之意，有破坏之心，探玄理，出世界，齐物我，平阶级，轻私爱，厌繁文，明自然，顺本性，此南学之精神也。②

其他论哲学，论经学，论佛学，论词章，论美术音乐，论风俗习惯等等③，都有特点的概括，此处就不一一抄录了。

---

① 梁启超：《饮冰室文集》卷十，《中国地理大势论》。

② 梁启超：《饮冰室文集》卷七，《论中国学术思想变迁之大势》。其于该段文字之下又就北派南派作了具体的“两两对照比较”。

③ 梁启超：《饮冰室文集》卷十，《中国地理大势论》。

综上所述，南北文化有不少不同的特点，又在发展过程中互相交流、互相影响乃至融合，唐代以前交流和影响不断，经过几次大规模的南北交流之后，唐代就形成了较大的南北文化融合，其途径、方法、规律等等，我们在下面第三部分再谈。

中西交流与创新

前已说明，中西交流主要是讲中外交流。

中国作为一个整体，在文化上有与其他国家不同的特点。中国在近代史上，由于西洋文化大规模地输入，对西方文化有了更多的了解，对传统文化也有了更深刻的反省。从清末开始，所谓“中学为体，西学为用”，也就是认识到中西文化的差异，以后这种认识越来越深刻。对西方文化反对也好，赞成也好，都要首先努力认识东西文化的特点，比较其异同，然后从不同角度阐明其相互影响，以回答文化的发展问题：本世纪二十年代、三十年代，在文化问题讨论中，有较多的著作和论文，相当充分地比较了中西文化。“五四”新文化运动中的一些代表人物，如胡适、陈独秀、李大钊等人都有这方面的论述，例如李大钊的《东西文明根本之异点》就说：

> 东西文明根本不同之点，即东洋文明主静，西洋文明主动是也。

这里文明就是文化。他还对两种文化作了许多具体的比较：

> 一为自然的，一为人为的；一为安息的，一为战争的；一为消极的，一为积极的；一为依赖的，一为独立的；一为苟安的，一为突进的；一为因袭的，一为创造的；一为保守的，一为进步的；一为直觉的，一为理智的；一为空想的，一为体验的；一为艺术的，一为科学的；一为精神的，一为物质的；一为灵的，一为肉的；一为向天的，一为立地的；一为自然支配人间的，一为人间征服自然的。

类似这样的比较还有不少，如果把这些比较绝对化，显然是不合适的，但应该承认，当时所作的各种现象方面的比较已是相当充分了，至今也很难比较出更多的新东西，当然以上这样的比较又主要是就近代以来的情况而言。古代的情况并非完全一样，文化交流的情况也不一样。

首先，汉唐时期，真正外国的交流还不是很多，主要是中国的四周，很大一部分还是我国的少数民族。西方是一个重要的方面，南方印度的佛教也是首先经西方传入的。南方和东方（现在的外国，有的在当时与中国有政治上的隶属关系），相对而言更重要些，但其文化特点又很接近。

其次，中外文化交流开始得很早，汉唐是一个大发展时期，但总的来看，交流的速度慢、时间长①，自发的多，民间的多，因而许多东西何时传入，何时输出，都很难找出比较准确的时间。如《后汉书·五行志》所说：

> 灵帝好胡服、胡帐、胡床、胡坐、胡饭、胡空侯、胡笛、胡舞，京都贵戚皆竞为之。

这些带“胡”字的东西，绝不会是灵帝时刚刚传入，但究竟何时传入中原，何时传入中国，恐怕永远也无法考证出准确的时间。再如佛教这样重要的事象，其于何时传入，也始终难以弄清楚。这些都说明，文化交流先是自发的、渐进的，在东汉末宫中好浮屠时，就不知其已经传入多长时间了。当然，也并不排除某些具体东西能说出比较具体的时间。

再次，汉唐时期中外文化交流，有物质文化的交流，也有精神文化的交流，制度文化方面则毫无输入，只有输出（如唐朝制度对日本、朝鲜的影响）。这一点与近代情况显然不同。物质文化的交流，主要是中国丝绸、漆器、铁器、瓷器等的输出，包括冶铁、丝织等技术的西传；西域各国毛皮、瓜果等优良品种的传入，还有一些是中国原来没有的物品及其制造方法，如香药、玻璃之类。至少从汉代开始丝绸之路就已形成，因而促进了中外文化交流较大的发展。精神文化交流在汉唐时期相当活跃，特别是外国宗教和艺术的传入。宗教方面，先是印度佛教的传入，稍后一些，西亚

① 汉代派遣使节出使西域，往返时间以年计算，远的要八九年。唐代王玄策三次出使印度，每次都是三四年。

宗教祆教、景教、摩尼教、伊斯兰教等又相继传入，有西域各国的，也有印度的。根据考古发掘材料，新疆地区有罗马、波斯艺术（绘画和雕刻）东传的迹象，如吐鲁番阿斯塔那墓出土的唐联珠对鸟、猪头等纹锦，不仅能看到波斯织法的影响，而且图案风格也与波斯萨珊王朝相似。输出方面则主要是儒家文化之东传日本、朝鲜等国。也有其他方面的输出，当时有人在大食都城亚俱罗就曾见到“汉匠起作画者，京兆人樊淑、刘泚”[①]。有关文化交流的具体材料，一般中西文化交流史都有所记述，我们在这里就不具体多说了。

文化交流的结果，当然是丰富了各国人民的经济、文化生活，促进了各国经济、文化的发展。特别值得提出的是，对中国来说，吸收外来文化，创造了一些新的文化。

例如，佛教、伊斯兰教这些宗教，当然是由外面传入的新文化，后来又成了吸收外来文化后所创造的新文化。这突出的表现就是佛教的禅宗，佛教是印度传来的，禅宗是中国新创的。另外，在一定意义上说，土生土长的道教，也与外来佛教的传入有一定关系，如其仿效佛教经典，创造了道教的经典（包括将《老子》《庄子》等原有古籍列为经典），仿效佛教之礼仪禁忌，创造了道教的斋戒及醮仪（包括参考古代祭鬼神之斋戒）。

又例如，在艺术上吸收外来音乐、舞蹈之后，形成了一些新的乐舞。这也在唐代表现得最为突出，先是承袭隋代的“九部乐”，增为十部：燕乐、清商乐、西凉乐、天竺乐、高丽乐、龟兹乐、安国乐、疏勒乐、高昌乐、康国乐。这中间除燕乐、清商乐之外，大部分是西北少数民族和邻近国家的音乐。后来到玄宗时分为立部伎和坐部伎，立部伎有安乐、太平乐、破阵乐、庆善乐、大定乐、上元乐、圣寿乐、光圣乐八部，坐部伎有宴乐、长寿乐、天授乐、鸟歌万岁乐、龙池乐、大小破阵乐六部。这个发展，明显地反映了在吸收外来乐舞后的改造和创新。

再例如，在吸收外来文化之后，形成了一些新的生活方式，包括饮食起居等诸多方面。向达所著《唐代长安与西域文明》书中有“开元前后长安之胡化”一节论述较为详细，他说，“开元以后，贵人御馔，尽供胡食”，并引用慧琳《一切经音义》说明胡食之种类：

---

① 杜佑：《通典》卷一九三，《边防九》，中华书局1988年版，第5280页。

此油饼本是胡食，中国效之，微有改变，所以近代亦有此名。诸儒随意制字，元无正体，未知孰是。胡食者即饆饠、烧饼、胡饼、搭纳等是。

向达还对这些胡食一一加以考证。此外，他对宫室、服饰等方面的“胡化”也均有陈说，可以参考。所谓：

女为胡妇学胡妆，伎进胡音务胡乐。[①]

人们生活的各个方面都有新的变化，因而在正史中也有明显的反映，如《旧唐书·舆服志》记之曰：

武德、贞观之时，宫人骑马者，依齐、隋旧制，多着幂䍦。虽发自戎夷，而全身障蔽，不欲途路窥之。王公之家，亦同此制。永徽之后，皆用帷帽，拖裙到颈，渐为浅露。寻下敕禁断，初虽暂息，旋又仍旧。咸亨二年又下敕……则天之后，帷帽大行，幂䍦渐息。……开元初，从驾宫人骑马者，皆着胡帽，靓妆露面，无复障蔽。士庶之家，又相仿效，帷帽之制，绝不行用。俄又露髻驰骋，或有着丈夫衣服靴衫，而尊卑内外，斯一贯矣。……开元来……太常乐尚胡曲，贵人御馔，尽供胡食，士女皆竟衣胡服，故有范阳羯胡之乱，兆于好尚远矣。

这里记述了许多方面习俗的变化，也反映了修史者的儒家观点，但我们不论这些，只想说明文化交流对生活各方面的影响，是好是坏暂不评论。好、坏都有，也许是事实，创新的东西有好的，也有坏的。

规律·途径·特点

不同地区、不同民族、不同国家的文化各有不同特点，而不同的特

① 元稹：《元氏长庆集》卷二十四，《法曲》。

点，与不同的自然条件（地理环境、气候等等）有关，也与社会因素、人的因素有关，必须综合考虑，才能回答和解决问题，这仍是一个需深入研讨的问题，这里且不多说，但想就一个具体事例提出来谈一谈。唐代有一种“泼寒胡戏”，曾盛行一时，乃至于朝廷下诏令禁止：

> 敕：腊月乞寒，外蕃所出，渐渍成俗，因循已久。至使乘肥衣轻，竞矜胡服，阗城隘陌，深点华风。朕思革颓弊，返于淳朴。……自今已后，（无问蕃汉，）即宜禁断。①

又《唐会要》卷三十四《论乐》引张说上疏云：

> 且乞寒泼胡，未闻典故，裸体跳足，盛德何观？挥水投泥，失容斯甚。法殊鲁礼，亵比齐优。

从内容看，“泼寒胡戏”有点像今日傣族的泼水节。它们之间有无联系，未经细考，很难断言。地区不同，季节的具体时间也不同。此种文化习俗与自然条件有无关系等等，都有待研究。但风行一时之后，它被禁断了，以后长安、洛阳以及中原地区再没有了，这当与气候不适宜也有关系。而这中间多少与文化交流也有关系，就算是传入了，合则留，不合则去掉。它不合中国礼义，也不合中国内地大部分地区的气候，特别是在腊月间。

由以上这具体而微的例子可见，文化交流中有许许多多的问题值得研究讨论。今仅就以下几个较大的方面来谈谈。

首先，不同地区、不同民族、不同国家间的文化交流是必然的，甚至可以说是自然的，特别是相邻近的地区更加容易、更加多。并且文化交流随着交通的发展、人们视野的开阔会越来越频繁。为什么？也许是因为人本身就有求新心理、模仿的习惯。例如，张骞通西域，越走越远，就因为汉武帝想得到汗血马。虽然事情并非如此简单，但它包含了人们求新的愿望，这是可以肯定的，并且双方都是如此，如《汉书·张骞传》记载说：

---

① 宋敏求：《唐大诏令集》卷一〇九，《禁断腊月乞寒敕》。括号内 4 字存于《唐会要》所引，为今本《唐大诏令集》所无。

> 大宛闻汉之饶财，欲通不得，见骞，喜。

> 天子既闻大宛及大夏、安息之属皆大国，多奇物，土著颇与中国同俗，而兵弱，贵汉财物；其北则大月氏，康居之属，兵强，可以赂遗设利朝也。诚得而以义属之，则广地万里，重九译，致殊俗，威得遍于四海。天子欣欣以骞言为然。乃令因蜀犍为发间使，四道并出。

> 然骞凿空，诸后使往者皆称博望侯，以为质于外国，外国由是信之。其后，乌孙竟与汉结婚。初，天子发书《易》，曰“神马当从西北来”。得乌孙马好，名曰“天马”。及得宛汗血马，益壮，更名乌孙马曰“西极马”，宛马曰“天马”云。

当然，张骞通西域不仅仅涉及想得汗血马的问题，从汉朝来说，欲“广威德”①，“威德遍于四海”也是一种心理。人们的种种心理，促进了文化交流。不同特点的文化互相吸引，引起交流是必然的，也是自然的，这是一条大的规律，这是人类文明不断进步的一种表征。实际上，交流也促进了各地、各族、各国文化的发展和进步。

当然，交流本身又是相互的、有来有往的，以上汉代通西域之例即可见，双方都有交流的愿望。唐代范围更广、规模更大的互派使节、互相交流的诸种事实更能说明其相互性。不过，不同文化不仅有不同特点，也有某种发展水平高低之别，因而也有交流、来往多少的不同，这在各族各国文化交流的具体材料中可以明显地看出来，我们就不多谈了。

其次，中国对外来文化的态度是以我为主的。汉唐时期的文化交流，有一个比较突出的现象：既有物质方面的，吃的、穿的、用的等等，也有精神方面的，看的、听的、玩的以及宗教、哲学等等。然而，从外输入的没有制度文化，向外输出的才有制度文化，例如日本大化革新以后，在中央设立京师、畿内制度，在地方设立国、郡、里等组织，订立租庸调的统一税制，施行户籍制度，创立班田收授法等，均仿效唐朝的制度，几乎是原样照搬。这或许说明中国这个有悠久历史的礼仪之邦，制度文化是十分

① 班固：《汉书》卷九十六，《西域传》，中华书局1962年版，第3863页。

完备而且相当稳固的。这在一定时期、一定意义上可以说是优点，就长时间不变化或少变化而言，又有它的保守性和落后性。

以我为主，和日本大化革新那种“照搬”不同，是有选择地和为我所用而加以改造地吸收外来文化。因此，外来文化的传入，或者说中国对于外来文化的吸收，有一般的发展规律，那就是：选择—实践—改造—创新，像汉朝、唐朝这样文化灿烂的时期，不仅是不会采取他国的制度文化，对于物质、精神文化也不会没有选择地接收，不过有的选择很快，历史上没有留下什么痕迹，有的选择则是经过了一段时间的被接收，后来才遭淘汰，如上述“泼寒胡戏”，如《唐语林》中之“凉殿”，等等，还可举出很多事例，往往是风行一时，后来又销声匿迹了。而一经选择接收之后，就是实践，有时是无声无息的潜移默化的影响，有时还会刮起一阵阵吃、穿、玩、乐的“胡风”。情况是多种多样的，也还会有各种矛盾，面对矛盾，外来文化就得想法适应（主要是通过人，包括“胡人”和中国人），突出的例子可举佛教：为了能在中国传播，先是向原始道教靠拢，以至于人们黄老、浮屠难分；继之又以“空”套“无”，使自己的教义得到传播；佛教徒口说“不敬王者”，实际上力图讨好和投靠统治者；僧人与各种士人广为结交，鼓动他们一起宣扬佛教教义，用迷信加小恩小惠吸引广大群众。总之，佛教用各种各样的方法适应中国的情况。中国接收之后，实践之后，又创造出了中国化的佛教，最后融合进入中国文化之中，此即所谓儒、佛、道的并行，儒、佛、道的融合等等。佛教就这样比较完整地反映了文化交流全过程的发展规律。

再次，交流的途径是多样的。文化交流，是人的文化交流，进行交流的是人，因而交流的途径与人的活动分不开。但由于地域的远近不同，民族的性格、习惯等等有区别，南北交流与中西交流的途径是不完全相同的。

本章所说南北文化交流，是指国内不同地区间的文化交流。国内虽有山河之隔，但人们会努力创造条件使交流得以发展，特别是在政治统一的情况下尤为明显，例如修驰道，开五岭，挖灵渠，造运河，等等，这些是最大的，也是十分明显的，但小的也不少，如《后汉书·郑弘传》云：

> 旧交址七郡贡献转运，皆从东冶。泛海而至，风波艰阻，沈溺相

系。弘奏开零陵、桂阳峤道，于是夷通，至今遂为常路。

全国各地不知开了多少“常路”。这大大小小的交通建设，不论其主观目的是什么，客观的效果是便利了经济文化交流。《史记·货殖列传》记载说：

汉兴，海内为一，开关梁，弛山泽之禁，是以富商大贾周流天下，交易之物莫不通，得其所欲，而徙豪杰诸侯强族于京师。

这里虽未明言文化交流，但是，一方面物资、商品的流通即为物质文化的交流，另一方面物品本身以及商人本身也有精神文化方面的因素。《史记·货殖列传》中的陶朱公范蠡、子赣等人，绝不仅仅是商人，还是政治人，也是文化人。其所记白圭之言曰：

吾治生产，犹伊尹、吕尚之谋，孙吴用兵，商鞅行法是也。是故其智不足与权变，勇不足以决断，仁不能以取予，强不能有所守，虽欲学吾术，终不告之矣。

白圭这段话中的文化因素是显而易见的。此外，巴寡妇清，秦始皇“为筑女怀清台”；汉代，“南阳行贾尽法孔氏之雍容”；宣曲任氏“为闾里率”……这些无不有文化因素，所以我认为《史记·货殖列传》不仅仅是讲经济，讲商人（参阅本书第九章）。商人之所以在文化交流中发挥了作用，更明显的原因是商人的货物中还有图书，不论南北或中西的交流中都是如此，如《北史·崔暹传》记载：

魏、梁通和，要贵皆遣人随聘使交易，暹唯寄求佛经。梁武闻之，缮写，以幡花宝盖赞呗送至馆焉。

唐朝商人贩卖白居易、元稹等人的诗篇至日本，也有新罗商人买白居易的诗。当时还以篇论价。这些说明彼此交流中的文化交流就更为具体了。

南北文化交流的另一个重要途径，是人口的流动和迁徙。当时，大规模的流动是由于战乱，如西晋以后的人口大量南迁，平时小的流动，如中原人之迁往河西。主要流动方向是由北向南，由东向西。当然少数由南向北的也有。后世南方一些地区保留着中原地区一些古老的语言、习俗等等，就是这种文化交流的结果。

中西（外）文化交流的途径，除了以上交通、商业、战争（在中外战争中，特别是俘虏起文化交流的作用）等等之外，官方使节和留学生更为重要。从张骞通西域开始，以后中西文化交流日益增多，日益频繁。外来使节，东方各国都有，但以日本的遣隋使、遣唐使最为突出，这些使团同时又带来许多留学生和学问僧，主要就是从事文化交流。日本大化革新的许多具体内容与这种文化交流密切相关，这是众所周知的事。

中外文化交流中还有一个重要途径，那就是宗教。当时主要是佛教（当然也有其他宗教，景教、摩尼教、伊斯兰教等等）。佛教徒的来往，在传经和取经的同时，也传播和交流了文化成果，包括佛教经典以及其他文化成果（如雕塑、绘画、音乐、文学等等）。这方面，法显、玄奘、义净等人的“西天取经”（到印度求法）是最为突出的，他们把印度文化传入中国，做出了大贡献，他们的《佛国记》《大唐西域记》等等，有很大的文化史价值。在中日文化交流史上，宗教也是一条重要途径。唐朝的鉴真，日本的空海，又是突出的例子。

文化交流是一个很大的题目，以上所说，仅就发展的必然性和比较明显的一些规律、特点而言，论述不全面，看法不成熟，只不过提出一些问题，重新引起注意罢了。从文化交流史的发展看，人类（包括各地区、各民族、各个国家的人民）是从文化交流中得到了益处的。文化交流，是人类文明发展的一个必要条件，是必然的，也是自然的。

分论篇

第五章　家庭

文化史研究不能不研究家庭。有人说，“家庭为文化发展的作坊”①，这当然有一定道理。其实，家庭本身就是一种文化现象，它的形式和演变都代表和反映一种特定的文化。汉唐时期的家庭，和其他许多文化现象一样，在中国古代历史上有自己独特的、重要的地位。

研究家庭问题，当然首先要将其基本情况弄清楚、准确。本章将着重讨论汉唐时期家庭的形式、演变以及当时人有关观念的发展变化。

家庭大小及成员结构的估计

中国古代的家庭是何种类型的家庭？其人口数是多少？这些问题社会学家、人类学家、历史学家都进行过研究。多数学者认为，各朝代每个家庭的平均人数在5～6人之间，符合《汉书·食货志》引李悝所说的“五口之家”这种概括。历代户口统计资料中每户的平均人数也是如此，绝大多数为5～6人，少数为6～7人或2～3人，个别的为7～8人②。这少数的不同，均与当时的赋税制度有关③，如西晋太康元年的户口统计数字是平均每户7人，这就和政府实行“户调令”有关。当时户税收入是政府的重要收入，人民的负担也以户税为最重，当然能不分户就不分户，以减少户税的负担。又如，有人根据《通典》记载，计算出唐肃宗乾元三年的平均每户口数为8.79。可是这忽略了《通典》中关于课户与不课户的记载，虽然总户数为1933174，总口数为16990386，每户的平均人数为8.79，但其中不课户为1174592户，课户为758582户，不课口为14619587口，课口

---

① ［波兰］马林儒斯基：《两性社会学：母系社会与父系社会底比较》，李安宅译，台湾商务印书馆1966年版，第205页。

② 梁方仲：《中国历代户口、田地、田赋统计》，上海人民出版社1980年版，第4～11页。

③ 与统计方法不同也有关（如宋代就不同）。

为 2370799 口。那么，不课户则平均每户为 12 口多，课户平均每户只有 3 口多一点。8.79 与实际情况距离颇大。关于课户与不课户，唐代的规定是：

> 凡主户内有课口者为课户。若老及男废疾、笃疾、寡妻妾、部曲、客女、奴婢及视九品以上官，不课。①

户内无课口者即为不课户。不课户的人口多，多半是有官职的。有官有职的人才有较多妻妾，才有部曲、客女、奴婢等等，这不是一般平民百姓的家庭结构。

同时，我国疆域辽阔，各地社会、风俗情况有较大的差异，因此户口统计数字中还有地区的不同。汉代各郡国户口平均数就有低于每户 4 口者，也有高于 6 口者，这样的郡国还不在少数②。可见，真正的每户人数一般是不会很多的。唐代也大体如此③。有人从家庭人口数字上分汉型家庭（平均约 5 口）和唐型家庭（平均高达 10 口），这似乎很难成立，与事实不符。无论汉或唐，都是有的时候有的地区户平均数少，有的时候有的地区则又较多。

总之，历代户口统计数字是很不准确的，一方面，由于流亡、隐匿等原因，统计数字与实有的户口数差得很远；另一方面，统计数字中又还有虚报，所谓“今流民愈多，计文不改”④。而且不同时期登记和统计的方法不同，不同地区的情况有差异：赋税征收有的时候以人口为主，如汉代财政收入中出自人身的算赋、口赋、力役等是主要内容；有的时候有的地区又以户为单位，如户调之收入，如蛮夷地区之只收户赋等等。凡此种种原因，使得历代户口统计数字不是真实的户口数字（但并不是不能说明任何问题），每户的平均人口数也很难准确。

那么，汉唐时期的家庭人口数究竟是多少呢？汉唐时期的家庭究竟属于何种类型呢？

---

① 欧阳修、宋祁：《新唐书》卷五十一，《食货志一》，中华书局 1975 年版，第 1343 页。
② 参阅班固《汉书·地理志》。
③ 参阅刘昫等《旧唐书·地理志》及欧阳修、宋祁《新唐书·地理志》。
④ 班固：《汉书》卷四十六，《石奋传》，中华书局 1962 年版，第 2198 页。

一般家庭人口数，我认为还是如先秦人所说的“八口之家”或“五口之家”。孟子说的“八口之家”是一个比较完备的理想的小农家庭，即一个“仰足以事父母，俯足以畜妻子”的家庭，不至于“父母冻饿，兄弟妻子离散”①。而李悝讲“五口之家”则是从另一角度说的，虽然和孟子一样讲一个百亩之田的家庭，但他强调的是，只有风调雨顺、无灾无难才能维持一般5口人的起码生活。显然，8口或5口都是一个约数，大致的平均数，虽有3口之差，但所反映的家庭成员结构是一致的，即夫妇2人，上有父母，下有子女，还包括未成年的弟弟妹妹。

八口之家：夫妇2人，父母2人（或1人），未成年的弟弟妹妹1～2人（或3～4人），子女1～2人（或3～4人）。

五口之家：夫妇2人，父母或全或不全或无，未成年的弟弟妹妹或多或少或无，子女或有或无。

以上这种家庭结构，又涉及家庭成员的年龄问题。虽然中国古代有30年为一世②的说法，实际上父子年龄相差当在20岁左右（这涉及成婚年龄，详下）。因而大致情况是：本人20岁左右婚娶，父母年在40岁左右，20岁左右生子，即可构成祖孙三代。到孙辈20岁婚娶时，祖父母是60岁左右了。再往下发展，祖父母很难双全，人们一般估计，古人平均年龄不过50多岁。一般四世同堂就很不容易了（历史上有四世同堂的情形，我们在后面再详细说它）。

这种家庭人数和结构，是许多因素构成的，主要有以下几点：

首先是成婚年龄和老死的年龄。关于中国古代成婚年龄，礼法的规定和事实上的婚娶很不一致，各朝各代的法令也常有不同。但从周秦到汉唐又有大体相同的情况，从礼法的规定看，如《礼记·内则》说：

> 男子二十而冠，始学礼，三十而有室，始理男事。女子十有五而笄，二十而嫁；有故，二十三而嫁。

当时其他一些记载礼制的书籍与此相同③。东汉的《白虎通·嫁娶》还解

① 《孟子》之《尽心》《梁惠王》，诸子集成本，中华书局1954年版。
② 许慎：《说文解字》卷三。
③ 《周礼》《大传》《左传》《穀梁传》等均同。

释说：

男三十而娶，女二十而嫁者何？……男三十筋骨坚强，任为人父，女二十肌肤充盈，任为人母，合为五十，应大衍之数，生万物也（除开迷信的附会，也讲了一点生理科学）。

但历代统治阶级出于别种考虑（主要是繁殖人口以利赋税的考虑），对“礼”所规定的这个年龄是不愿接受的，鲁哀公就曾经问孔子说：

男子二十六而精通，女子十四而化，是可以生民矣；而礼男子三十而有室，女子二十而有夫也，岂不晚哉？

孔子不得已回答道：

夫礼言其极也，不是过也，男子二十而冠，有为人父之端，女子十五许嫁，有适人之道，于此而往，则自婚矣。①

“则自婚矣”似乎涉及社会的实际，实际当是20岁左右成婚②。孔子这个对于社会实际情况的概括，也成为后代统治者制定律令的某种依据，如唐太宗贞观元年关于婚娶的诏令就以“男年二十，女年十五已上”③为适婚年龄。更有一些统治者出于和鲁哀公一样的考虑，下令过早“许婚”，甚至强迫早婚，如汉惠帝六年令：

女子年十五以上至三十不嫁，五算。④

晋武帝泰始九年制：

---

① 《孔子家语·本命解》。

② 《墨子·节用上》：“昔者圣王为法曰：丈夫年二十，毋敢不处家；女子年十五，毋不敢不事人，此圣王之法也。”《韩非子·外储说右》：“（齐桓公）下令于民曰：丈夫二十而室，妇人十五而嫁。”

③ 王溥：《唐会要》卷八十三，《嫁娶》。

④ 班固：《汉书》卷二，《惠帝纪》，中华书局1962年版，第91页。

女年十七父母不嫁者，使长吏配之。①

北周武帝建德三年诏：

自今已后，男年十五，女年十三已上……所在军民，以时嫁娶。②

唐开元二十二年敕：

男年十五，女年十三以上，听婚嫁。③

这样的诏令以及早婚之俗，不仅现在看来不好，而且当时也有人不以为然，汉宣帝时王吉就曾上疏说：

世俗嫁娶太早，未知为人父母之道而有子，是以教化不明而民多夭。④

反对过早结婚是因为其关系到人的身体和教育素质，宣帝竟以为“迂阔”。

一般说来，统治阶级中盛行早婚，汉唐时期许多帝王成婚年龄都很低。平民百姓则因经济等缘故，嫁娶困难，自然不可能太早，如上引汉人王吉的疏中还说了另外一种情况：

聘妻送女亡节，则贫人不及，故不举子。

白居易有诗形象地描述说：

红楼富家女，金缕绣罗襦。见人不敛手，娇痴二八初。母兄未开口，已嫁不须臾。绿窗穷家女，寂寞二十余。荆钗不直钱，衣上无真

① 房玄龄等：《晋书》卷三，《武帝纪》，中华书局1974年版，第63页。
② 令狐德棻等：《周书》卷五，《武帝纪上》，中华书局1971年版，第83页。
③ 王溥：《唐会要》卷八十三，《嫁娶》。
④ 班固：《汉书》卷七十二，《王吉传》，中华书局1962年版，第3064页。

珠。几回人欲聘，临日又踟蹰。①

不同阶级的婚龄不同，在礼制规定上也有明确反映。古代男子的冠礼是成人的标志，成人即可成婚、生子，统治者十五（甚至有十三的）即可生子。《左传·襄公九年》写道：

国君十五而生子。冠而生子，礼也，君可以冠矣。

这是一般平民百姓难以办到的，甚至是不行的。所以唐人孔颖达在注疏《礼记》时指出：

二十而嫁，三十而娶，非庶人礼也。②

据上所述，全面考虑，把成婚的平均年龄定为二十岁左右是可以成立的。因而前面对家庭成员年龄差的推测，大体上也是可以成立的。

至于我们说六十岁以后的老年夫妇很难双全也非凭空臆说。从汉唐时期关于“老免”的规定也可看出，或以五十六岁为老，或以六十岁为老，老了以后往往就出现鳏夫寡妇，这在律令中也常有反映，如前述贞观元年诏令中就有“其鳏夫年六十，寡妇年五十已上”的文句。孙儿、孙女增加，祖父母减少，一个家庭人口数就自然大体维持在5口或8口的数字上。当然并非生一个就死一个这样平衡发展，有时生的数字要多一些，这就是人口的自然繁殖。但对于一个家庭的人口数来说，还有其他因素。

其次就是成年子女的出嫁和男子的出分。女子大了（不论十五岁或二十岁）就出嫁自无问题。而兄弟成年了也要分出去，至少从周代以来就是如此。西周的宗法制、分封制等等，虽然讲的是亲亲之义，但另一方面又特别重视嫡庶之分，实行嫡长子继承制，庶子自然是分出去。庶子又称别子，礼制中的“别子为祖，继别为宗”③，就是分出去独立成系统的意思。宗法制虽然主要是统治阶级制定和提倡的，统治阶级的家和一般平民百姓

① 白居易：《白氏长庆集》卷二，《秦中岭》十首之一《议婚》。
② 《礼记·昏义》疏，十三经注疏本，中华书局1980年版。
③ 《礼记·丧服小记》。

的家也有区别，如孔颖达解释《诗序》之“国异政，家殊俗”时所说：

此家谓天下民家。《孝经》云：非家至而日见之也，亦谓天下民家，非大夫称家也。

但在周代，平民百姓分财异居自然不是违反礼和法的，能独立成家了，就可以分出去，也是“别子为祖”。至于商鞅下令，“民有二男以上不分异者，倍其赋”①，更是“出分”的证明。不过，这条材料人们常引，却很少深究。民有二男，不是两个男子，而是两个儿子。两个多大的儿子才一定要分出去，史无明文。从汉代贾谊说“秦人家富子壮则出分，家贫子壮则出赘”② 来看，当是“壮”了之后才分的，那就是成年，或者当婚之时，才“出分”“出赘”的，只不过没有说是长子还是庶子罢了。这个问题比较复杂，我们下面将还要讨论它。汉唐时期没有“分异”的规定，但是习惯上，成年兄弟往往是要分家的。

再次，从人的生殖能力看。一对夫妇从结婚开始到不育年龄，一般有可能生十胎、八胎。如《北齐书·王昕传》曰：

昕母清河崔氏……生九子，并风流蕴藉，世号王氏九龙。

《南史·曲江公遥欣传》曰：

（子幾）年十岁便能属文。早孤，有弟九人，并幼，幾恩爱笃睦，闻于朝廷。

那么，家庭人口数就可能经常突破 8 口。但事实上，多子女的家庭又比较少，这当有许多原因。例如，出生婴儿成活率不大，夭折者多，等等，与生理、医疗卫生等条件有关系，像“王氏九龙”并存的事恐怕极少。一般史书中较多见的不过三兄四弟。对于平民百姓更重要的一个因素是经济上

① 司马迁：《史记》卷六十八，《商君列传》，中华书局 1982 年版，第 2230 页。
② 班固：《汉书》卷四十八，《贾谊传》，中华书局 1962 年版，第 2244 页。

的，生多了养不活，“贫人不及，故不举子”，溺婴也是比较普遍的现象。如《晋书·郑休妻石氏传》：

休前妻子既幼，又休父布临终有庶子沈生，命弃之。石氏曰：“奈何使舅之胤不存乎！”遂养沈及前妻女，力不兼举，九年之中三不举子。

不但不举，生“弃之”的也常有，如《晋书·孔愉传》载，孔愉从子严为吴兴太守时：

武康有兄弟二人，妻各有孕，弟远行未反，遇荒岁，不能两全，弃其子而活弟子。

这虽是说的平民百姓在“遇荒”这种特殊情况下因“养不活”而弃子，但即使是在正常情况下，他们养活较多子女实际上也是不可能的。

当然，影响家庭人口数的还有其他一些因素，例如政府的有关政策，习俗的形成，家庭关系以及人们的心理等，本章以下各节对有些问题将予以论列。

总之，家庭人口数始终也只能说一个大致，关键是家庭成员结构。汉唐时期的家庭结构，或者准确地说一般平民百姓的家庭结构是：一对夫妇上有父母，下有子女，旁有未成年的弟弟妹妹。这显然不同于所谓核心家庭，也很难说是什么直系家庭或共祖家庭，因为成年兄弟又分出去了，并非“直系”在一起“共祖”。大家庭或联合家庭有，特别是汉唐时期，统治者日益大力提倡，各朝各代都有些大家庭的事例。但这毕竟不是大量的、普遍的，特别是广大平民百姓之中，几乎没有，也不可能有。上述结构的家庭就是中国古代的家庭，或者不仅汉唐时期如此，而且整个古代也没有大的变化。

各时期家庭实例分析

上面说明了中国古代汉唐时期的家庭，不能简单套用西方的某些家庭概念。这里我们要重温马克思和恩格斯一段很有启发意义的话："……应该根据现有的经验的材料来考察和研究家庭，而不应该像通常在德国所做的那样，根据'家庭的概念'来考察和研究家庭。"① 这是一种马克思主义的观点和方法，以材料为根据。汉唐时期的家庭材料和其他方面的历史资料一样，在使用时需要仔细地鉴别和分析。本节将从一些比较具体的家庭材料中来进一步论述上一节提出的问题以及相关的一些问题。

汉唐时期的家庭与西方学者提出的一些家庭类型不同，是中国古代的家庭，从汉到唐没有大的变化。但其也有自己的不同种类。不仅家庭人口数不能简单确定为 5 口或 8 口，且在成员结构上也有完备和不完备之分，不完备的孤儿寡母一两口人，完备的可以发展到嫡传的四世同堂（此乃标准形态。复合家庭或者联合家庭是它的变态）。不仅如此，最大的不同类型还是和先秦一样，有大夫之家与民家的区别，即统治剥削阶级的家庭与被统治剥削的人民家庭的分别②。前者有更多的机会、更大的可能发展成大家庭，所谓联合家庭或者家族，除开三妻四妾以及所有的子孙媳妇的几世同堂之外，还包括同居的其他亲属以及不同数量的奴婢、部曲、宾客等等在内，少则数人、数十人，多则以千百计。这种情况，说它是一家，有点不伦不类，说它不是一家，它又总是与家相联系，所谓"客皆注家籍"，都在一家的户籍之上，所谓"同籍""同财""同居"（这几个词是有一定区别的），具体事例颇多，无法一一列举，《颜氏家训·止足篇》曾有一个概说：

> 常以二十口家，奴婢盛多，不可出二十人，良田十顷，堂室才蔽风雨，车马仅代杖策，蓄财数万，以拟吉凶急速，不啻此者，以义散之；不至此者，勿非道求之。

这是颜之推所理想的士庶之家，或者可以说是一个一般的大地主家庭。这种类型的家庭在汉唐时期当是比较普遍存在的，但在世界历史上恐怕不会

---

① ［德］马克思、［德］恩格斯：《马克思恩格斯全集》第三卷，中共中央马克思恩格斯列宁斯大林著作编译局编译，人民出版社 1960 年版，第 33 页。

② 这种分别是显而易见的，但要具体划分谁属哪一类又不那么容易。即便如新中国实行土改时的划分阶级，大界限明确，具体做起来却千差万别。

多见，这也算是中国古代家庭的特殊类型吧！

至于一般民家，无论是从家庭类型的特殊性（在世界范围）或其数量的普遍性（在中国）来说都很有意义，对于了解中国近现代家庭的传统也更有意义，应该具体地研究它。

首先，汉简和敦煌、吐鲁番文书中的有关资料，无疑是很有价值的实例。

在老的居延汉简中有一些记了家庭成员的名籍，例如，有人统计 24 户的情况①，户 4 人者 12 户，3 人者 5 户，2 人者 7 户，平均每户只有 3.2 口，其成员结构主要是夫妇和子女（包括仅有父子或母子关系者）的有 20 户（80%以上），有未成年弟弟妹妹（包括大龄但未嫁姐妹）共居的只有 4 户。这是西北边境的情况。

1974 年湖北江陵凤凰山汉墓中出土了一批简牍，反映的是内地情况。其中有一份“货谷账”②，列了 25 户人家，除 1 户口数不明外，其余 24 户共 112 口，平均每户约 4.67 口。其中 3 口一家的 5 户（20%），4 口的 5 户（20%），5 口的 2 户（8%），6 口的 7 户（28%），7 口的 2 户（8%），1、2、8 口和口数不明的各 1 户（均为 4%）。4～7 口的户数占总数的 64%。最高的是 8 口之家，只有 1 户，仅占总数的 4%。3 口以下的户数也不多，1、2 口的都只一户，各占 4%。毋庸置疑，以上这些数字是有典型意义的，同时又是有普遍意义的，与本章上节的估计大体相符。

又，敦煌资料收录的西凉时期敦煌县石宕乡高昌里户籍残卷中有 10 户人家③，分别为 3 口（3 户）、4 口（1 户）、5 口（2 户）、6 口（1 户）、7 口（1 户）。另外 1 户 3 口以上但不全，1 户 2 口的是单丁寡母。4、5、6 口者均为夫妇 2 人，分别有 2、3、4 个子女。其中 1 个 5 口之家，户主 50 多岁，夫妇 2 人有儿媳，尚无孙子，但有一个老姐姐“附籍”。唯独 7 口之家年 66 岁的兵裴保有祖孙三代。这 10 户的情况，也大体符合我们上述家庭成员结构。

至于唐代的户籍，资料较多，而且比较具体。例如敦煌资料收录的户

---

① ［日］池田温：《中国古代籍帐研究》，龚泽铣译，中华书局 1984 年版，第 67～71 页。

② 黄盛璋：《江陵凤凰山汉墓简牍及其在历史地理研究上的价值》，《文物》1974 年第 6 期。

③ 本章所引敦煌资料均见唐耕耦、陆宏基：《敦煌社会经济文献真迹释录》第一辑，书目文献出版社 1986 年版。

籍材料，就可供我们具体分析。从玄宗到代宗时期，人口登记比较完整的户籍有 56 户。这 56 户的总口数为 355，平均每户约 6.3 口，各种口数的户数分别为：

1 口	5 户	9 口	4 户
2 口	6 户	10 口	1 户
3 口	6 户	11 口	1 户
4 口	7 户	12 口	2 户
5 口	3 户	13 口	1 户
6 口	6 户	15 口	3 户
7 口	4 户	16 口	1 户
8 口	5 户	18 口	1 户

9 口以上的有 14 户，仅占 25%；7 口和 8 口的有 9 户，占 16%。二者相加也只有 41%。6 口以下的占 59%，5 口的不多，3、4 口的不少。

和前述汉代江陵家庭人口数相比，唐代平均每户 6.3 口，比汉代的 4.67 口略高一点；人口多的户（9 口以上）在唐代约占总数的 25%，比汉代占总数的 4%也要高一些，似乎有一个呈上升趋势的问题。但不能因此就说汉唐是两种不同类型①。因为不仅从平均数看，汉代的 5 口（4.67）或唐代 6 口（6.3）无明显区别，而且一个是西汉初年（文景时期社会生产恢复阶段），是内地，一个是唐代中叶（相对发展时期），是边地（边地总情况是人烟稀少，居民大都聚族而居）。家庭人口数不足以区分家庭类型，那就只有具体分析家庭成员结构了。

我们认为，9 口以上和 8 口以下，大体上是前述两种不同阶级的家庭类型。

9 口以上是统治剥削阶级的家庭，或者有两三个妻子，或者有奴婢。如：10 口户户主索思礼，“老男，昭武校尉前行右金吾卫灵州武略府别将上柱国”，10 口中就有 3 奴 1 婢；15 口户户主程什柱，“老男，翊卫”（故父行宽为上柱国），有 2 妻 1 妾，2 男 4 女，外加兄弟夫妇及侄儿女 3 人；16 口户户主程智意，“卫士正骑尉”，2 个妻子，1 个儿子，10 个女儿，外

① 有的学者就从人口多少分汉型和唐型家庭。参见杜正胜：《传统家族试论》，（台湾）《大陆杂志》第 65 卷第 2 期。

加 2 个老姐姐；18 口户户主程思楚，“卫士武骑尉”，3 个妻子，老母在，2 个弟弟同居，一个是“卫士”，一个是“白丁”，但都有 2 个妻子，除开子侄外，还有 2 个妹妹，是一个联合大家庭。

8 口以下的家庭结构就不一样了，主要是父母子女、兄弟姐妹关系，少数的有祖父母。2、3 口之家，则或父女、或母子、或祖孙相依为命。4 口以上，也主要是父母子女，如一个 62 岁户主的 8 口之家，有 1 儿 6 女，如夫妇 2 人生 2 男 3 女的 7 口之家以及生 1 男 3 女的 6 口之家等等；有的是有三代（祖辈多不全）；有不少有兄弟姐妹的，其中又以姐妹为多（姑也是父辈的姐妹），还包括亡兄或亡叔之妻等等。未成年的不必说，也有少数已成年的兄弟（包括老年或残疾的叔父，也是父辈兄弟）。

这里，成年兄弟姐妹，亡叔妻子以及老、残叔父多半共户，与我们所说的平民家庭成员结构不一致，但有其特殊原因，敦煌资料反映的是边远地区的情况，那里的人口有许多是内地迁移去的，迁移的人口多同姓（同宗同族）相聚，历来如此①。天宝六载籍，敦煌龙勒乡都乡里的 20 户中，程姓就有 6 户，曹、刘、阴姓等各 2 户（有 2 户姓氏不明）。这些住在一起的各户关系密切，如程姓 6 户中，2 户共祖的就有 2 对，说不定他们原本是一个老祖宗分出来的几支。其他各户不同姓，还可能结为姻亲，这在其他时期的材料中有反映②。为了互相照顾帮助，所以形成聚族而居的状况。与此同时，家庭结构也就有些不同，不出三代的直系亲属较多的组成一家，特别是那些成年未婚或婚后身亡遗下的妻子，依靠兄长或叔伯，是情理中之事，如曹思礼户中有亡弟妻、亡兄男；杜怀奉户中有亡兄之妻，子、女及姑；安大忠户中有 2 个亡叔之妻；安游璟户中有 77 岁的老叔和 34 岁“废疾”的叔。此外，有亡叔或亡兄妻、子之户不少，有姐妹的户更多。

当然，这种特殊情况形成的家庭结构，显然也是以男子为中心的，以上所述均以某一代的成年男子为户主，即便没有成年男子的户也要以小男为户主，如 17 岁的徐庭芝“小男”，虽未成年但为户主，其余人均为女性（27 岁的姐，85 岁的婆，48 岁的母和 2 个 47 岁的姑）。

---

① 至今都有遗存，如福建有客家人的围屋，三四百人共居。

② 开元四年慈惠乡籍中余善意户孙子伏保，说“娶里内户主王妙智女杨王王为妻”。

据上所述，边远地区在特殊情况下形成了比较特殊的家庭成员结构，但中心还是有血缘或者姻缘关系的直系亲属，是一种直系亲属组成的联合家庭。这在外国家庭中不大可能有，在中国家庭史上也不占主要地位，因为以上那些事例，不仅地区、条件情况特殊，数量所占比例也不大，而且除开孤儿寡母式的单丁独户之外，多半是属于统治剥削阶级的家庭。

根据敦煌资料，还可以研讨一下关系家庭成员结构的年龄问题，特别是婚龄和生育年龄，这些虽无明确记载，但可做合理推算。

我们统计玄宗和代宗时期户籍中 60 组有夫妇、父子或母子关系的情况：38 组父子关系中，父亲与长子（或长女）年龄相差 30 岁以上的 21 组，占 55.3%，最大年龄差为 53 岁，相差 18 岁的仅有 1 组，相差 21、22、24 岁的也分别只有 1 组。45 组母子关系中，母亲与长子（或长女）年龄相差在 30 岁以下的 34 组，占 75.6%（其中差 17、18 岁的各一组，差 19 岁的 6 组，差 21 岁的 6 组）。这不完全是实际的生育年龄（因为在此长子女之前还可能有夭亡了的子女），但总的来看，生育年龄男子偏高，女子偏低，一般是男子 25 岁以上，女子 20 岁左右。60 组中有 4 组已婚夫妇无子女，年龄分别为：35 岁和 28（19）岁，30 岁和 24 岁，29 岁和 21 岁，21 岁和 18 岁。根据以上这些情况，可以肯定婚龄不会很低。结婚不是一件很容易的事，许多成年男女都未结婚；在前述的 355 口总人数中 20 岁以上的未婚男子有 38 人（约占总口数的 11%，在男子或成年男子中其所占比例更大，而且残疾、老鳏夫等均已除外），其中 25 岁以下的有 9 人，30～53 岁的有 12 人；20 岁以上的未婚女子更多，有 57 人（占总数的 16%），其中 25 岁以下的只有 21 人，30 岁以上的有 28 人，不少户内有三四个女子未出嫁（有的还包括姑、侄两辈）。未婚女子大多数应该是未出嫁者，因为已婚过的都在户籍上有反映，如亡叔、亡兄弟之妻，或注明寡。这种情况，恰如杜甫诗所描写的："夔州处女发半华，四十五十无夫家。"①

另外，在这 60 组中，有男子 60 岁以上的 11 组，占 18%；有女子 60 岁以上的 16 组，占 26.7%（60 岁以上的男女在总人口数中所占比例很小，仅 6%左右）。形成祖孙三代的有 4 户，都是只存一个老祖母（分别为 66、

① 杜甫：《杜工部诗集》卷六，《负薪行》。

67、73、83岁)；四世同堂的1户，老祖宗(女)89岁。其他几个六七十岁的未形成祖孙三代，多半是大龄儿子未婚配，如71岁的赵大本，4个儿子年龄分别为36、27、26、24岁，没有一个娶妻：47岁的唐大昭，父母双存(68、66岁)，但本人及40岁弟弟皆未娶，有一位32岁的亡兄妻守寡，但无子女；其他本人40岁左右，有高年老母，但未婚者尚有几例。因此，户内虽有高龄，但未按适婚年龄形成三代或四代同堂。

以上计算虽不十分精确(因为某年帐后死亡或户除等未仔细区分)，但其所反映出来的情况与本章前节家庭人数和成员结构的分析是基本一致的①，仅部分已婚兄弟合为一户有些不同。这一方面多半是统治剥削阶级的家庭，另一方面也因为是边远地区，许多人由内地迁去，无论经济、生活哪一方面都需要互助、团结，彼此照顾，这对于孤儿寡母、老弱病残以及老姑娘尤其重要，所以有的10口以上的大户就包括兄弟姐妹、叔侄乃至亡叔、亡兄之妻等等。实际上有一些还注明了是“附籍”，如西凉时户籍残卷中，隋嵩一家5口，即为夫妇2人，儿媳2人，加上1个“姊皇年七十四，附籍”。在唐代户籍中，注明“附”字的不少，主要是“增加”的意思，多半是某年登记时遗漏或逃亡后增补的，但也有“依附”之意，如令狐尧户中有：

> 亡叔男海滨年肆拾岁，废疾，广德二年帐后逃还，附，患左眼瞎并风痴。

索仁亮户中有：

> 亡兄男元晖年贰拾玖岁。上元二年帐后逃还，附。

本来不是一户，“逃还”后依附兄长或叔伯，合为一户。

出土文物资料具体、真实，比较精确，但也有一定的特殊性和局限

① 吐鲁番文书中户口帐所反映的西州家庭情况大体也是如此，统计玄宗以前的86户，5口以下的家庭占70%，9口以上的10户，只占11%多一点，最高的14口一户。10口以上的户，除有的是祖孙三代外，还有妾有奴婢。参见唐长孺：《唐西州诸乡户口帐试释》，《山居存稿三编》，中华书局2011年版，第95～181页。

性。下面再就文献记载中的实例作些分析，以便对比、印证。

关于汉代家庭的大小及结构已经有了不少研究[①]，许多记载表明，汉代家庭规模一般不大，成员最多包括上一代的父母和下一代的子女，和以上所说情况基本一致。在文献记载中，刘邦参加农民起义之前的家庭情况是一个典型例子，他有两个兄长、一个弟弟，有人分析文献材料指出，兄弟是分了家的[②]，刘邦不是长子，也未与父母同爨，这符合秦代的法令规定。我们再多看几个人的家世也是如此，在《汉书》记载中，可以见到家庭成员者都是小家庭，如：韩信“家贫”，仅母子二人；彭越、栾布“穷困卖庸”，似乎是单丁独户；陈平虽与兄嫂共“居”（主要是未“长”之前），但人口不多是显然的；王陵家中也只有老母。其他参加刘邦起义的人，不仅多半是平民百姓（如屠狗、贩缯之人等等），而且无妻儿老小后顾之忧（如刘邦、王陵父母被项羽虏为人质者少）。

西汉200年，制度政策相对来说是一贯的，社会经济也有所发展，人口的自然繁殖相对增加，家庭相对稳定，家庭人口数理应有所增加，但由于前述人口结构的种种因素，不会实际上也没有大的变化。汉初的布衣将相，后来形成大家庭的不多，家庭的繁衍也不突出，例如萧何这个“高皇帝大功臣”，从《汉书·萧何传》的记载看，他只有两个儿子，长子无子，次子有子二人，重孙以下人也不多：

> 宣帝时，诏丞相御史求问萧相国后在者，得玄孙建世等十二人。

经多次免后再封，传至“王莽败，乃绝”，看不出有大家庭的存在，也不像是几世同堂、众人同居的世家豪族（当然，世家豪族是从西汉后期开始形成的）。萧何“不治垣屋”，是担心子孙不贤，“为势家所夺”，但同时也反映势家豪族免不了有“三十年河东，三十年河西”的变化。至于平民百姓，维持一个小家庭尚且要为温饱而辛劳，甚至是在天灾人祸中艰苦挣扎

---

① 如许倬云：《汉代家庭的大小》，庆祝李济先生七十岁论文集编辑委员会：《庆祝李济先生七十岁论文集》，台湾清华学报社1965年版；杜正胜：《传统家族试论》，（台湾）《大陆杂志》第65卷第2、3期；等等。

② 杜正胜：《中国文化新论·社会篇：吾土与吾民》，（台湾）联经出版事业有限公司1983年版。

着生活，大家庭的理想是无法实现的。一个劳动力很难养活几口人，例如，西汉末年：

> 魏潭有一孤兄子，年一二岁，常自养视，遭饥馑，分升合以相生活。谭时有一女，生才数月，念无谷食，终不能两全，弃其女，养活兄子。①

一般人生活之困难，由此可见一斑。

东汉建立，平民百姓家庭多半重演一次西汉初年的经历，战乱之后，经济生活逐渐恢复发展，家庭相对安定，生儿育女也相对正常进行。统治剥削阶级的家庭则与西汉的发展有所不同，除了一部分经过战乱同样没落外，有的大家庭则逐渐形成世代相继的豪门世家。“同居”“共财”之风即从东汉末年开始，如赵翼《陔馀丛考》所言：

> 世所传义门，以唐张公艺九世同居为最，然不自张氏始也。《后汉书》：樊重三世共财；缪肜兄弟四人皆同财业，及各娶妻，诸妇遂求分异，肜乃闭户自挝，诸弟及妇闻之，悉谢罪；蔡邕与叔父从弟同居，三世不分财，乡党高其义。又陶渊明《诫子书》云：颍川韩元长，汉末名士，八十而终，兄弟同居，至于没齿；济北氾幼春，七世同财，家人无怨色。是此风盖起于汉末。②

这个结论，与风起于东汉末年的事实基本相符。不过，这种现象毕竟不是，也不能是大量的和普遍的，而是在整个社会中犹如凤毛麟角，所以才会有州郡奖励或“乡党高其义”之类的记载。而且各种统计数字也反映不出大家庭的现象。

魏晋南北朝的文献记载中有一种现象应该说明，那就是：“或百室合户，或千丁共籍”③（北方情况），“豪族挟藏户口，以为私附”④（南方也相同），“客皆注家籍”⑤。照理说户籍上会反映出人口数很多的家庭，但实

① 李昉等：《太平御览》卷五一二，引《东观汉记》。

② 赵翼：《陔馀丛考》卷三十九，《累世同居》。

③ 房玄龄等：《晋书》卷一百二十七，《慕容德载记》，中华书局1974年版，第3170页。

④ 房玄龄等：《晋书》卷四十三，《山涛传》，中华书局1974年版，第1230页。

⑤ 魏征等：《隋书》卷二十四，《食货志》，中华书局1973年版，第674页。

际上还没有发现过这样的户籍簿。即便有这样的户籍，此类户或家也不能说是家庭，因为有大量的奴婢、部曲、佃客（包括典计、衣食客等等）附籍、共籍，绝不是真正的家庭成员。户籍不等于家庭，而真正的家庭情况又不一定反映到户籍上去，如北齐时因为有“未娶者输半床租调”的规定，所以造成“阳翟一郡，户至数万，籍多无妻”①。一方面，合户、共籍的数量在整个社会中比重不大；另一方面，大量小家庭连正常发展都困难重重，“生儿不复举养，鳏寡不敢妻娶”② 的现象极为普遍。两种现象、两方面的发展都是相同的原因，即战乱、赋役以及自然灾害等等。一般平民家庭，因贫困无法正常发展，甚至残破不全，这是主要的。

魏晋南北朝隋唐，统治阶级大力表扬累世同居，反对“别籍异财”，但实际却与之相反，这一点我们将在下节详细讨论。从史书记载累世同居的“义门”看，大家庭并不是普遍现象。《新唐书·孝友传》写道：

> 唐受命二百八十八年，以孝悌名通朝廷者，多闾巷刺草之民，皆得书于史官。

大约统计了一下史官的档案资料，列举出近 200 人的名单，其中大部分是“事亲居丧著至行者”，只有 36 人是数世同居者。新、旧《唐书·孝友传》中记述约 50 人，也多数是孝子，数世同居者不过四五户，而且除一户外，都是隋以前的几世同居，与前述战乱中形成的情况有关，如两《唐书》均载的李知本，又仅“与弟知隐雍顺，子孙百余，至赀用僮仆无间”，而且“大业末，盗贼过闾不入，……往依者五百余室，皆以免”。但“贞观初，知隐为伊阙丞，知本夏津令”。这以后事实上是分居了，子孙百余人同财共居只是战乱时的现象，据以上情况分析，大家庭在唐代社会中也只是凤毛麟角，这种结论是不会错的。

法令与习俗

国家的政策和法令对家庭的结构是会产生影响的。据记载，秦有一条

① 魏征等：《隋书》卷二十四，《食货志》，中华书局 1973 年版，第 676 页。

② 房玄龄等：《晋书》卷七十五，《范宁传》，中华书局 1974 年版，第 1986 页。

法令规定：

> 民有二男以上不分异者，倍其赋。①

其具体办法不清楚，究竟为何作这种规定也难以断定。汉人曾从伦理道德的角度批评秦人，但是今人认为这一规定影响了个体小家庭的建立和发展，不论是从定法者主观的意图，还是从实行后的客观影响来看，都可以得出这样的结论。一般地说，汉承秦制，汉代是否继承了这一条，或者是否认真实行过这一条规定呢？法律还无明文证实，从记载情况看，直到曹魏时才有明令规定：

> 除异子之科，使父子无异财也。②

此后，对于同居与异居、共财与分财的问题，各朝都予以重视。到了唐代，《唐律·户婚》中有三条明确规定：

> 诸祖父母、父母在，而子孙别籍异财者，徒三年。

> 若祖父母、父母令别籍及以子孙妄继人后者，徒二年，子孙不坐。

> 诸居父母丧，生子及兄弟别籍异财者，徒一年。

第一条有注："别籍异财不相须"，疏义解释"不相须"说：

> 或籍别财同，或户同财异者，各徒三年。

第二条的疏义说：

---

① 司马迁：《史记》卷六十八，《商君列传》，中华书局1982年版，第2230页。

② 房玄龄等：《晋书》卷三十，《刑法志》，中华书局1974年版，第925页。

……但云“别籍”，不云“令其异财”，令异财者，明其无罪。

这里有两点值得注意：（1）户籍和实际生活中同财共爨的家庭可以不一致，可能有共籍而异财分爨的情况；（2）特别重视的是名分上的共籍，所以祖父母、父母在，子孙搞别籍异财，即是不孝不悌（包括为父母服丧期内也不能分），祖父母、父母可以令子孙异财（分异成实际的小家庭生活），但不能令其别籍。

通过对上述情况的进一步分析，我们可以认为，从曹魏开始（实际应当从东汉开始），经两晋南北朝到隋唐，历朝统治者所反对的别籍异财，所提倡的“同居”“义门”①，其主要目的是教化，宣扬封建的伦理道德，以维护统治，这是十分明显的。《晋书·刑法志》记“除异子之科”时有一段简要的叙述：

正杀继母，与亲母同，防继假之隙也。除异子之科，使父子无异财也。欧兄姊加至五岁刑，以明教化也。

曹魏代汉，司马氏篡魏，以及东晋南朝走马灯式的更替，已经无君臣之忠可言，只好大力提倡孝道转移人们的视线。以孝治天下在整个两晋南北朝时期突出起来，所以记载中关于维护家庭伦理的法令也特别多。唐代沿袭了这有利于封建统治的一切，许多诏令中都明确地指出“即令同籍共居，以敦风教”②，或曰“明教化”，或曰“敦风教”，目的清清楚楚。这自然影响家庭的分合、大小。

但是，用时下的语言说，“教化”是“软任务”，还有“硬任务”更影响家庭结构的变化，例如关于赋役征收的政策法令，有时也有“令析籍”或“令同籍”的规定。从汉代制定《户律》开始，其主要目的是赋税的征收。汉代基本上是按丁口征收赋税（以户为单位的赋税即便有，所占比重也不大），所以影响家庭大小的作用不大，户的多少不太关紧要，从教化着眼，曹魏时明令废除秦以来的“异子之科”。但以后，从晋代开始实行

① 历代的各种表彰以及史书中立孝友传等事例甚多，不烦征引。
② 刘昫等：《旧唐书》卷四十八，《食货志上》，中华书局 1975 年版，第 2091 页。

“户调式”，以户为单位征收赋税的比重加大，再加上频繁的战乱等因素，南北朝时期普遍出现“户高丁多”的现象。所以隋初检查户口，在“大索貌阅”的同时，规定：

> 大功已下，兼令析籍，各为户头，以防容隐。①

这就是说，祖孙三代可以合户，但只限嫡长子孙，成年的堂兄弟姊妹要分户。显然，民间的合户是为了逃避赋役，政府的“令析籍”是为了增加赋税收入。到了唐代，因为规定丁多之户户等高，赋役也重，所以人民又自动析籍以避，于是天宝元年的敕文云：

> 如闻百姓之内，有户高丁多，苟为规避，父母现在，乃别籍异居，宜令州县勘会。其一家之中有十丁已上者，放两丁征行赋役；五丁已上者放一丁，即令同籍共居，以敦风教。其侍丁孝假，与免差科。②

税收政策与教化任务有矛盾，采取减免一定赋役的措施，以保证教化。不过其也主要只说到“父母现在”的问题，而且只是就十丁、五丁相当多的情况而言，“别籍异居”的情况恐难制止。

祖父母、父母与子孙同居，血缘、经济、生活上的联系自然紧密。三从、四从兄弟同居共财就难了，人多嘴杂，特别是还有原非血缘关系的女子加入，她们对于某一人是夫妇关系，与其他兄弟姊妹就无血缘、婚姻等关系了。若要维系一个大家庭，就必须有一定的治家法度，这在当时的记载中可以看出来，如《旧唐书·李畬传》写道：

> 闺门邕睦，累代同居。每岁时拜庆，长幼男女，咸有礼节。

又《新唐书·崔邠传》写道：

---

① 魏征等：《隋书》卷二十四，《食货志》，中华书局1973年版，第681页。
② 王溥：《唐会要》卷八十三，《租税》。

三世一爨，当时言治家者，推其法。

唐以后，就在汉唐治家之法的基础上，总结和发展成许多的家规、家范。然即便有规范维持，大家庭也会因种种原因而瓦解，如《北史·崔挺传》云：

五代同居，后频年饥，家始分析。

表面维持时也会矛盾重重，所以有人说：

每见义居之家，交争相疾，甚于路人。①

闹分家的事例屡见不鲜，这里就不一一列举了。分家，主要是兄弟之间要分家，什么原因，有待探讨。封建礼教盛行之时，有人完全责备妇女，说什么“人家兄弟不和，皆起于妇人”②。虽然各种记载中有一些“诸妇遂求分异，又数有斗争之言”③，以及因之而“休妻”“出妻”的事例（当然也有相反的事例，有维护大家庭的妇女），但“皆起于妇人”的结论是偏颇的。究竟为什么“兄弟原同一体，事亲便至相让，分财便至相争”④，此处就不再详细谈论了，反正大多数成年兄弟是要分家的，是分了家的。

当然，分异不见得就不好，人们也可以找出分异的理由，所谓“礼有分异之义，家有别居之道”⑤，究竟有哪些主张分异、别居之礼，这里不仔细考究它⑥，反正是有大量分异的事实，人们应该承认它、肯定它就是了。既然分是大势所趋，所以后世就有人主张：

兄弟当分，宜早有所定，倘能相爱，虽异居异财，亦不害为孝

---

① 顾炎武：《日知录》卷十三，《分居》注引袁君载之言。

② 吕柟：《鹫峰东所语》。

③ 范晔：《后汉书》卷八十一，《缪肜传》，中华书局1965年版，第2685～2686页。

④ 徐学谟：《归有园麈谈》。

⑤ 范晔：《后汉书》卷七十六，《许荆传》，中华书局1965年版，第2471页。

⑥ 《许荆传》中许武说“礼有分异之义”，注引了《仪礼》一段话，加以证明。

义也。①

实际上，汉唐时期均有早定分异的事例，如：汉有陆贾与诸子异居，晋有石苞临终分财，均著录在史书之中，且给后人以榜样和启发。唐代名相姚崇就曾以为借鉴，并阐发了一番道理，《旧唐书·姚崇传》记载：

崇先分其田园，令诸子侄各守其分，仍为遗令以诫子孙，其略曰："……比见诸达官身亡以后，子孙既失覆荫，多至贫寒，斗尺之间，参商是竞。岂唯自玷，仍更辱先，无论曲直，俱受嗤毁。庄田、水碾，既众有之，递相推倚，或致荒废。陆贾、石苞，皆古之贤达也，所以预为定分，将以绝其后争。吾静思之，深所叹服。

姚崇有此分田园之事，说明与唐律规定不矛盾，如前所述，祖父母、父母不能令子孙别籍，但可令子孙异财。姚崇"静思"陆、石所为之言，则包含不少道理，涉及不少人情世故。

事实是，分居分财（主要是兄弟）的情况是大量的、普遍的。无论西汉、东汉，兄弟分财不足为奇，如：西汉的卜式，在亲死弟壮之后，"脱身出分"②；主父偃贫穷时，"昆弟不我衣食，宾客不我内门"③；东汉薛包，"弟子求分财异居，包不能止，乃中分其财"④；许武与二弟"共割财产以为三分"⑤。分家的情况是各种各样的，礼法并不干涉，只是在分财发生问题时，有时诉诸官府，如《汉书·韩延寿传》载，延寿为冯翊守时，高陵县"民有昆弟相与讼田"，延寿无法可依，只有从教化方面施加影响。发展到东汉，就越来越从伦理道德上来看待分异问题了，如《后汉书·缪肜传》：

少孤，兄弟四人，皆同财业。及各娶妻，诸妇遂求分异，又数有

① 顾炎武：《日知录》卷十三，《分居》注引"柴氏曰"。

② 司马迁：《史记》卷三十，《平准书》，中华书局1982年版，第1431页。

③ 班固：《汉书》卷六十四上，《主父偃传》，中华书局1962年版，第2803页。

④ 范晔：《后汉书》卷三十九，《刘赵淳于江刘周赵列传》，中华书局1965年版，第1294～1295页。

⑤ 范晔：《后汉书》卷七十六，《许荆传》，中华书局1965年版，第2471页。

斗争之言。肜深怀愤叹，乃掩户自挝曰："缪肜，汝修身谨行，学圣人之法，将以整齐风俗，奈何不能正其家乎！"弟及诸妇闻之，悉叩头谢罪，遂更为敦睦之行。

东汉以后，从提倡孝悌出发，统治者奖励同居共财，采取举孝廉、诏令嘉奖、赐财物等等办法，起了一定的教化作用，而且影响逐渐扩大。但是，另一方面，"察孝廉，父别居"①，也就是说的东汉末的情况。这既说明察举之滥，又说明同居共财者少。南朝刘宋时，中军府录事参军周朗上书说过一句话：

今士大夫以下，父母在而兄弟异计，十家而七矣。庶人父子殊产，亦八家而五矣。

这也是从教化的角度而说的，其下文明言：

凡甚者，乃危亡不相知，饥寒不相恤，又嫉谤谗害，不间可称数。宜明其禁，以革其风。②

据此也许估计数字要多一点，但可以说明兄弟分居的现象是普遍的。江南之俗如此，北方习俗也一样，有记载说：

蛮俗，婚娶之后，父母虽在，即与别居。③

蛮俗生子，长大多与父母异居。④

其实，北方并非只有"蛮"人如此，华人或汉化很深的"蛮"人也一样。如北方大姓崔挺之家，曾是"五代同居"，可算是"义门"了，但"后频

① 葛洪：《抱朴子·审举》。
② 沈约：《宋书》卷八十二，《周朗传》，中华书局 1974 年版，第 2097 页。
③ 李延寿：《北史》卷三十六，《薛慎传》，中华书局 1974 年版，第 1343 页。
④ 李延寿：《北史》卷八十二，《乐逊传》，中华书局 1974 年版，第 2746 页。

年饥，家始分析”①；又如裴植的母亲与“诸弟”住在一起，但是“各别资财，同居异爨，一门数灶，盖亦染江南之俗也”②（这是先入为主的说法）。另外，如《隋书・地理志》记蜀郡风俗时写道：

> 其风俗大抵与汉中不别，其人敏慧轻急……小人薄于情礼，父子率多异居。

这些只不过是见于记载的罢了，其他地方则未予记述，其实南北东西各地皆同。

以上这些是说魏晋南北朝时期，由于前述战乱等原因，这还是一个同居共财较为普遍的时期，其分居情况尚且如此，唐代战乱相对较少，除边境移民外，分居更为普遍，上述家庭实例以及法令中的侧面反映均可说明，大家庭是很少的，小家庭是普遍的。习俗与某些法令提倡的同居共财颇不一致。但有关家庭的法令主要有以下目的：一是税收，这是重要的，提倡分或者合，首先以经济利益为主，隋代令析籍就是最好的说明，其他法令也有相兼顾之处，就不必再一一列举了；二是教化，统治阶级一致认为，“正家”与天下之安定是有密切关系的，如西汉匡衡上疏所言，“室家之道修，则天下之理得”，又引“传曰：正家而天下定矣”③。东汉荀悦亦云：“天下之本在家。”④ 因此，汉唐间诸朝统治者都注意家风、家范的教化，只不过其内容不再局限于同财共居了，如《唐律》规定只要求父母在，不别籍异居，而祖父母和父母令其异财是可以的，实际就是不勉强维持大家庭的存在，或者这就是法令照顾了人们的习俗。

特征・功能・家庭观念

以上大量篇幅说的是家庭结构问题，也是学术界研讨得比较多的问题。因为无论从什么角度研究家庭问题，它都是一个基础，所以是非弄清

---

① 李延寿：《北史》卷三十二，《崔挺传》，中华书局 1974 年版，第 1170 页。
② 魏收：《魏书》卷七十一，《裴叔业传》附，中华书局 1974 年版，第 1571～1572 页。
③ 班固：《汉书》卷八十一，《匡衡传》，中华书局 1962 年版，第 3340 页。
④ 荀悦：《申鉴》卷一，《政体》。

楚不可的。本章使用的多是比较常见的材料，主要是在解释看法上与某些论者有些不同，我认为：

汉唐时期的家庭，主要是上养父母，下育子女的家庭，但是又多半是只有一对已婚儿媳与父母同居，其他成年兄弟大多分居（姊妹出嫁）。家庭人口数以 5 口至 8 口为常态，也有数目的浮动，或少于 5 口，或略多于 8 口。也许整个中国古代的实际情况都是如此，《周礼》中有所谓“上地家七人”“中地家六人”“下地家五人”[①] 的说法，汉代郑玄注云：

> 以七人、六人、五人为率者，有夫有妇然后为家，自二人以至于十为九等，七、六、五者为其中。

所以人们可以看到各种类型的家庭，如有人把汉代家庭分为“夫妻子型”“父母妻子型和父母兄弟妻子型”以及“残破型”[②]，人多的当是前两种，人少的即所谓“残破型”又有“母子型”“伯叔侄型”“兄弟型”“鳏寡孤独型”等等。家庭人口的多少和类型则与人的寿命、生儿育女的成活率、成年女子出嫁与否乃至社会、政治的各种因素有关。大家庭、累世同居实际上是不多的。

由此基本状况可以看出汉唐时期家庭的基本特征：

首先，汉唐时期的家庭和整个中国古代的家庭一样，是以男女婚姻关系为基础，父母子女结为一体。可以说是以婚姻为起点、以血缘为纽带的，如郑玄所说，“有夫有妇然后为家”。这是自然形成的，《易经・序封传下》曰：

> 有天地然后有万物，有万物然后有男女，有男女然后有夫妇，有夫妇然后有父子，有父子然后有君臣……有上下然后礼义有所措。

这“有君臣”之前讲的是自然而然的事实，也就是基于姻缘和血缘结为一体的家庭特征。

---

① 《周礼・地官司徒・小司徒》，十三经注疏本，中华书局 1980 年版。

② 此类论文不少，如黄金山：《论汉代家庭的自然构成与等级构成》，《中国史研究》1987 年第 4 期。

与此特征密切相关，家庭的主要功能之一就是生殖抚育，繁衍后代。恩格斯称之为“人类自身的生产，即种的蕃衍”，并且说它与物质生产一起成为“历史中的决定性因素”，制约着社会制度的发展①。中国古代对此十分重视，从秦汉以后，无论是在礼或法的制度中都有各种各样的具体规定，汉唐时期的所谓冠婚之礼，户婚之律，不仅摆在很重要的地位，而且详尽得很。孟子说的“不孝有三，无后为大”②，就最为典型。不过，中国古代在有无后代这个问题上歧视妇女，礼法上有明显的反映，例如“七出”之一就有无子，无子成为休弃妻子的理由，明文记载在汉人作品《大戴礼记》之中。当然这是另一方面的问题了。总之，从上到下重视繁衍后代这一功能是十分明显的。

其次，汉唐家庭的另一基本特征应该是同财共居。广义地说，昆弟、从父昆弟、从祖昆弟、从曾祖昆弟乃至族兄弟都可以称为一家（汉人贾谊《新书》中称为“六亲”），所以不但说“家祖”“家父（母）”“家兄（弟）”“家姊（妹）”，也可以称“家叔（伯）”③，乃至“家舅”④。还有叔伯称侄儿曰，“吾家千里驹也”，“此吾家麒麟”，“此儿吾家之明珠也”⑤ 等等。但这是广义的家，非严格意义的家。真正的家庭应该是同财共居，这包括两个方面：

一是共居，这与“家”字的本义有关，家就是居住之所。《说文》解释说：“家，居也。”《玉篇》说：“家，人所居，通曰家。”《诗经》或称“家室”⑥ 或称“室家”⑦，皆指居住之房屋，而且是夫妇共同居住之房屋⑧。家庭也就是这种居住之所，汉人就是这样看待的，《后汉书·郑均传》曰：

---

① ［德］马克思、［德］恩格斯：《马克思恩格斯选集》第四卷，中共中央马克思恩格斯列宁斯大林著作编译局编译，人民出版社1972年版，第2页。

② 《孟子·离娄上》。

③ 《三国志·诸葛恪传》：“近见家叔父表陈与贼争竞之计。”又陶渊明《归去来兮辞序》：“家叔以余贫苦，遂见用于小邑。”

④ 房玄龄等：《晋书》卷八十二，《习凿齿传》，中华书局1974年版，第2153页。

⑤ 参阅房玄龄等《晋书》之《苻朗传》《顾和传》，李延寿《南齐书》之《王规传》。

⑥ 《诗经·大雅·緜》：“古公亶父，陶复陶穴，未有家室。”

⑦ 《诗经·周南·桃夭》：“之子于归，宜其室家。”

⑧ 郑玄注《诗经》曰：“家室犹室家也”，孔颖达疏云：“《左传》曰：女有家男有室，室家谓夫妇也。”

> 常称病家庭，不应州郡辟召。

意思就是躲在自己的居住之所。家庭必定是一家人共同居住在一起（丈夫或儿子在外任官做事又别论），分居、别居就不是一个家庭了。《郑均传》注引《东观记》曰：

> 均失兄，养孤兄子甚笃，已冠娶，出令别居，并门，尽推财与之，使得一尊其母，然后随护视振给之。

郑均显然是躲在自己的家庭里，其寡嫂孤儿已经别居，不是一个家庭了。

当然，同居也不一定就是一个家庭，“同居异爨”也不能算是一个严格意义的家庭，《魏书·裴植传》记载说：

> 植虽自州送禄奉母及赡诸弟，而各别资财，同居异爨，一门数灶。

实际上就是分了家，其主要标志就是“各别资财”。所以，常常是“同居共财”“别财异居”或者“异居”“殊产”连在一起，才能准确说明是否为一个家庭，除了“同居异爨”需特别说明外，一般都不言自明，如前引周朗所说：“兄弟异居”和“父子殊产”，“异居”和“殊产”说的是一个意思——分家。一般来说，“同居共财”的含义也是显明的，唐人颜师古解释《汉书·惠帝纪》中的“同居”云：

> 若今言同籍及同财也。

然而这也是笼统讲的，唐代“同籍同财”就并非完全统一，而且户籍与家庭也不能完全等同，同籍不一定同居。

因此，家庭的特征就必须是既同居又共财（包括共爨，即共吃一锅饭）。在一定意义上说，共财还是主要的。与此特征相关联的是家庭的另一重要功能——经济的功能。共爨似乎只是讲共吃一锅饭，共财的意义稍宽一点，反映的是经济功能，包括生产、分配、消费，衣、食、住，一个家庭就是一个最小的经济组织，所谓“百亩之田，五亩之宅”，“男耕女织”等等。不仅夫妇父母子女型的家庭是如此，其他类型的家庭也是如此，如《后汉书·第五访传》载：

少孤贫，常佣耕以养兄嫂。

这就是共财的含意之一。又如《南齐书·韩灵敏传》记载：

早孤，与兄灵珍并有孝性。母寻又亡，家贫无以营凶，兄弟共种菘半亩……以此遂办葬事。灵珍亡，无子，妻卓氏守节不嫁……灵敏事之如母。

同传又载：

会稽人陈氏，有三女，无男。祖父母年八九十，老耄无所知，父笃癃病，母不安其室。值岁饥，三女相率于西湖采菱莼，更日至市货卖，未尝亏怠，乡里称为义门。

这些事例表明，家庭的共财包括共同劳动、共同生产。关于家庭共同劳动生产的直接记载不多，只不过因为它是日常事务罢了。至于共同享有家庭财产也是理所当然的，这只有在分家时才明显表现出来。“兄弟争财，互相言讼”① 之事往往见于记载，《魏书·张恂传》载，孙长年为汝南太守：

有郡民刘崇之兄弟分析，家贫，惟有一牛，争之不决，讼于郡庭。

这头牛原为共同财产，到分家时如何分法就成为问题了。此种小事②，具体而微，颇能从一个侧面说明家庭共财的特征。

---

① 范晔《后汉书·许荆传》、魏收《魏书·裴骏传》等。

② 笔者 1965 年在湖北英山亲见两老兄弟（均为鳏夫）分家，有剪破一床棉絮的事情。

《后汉书·党锢列传》中有一条记载可以从另一角度说明家庭的这一特征，其文曰：

光和二年，上禄长和海上言："礼，从祖兄弟别居异财，恩义已轻，服属疏末。而今党人锢及五族，既乖典训之文，有谬经常之法。"帝览而悟之，党锢自从祖以下，皆得解释。（这主要是请皇帝不要"锢及五族"。）

这里所谓"经常之法"，唐人作注引《左氏传》曰：

父子兄弟，罪不相及。

而"典训之文"指什么，"礼"又是什么，不曾有注。从文意来看，"从祖兄弟别财异居"，在当时无疑被看作很自然的事。这就从相反的角度证明，一个家庭必须共财同居，并且还可以说明，四世同堂而不分家的大家庭（从祖昆弟在一起），可能性也就很少了，至少在东汉时，不搞那样的大家庭是经常的，也是符合礼制的。

再其次，以父系为中心而结为一体，也是一个主要特征。中国古代家庭以父系为中心的历史是很早的，这个特点从秦汉开始得到了明显的加强。汉代的文献、汉人的议论都可以证明这一点。汉宣帝诏曰：

父子之亲，夫妇之道，天性也。①

本来是先有夫妇然后有父子，现在"父子之亲"摆在了首位。贾谊在《新书·六术》中曾说：

人之戚属以六为法。人有六亲，六亲始曰父，父有二子，二子有昆弟；昆弟又有子，子从父而昆弟，故为从父昆弟；从父昆弟又有子，子从祖而昆弟，故为从祖昆弟；从祖昆弟又有子，从曾祖而昆

① 班固：《汉书》卷八，《宣帝纪》，中华书局1962年版，第251页。

弟，故为从曾祖昆弟；曾祖昆弟又有子，子为族兄弟。备于六，此之谓六亲。亲之始于一人，世世别离，分为六亲，亲戚非六，则失本末之度。

无论是家或者家族，“始于一人”，完全是以父系为中心的。

一个家庭必有家长，父家长的独尊地位——“家无二主”① 是何时，怎样开始的，有待细考。因为《易经·家人》中说：

家有严君焉，父母之谓也。

可以说是二者并尊的，但战国后期，家长就只有一个，而且明确是父家长了。《墨子·天志上》云：

恶有处家而得罪于家长，而可为也?

《荀子·致士篇》更明确：

君者国之隆也，父者家之隆也，隆一而治，二而乱。自古及今，未有二隆争重而能长久者。

秦汉以后严格实行户籍法，家长即一户之主，这是为了征收赋役，可以从如淳注《汉书》引《汉律》看出来：

律，诸当占租者家长身各以其物占，占不以实，家长不身自书，皆罚金二斤，没入所不自占物及贾钱县官也。②

唐开元二十五年，《户令》更明确规定：

① 《礼记·坊记》，十三经注疏本，中华书局1980年版。
② 班固：《汉书》卷七，《昭帝纪》，中华书局1962年版，第224页。

诸户主皆以家长为之。[1]（或者是重申此令，其原因待考。）

家长或者户主均为男子无疑，所以敦煌户籍中记载，有的家庭虽有祖母或母亲在而由未成年男孩做户主，只有户内根本无男子才以女子为户头，称为“女户”。

在小家庭中，汉代前期，家长这个问题并不突出。大体上从东汉以后开始，在大家庭中，家长的权威问题就越来越加强了，这是有一个发展过程的。父家长权力的加强，对家庭关系、家庭功能以及家庭的社会政治作用都有影响。

从家庭内部来说，其表现是家长对财产甚至对子女人身支配的加强，从而使子女的服从性加强。如上所述，本来《易经》中所谓父母为“严君”，而后来变成了严君专指父亲，“孝莫大于严父，严父莫大于配天”[2]，《孝经》中的这一思想，在东汉以后的社会中影响越来越大，“严父慈母”这个说法就是那以后形成的。《晋书·夏侯湛传》载夏侯湛《昆弟诰》云：

受学于先载，纳诲于严父慈母。

这似乎是最早的记载[3]。

以父系为中心，父家长制这一特点，对家庭的文化、教育、政治乃至心理等方面的功能都产生很大影响。如教育功能，无疑也是以父亲为主了，“子不教，父之过”虽然是后来的概括，但东汉有条材料则足以反映出这一事实，《后汉书·列女传》载：

初，（王）霸与同郡令狐子伯为友，后子伯为楚相，而其子为郡功曹。子伯乃令子奉书于霸，车马服从，雍容如也。霸子时方耕于野，闻宾至，投耒而归，见令狐子，沮怍不能仰视。霸目之，有愧容，客去而久卧不起。妻怪问其故，始不肯告，妻请罪，而后言曰：

---

① 杜佑：《通典》卷七，《丁中》。

② 《孝经·圣治》，十三经注疏本，中华书局1980年版。

③ 汉“壶关三老”的《极太子书》中有言，“父慈母爱，室家之中子乃孝顺”，或可说明西汉时“严父”这个概念影响还不是很大。

“吾与子伯素不相若，向见其子容服甚光，举措有适，而我儿曹蓬发历齿，未知礼则，见客而有惭色。父子恩深，不觉自失耳。”

且不说这位“修清节，不顾荣禄”的高士也还羡慕世俗之贵，这位家长（他卧床不起，妻子还要请罪）“不觉自失”，就是认为自己没有尽到教育的责任。当然，在家庭教育中，母亲的作用也很大，史书上母教子的记载不少，这里就不一一征引了。一般来说，在古代社会中，父家长教育子女的责任、作用、影响是越来越大的。

又如心理方面的功能，人们的荣誉感也以父系为主，前面提到的“吾家麒麟”“吾家千里驹”云云，就是父系的叔伯之言。家世、门第均为父系，注重祖上的荣耀，维护家庭的声誉，如：汉韦玄成称自己的祖上，“赫矣我祖，侯于豕韦……宗周至汉，群后历世”，因遭贬削而“叹曰：吾何面目以奉祭祀”，乃作自劾诗①；唐王勃作《倬彼我系》亦“陈先人之迹”：

倬彼我系，出自有周。分疆锡社，派别支流。居卫仕宋，臣嬴相刘。乃武乃文，或公或侯……②

以上均讲的是父系祖先。魏晋南北朝盛行门阀制度，从心理上看，也与家庭荣誉感有关，只不过是“畸形”发展了。

父家长权力加强的另一突出表现是重男轻女、男尊女卑、男女不平等，这在财产继承上明显而具体地反映出来。从汉代情况看，无论是父母在世或死后，都有兄弟分财的事例，尚未见有姊妹得到分配者，而且一般是兄弟平均分配，如陆贾在世时以千金“分其子，子二百金”，并且对死后遗产也作了安排③。又如卜式，在亲死弟壮之后，“脱身出分”④，办法虽有点特殊，但也是兄弟之分。东汉时，汝南薛包“弟子求分财异居，包不能止，乃中分其财”⑤。魏晋南北朝时期也是兄弟分财，如《陈书·欧阳

① 班固：《汉书》卷七十三，《韦玄成传》，中华书局1962年版，第3110页。

② 王勃：《王子安集》卷二。

③ 班固：《汉书》卷四十三，《陆贾传》，中华书局1962年版，第2114页。

④ 司马迁：《史记》卷三十，《平准书》，中华书局1982年版，第1431页。

⑤ 范晔：《后汉书》卷三十九，《刘赵淳于江刘周赵列传》，中华书局1965年版，第1294～1295页。

颇传》载，“父丧……家产累积悉让诸兄”，也是兄弟之分。其他如“民有兄弟争财”①，“郡民刘崇之兄弟分析”② 等零星记载均能说明是兄弟之分，一般平民百姓，家产不多，更注重平均分配。到了唐代，就律有明文了，《唐律·户婚》中有“同居应分”之词，《唐律疏义》曰：

> 同居应分，谓准令分别。而财物不均平者，准《户令》：“应分田宅及财物者，兄弟均分。妻家所得之财，不在分限。兄弟亡者，子承父分。”违此令文者，是为不均平。谓兄弟二人均分百匹之绢，一取六十匹，计所侵十匹，合杖八十之类。

“应分”的主要是兄弟，没有提到姊妹。但从“妻家所得之财”的文字看，从其他记载看，女子可以从家中得到少量嫁资。据记载，兄弟均分时：

> 其未娶者别与聘财。姑、姊妹在室者减男聘财之半。③

男女之不平等是很明显的。

还有，家庭的继承，不仅是财产的继承，在古代还有身份地位的继承，这包括祭祀、封爵等的继承，有些是不能平均分的，因而就有嫡庶之分（无疑这也是更好地维护父系）。嫡庶之分与西周时的宗法制有密切关系，春秋战国人们讨论得很多，《吕氏春秋》也认同了流行的意见：

> 妻妾不分则家室乱，嫡庶无别则宗族乱。④

汉朝初年一场立太子的争论颇能说明问题，《汉书·周昌传》记载说：

> 高帝欲废太子而立戚姬子如意为太子，大臣固争莫能得，上以留侯策止。而昌庭争之强，上问其说，昌为人吃，又盛怒，曰：“臣口

① 魏收：《魏书》卷四十五，《裴骏传》，中华书局 1974 年版，第 1024 页。
② 魏收：《魏书》卷八十八，《张恂传》，中华书局 1974 年版，第 1900 页。
③ 《宋刑统》引《唐户令》。
④ 《吕氏春秋·慎势》。

> 不能言，然臣心知其不可。陛下欲废太子，臣期期不奉诏。”上欣然而笑，即罢。

刘邦想废嫡立庶，也许反映嫡庶之分在一般人心目中（刘邦出身也算下层）并不那么严格，但引起“大臣固争”，并有“商山四皓”辅佐太子，说明在上层中是很重视嫡庶之分的。周昌是个粗人，虽跻身于上层，但讲不出什么道理。文人学士对此类问题是要论定的，这是当时统治阶级的需要。汉初稍后一些，就有贾谊《新书》中的《立后义》，他肯定：

> 置后以嫡长子。如此，则亲戚相爱而兄弟不争，此天下之至义也。

再后，如匡衡的《言事疏》也强调：

> 圣王必慎妃后之际，别適长之位。①

人们为什么对家庭内部的这一问题要反复辩论，甚至苦苦地争议呢？这涉及家庭的社会政治作用，如前引匡衡所说：“室家之道修，则天下之理得”，“正家而天下定矣”。家庭的稳定，有利于社会、国家的稳定。从这个意义上说，统治者及其文人学士之大力提倡修室家之道，似乎是无可非议的。

以上据汉唐家庭的实际情况论述了家庭的几个主要特征和功能。功能是多方面的，有一些是满足人们最基本的需要，如生物方面的，包括性欲的满足、生育传种以及幼小的保护和老弱的照料等等；经济方面的，从起码的食、衣、住到相对复杂的生产、分配及消费等等。这些方面可以说是不言而喻的，没有这些就不成其为家庭。另一些方面的功能，如心理的、教育的、娱乐的、政治的等等，满足人们更高层次需要的功能和作用，则因时、因家、因人而异，在古代社会的条件下，文化程度比较高的家庭，高层次需要也比较多，家庭各方面的功能也比较全面，例如娱乐、教育之

① 班固：《汉书》卷八十一，《匡衡传》，中华书局1962年版，第3340页。

类的功能就是如此。

关于家庭内的娱乐，在古代也有不少内容，且不说豪门之家的声色犬马之娱，自一般士大夫以下，琴棋书画也是多有不同。如卓文君新寡，司马相如以琴心挑逗；蔡邕女蔡琰，年仅六岁，能知绝弦，都是历史留传下来的佳话。至于民间，白居易《琵琶行》中的“岂无山歌与村笛，呕哑嘲哳难为听”，说明民间有山歌、村笛等“下里巴人”之类的娱乐。一般平民百姓家庭的娱乐，免不了是对儿童讲故事、做游戏、吹吹唱唱等等。古代有一个老莱子的故事：年已七十，常穿五色衣为婴儿状，以娱父母。这个古老的故事，是家庭娱乐功能的一个反映，又长期在中国社会中流传并发生影响，唐代孟浩然有诗云：

> 明朝拜嘉（一本作家）庆，须着老莱衣。①

唐人与亲别而复归谓之拜家庆。可见，家庭娱乐常常是与各种节日、纪念日结合在一起的，生辰、喜庆更不例外，如《颜氏家训·风操篇》所载“晬日试儿”：

> 江南风俗，儿生一期，为制新衣，盥浴装饰，男则用弓矢纸笔，女则刀尺针缕，并加饮食之物，及珍宝服玩，置之儿前，观其发意所取，以验贪廉愚智，名之为试儿。亲表聚集，致燕享焉。

此即后世之所谓抓周，无疑增加了家庭生活的乐趣。《颜氏家训》同篇接着又云：

> 自兹已后，二亲若在，每至此日，尝有酒食之事耳。无教之徒，虽已孤露，其日皆为供顿，酣畅声乐，不知有所感伤。

人们在过生日时，不仅“酣畅”而且“声乐”。此外，时令节日，一年到头，月月均有，一家人吃喝玩乐，高高兴兴，从正月初一“饮椒柏酒”开

---

① 孟浩然：《孟浩然集》卷三，《蔡阳馆》。

始，如崔寔的《四民月令》云：

> 正月之旦，是谓正日……洁祀祖祢……及祀日，进酒降神。毕，乃室家尊卑，无大无小，以次列坐于先祖之前；子、妇、孙、曾，各上椒酒于其家长，称觞举寿，欣欣如也。

七天以后，又是所谓人日，杜甫诗云，“此日此时人共得，一谈一笑俗相看”，即遇节相乐之意，接着又是上元节。二、三、四月农忙，节日少一点。有些节日如寒食、清明等节，虽也调节人们的心理，但不能娱乐（不过在天真幼稚的孩子们看来也好玩）。五月有端午节，六、七月暑热，自然少一些娱乐（夏日乘凉讲讲故事什么的也是一种娱乐）。立秋以后过节又多起来，有七夕、中元等节，八月中秋，九月重阳，都是可以家庭娱乐的日子。重阳甚至“举家登山”，“饮菊酒、妇人带茱萸囊”①，只有老翁除外，杜甫有《九日诸人集于林》诗云：“九日明朝是，相要旧俗非。老翁难早出，贤客幸知归。旧采黄花剩，新梳白发微。漫看年少乐，忍泪已沾衣。”老年人无法参加这种文体活动，只有年少的人是欢乐的。入冬以后，冬至日是一大节。腊月以后，从吃腊八粥直到除夕守夜，一家人团聚欢乐的机会就多了。以上这些，汉唐时期均已形成，单从家庭的娱乐功能来说，能增加家庭生活的乐趣，丰富家庭生活，满足家庭成员心理和生理要求，其作用和意义是不可低估的。

家庭的教育功能也是如此。家庭教育有它的特殊作用，这一点颜之推的《颜氏家训》开宗明义就指出来了：

> 夫同言而信，信其所亲；同命而行，行其所服。禁童子之暴谑，则师友之诫不如傅婢之指挥；止凡人之斗阋，则尧舜之道不如寡妻之诲谕。②

尤其是对于儿童，由于亲情，儿童对父母总是听其所言，信其所行。所

---

① 祝穆：《事文类聚》前集卷十一，《天时部》。

② 颜之推：《颜氏家训》卷上，《序致篇》。

以，家庭是人生的第一所学校，父母是第一任教师。对少年儿童的教育非常重要，颜之推又说：

> 孔子云“少成若天性，习惯如自然”是也。俗谚曰：“教妇初来，教儿婴孩。”诚哉斯语！①

在家庭教育中，母亲又尤为重要，从胎教开始，到婴育儿，到童、年、少年，大多是母亲的教育。这从《礼记·内则》的记载即明显地反映出来，如生子之后，即：

> 择于诸母与可者，必求其宽裕，慈惠，温良，恭敬，慎而寡言者，使为子师，其次为慈母，其次为保母，皆居于室，他人无事不往！

全由“诸母”抚育教养，又：

> 子能食食，教以右手。能言，男唯女俞。男鞶革，女鞶丝。六年，教之数与方名。七年，男女不同席，不共食。八年，出入门户及即席饮食，必后长者，始教之让。九年，教之数日。十年，出就外傅，居宿于外……

以下还有“十有三年，学乐诵诗”，直至二十、三十等等，虽已是“外傅”之教了，但仍记于《内则》之中。《内则》是讲闺门之轨仪的，把少年儿童的教育写在其中，足见母亲在家庭教育中的地位和作用了。至于女儿更是如此，儿子“十年出就外傅”，女儿则不同：

> 女子十年不出，姆教婉娩听从；执麻枲，治丝茧，织纴组紃，学女事以共衣服，观于祭祀，纳酒浆笾豆菹醢，礼相助奠。十有五年而笄。二十而嫁，有故，二十三而嫁。

---

① 颜之推：《颜氏家训》卷上，《教子篇》。

女儿在青少年时期就完全由母亲来教育了。《内则》所记，当然是统治阶级及其知识分子“轨仪”了的，但它是广泛的习俗的总结和提高，能够说明社会生活中家庭教育，尤其是母亲对子女的教育的地位和作用。颜之推也说：

> 凡庶纵不能尔（凡庶之人虽不能做到那么考究），当及婴稚，识人颜色，知人喜怒，便加教诲，使为则为，使止则止。比及数岁，可省笞罚。①

说的是要从“婴稚”教育起。

以上简略的叙述中可见，家庭实际上起着传授文化知识（包括化为人们行为的文化知识）的作用，对于培养人们的道德品质、行为规范有极为重要的影响，并且帮助人们形成营生自立的本领，其作用有时甚至是在不知不觉中发生的，所谓潜移默化，对于一个人有着终身的影响。由此，我们对“家庭是文化发展的作坊”又有了更具体的了解。家庭之功能如此之广泛，作用如此之大。一个人生于其中，长于其中，生老病死，起居饮食，劳动休息，无不与家庭息息相关。因此，家对于一个人至关重要。那么，汉唐时期人们是一种怎样的家庭观念呢？我认为，与大量小家庭的事实相一致，人们是以父母子女相结合为家庭的主要观念。这可以从当时人的言论中反映出来。汉高祖尊太公为太上皇的诏书开头说：“人之至亲，莫亲于父子”；贾谊《新书》中讲“六亲”时就作解释：“亲之始于一人，世世别出，分为六亲”，除了“至亲”的父子之外，从昆弟开始不过是一种“戚属”关系（这与后世扩大了的亲戚概念不同），“六亲有次”，“以别亲疏”，昆弟、从父昆弟、从祖昆弟……就越来越疏远了。直到东汉，《白虎通》解释“三纲六纪”，三纲除君臣之外，只有父子、夫妇（前者是“国”，后者是“家”）。“六纪者谓诸父、兄弟、族人、诸舅、师长、朋友也。”诸父、兄弟、族人、诸舅与师长、朋友为一类，显然不属家庭内部的关系了。家庭中可以包括未成年兄弟姊妹，但成年兄弟同居就非易事

① 颜之推：《颜氏家训》卷上，《教子篇》。

了，故《风俗通·过誉》曰："凡同居，上也；通有无，次也；让，其下耳。"分析以上记载的思想可见，父母子女及未成年兄弟姊妹型的小家庭观念是普遍的。当然，由于嫡长子继承，这种类型的家庭理应包括祖父母在内，但事实上少有祖父母存在的（一般也只存在一个），这或者与古代人的寿命有关，虽然说"上养父母，下育子女"，然而在第三代长大时，祖父母就多半不存在了。

也正因为直系理应有三代、四代，所以大家庭的观念、几世同堂的观念也在汉唐时期逐渐发达起来。从史书记载的情况看，几世同居的有关记载是从西汉后期开始的，东汉渐多，而且是从"仁有礼，义有门"① 的角度来加以记载的。如蔡邕"与叔父从弟同居，三世不分财，乡党高其义"②。实际上此种"义门"并不多，不过是以稀为贵罢了，清人顾炎武对此有比较合适的分析，他说：自秦以后，"分居"已经是"习以为俗"，"间有纠合家族，一再传而不散者，则人异之，以为义门。岂非名生于不足欤"③。

后来，魏晋南北朝时期，大家庭（或者说家庭）比较流行，前引南朝刘宋周朗之言，士大夫中父母在而兄弟异居的十家而七，庶人父子殊产的八家而五。有十分之三或八分之三的大家庭也就不少了。虽然在事实上兄弟同居、父子共财的不一定都是大家庭，但大家庭的数量有所增加是可以肯定的。唐代又更多一些，记载多，典型也多，有的九世、十世，数十口甚至百余口，或"乡里敬异"，或"乡党高其义"，或"为世所称"，大家庭的观念是日益增强了。

大家庭的观念从汉到唐有所加强，其原因是什么？主要是统治阶级的大力提倡。从史书记载中可以看到，统治阶级之提倡"义门"，也是从东汉以后开始的。东汉时期的一些同居事例，记载中的反映不过是："州里慕其雍和"（魏霸兄弟同居），"乡党高其义"（蔡邕），或者"士皆推慕其风"（陈寔有六子，兄弟孝廉，闺门雍和），"皆可以为后世法"（邓禹之家）。这些不过是修史者的议论，不是正式的表彰和自上而下的提倡。《晋书》中虽首创了《孝友列传》，也没有记载表彰同居之事。正式由皇帝下

---

① 《荀子·大略篇》，诸子集成本，中华书局 1954 年版。

② 范晔：《后汉书》卷六十，《蔡邕列传》，中华书局 1965 年版，第 1980 页。

③ 顾炎武：《日知录》卷十三，《分居》。

诏旌表义门，似乎是从南朝开始的。《南史·刘瑜传》记载：

> 元嘉七年，南豫州举所统西阳县人董阳，三世同居，外无异门，内无异烟，诏榜门曰“笃行董氏之门”，蠲一门租布。

《南齐书》有一个比较集中的记载：

> 建元三年，大使巡行天下，义兴陈玄子四世一百七十口同居。武陵郡邵荣兴、文献叔（并）八世同居。东海徐生之、武陵范安祖、李圣伯、范道根（并）五世同居。零陵谭弘宝、衡阳何弘、华阳阳黑头疏从四世同居，并共衣食。诏（俱）表门闾，蠲税租。又蜀郡王续祖、华阳郝道福并累世同爨。建武三年，明帝诏表门闾，蠲调役。①

以后，“表其门闾”“美标其门闾”之类的记载就越来越多了。同时，“为乡里所称慕”“行著州里”“为宗族称”“为世所称”“士大夫以此称美”的记载也越来越多，社会影响日益扩大。隋唐时期，统治者对数世同居者一再表彰，派人劳问，甚至“临幸其居”。如《隋书·郭儁传》记载：

> 郭儁……太原文水人也。家门雍睦，七叶共居……上遣平昌公……诣其家劳问之。诏书御史柳彧巡省河北，表其门闾。汉王谅为并州总管，闻而嘉赐兄弟三十余人，衣各一袭。

《新唐书·孝友列传》序云：

> 张公艺九世同居，北齐东安王永乐、隋大使梁子恭，躬慰抚表其门，高宗有事太山，临幸其居……赐帛而去。

这些统治者为什么要表彰数世同居的大家庭呢？是因为他们日益明确地认

---

① 萧子显：《南齐书》卷五十五，《封延伯传》，中华书局1972年版，第961页。括号内字依《南史》增补，语意更全。

识到，家庭的稳定和发展，可以达到维护社会稳定的作用。如西汉匡衡之《论正家疏》中所说："室家之道修，则天下之理得。"又引所谓"传曰：正家而天下定矣"，事实上反映的是汉人的看法，又如东汉荀悦在《申鉴·政体》中说：

问明于治者其统正，万物之本在身，天下之本在家，治乱之本在左右，内正之而四表定矣。

家与天下（实即国家与社会）的关系说得很清楚。此外，在一些法令中也反映出这种认识，从汉代开始法令中反映出通过崇孝行来整齐风俗，魏晋更是大力提倡孝道。唐代的法令则通过不许"别籍异财"来维护和提倡家庭的稳定，同时又把它与风俗、与名教联系起来，如天宝元年正月敕云：

即令同籍共居以敦风教。①

乾元元年四月诏云：

百姓中有事亲不孝，别籍异财，玷污风俗，亏败名教，先决六十，配隶碛西。有官品者，禁身闻奏。②

从各个方面都可说明，汉唐对于家庭和大家庭问题的日益重视。

"家道"之受到重视，大家庭观念之形成，是汉唐时期的事，是有一个发展过程的。清人顾炎武似乎看到了这一点，他写道：

陈氏《礼书》言，周之盛时，宗族之法行，故得以此系民，而民不散，及秦用商君之法，富民有子则分居，贫民有子则出赘，由是其流及上，虽王公大人亦莫知敬宗之道，浸淫后世，习以为俗。而时君之所统驭者，特服纪之律而已。间有纠合家族……③（下文已见前引）

---

① 王溥：《唐会要》卷八十五，《籍帐》。

② 王钦若等：《册府元龟》卷六一二，《刑法部·定律令》。

③ 顾炎武：《日知录》卷十三，《分居》。

就是说，在周代是以“宗族之法”而使“民不散”，维护政治上的稳定。秦以后小家庭大量发展，宗族法不行，“时君”几乎失去了“统驭”之法，间或有“纠合宗族，一再传而不散者”，也成了稀罕之事。这个发展是历史的事实，近人已有研究，论述了中国古代“从族到家”的这种现象①。这样，从汉到唐，由重视家庭到提倡大家庭的历史渊源也就比较清楚了。

大家庭的观念主要是在上层（统治剥削阶级）中形成和发展的，虽然在统治剥削阶级中也难以普遍（实际是如此，原因又当别论），但其影响还是比较大的，也会影响到下层（被统治剥削阶级）。这除了统治者的宣传和提倡之外，还有其他原因。比如由血缘关系而产生的亲属认同，这个可以说是自然而然的原因，不必多说。但客观上有一个相当重要的原因却值得说一说，那就是长期的频繁战乱，造成人们流离失所，在逃难中，在迁徙中，人们举家、举族行动，同舟共济，患难相助，势必加强大家庭的观念。例如我们在前引敦煌资料中看到的，一里之内，往往有同一曾高祖分出来的几家，每一个家庭也相对地比内地平常情况下的个体家庭要大。又例如，广东、福建一带客家人，主要是永嘉南渡开始形成的，唐代特别是唐末也有大量中原人南迁，家族观念大大加强。即使到现在，福建一些地方保留的群居土楼，也可作为历史的见证，今存的土楼不会远至魏晋隋唐，但却是渊源有自的。

汉唐时期，大家庭的观念形成了，并且日益加强，但更大、更全面的发展还是宋以后的事。这里就不说它了。但是我们要充分认识到，大家庭观念的发展，是文化发展史上的大事。它影响到家庭的功能和作用，它影响到家庭内部的生活乃至整个社会生活的一些方面。影响是有好有坏的，父家长权力的加强、家内关系的不平等、子女依赖性的形成乃至循规蹈矩、固步自封等等，无疑都是消极的影响。但是，家庭是社会稳定的因素，家庭的稳固与安定，不仅是“家和万事兴”，而且“家正而天下定”。在家庭观念的发展中，也形成了不少优良传统，例如家庭内部的和睦、谦让、敬老爱幼等等，相亲相爱也包含着小小的集体主义精神，这些是现在或者永远也不该抛弃而要发扬的。又例如，家庭观念的扩大化，为了光宗耀祖，争取家庭（或家族）的荣誉，要求人们为社会效力、为国家尽忠，

---

① 杜正胜：《传统家族试论》，（台湾）《大陆杂志》第65卷第2期。

无疑又有利于形成一种更大的集体意识。这种意识在今天的海外华人中尤为突出，他们和同宗、同乡团结互助，在自己事业上取得成就之后，为家乡建设尽义务，这是不可否认的事实，这是中华民族的优良传统的表现。由此而论，中国传统文化既有糟粕，也有精华，对待它的原则态度，还可以说是“剔除其糟粕，吸取其精华”。美化传统是不应该的、不必要的、无济于事的，事实上并非当前的主流，但也不应忽视；全盘否定传统也是——或者说更是不应该的、脱离实际的、有害而无益的，事实上也是不可能的，你就生活在传统之中。传统该如何对待的道理是很清楚的，实践则不那么容易，但我们只能也一定会在传统的基础上前进。

第六章　经学

什么是经学，可以作很复杂的解释，也可以作简略的解释，最简单地说，它是解释和阐明儒家经典的学问，是研究儒家经典之学。经学是中国封建社会特有的文化，它影响很大、很深。它与封建社会的政治有密切关系，但又有其本身的发展规律。经学的产生和发展，主要是在汉唐时期。狭义地理解，汉以前可以说有经而无经学，唐以后研究儒家经典与汉唐经学又颇不一样。这些，我们将会在弄清汉唐经学的发展之后得到进一步的认识。

经学的产生

经作为一般书籍的通称，开始于战国时期，《庄子·天下》中有《墨经》，《荀子·解蔽篇》中有《道经》，《庄子·天运》中又有“《诗》《书》《礼》《乐》《易》《春秋》六经”，等等。《荀子·劝学篇》说：

> 学恶乎始？恶乎终？曰：其数则始乎诵经，终乎读礼。

这里“礼”与“经”对言，似乎不是“经”，这是因为荀子特别重视“礼”才这样说的，他认为“礼者法之大分，类之纲纪也”。其所以始诵经、终读礼，是因为“其义则始乎为士，终乎为圣人”，他认为“不道礼宪，以《诗》《书》为之，譬之犹以指测河也”，在篇中反复以《诗》《书》以及《春秋》与《礼》对言，可见《诗》《书》等即其所诵之经。这些经书已具有了“经典”的意义，因为他开始曾说道：“不闻先王之遗言，不知学问之道也。”通观《劝学篇》全篇，《诗》《书》之类即为“先王遗言”，即为“经典”，而《礼》则为荀子所特别强调。

《庄子·天运》写道：

孔子谓老聃曰：丘治《诗》《书》《礼》《乐》《易》《春秋》六经，自以为久矣。……老子曰：夫六经，先王之陈迹也。

其《天道》篇也写道：

（孔子）往见老聃，而老聃不许，于是缙十二经①以说。

孔子见老聃，也许是庄子的“寓言”，即便如此，这个记载也可表明，《庄子》书中已经肯定：《诗》《书》《礼》《乐》《易》《春秋》乃儒家之六经，是“先王之陈迹”，和荀子所说的“先王之遗言”意义相同。不过，《庄子》一方面认为《诗》《书》等为儒家经典，另一方面又说这些书为百家所称道，其在《天下》篇中说：

其在于《诗》《书》《礼》《乐》者，邹鲁之士，缙绅先生，多能明之。其数散于天下而设于中国者，百家之学时或称而道之。

邹鲁之士、缙绅先生皆指儒家②，他们“多能明之”，是他们奉为经典。“百家之学时或称而道之”，则大家均可称引，成为百家争鸣的学术源泉。事实正是如此，所谓诸子百家，很少有绝不引用《诗》《书》等古籍经典的。

总之，战国时期，经一方面泛指《诗》《书》之类的书籍，另一方面已有了“经典”的意义，但与汉以后的儒家经典还是有所不同，不同主要在于它不是法定的。经作为由封建统治者法定的，以孔子为代表的儒家所编著书籍的通称，是汉以后的事。

在汉代的史籍中，我们看到了“经学”“经术”“经典”这些词。“经典”已作解释，就是现在常说的“引经据典”的经典，或所谓“经典著作”。《汉书·孙宝传》写道：

周公上圣，召公大贤，尚犹有不相说，著于经典，两不相损。

① 陈鼓应《庄子今注今译》（中华书局1983年版）据严灵峰之说，改“十二经”为“六经”。旧注之解“十二经”似乎有些牵强。

② 蒋锡昌：《庄子哲学》，成都古籍书店1988年版。

“著于经典”即著录于《书经》之中[①]。经术，看来是经学的另一种说法，如《汉书·宣帝纪》诏云：

> 故掖庭令张贺辅导朕躬，修文学经术。

“文学经术”似为文字上的对应，术与学没有明显的区别。又《汉书·循吏传》中说：

> 三人（董仲舒、公孙弘、兒宽）皆儒者，通于世务，明习文法，以经术润饰吏事。

而“经学”一词最早就见于这三人之一的《兒宽传》中：

> 以宽为掾，举侍御史。见上，语经学。上说之，从问《尚书》一篇。

“经术”与“经学”在兒宽一人的记载中说明是通用的。但仔细说起来，“经术”也有一定的特殊含意，那就是“术”字可解释为“艺”，简而言之，它包括一定的思考和技术，与活动、行为有联系，所以说是“以经术润饰吏事”。《汉书·东平思王传》所记诏书之言更为清楚：

> 自今以来，非五经之正术，取以游猎非礼道王者，辄以名闻。……今闻王改行自新，尊修经术，亲近仁人，非法之求，不以奸吏，朕甚嘉焉。

“经术”“五经之正术”，即为“五经”中所规定的行为准则、活动规范，特别是读了“五经”之后的实践。

通过以上名词的解释（或者这也是受解经方法的影响），可以看出，首先是有“经典”，然后才有“经术”和“经学”，“经术”和“经学”既

---

① 《尚书·君奭篇》：“召公为保，周公为师，相成王为左右，召公不说，周公作《君奭》。”

可通用，又各有其特定的含义。但是，后来“经术”一词不常用了，“经学”一词则一直沿用下来。那么，经学究竟是何时产生，如何产生的呢？它产生于汉代是可以肯定的，具体是汉代什么时候则不好说，因为它有一个产生和形成的过程。以上所举的材料，最早也是武帝以后的，在武帝以后人们的口中才有“经学”这样的名词，《汉书·儒林传》序中写道：

> （高皇帝）引兵围鲁，鲁中诸儒尚讲诵习礼，弦歌之音不绝，岂非圣人遗化好学之国哉？于是诸儒始得修其经学，讲习大射乡饮之礼。

这是班固的记述，并不能直接说明汉初已有“经学”一词。这里并非一定要考证“经学”一词究竟何时出现，找不出具体时间的本身，或可从另一面说明经学的产生是有一个过程的。

广义的经学，即解释经义的学问，被称为“传”或“记”，那是汉以前就有了的，所以讲经学的历史，可以从“孔门之经学”讲起①，这是后人把经学的范围扩大了。今有人认为：“经学特指西汉以后，作为封建主义的理论基础和行为准则的学说。”② 这种概括，作为经学的定义似尚可补充修订，关于时间的确定我认为是比较合适的，确切地说，应该是从西汉中期开始，有一个逐渐形成的过程。如有些学者已经指出的，这种经学的产生，有其深远的历史必然性，有其深刻的社会背景。什么原因和背景呢？一言以蔽之，封建统治的需要，封建统治者的重视和提倡。如有人所概括的：“‘经学’，实质上是适应于封建中央集权的需要，中国思想家在秦王朝灭亡后对各种思想体系进行选择，把儒家思想作为封建社会意识形态的精髓、核心的‘经典’之学。”③ 这是多数人能同意的，和上述概括一样，是就其实质而言的，不包括对经学内容、特点等的概括。关于思想体系的选择，我曾写过《秦汉时期的统治思想和思想统治》④，这里还想从选

---

① 参阅皮锡瑞《经学历史》、马宗霍《中国经学史》。

② 朱维铮：《中国经学与中国文化》，《复旦学报（社会科学版）》1986 年第 2 期。

③ 孙长江：《经学与中国文化》，复旦大学历史系：《中国传统文化的再估计——首届国际中国文化学术讨论会（1986）文集》，上海人民出版社 1987 年版。

④ 文载《华中师范大学学报（哲学社会科学版）》1987 年第 2 期。

定儒家之经典以及经学地位的确立作些具体说明：

首先，与五经博士的设立有关。经的法定地位是如何确定的？整个汉唐时期，不少律令诏书中都有对儒家经典的尊崇和提倡，但最早也是最具体的法定措施应该就是设立五经博士。

一般认为，博士一官战国就有了，但具体材料并不多[①]。但从秦朝的情况看，肯定是设了博士官的，并且一是数量不少，二是多半以通晓儒家《诗》《书》的人为博士，不过秦"以法为教"，不会把《诗》《书》当作经典。汉承秦制设博士官，其特殊之处是：从设经博士开始，到完全由经学家垄断博士官。

关于汉代设经博士的情况，虽有人作过考证[②]，但眉目始终不是很清楚。东汉章帝建初四年的诏书中说：

> 汉承暴秦，褒显儒术，建立五经，为置博士。[③]

但具体从何时开始呢？一般认为从文帝开始，《后汉书·翟酺传》具体概括地说：

> 孝文帝始置一经博士，武帝大合天下之书。而孝宣论六经于石渠，学者滋盛，弟子数万。

这大体上符合西汉的实际，根据有关记载[④]，文帝之前称博士的，高帝时有叔孙通，惠帝时有孔襄，可以说是对他们原来任秦博士官的承认，只有文帝时设经博士是正式开始。但有的版本"一经"作"五经"，曾引起后来不少考证，其实不必拘泥，只要能说明已立博士官掌管《诗》《书》等儒家经典传授就行了，说是"一经"，可解释成每一种经立一个博士，说是"五经"，则为东汉人的一种习惯说法。从翟酺的话前后联系起来看，说是"五经"也未尝不可，其"六经"恰好与"五经"对言，《汉书·宣

① 参看董说《七国考·齐官职》。

② 如清人胡秉虔《汉西京博士考》、张金吾《两汉五经博士考》等。

③ 范晔：《后汉书》卷三，《章帝纪》，中华书局1965年版，第137页。

④ 参看胡秉虔《汉西京博士考》。

帝纪》中“召诸儒讲五经异同”，与翟酺讲的“论六经”是一回事，“五经”与“六经”即儒家经典的统称。实际情况是，从文帝开始设经博士，在武帝以前，既不是仅只一经，也不是“五经”同时齐备，可以考见的，如：

> 文帝时，闻申公为《诗》最精，以为博士。[①]

> 韩婴，燕人也，孝文时为博士。[②]

> 孝文时，天下亡治《尚书》者，独闻齐有伏生，故秦博士，治《尚书》……太常遣错受《尚书》伏生所，还，因上书称说。诏以为太子舍人，门大夫，迁博士。[③]

则《诗》《书》二经文帝时已有博士，而且《诗》有两家。又，贾谊、公孙臣也是文帝时“召以为博士”，只是未言为何经博士罢了。公孙臣“拜为博士，与诸生申明土德，草改历服色事”[④]，或与礼经有关，但贾谊“颇通百家之书”[⑤]，就很难说是哪一经了。又东汉赵岐《孟子题辞》说：

> 孝文皇帝欲广游学之路，《论语》《孝经》《孟子》《尔雅》皆置博士。后罢传记博士，独立五经而已。

这一说法是否可靠令人怀疑，但不能说毫无根据。或者，文帝在置经博士之前，还曾立一般有各种学问的人为博士官，后来才专立经博士或五经博士。如赵岐说成立，翟酺所言为“文帝始置五经博士”也是一致的，不必拘泥于一个“五”字，即便汉武帝建元五年之“置五经博士”也是如此，不仅博士人数不限于五，有一经数个博士，也有的经（如《礼》经）当时无博士名可考。有的人能兼通数经，也有的人“一人不能独尽其经”，如

---

① 班固：《汉书》卷三十六，《楚元王传》，中华书局 1962 年版，第 1922 页。
② 班固：《汉书》卷八十八，《儒林传》，中华书局 1962 年版，第 3613 页。
③ 班固：《汉书》卷四十九，《晁错传》，中华书局 1962 年版，第 2277 页。
④ 班固：《汉书》卷二十五，《郊祀志》，中华书局 1962 年版，第 1213 页。
⑤ 班固：《汉书》卷四十八，《贾谊传》，中华书局 1962 年版，第 2221 页。

刘歆所说：

> 天下众书往往颇出，皆诸子传说，犹广立于学官，为置博士。在汉朝之儒，唯贾生而已。至孝武皇帝，然后邹、鲁、梁、赵颇有《诗》《礼》《春秋》先师……当此之时，一人不能独尽其经，或为《雅》，或为《颂》，相合而成。《泰誓》后得，博士集而读之。①

这些都说明对于五经博士不应机械地理解。

但是，武帝置五经博士是有重要意义的，因为它与所谓“罢黜百家，独尊儒术”密切相关。《史记·儒林列传》无“置五经博士”一语，但记述了其具体内容：

> 及窦太后崩，武安侯田蚡为丞相，绌黄老、刑名百家之言，延文学儒者数百人，而公孙弘以《春秋》白衣为天子三公，封以平津侯。天下之学士靡然向风矣。公孙弘为学官，悼道之郁滞，乃请……为博士官置弟子五十人，复其身。太常择民年十八已上，仪状端正者，补博士弟子。郡国县道邑有好文学，敬长上，肃政教，顺乡里(者)……诣太常，得受业如弟子。一岁皆辄试，能通一艺以上，补文学掌故缺；其高第可以为郎中者，太常籍奏。即有秀才异等，辄以名闻。

这实际上即后世之以“明经”取士。从此，博士官为经学家所垄断，儒家的“独尊”之势开始形成，儒家经典“五经”或“六艺”也因此而“法定”，前述特定意义的经学就这样产生了，武帝以后经学之兴盛就是这样开始的。

当然，经学的产生也还有它本身的原因。有经书之后就有对经书的解释和研究，就有传经之学，这就是“传”“记”或“说”，所谓：

> 夫儒者以六艺为法，六艺经传以千万数，累世不能通其学，当年

① 班固：《汉书》卷三十六，《刘歆传》，中华书局1962年版，第1969页。

不能究其礼。[1]

这是司马谈在武帝初年所说，以千万数的“六艺经传”，当包括汉初以及汉以前的传记。在汉人心目中，《易经》的《系辞》是传[2]，《论语》《孝经》《尔雅》《孟子》也都是传或者记[3]，其他传《诗》《书》《礼》《春秋》者甚多，《史记·儒林列传》记汉初的大概情形说：

及今上即位，赵绾、王臧之属明儒学，而上亦向之，于是招方正贤良文学之士。自是之后，言《诗》于鲁则申培公，于齐则辕固生，于燕则韩太傅；言《尚书》自济南伏生；言《礼》自鲁高堂生；言《易》自菑川田生；言《春秋》于齐鲁自胡毋生，于赵自董仲舒。

《史记》在各人列传中，又具体记述了他们的弟子和经说，或弟子“以百数”（如申公），或为“内外传数万言”（如韩婴）。总之，传记之学大盛，这就是经学。随着“五经”法定地位的确立，经学成为官方学问，经学也就有更优越的客观条件得以充分发展。

汉唐经学的发展

（一）两汉

讲经学的发展，首先看到的是统治者对经学的尊崇、提倡，除开上面所说置五经博士之外，还可以从其他方面来说明，如《史记·封禅书》记载说：

（文帝）使博士诸生刺六经中作王制。

《史记索隐》曰：

---

① 司马迁：《史记》卷一百三十，《太史公自序》，中华书局1982年版，第3290页。
② 司马谈：《论六家要旨》。
③ 赵岐：《孟子题辞》。

刘向《七录》云：文帝所造书有《本制》《兵制》《服制》篇。

可见，文帝时不仅设了经博士，而且以《诗》《书》《礼》《乐》等书为经典，“造作”了直接服务于统治的书籍（实际等于政策、法规）。又，记载还表明，武帝时不仅设立五经博士，立学校官，且曾亲自主持关于经学的讨论，《汉书·王褒传》说：

宣帝时，修武帝故事，讲论六艺群书。

“修武帝故事”，即仿效武帝的做法。武帝讲论之事待考，宣帝之讲论有多次，如本始四年四月曾“博问经学之士”①，甘露元年于殿中讲论《公羊》《穀梁》异同②，等等。甘露三年的一次规模最大，《汉书·宣帝纪》说：

诏诸儒讲“五经”同异，太子太傅肖望之等平奏其议，上亲称制临决焉。

这就是有名的石渠阁会议，《汉书·儒林传》说是：

甘露中，与五经诸儒杂论同异于石渠阁。

注曰：

《三辅故事》云：石渠阁在未央殿北，以藏秘书也。

钱大昭考证：“时与议石渠”，“其可考者凡二十三人”③，实际恐怕不止。据《汉书·艺文志》记载，《书》有《议奏》42篇，《礼》有《议奏》38篇，《春秋》有《议奏》39篇，《论语》有《议奏》18篇，班固自注称这些为《石渠论》，并注明亡佚，但《通典》中引《石渠议奏》不少。④

① 班固：《汉书》卷八，《宣帝纪》，中华书局1962年版，第245页。

② 班固：《汉书》卷八十八，《瑕丘江公传》，中华书局1962年版，第3618页。

③ 钱大昭：《汉书辨疑》。

④ 见杜佑《通典》卷三十三、三十七、四十一、四十三、四十九、五十、五十二、五十六、五十九、六十三。

在两汉皇帝亲自主持经学讨论的事例中，另一次著名的会议是东汉章帝时的白虎观会议，《后汉书·章帝纪》建初四年十一月：

下太常，将、大夫、博士、议郎、郎官及诸生、诸儒会白虎观，讲议五经同异……帝亲称制临决，如孝宣甘露石渠故事，作《白虎议奏》①。

又《后汉书·儒林列传》序：

建初中，大会诸儒于白虎观，考详同异，连月乃罢。肃宗亲临称制，如石渠故事。顾命史臣，著为《通义》②。

《白虎通义》为班固编纂，或者称《白虎通》，或名曰《白虎通德论》，今有书存在，不必多说。

此外，还可以举出一些事例，如皇帝在诏书中称引经文随处可见，以及皇帝亲访儒雅、亲幸太学、亲试太学生等等，都可以说明封建统治者对经学的重视和提倡。所有这些，自然促使经学日益发展。

两汉时期，可以说是经学的极盛时期。其大概，《汉书·儒林传》和《后汉书·儒林列传》有记载：

自武帝立五经博士，开弟子员，设科射策，劝以官禄，讫于元始，百有余年，传业者浸盛，支叶蕃滋，一经说至百余万言，大师众至千余人，盖禄利之路然也。初，《书》唯有欧阳，《礼》后，《易》杨，《春秋》公羊而已。至孝宣世，复立大小夏侯《尚书》，大小戴《礼》，施、孟、梁丘《易》，穀梁《春秋》。至元帝世，复立京氏《易》。平帝时，又立左氏《春秋》，毛《诗》，逸《礼》，古文《尚书》。所以网罗遗失，兼而存之，是在其中矣。③

① 注云："今《白虎通》。"

② 注云："即《白虎通义》是。"

③ 班固：《汉书》卷八十八，《儒林传》，中华书局 1962 年版，第 3620～3621 页。

及光武中兴，爱好经术，专及下车，而先访儒雅，采求阙文，补缀漏逸。先是四方学士多怀协图书，遁逃林薮。自是莫不抱负坟策，云会京师，范升、陈元、郑兴、杜林、卫宏、刘昆、桓荣之徒，继踵而集。于是立五经博士，各以家法教授，《易》有施、孟、梁丘、京氏，《尚书》欧阳、大小夏侯，《诗》齐、鲁、韩，《礼》大小戴，《春秋》严、颜，凡十四博士，太常差次总领焉。

建武五年，乃修起太学……中元元年，初建三雍。明帝即位，亲行其礼。……飨射礼毕，帝正坐自讲，诸儒执经问难于前，冠带缙绅之人，圜桥门而观听者盖亿万计。其后复为功臣子孙、四姓末属别立校舍，搜选高能以受其业，自期门羽林之士，悉令通《孝经》章句，匈奴亦遣子入学。济济乎，洋洋乎，盛于永平矣！

建初中，大会诸儒于白虎观……顺帝……更修黉宇，凡所造构二百四十房，千八百五十室。试明经下第补弟子，增甲乙之科员各十人，除郡国耆儒皆补郎、舍人。……游学增盛，至三万余生。……熹平四年，灵帝乃诏诸儒正定五经，刊于石碑，为古文、篆、隶三体书法以相参检，树之学门，使天下咸取则焉。①

以上《后汉书》引文，删节了几朝不重儒讲经的文字，主要通过一些概述看一看这一时期经学发展的盛况。归结起来，不外以下几点：

第一，经师可以居相位，西汉如公孙弘、韦贤、韦玄成、匡衡、张禹、翟方进、贡禹、薛广德、孔光、马宫、平当及子晏等等。东汉以明经修行取士，明经而能行经义者为高官的很多，如袁安、杨震、李固、陈蕃等等。这些人守正不阿，"谈仁义、传圣法"，有移风易俗的作用②。这是某些积极作用，此处不多论。而有些人因经术而累世通显，如桓荣祖孙三人为五朝皇帝授经，杨震家学相传三代作公，使人人羡慕。利禄使然，学者风从，乃至于人们认为"遗子黄金满籯，不如一经"③。这样，世世代代传经、学经的人就越来越多了。

第二，兴学校，培养经学人才，从置博士弟子五十人开始，以后百

① 范晔：《后汉书》卷七十九，《儒林列传》，中华书局 1965 年版，第 2545～2547 页。

② 参阅顾炎武：《日知录》卷十三，《两汉风俗》。

③ 班固：《汉书》卷七十三，《韦贤传》，中华书局 1962 年版，第 3107 页。

人、千人、数千人，直至东汉末年太学诸生三万人。再加上各地方学校以及私学的培养，明经、通经者人数更多，这既是经学兴盛的表现，也是经学兴盛的原因。

第三，经学影响政事。所谓议礼、制度、考文皆以经义为本，甚至说治一经得一经之益①，如以《禹贡》治河，以《洪范》察变，以《春秋》决狱，以三百五篇当谏书等等。

第四，经学本身发展的诸种表现。如经师多，生员多，班固说“大师众至千余人”，当然弟子不少。但东汉经师和生员更多，许多经师有弟子动辄数千人乃至万余人，张兴、牟长、蔡玄等人著录弟子皆在万人以上②。经师多，派别也多，经今古文之争，师法、家法之发展，因之而起，这些下面也要专题讨论。又如，说经之书多，所谓“一经说至百余万言”，《汉书·艺文志》又有“说五字之文，至于二三万言”，师古注曰：

> 桓谭《新论》云秦近君能说《尧典》，篇目两字之说至十余万言，但说“若曰稽古”三万言。

《汉书·儒杜传》又说，秦恭延君师出小夏侯，“恭增师法至百万言”。大约汉初经师作传记不过数万言，如韩婴“推诗人之意，而作《内外传》数万言”③。后来才越增越多④，其弊病如《汉书·艺文志》所说：

> 古之学者耕且养，三年而通一艺，存其大体，玩经文而已，是故用日少而畜德多，三十而五经立也。后世经传既已乖离，博学者又不思多闻阙疑之义，而务碎义逃难，便辞巧说，破坏形体；说五字之文，至于二三万言。后进弥以弛逐，故幼童而守一艺，白首而后能言；安其所习，毁所不见，终以自蔽。此学者之大患也。

---

① 皮锡瑞：《经学历史》。

② 均见范晔：《后汉书》卷七十九，《儒林列传》。

③ 班固：《汉书》卷八十八，《儒林传》，中华书局 1962 年版，第 3613 页。

④ 《后汉书·儒林列传》记载，周防撰《尚书杂记》32 篇，40 万言；景鸾关于《诗》《礼》的著述有 50 余万言。

此类评论在当时和后世很多，经学发展成繁琐考证，变成无用之学，也是极盛而衰了。

（二）魏晋南北朝

这一时期的经学，被认为是一度中衰①，主要表现是人们不再愿意学习儒家经典，特别是繁琐考证的经传之学，所谓“当今年少，不复以学问为本，专更以交游为业”②，因而懂经、懂礼的人也不多了。鱼豢在《魏略》中说：

> 从初平之元，至建安之末，天下分崩，人怀苟且，纲纪既衰，儒道尤甚。至黄初元年之后，新主乃复始扫除太学之灰炭……至太和、青龙中，中外多事，人怀避就。虽性非解学，多求诣太学。太学诸生有千数，而诸博士率皆粗疏，无以教弟子。弟子本亦避役，竟无能习学，冬来春去，岁岁如是。……正始中，有诏议圜丘，普延学士。是时郎官及司徒领吏二万余人……见在京师者尚且万人，而应书与议者略无几人……③

经学大不如前可以肯定，其原因是多方面的，这里且不讨论。但是，并不能据此说这一时期经学毫无发展。

从整个历史时期看，战乱较多，但不论哪一个朝代，哪一个政权，只要局势稍定，就兴立学校。吕思勉曾作过很有意思的概括和对比：“晋、南北朝，虽为丧乱之世，然朝廷苟获小安，即思兴学；地方官吏，亦颇能措意于此；私家仍以教授为业；虽偏隅割据之区，戎狄荐居之地，亦莫不然。较之罗马丧乱之后，晦盲否塞之情形，大异其趣矣。此亦中西史事不同之一端欤?”④ 不同就在于中国文化传统的深厚、连绵不断等等。

这一时期的具体情况，我们可以首先从修国学说起，上引《魏略》中说，从黄初元年以后，新主就开始扫除太学之灰炭，同时还“补旧石碑之

---

① 皮锡瑞《经学历史》称魏晋南北朝时期为“经学中衰时代”。
② 陈寿：《三国志》卷十四，《董昭传》，中华书局 1959 年版，第 442 页。
③ 陈寿：《三国志》卷十三，《王肃传》注引，中华书局 1959 年版，第 420～421 页。
④ 吕思勉：《两晋南北朝史》，上海古籍出版社 1983 年版，第 1335 页。

缺坏，备博士之员”等等。在学校中讲经、习礼，而且和汉代一样，帝王亲自讲经。如《三国志·高贵乡公传》就详细记载了一次“帝兴太学”问难讲经的活动，先后讲问了《易》《书》《礼》三部经典。以后各朝均有立国学之记载，同样也有帝王幸太学、讲经等等记载，如《南史·伏曼容传》：

宋明帝好《周易》，尝集朝臣于清暑殿讲，诏曼容执经。

《陈书·岑之敬传》：

（梁武帝）令之敬升讲座，敕中书舍人朱异执《孝经》，唱《士孝》章。武帝亲自论难，之敬剖释纵横应对如响，左右莫不嗟服。

这是南方汉人政权情况。北方少数民族政权也同样如此，有的甚至有过之而无不及，如《晋书·石勒载记》：

司、冀渐宁，人始租赋，立太学，简明经善书吏，署为文学掾，选将佐子弟三百人教之。

增置宣文、宣教、崇儒、崇训十余小学于襄国四门，简将佐豪右子弟百余人以教之。

勒亲临大、小学，考诸学生，经义尤高者赏帛有差。

命郡国立学官，每郡置博士祭酒二人，弟子百五十人，三考修成，显升台府。于是擢拜太学生五人为佐著作郎，录述时事。

此仅为一例，各个少数民族政权这方面的情况均有记载，不复一一列举。总而言之，只要“渐宁”（也就是吕说“苟获小安”），都或多或少采取了兴学、崇儒、重经之类的措施，如令郡国立五经博士、刻石写经①之类。

① 房玄龄等：《晋书》卷一〇六，《石季龙载记》，中华书局1974年版，第2769页。

不少称王称帝的少数民族统治者都亲临太学听讲、问难、考试学生，如前秦苻坚曾对博士王寔说：

> 朕一月三临太学，黜陟幽明，躬亲奖励，罔敢倦违，庶几周孔微言不由朕而坠，汉之二武其可追乎！①

唯恐在自己手上丢掉传统，这种精神也算难能可贵！这里不难看到丧乱之世经学不衰的部分原因。

魏晋南北朝经学发展之表现，主要有如下两方面：

首先，和两汉一样，设学校讲经，靠经师传经。规模虽不及两汉，但相对安定"时或开置"②，有时还相当发达，如《魏书·儒林列传》写道：

> 世宗时……天下承平，学业大盛。燕、齐、赵、魏之间，横经著录，不可胜数。大者千余人，小者犹数百。

《北齐书·儒林列传》：

> 横经受业之侣，遍于乡邑；负笈从宦之徒，不远千里。……入闾里之内，乞食为资；憩桑梓之阴，动逾千数。

《周书·儒林列传》：

> 开黉舍延学徒者比肩……辞亲戚甘勤苦者成市。

从字面上看，和两汉的记载也差不了多少，似乎北方比南方要盛。其实南方各朝立学之诏也是频频颁布的，只是战乱更多（特别是朝代更替频繁），相对而言，有些逊色罢了。

其次，经学本身的发展，皮锡瑞《经学历史》中有两段文字可见其概

---

① 房玄龄等：《晋书》卷一一三，《苻坚载记》，中华书局1974年版，第2888页。

② 姚思廉：《梁书》卷四十八，《儒林列传》，中华书局1973年版，第661页。

况，兹照录于下：

> 世传《十三经》注，除《孝经》为唐明皇御注外，汉人与魏晋人各居其半。郑君笺《毛诗》，注《周礼》《仪礼》《礼记》；何休注《公羊传》；赵岐注《孟子》；凡六经，皆汉人注。孔安国《尚书传》，王肃伪作；王弼《易注》；何晏《论语集解》；凡三经，皆魏人注。杜预《左传集解》；范宁《穀梁集解》；郭璞《尔雅注》；凡三经，皆晋人注。

皮氏认为，魏、晋人所注经，与汉人“著述体例”大相径庭，这是事实，但他说是“宗风已坠”，这失之过偏。其实，各有各的价值，这里就不多说了。其另一段讲南北朝时的经学：

> “北方戎马，不能屏视月之儒；南国浮屠，不能致经天之义。”此孔广森以为经学万古不废，历南北朝之大乱，异端虽炽，圣教不绝也。而南北诸儒抱残守缺，其功亦未可没焉。夫汉学重在明经，唐学重在疏注；当汉学已往，唐学未来，绝续之交，诸儒倡为义疏之学，有功于后世甚大。南如崔灵恩《三礼义宗》《左氏经传义》，沈文阿《春秋》《礼记》《孝经》《论语》义疏，皇侃《论语》《礼记》义，戚衮《礼记义》，张讥《周易》《尚书》《毛诗》《孝经》《论语》义，顾越《丧服》《毛诗》《孝经》《论语》义，王元规《春秋》《孝经》义记；北如刘献之《三礼大义》，徐遵明《春秋义章》，李铉撰定《孝经》《论语》《毛诗》《三礼》义疏，沈重《周礼》《仪礼》《礼记》《毛诗》《丧服经》义，熊安生《周礼》《礼记》义疏、《孝经义》，皆见南北史《儒林传》。今自皇、熊二家见采于《礼记疏》外，其余书皆亡佚。然渊源有自，唐人五经之疏未必无本于诸家者。论先河后海之义，亦岂可忘筚路蓝缕之功乎。

除以上这些之外，还有一些方面也能说明这一时期经学的发展，如此时有一批有影响的大经学家，南朝礼学之特别发达，注经之尚义理，等等，以下还要论及。

（三）隋唐

隋朝统一时间虽短，兴学、讲经之事亦有可记，《隋书·儒林列传》写道：

> 天子乃整万乘，率百僚，遵问道之仪，观释奠之礼。博士罄悬河之辩，侍中竭重席之奥，考正亡佚，研核异同，积滞群疑，涣然冰释。于是超擢奇隽，厚赏诸儒，京邑达乎四方，皆启黉校。齐、鲁、赵、魏，学者尤多，负笈追师，不远千里，讲诵之声，道路不绝。中州儒雅之盛，自汉、魏以来，一时而已。

其中当然也多溢美之词，但“平一宇内”之后，也确曾有一些“诏天下劝学行礼”的具体措施，在本纪以及一些有关列传中均有记载，不再征引。

唐朝建立后，在文教政策上虽有儒、佛、道并重精神，但儒学始终是根本，唐太宗曾说：

> 朕今所好者，惟在尧舜之道，周孔之教，以为如鸟有翼，如鱼依水，失之必死，不可暂无耳。①

这话恰恰是针对南朝一些皇帝唯好释、老之教而言的。因此，唐从初期开始即大崇儒学，增筑学舍，增置生员：

> 贞观二年，诏停周公为先圣，始立孔子庙堂于国学，稽式旧典，以仲尼为先圣，颜子为先师，两边俎豆干戚之容，始备于兹矣。是岁大收天下儒士，赐帛给传，令诣京师，擢以不次，布在廊庙者甚众。学生通一大经以上，咸得署吏。国学增筑学舍四百余间，国子、太学、四门、广文亦增置生员……太宗又数幸国学，令祭酒、司业、博士讲论，毕，各赐以束帛。四方儒生负书而至者，盖以千数。俄而吐蕃及高昌、高丽、新罗等诸夷酋长，亦遣子弟请入于学。于是国学之

---

① 吴兢：《贞观政要》卷六，《慎所好》。

内，鼓箧升讲筵者，几至万人，儒学之兴，古昔未有也。①

仅此记述已足证其为空前盛况了。而于经学之发展，唐也采取了空前的措施，那就是搞五经定本、修《五经正义》，此事《贞观政要·崇儒学》中也有简要记述：

贞观四年，太宗以经籍去圣久远，文字讹谬，诏前中书侍郎颜师古于秘书省考定五经。及功毕，复诏尚书左仆射房玄龄集诸儒重加详议。时诸儒传习师说，舛谬已久，皆共非之，异端蜂起。而师古辄引晋、宋已来古本，随方晓答，援据详明，皆出其意表，诸儒莫不叹服。太宗称善者久之……颁其所定书于天下，令学者习焉。太宗又以文学多门，章句繁杂，诏师古与国子祭酒孔颖达等诸儒，撰定五经疏义，凡一百八十卷，名曰《五经正义》，付国学施行。

记前一事较具体，可看出当时相当慎重，经过"诸儒""详议"，也有不同意见。其实后一事更有不同意见，当时参与其事的太学博士马嘉运就曾驳其所定义疏之失②，因有诏更定而未就，后来高宗时复诏诸臣考证，到永徽四年才正式颁行天下。再后来，对《五经正义》仍有不少指责，大多就采用何种注疏而言，如指其彼此互异、曲徇注文、杂引谶纬等等。不过现在看来，指责的有些内容，也并非真正失误，如谶纬作为经的传记，也不是毫无意义。这统一疏义，保留了某些旧注，是其一大功绩。明令颁布统一定本，而且是兼采各家的统一本，学校作为教材，明经考试以为依据，这些都可以说明，经学到了一个"统一时代"。同时，这也是一个由盛而衰的时代，其表现是：唐人本身的经说不多了，为数不多的解、说等也都篇幅不大，如史征的《周易口诀义》，成伯玙的《毛诗指说》，韩愈、李翱合撰的《论语笔解》等，皆为无关宏旨的短篇，章句之学本身没有新的发展；稍有价值的，如李鼎祚《周易集解》，不过是保存了一些古义，使后人得见汉《易》之大略。另外，就是"疑古""惑经"之风的兴起，即说

① 吴兢：《贞观政要》卷七，《崇儒学》。

② 新、旧《唐书》均有《马嘉运传》。

明经学神圣地位的动摇。前一时期发展起来的，与汉代不同的说经风气，或好出己意，或以经世致用为宗旨，如陆淳本啖助、赵匡之说，作《春秋集传纂例》《春秋微指》《春秋集传辨疑》，不仅对传记，甚至对经的本身也提出了疑问，颇能发前人所未发①。又如王元感作《尚书纠缪》《春秋振滞》《礼记绳衍》，与专守先儒章句之学士辩论不屈，且得到魏知古、徐坚、刘知几、张思敬等一批有见识者的支持：

> （魏、徐、刘等人）连表荐之。寻下诏曰："王元感质性温敏，博闻强记，手不释卷，老而弥笃。掎前达之失，究先圣之旨，是谓儒宗，不可多得，可太子司议郎兼崇贤馆学士。"魏知古尝称其所撰书曰："信可谓五经之指南也。"②

以后宋人重以意说经，王元感等人实为其先导。宋以后的经学就与汉唐经学大不一样了。

以上所述，从汉到唐，历朝历代统治者对经学的尊崇和提倡，可见一个大略。汉唐等统治者对待经学，一方面是一贯地尊崇、提倡，另一方面大多在实践中不断地予以整齐协调。这后者，如上述西汉石渠阁会议、东汉白虎观会议的讨论五经异同，魏晋南北朝的讲经问难，以及唐代的讨论《五经正义》等等，都是从统治需要的角度所作的整齐协调，用现在的话说，是统一思想，统一观点和看法，现存的《白虎通义》一书，就可以给我们以这种具体的印象，如：

> 三纲者何谓也？谓君臣、父子、夫妇也。六纪者，谓诸父、兄弟、族人、诸舅、师长、朋友也。故《含文嘉》曰："君为臣纲，父为子纲，夫为妻纲。"又曰："敬诸父兄，六纪道行，诸舅有义，族人有序，昆弟有亲，师长有尊，朋友有旧。"何谓纲纪？纲者张也，纪者理也。大者为纲，小者为纪，所以张理上下，整齐人道也。人皆怀五常之性，有亲爱之心，是以纲纪为化，若罗网之有纪纲而万目张

① 例如《赵氏损益义》说左氏非孔子所说之左丘明；《三传得失义》论公羊、穀梁之得失等等。

② 刘昫等：《旧唐书》卷一八九，《王元感传》，中华书局1975年版，第4963页。

也。《诗》云："亹亹文王，纲纪四方。"

每一条都大体如此，既有大家讨论、皇帝亲自肯定的解释，又都是有《诗》《礼》等经典为根据的。就这样以儒家的、经学的思想，为封建社会法定的统一思想。尽管从汉到唐有不少具体变化，但总的可以说是一个经学的时代。如果说唐以后仍有经学，那么其内容和地位已经和这一个时代不一样了。

汉唐时期经学发展中的几个问题

（一）为政治服务的问题

经学之为政治服务，旧的说法叫"通经致用"，有时候非常明显，甚至是自觉的，有时候则不十分明显。

两汉时期，无论是政治理论或政治措施，都可以说是经学家们从经书中找出来的，如《汉书·儒林传》序中所说：

六学者①，王教之典籍，先圣所以明天道，正人伦，致至治之成法也。

所以，政治上的重大典礼，乃至一般的举止言行，都要符合经书的规范。经学家们，或者是当皇帝的顾问（如博士官），或者是因通经学而被任命为宰相大臣，如《汉书·儒林传》中记载：

叔孙通作汉礼仪，因为奉常；

公孙弘以治《春秋》为丞相封侯；

（易学田何弟子）淄川杨何，字叔元，元光中征为太中大夫。齐

① "六学"或作"六艺"，师古曰："六艺谓《易》《礼》《乐》《诗》《书》《春秋》。"

即墨成，至城阳相。广川孟旦，为太子门大夫。鲁周霸、莒衡胡、临淄主父偃，皆以《易》至大官。

前面的论述也曾列举过一些以经学进位卿相的例子。再例如，在皇帝的重大诏书中，多半要称引经书原文，似乎只要经书上说过的就是天经地义的，什么时候，什么场合，引用什么样的经文，那当然是靠经学家了，或者那些诏书大都出自经学家之手。还可举出一个突出的事例，那就是董仲舒的《春秋决狱》，这部书已经亡佚了，现在只能从其他书中找到一些条文，如：

时有疑狱曰："甲无子，拾道旁弃儿乙养之以为子，及乙长，有罪杀人，以状语甲，甲藏匿乙，甲当何论?"仲舒断曰："甲无子，振活养乙，虽非所生，谁与易之。《诗》云，螟蛉有子，蜾蠃负之。《春秋》之义，父为子隐。甲宜匿乙，诏不当坐。"①

董仲舒决断疑案，引经据典，在这一条材料中既引了《春秋》，也引了《诗经》(其并非完全根据《春秋》一经断狱，有的断狱也未引经典原文，那就是他说了算)。我们这里不作全面评论，但这即是经学为政治服务的明证。

魏晋南北朝的经学比汉代有新的发展，注疏之学特别发达，和汉人重在解经不同，这一时期的经学重在对经注进行研究，有人认为"名为经学，实即注学"②。汉代那样的"经世致用"，无疑是沿袭下来了。但随着政治的发展，根据不同的政治需要，这一时期各朝各代各政权又各有所重。总的来看，《礼》的研究这一时期特别发达，据《南史·儒林列传》记载，有许多人，或"通三礼""善三礼"，或"尤精三礼""尤长三礼"。又《南史·何承天传》：

先是《礼论》有八百卷，承天删减并合，以类相从，凡为三百卷。

① 沈家本：《历代刑法考·汉律摭遗》卷二十二，《春秋断狱》。
② 马宗霍：《中国经学史》，商务印书馆1936年版，第85页。

这是南朝刘宋以前的事，《礼》书和其他书一样，时有增减。但其总数在他书之上，《隋书·经籍志》著录，《礼》类136部1622卷，本注又说，“通计亡书，合211部，2186卷”，居“六艺经纬”之首，《易》类只有69部，《书》类32部，《诗》类39部，《乐》类42部，《春秋》类97部，均少于《礼》类。而在《礼》类之中，标明“丧服”者50部，占全部礼论的三分之一还多。礼学发达，政治上的原因，就是门阀制度的兴盛，政治上当权的门阀世族，需要从礼学中找到维护等级特权的依据，南朝即便是掌机要的寒人，一旦上去或当了皇帝之后，也有这种需要。又例如北朝特重《周礼》，北周有苏绰①，北齐有熊安生，都是《周礼》权威，北周虽灭北齐，熊安生仍受到器重，《北史·熊安生传》载：

> 时西朝既行《周礼》，公卿以下，多习其业，有宿疑硕滞者数十条，皆莫能详辨。天和三年，周齐通好，兵部尹公正使焉。与齐人语及《周礼》，齐人不能对，乃令安生至宾馆，与公正言。公正有口辩，安生语所未至者，便撮机要而骤问之。安生曰：“《礼》义弘深，自有条贯，必欲升堂睹奥，宁可汩其先后？但能留意，当为次第陈之。”公正于是问所疑，安生皆一一演说，咸究其根本。公正嗟服，还，具言之于武帝，帝大钦重之。

北周的政治制度是以《周礼》为依据的，它又直接影响隋唐的政治制度，这个意义就更重大了。

隋唐是一个政治上新的大一统时期，经学上的统一已如上述，既有统一定本和疏义，又是各派兼采。政治上统一而强大，兼容并包的气魄，使得无论哪一经，无论哪一种派别，都可以从各自的角度，为统一的政治服务。不过，主要是唐代前期如此。汉代以来，这种紧密地为政治服务的经学已发展到顶了，虽然以后讨论政治问题仍然是以经典、经学为依据（至少在文字上），但经学为政治服务再也难以使出新的花招，极盛难继，随着时代的变化，经学崇高、独尊的政治地位也慢慢降低了。例如，本来明

① 《周书》及《北史》均有《苏绰传》。

经是科举的重要内容，到后来“三十老明经，五十少进士”①，再不那么吃香了，读几本经书不过是基础之学，三十岁考上明经已经不太光彩了。另外，唐代经学本身的变化（已略如上述，宋以后的许多变化唐代已开其端），使得“经学”这个词也不怎么使用了。宋以后理学兴起，要说它也是经学未尝不可，但它是新经学。王安石也曾想托古改制，确曾想把原来那种经学恢复起来，把唐后期在考试中重诗赋文学的状况挽回到重经学方面，亲自搞三经（《诗》《书》《周礼》）新义，但无法挽回历史。程朱的经学才是真正的新经学，它与以前不同，不限于直接服务于政治，它所着重的内容也有所不同，被称为“道学”或“宋学”，《宋史》在《儒林列传》之外又有《道学列传》，大儒或者说大经学家，如周敦颐、程颢、程颐、张载、邵雍、朱熹、张栻及程朱门人皆入《道学列传》，从这些表面现象看，宋以后经学的情况显然是不同了。

（二）各派别之争的问题

在学术思想领域中，任何时候都不会停止争论，即便是“罢黜百家，独尊儒术”之后，也是如此，而且儒学内部的争论又显得突出起来。在汉代，儒学就是经学。几乎从经学一开始，就有派别之争，整个汉唐时期都存在着，有时候表现得很激烈。就其大者而言，两汉有今学和古学之争，魏晋有郑王之争，南北朝有南学和北学的对立，唐代《五经正义》是一派，而且是钦定的，但始终有反对派的存在。同一大派之中又有不少派别，如所谓鲁学、齐学、晋学、楚学之类。由经学派生的还有所谓“内学”（谶纬之学），等等。

如何看待这些争论呢？

首先，所有的争论，都可以说是为了争政治地位和学术地位。拿经今古文之争来说吧，所谓“今”和“古”不过因字体不同，以及记载中有些内容的不同（其实今文经师传授当中也因字音等不同，而有齐、鲁等地区差异），因此而引起争论不过是一种借口，实际上今文经学家杂采古文经不少，如伏生《大传》内多佚《礼》之文，贾谊《新书》中也有《左传》《国语》之说，等等。汉初许多经师本来在秦时也就诵习古文，而古文经

① 王定保：《唐摭言》卷一，《散序进士》。

学家所特别推重的《周礼》《左传》又并非孔壁中所出古文。从几次大的争论看，争的就是古文经是否立博士官的问题。不仅经今古文之争是如此，同属今文的齐、鲁之学，不也曾争过立博士的过程吗？如文帝时立鲁《诗》、韩《诗》博士，景帝时增立齐《诗》博士，武帝时立《书》欧阳氏博士，宣帝时添立大、小夏侯博士。如此等等，皆争立博士也。由于后来出了一批大破古今之界的通人，如贾逵、马融、许慎、郑玄等人①，遍注诸经，列举各派之异同，经今古文之争实际上汉末已经结束了。

但在魏晋之际，又来了一个郑王之争。东汉末年，融合今古文的郑玄，在经学界几乎占据垄断地位，《后汉书·郑玄传》写道：

门人相与撰玄答诸弟子问五经，依《论语》作《郑志》八篇。凡玄所注《周易》《尚书》《毛诗》《仪礼》《礼记》《论语》《孝经》《尚书大传》《中候》《乾象历》，又著《天文七政论》《鲁礼禘祫义》《六艺论》《毛诗谱》《驳许慎五经异义》《答临孝存周礼难》，凡百余万言。

范晔在传后论曰：

郑玄括囊大典，网罗众家，删裁繁诬，刊改漏失，自是学者略知所归。王父豫章君②每考先儒经训，而长于玄，常以为仲尼之门不能过也。及传授生徒，并专以郑氏家法云。

其影响可见一斑。当然不同意见也还是有的，后来出了个王肃，专与郑玄作对，处处立异，引起了王学与郑学之争，如《三国志·王肃传》写道：

初，肃善贾、马之学，而不好郑氏。采会同异，为《尚书》、《诗》、《论语》、三礼、《左氏》解，及撰定父朗所作《易传》，皆列于学官。其所论驳朝廷典制，郊祀、宗庙、丧纪、轻重凡百余篇。……

① 诸人《后汉书》均有传。
② 注云：范晔祖父范宁，晋武帝时为豫章太守。

> 时乐安孙叔然，受学郑玄之门人，称东州大儒……肃集《圣证论》以讥短玄，叔然驳而释之。

又《三国志·王基传》：

> 散骑常侍王肃，著诸经传解及论定朝仪，改易郑玄旧说，而基据持玄义，常与抗衡。

当时申王驳郑（如孔晁、孔毓）、主郑攻王（如孙炎、马昭）的都有①，争论两家之是非，形成王学与郑学之争。王肃因晋武帝为其外孙，其著作皆列于学官，甚至由诏令规定推行。这是争学术地位和政治地位完全搅和在一起了。

王学、郑学之争接下来有南学和北学的对立，随着南北朝的分立，大体上王学在南方流行，郑学在北方传播，《北史·儒林列传》序云：

> 大抵南北所为章句，好尚互有不同。江左，《周易》则王辅嗣，《尚书》则孔安国，《左传》则杜元凯。河洛，《左传》则服子慎，《尚书》《周易》则郑康成。《诗》则并主于毛公，《礼》则同遵于郑氏。南人约简，得其英华；北学深芜，穷其枝叶。

南北之不同是大体上分的，"并主""同遵"已经表明。该序还写道：

> （郑）玄《易》《诗》《书》《礼》《论语》《孝经》，（服）虔《左氏春秋》，（何）休《公羊传》，大行于河北。王肃《易》，亦间行焉。晋世，杜预注《左氏》。预玄孙坦，坦弟骥，于宋朝并为青州刺史，传其家业，故齐地多习之。

这又交代得更为具体。南北二学之相非事例也不少，就不一一列举了。说穿了无非是维护自己的师授（或家业）传统和学术地位，而非难与己不同

① 参阅皮锡瑞《经学历史》及周予同注。

的派别，也完全与政治地位有关。举一个例子说明，北魏初年，崔浩当权，他曾奉敕遍解诸经，就有那么一些谄媚之徒上疏吹捧他，说：

> 马、郑、王、贾虽注述六经，并多疏谬，不如浩之精微。乞收境内诸书，藏之秘府。班浩所注，命天下习业。并求敕浩注《礼传》，令后生得观正义。①

要不是崔浩后来被杀头，北朝所传恐怕就是崔学而不是郑学了。南学、北学章句义例之不同，如果不固执门户之见，不难解决，《北史·房晖远传》之事例可证：

> 会上（隋文帝）令国子生通一经者，并悉荐举，将擢用之。既策问讫，博士不能时定臧否。祭酒元善怪问之，晖远曰："江南、河北，义例不同，博士不能遍涉。学生皆持其所短，称己所长，博士各各自疑，所以久而不决也。"祭酒因令晖远考定之，晖远揽笔便下，初无疑滞。或有不服者，晖远问其所传义疏，辄为始末诵之，然后出其所短，自是无敢饰非者。所试四五百人，数日便决。诸儒莫不推其通博，皆自以为不能测也。

房晖远博通南北学，知各派之长短，故而毫无疑滞。

到了唐代，《五经正义》颁行天下，经学的派别之争似应停止了。其实又不然，参加撰定《正义》本的贾公彦又另有《周礼》《仪礼》义疏，杨士勋又有《穀梁传疏》，后来也曾立于学官，岂不是另争自己的学术地位。些外，几乎与《五经正义》同时，还有陆德明的《经典释文》，李鼎祚的《周易集解》，或各有所宗，或并存各家之说，可见经学并未能真正统一起来。更不消说以后的王元感与《正义》立异，也争得了自己的学术地位。

其次，虽说经学派别之争主要是争政治和学术地位，但各种派别的争论也有些具体内容，而且各有长短，这也是应该注意到的。争论的问题，

---

① 魏收《魏书·高允传》谓上疏之人"著作令史闵湛、郄摽性巧佞，为浩信待"，"浩亦表荐湛有著述之才"，显然是互相吹捧。

有一些时过境迁，争过了就完了，对以后无什影响，可以不论。但对那些影响后世乃至现今的争论，却不能不注意和研究。还是以经今古文之争为例吧，如对孔子的态度不同，是崇奉孔子还是崇奉周公，是尊孔子为“素王”还是把他当先师尊敬，这在现在看来，没有什么意义。“六经”是否孔子所作，也可以不再问它，但孔子为什么作“六经”，是否托古改制，“六经”中有无“微言大义”，这类问题长期对后世有影响，从文化传统角度看，至今也还值得研讨。至于今文学家斥古文经传是刘歆之伪作，古文学家斥今文经传是秦火残缺之余，两方面的意见，都应该予以注意。

此外，各种派别在长期的斗争中，各自发挥自己的长处，形成了不同的学风，对后世也是很有影响的。一种是着重“解故”或“训故”，发展为“遵章句注疏”，“守训故而不凿”①；一种是“说义”或“以事义解经”，发展为排斥经师旧说，“独析义理”。现在看来，这两方面各有各的可取之处，前者于弄清古义不可缺少，后者对分析传说人的思想乃至时代思潮很有意义。后者与以上所说宋以后的新经学（或称宋学）关系密切，前者则为后来清代重考据的经学所发展了。

（三）师法和家法问题

“师法”一词见于《荀子》，但似乎又师是师，法是法，《儒效篇》有“有师法者，人之大宝也；无师法者，人之大殃也”的说法，但前面又是说的“无师无法”“有师无法”，师和法没有联起来。在《修身篇》中，法似乎指礼而言：

> 礼者，所以正身也；师者，所以正礼也。无礼何以正身？无师吾安知礼之为是也？……故非礼，是无法也；非师，是无师也。不是师法而好自用，譬之是犹以盲辨色……故学也者，礼法也。夫师，以身为正仪而贵自安者也。

杨倞注云：“效师之礼法以为正仪，如性之所安，斯为贵也。”即便师、法分别有所指，效师之礼法，也有师所传授的意思，这就与汉代以老师传授

① 王应麟：《困学纪闻》卷九，《经说》。

的学问和技能为师法的意思是一致的。

从汉代开始，经学传授中的师法和家法问题就逐渐突出起来了。《后汉书·章帝纪》建初四年的诏书中曾说：

> 汉承暴秦，褒显儒术，建立五经，为置博士。其后学者精进，虽曰师承，亦别名家。

这就涉及传经之师以及师与家的关系问题。和帝时鲁丕上疏所云更加明确：

> 臣闻说经者，传先师之言，非从己出，不得相让；相让则道不明，若规矩权衡之不可枉也。……法异者，各令自说师法，博观其义。①

《论衡·效力篇》也有：

> 诸生能传百万言，不能览古今，守信师法，虽辞说多，终不为博。

这都明确说传经中有师法问题。家法是由师法而产生的，上引诏文"虽曰师承，亦别名家"的注解释说：

> 言虽承一师之业，其后触类而长，更为章句，则别为一家之学。

任何一个经学家都有自己的师承，都有师法，其学业精进，稍有点自己的东西之后就独立成家了，就有了自己的家法，所以皮锡瑞在《经学历史》中说：

> 先有师法，而后能成一家之言。师法者，溯其源；家法者，衍

① 范晔：《后汉书》卷二十五，《鲁丕传》，中华书局1965年版，第884页。

其流。

这等于是师法和家法的定义，大体上是不错的。

两汉时期非常重视师法和家法，学者以守师法传授为荣，不守师法则受到非难。他们在皇帝面前往往以师法对问，从而受到嘉奖，如翼奉上封事，开口就是“臣闻之于师”①，以师法为自己的立论根据。学通师法还可受到荐举，如萧望之荐举张禹：“奏禹经学精习，有师法，可试事。”② 反之，不守师法者就不被任用，如宣帝时博士缺人，“众人荐（孟）喜，上闻喜改师法，遂不用喜”③。东汉以后重家法也是如此，察孝廉、举明经、试博士皆重家法，如《后汉书·左雄传》记载：

> 雄又上言：“郡国孝廉，古之贡士，出则宰民，宣协风教。……请自今孝廉年不满四十，不得察举，皆先诣公府，诸生试家法，文吏课笺奏……”帝从之，于是班下郡国。

又如同书《徐防传》记载：

> （防上疏曰：）“伏见太学试博士弟子，皆以意说，不修家法，私相容隐，开生奸路。……今不依章句，妄生穿凿，以遵师为非义，意说为得理，轻侮道术，浸以成俗，诚非诏书实选本意。……若不依先师，义有相伐，皆正以为非……”诏书下公卿，皆从防言。

从以上引证和其他材料看，皮锡瑞在《经学历史》中说，“前汉重师法，后汉重家法”，这是有一定道理和根据的。但是，如上所说，师法和家法又不是截然分开的，有时根本不能分。以上徐防所说“不修家法”和“不依先师”，就既是家法又是师法。不过从师法到家法，以及师法和家法的发展，却还是有一定轨迹可循。

皮锡瑞《经学历史》中具体举例说明了师法与家法如何分，说明师法

① 班固：《汉书》卷七十五，《翼奉传》，中华书局1962年版，第3167页。
② 班固：《汉书》卷八十一，《张禹传》，中华书局1962年版，第3347页。
③ 班固：《汉书》卷八十八，《儒林传》，中华书局1962年版，第3599页。

产生在前，家法出现在后，家法从师法中分出，师法的派别大，家法的派别小，等等，但是没有说明家法怎样才能形成，为什么会出现家法。《后汉书》一些注文中有关于家法的解释，如《质帝纪》注：

儒生为《诗》者谓之诗家，《礼》者谓之礼家，故言各随家法也。

《徐防传》注：

诸经为业，各自名家。

《左雄传》注：

儒有一家之学，故称家法。

这些解释的意思基本相同，家法与师法似无区别。本来，师上有师，家后有家，是一个连续不断的系统。例如《易经》的施、孟、梁丘之学是所谓师法，但他们同祖丁宽，故丁宽被称为“祖师”[①]，实际上丁宽之前还有老师田何，《汉书·儒林传》说：

成帝时刘向校书，考《易》说，以为诸《易》家法，皆祖田何，杨叔、丁将军大谊略同。

则祖师当为田何。称丁宽为“祖师”，也许是就西汉师法而言。这是师上有师。又如施雠授张禹、琅邪鲁伯，张禹又授淮阳彭宣等人，由是施家有张彭之学，同样，孟有翟白之学，梁丘有士孙、邓衡之学，都是家后有家。不仅《易经》如此，其他各经莫不皆然，所谓“经有数家，家有数说”，“枝叶蕃滋”，发展就是如此。

然而，家法之所以从师法中分出，除了先后、大小之不同外，还有更重要的因素，并非有多少弟子就分多少家，而是如前引章帝诏所说，是

---

① 班固：《汉书》卷九十七，《外戚传》，中华书局1962年版，第4002页。

“学者精进”的结果，才“虽曰师承，亦别名家”，别为一家之学。要独立成家，看来至少需要两个条件：一是精通师法，二是有自己的独立见解。范晔在《后汉书·儒林列传》后论曰：

其耆名高义开门受徒者，编牒不下万人，皆专相传祖，莫或讹杂。至有分争王庭，树朋私里，繁其章条，穿求崖穴，以合一家之说。

这就是一方面“专相传祖”，继承和精通师法；另一方面又要能“繁其章条，穿求崖穴”，有一定本领，才能另立一家之说，徒弟以万数，不可能人人各自成家。我们说的精通师法，在史书上又叫作“究极师法”，如《后汉书·卓茂传》：

茂，元帝时学于长安，事博士江生，习《诗》《礼》及历算，究极师法，称为通儒。

又同书《刘宽传》注引谢承《后汉书》曰：

宽少学欧阳《尚书》、京氏《易》，尤明《韩诗外传》。星官、风角、算历，皆究极师法，称为通儒。

“究极师法”，这四字大有讲究：一方面不能不遵师法，否则政策上不许可，同门也要攻击，已如前述，而实际上任何人也不可能无师自通（至少广义的“师承”如此）；另一方面，固守师说，也会有不少弊病，如王充所言：

儒者说五经，多失其实。前儒不见本末，空生虚说。后儒信前师之言，随旧述故，滑习辞语。苟名一师之学，趋为师教授，及时蚤仕，汲汲竞进，不暇留精用心，考实根核。故虚说传而不绝，实事没而不见，五经并失其实。①

① 王充：《论衡》卷二十八，《正说篇》。

所以范晔论曰：

> 夫书理无二，义归有宗，而硕学之徒，莫之或徙，故通人鄙其固焉。①

真正作为一个通儒或者通人很不容易，但只有这样的人才能立家法。他必须在“究极”——研究透师法的基础上，又提出自己的见解来，才能独立成家。而且，从以上所引和其他许多通儒、通人的材料看，没有一个是只专治一经的，差不多都兼通数经，甚至博采百家之学，如班固，如王充，如著名的经学大师贾、马、许、郑等等，莫不如此。

师法、家法存在于经学的极盛时期，有时候门户特别森严，这是因为有些人“分争王庭，树朋私里”（前引范晔语）。但它本身的发展，却在事实上不断地打破门户之见，所以以后越来越多地出现一批越来越大的通儒。一直到唐代以后，有了兼存各家的《五经正义》，师法、家法的问题就不存在了。但并非以后的学者没有老师了，也并非以后老师对学生就没有影响了，《宋元学案》《明儒学案》《清学案小识》等等，也都讲了师承乃至派别关系，只不过不像汉代那样讲师法和家法罢了。

师法和家法是一种历史文化现象，它在历史上是起了一定作用的，特别是对经学的传授起了很大作用，使得经学一度极盛，对于后世乃至现在研究儒家经典也起作用。

经学在汉唐文化中的地位及对文化其他方面的影响

我们从文化史的角度看汉唐经学，有两方面的意思：一方面经学是一种重要的文化现象，当然是属于文化史的范围；另一方面，文化史研究，主要应该研究人类精神成果的产生和形成过程，以及它为什么产生和如何产生，前面几节，就是在这种思想指导下展开论述的。下面再谈谈为什么说经学是一种重要的文化现象。

---

① 范晔：《后汉书》卷七十九，《儒林列传》，中华书局 1965 年版，第 2589 页。

有人说，研究文化，上层首先应当注意学术，下层则应注意风俗①，这话有一定道理。学术，在中国古代是讲学问和道术，在现代，凡是有系统而专门的学问都称为学术，可以说是人类智慧的结晶，是人类高层次的文化成就，学术于人类生活有重大的意义。经学，是中国古代的学术，是中国古代特有的文化现象，它主要存在于汉唐时期，它与当时社会政治各方面有密切关系，它深刻地影响当时文化的其他许多方面。从它和其他学术文化的关系，可以看出它在当时文化中的地位。

首先，经学不是某种单一的专门学问，而是一种综合性的学术。经学所研究的经典，不论汉唐时期的所谓“五经”“六经”“七经”“九经”，或者“十三经”乃至后来的“二十一经”，都包含着多种学问，如哲学、史学、文学、伦理学、教育学、文字学等等，有的还包括一些自然科学。然而，每一部经侧重于哪一种专门学问也是比较清楚的。

例如《易经》，主要是属于哲学的一本重要著作，在我国历史上也始终主要是以哲学思想发挥影响和作用的。人们往往运用《易经》中的哲学思想来思考和论证问题。皮锡瑞的《经学通论》中有《论汉初说〈易〉皆主义理切人事不言阴阳术数》这么一个题目，他写道：

> 西汉易学之书虽亡，而其说犹有可考者。……贾、董汉初大儒，其说《易》皆明白正大，主义理，切人事，不言阴阳术数，皆得《易》之正传，田何、杨叔之遗，犹可考见。

在文中他列举了《淮南子》、贾谊《新书》、董仲舒《春秋繁露》、刘向《说苑》和《列女传》，以及《汉书》几个列传中关于引用和阐述《易经》的一些具体例子，说明汉初人说《易》“主义理，切人事”，而“不言阴阳术数”（当作迷信看待的阴阳术数），例如他举例说：

> （《淮南子》）《齐俗训》曰：“故《易》曰：‘履霜坚冰至。圣人之见终始微言。’”

---

① 钱穆：《中国学术通义》，台湾学生书局1975年版，第1页。

其他例子皆是如此，以《易》之“义理”，证明人事的道理。这显然表明了《易经》和易学的哲学影响。其实不仅汉初是如此，我们研究魏晋隋唐时期某些人的哲学思想时，也主要是从他们对经（包括《易经》）的注释或集解中去考察。如研究王弼的思想，当然离不开他的《易》注。《经学通论》另一篇叫《论王弼多清言而能一扫术数瑕瑜不掩是其定评》，他写道：

> 王弼《易》注，孔疏以为独冠古今……所录，如大有六五注云：“不私于物，物亦公焉，不疑于物，物亦诚焉。”颐初九注云：“安身莫若不竞，修己莫若自保，守道则福至，求禄则辱来。”造语虽精，然似自作子书，不似经注矣。

王弼的注文，确实与经本身无关，而是写的他自己的思想，应该说是他在研究《易经》时产生的自己的哲学思想（“自作子书”），但与《易经》思想的影响是分不开的。其实不止《易经》和哲学的关系密切，其他经中也有不少哲学思想。冯友兰曾说，中古之哲学“大部分须于其时经学中求之”，“此时诸哲学家所酿之酒，无论新旧，皆装于古代哲学，大部分为经学之旧瓶内”①。

经学与史学的关系十分密切，这一点也比较容易理解。章学诚在《文史通义》中说：

> 六经皆史也。古人不著书，古人未尝离事而言理，六经皆先王之政典也。或曰：《诗》《书》《礼》《乐》《春秋》则既闻命矣，《易》以道阴阳，愿闻所以为政典，而与史同科之义焉。

接下来他对于为什么说《易》也是政典并且与史同科等问题作了回答，就不详引述了。现在看来，“六经”确实都是史料，它们本身以及它们中所记载的内容，都是政治、经济、军事、文化、思想等等各方面的史料。有的是主要记述古代史事，如《春秋》虽被尊为经，事实上却是史，而《左传》（不论今古文经学家们如何看法分歧）则补充了更多的史料。其他各

---

① 冯友兰：《中国哲学史》上册，商务印书馆 1934 年版，第 492 页。

经也从不同的角度记载和保存了史料。当然，作为史学，不仅仅是指史料，还有史观、史论、史法等等。例如，古文经学家完全相信《周礼》，认为其是西周初年周公计划甚至实行过的制度，并进一步美化尧、舜、禹的古代史；而今文经学家则看法相反，认为《周礼》不过是人们的理想作品，并非西周的实际情况，古籍中关于尧、舜、禹的描写，完全是孔子托古改制。这就涉及史观问题。至于经今古文学派关于先秦古代史上许多问题的分歧，如封建、官制、宗教、税法等方面，以及一些更具体的问题，也是史学研究中必须弄清楚的问题，否则先秦史就无法写出来。从史学角度看，在唐代刘知几著《史通》之前，专门的史学研究是不发达的，但丰富的史籍中存在着不少史学问题，也都从经学中反映出来，如在《汉书·艺文志》中没有经部和史部之分，就将《史记》这样的历史著作归于经部的《春秋》。

《诗经》明显是一部文学作品，也被列为“五经”之一。作为文学作品的《诗经》，在文学史上自然有它自己的影响和作用，甚至在音乐史上也有它的影响和作用，因为《诗经》中无论风、雅、颂都是与音乐乃至舞蹈配合的，诗歌本身都有节奏感，可以分出唱和或对唱，可以找到引子和尾声，还可看出歌词与音乐的密切配合，有的章句重叠，即为了适应乐曲的情绪和形式。但是，从汉代开始，经学家们把它当作儒家经典来研究，他们根据孔子的言论，“《诗》三百，一言以蔽之，曰：思无邪”①，认为《诗》的作者，思想都是纯正的（而且是儒家的所谓“温柔敦厚”），于是产生出许多的牵强附会的说法，抛开《诗经》的本来意义，拘泥地解释《诗经》的道德讽劝之意，例如《国风》，本来不过是各地乐曲之意，经学家们却解释说：

> 《风》，风也，教也，风以动之，教以化之。……上以《风》化下，下以《风》刺上，主文而谲谏，言之者无罪，闻之者足以戒，故曰《风》。②

---

① 《论语·为政》，诸子集成本，中华书局1954年版。

② 《毛诗序》，十三经注疏本，中华书局1980年版。

《关雎》是一首爱情诗，《诗经》序却说是“后妃之德也”：

是以《关雎》乐得淑女以配君子，爱在进贤，不淫其色，哀窈窕，思贤才，而无伤善之心焉，是《关雎》之义也。

诸如此类解释，不必一一列举。直到宋代的朱熹大胆指出有些诗篇属于男女淫佚之作，但他是站在道学（也是经学）的立场上批评淫诗，既不能解决《诗经》的文学作品性质问题，也难以自圆其说，所以受到以后经学家的批评。不过，《诗经》虽然一直在经学中被研究，由于它确实是文学作品，所以在研究中也会影响到古代审美理论的发展。例如经学家们从《诗经》中总结出赋、比、兴的艺术手法，就影响很大，《毛诗序》中说：

故诗有六义焉：“一曰风，二曰赋，三曰比，四曰兴，五曰雅，六曰颂。”

孔颖达则进一步解释：

风、雅、颂者，《诗》篇之异体；赋、比、兴者，《诗》文之异辞耳。大小不同，而得并为六义者，赋、比、兴是《诗》之所用，风、雅、颂是《诗》之成形。用彼三事，成此三事，是故同称义。

这赋、比、兴的问题，无疑是中国古代文论的一个重大问题，它是经学家们首先提出和研究的问题。

经学与中国伦理学的发展关系尤为密切。在经学家们眼中，所有的经都是为形成和维护封建伦理道德服务的，如上之说《诗经》，如《春秋》之使乱臣贼子惧，其中《礼经》又最为直接。《汉书·礼乐志》开头一段话说得非常清楚：

六经之道同归，而礼乐之用为急。治身者斯须忘礼，则暴嫚入之矣；为国者一朝失礼，则荒乱及之矣。人函天地阴阳之气，有喜怒哀乐之情。天禀其性而不能节也，圣人能为之节而不能绝也，故象天地而制

> 礼乐，所以通神明，立人伦，正情性，节万事者也。人性有男女之情，妒忌之别，为制婚姻之礼；有交接长幼之序，为制乡饮之礼；有哀死思远之情，为制丧祭之礼；有尊尊敬上之心，为制朝觐之礼。哀有哭踊之节，乐有歌舞之容，正人足以副其诚，邪人足以防其失。

《礼经》《乐经》就专门讲以上这些人伦关系。两汉至隋唐，《礼经》这门学问特别发达，如《隋书·经籍志》著录，关于三礼的书有 136 部，1622 卷，“通计亡书 211 部，2186 卷”，比其他几部经书的研究书都多，已如上述。又例如唐代杜佑《通典》一书，礼这一部分 100 卷，整整占全书的一半。这都是礼学特别发达的实际情况的反映。《仪礼》十七篇，大至朝代典礼，小至当时人们的行为准则，无不以之为重要依据，其冠婚丧祭之类的礼节，在汉唐时期特别讲究，而且为以后整个封建社会沿袭（当然细节上有不少的增减）。总之，礼学的发展和传播，与伦理学的发展是直接紧密关联着的。

与上述问题相连，经学也在文化的更深层次上发生影响，那就是影响到人们的心理、观念等方面。因为经学是以官方学说的姿态存在的，特别是封建政府的大力推行，包括各种强制手段的推行和多方面的潜移默化的影响，人们的意识、心理、观念和性格等等，都会朝其引导的方向变化。所谓“上以为政，下以为俗”① 者也。特别表现在家庭、人际等伦理方面，表现在风俗习惯、信仰方面，本书有几章涉及这些方面，但研究显然很不够，也还未引起足够的重视，值得治文化史者特别注意。

经学和文化其他方面的关系还可作许多探讨，并且也有一些是很重要的。例如经学与文字学的关系就是其一，文字学（包括语言、方言）也是中国文化史上一个特有的问题，对整个中国古代学术文化的研究也至关重要。这里不作详论，提出来以备全面考虑。

通过以上粗略的描述，不难看出汉唐经学在当时文化史中的地位，以及它对文化各方面的深刻影响。我们把经学当作汉唐时期中国人的一种重要精神成果，着重研究它的产生和发展过程，力图从其产生和发展过程中寻求一点规律性的东西，这是与其他研讨经学的文章不尽相同之处，也是我们从文化史角度对汉唐经学的论述。

---

① 《墨子·节葬》，诸子集成本，中华书局 1954 年版。

第七章　社会思潮

整个汉唐时期，一千一百年，封建社会从形成到发展，基本上处于上升时期，但周期性的危机，也几经反复。从汉到唐的社会发展，大阶段成为U形，汉和唐是两个高峰，汉唐两朝是中国历史的骄傲，在世界上享有盛誉，国家强盛，政治上统一、安定（当然是相对而言），经济发展、繁荣，在文化史上尤为光彩夺目，思想文化内容丰富而驳杂，既有继承、总结，又有开拓、创新。汉唐之间的魏晋南北朝虽是乱世，但文化传统并未中断，而且还有某些方面的发展，更加难能可贵。历史上的汉人、唐人、魏晋人、南朝人、北朝人究竟如何生活？现在是很难描述的，一般人的思想——特别是平民百姓的思想就更难得知了。但是，凭借当时思想家们留下的著作以及有关的历史记载，了解当时社会的各种思想潮流，又是未尝不可能的。

汉唐时期，时间长，社会变化也很大，社会思潮不可能只有一两种，也不可能一成不变。本章将涉及一系列众所周知的问题，如黄老新道家和新儒家问题、谶纬迷信问题、玄学问题、佛教和道教问题等等，并且将从一个新的角度加以研讨。所谓新的角度，就是社会思潮。那么，什么是社会思潮呢？要给它一个确切的定义也不容易。按照一般的理解，社会思潮是社会心理的集中反映，而且是一定理论化的集中反映。我们就是想对这些老问题，从社会思潮发展的角度来进行论述，包括思潮的产生和发展、代表人物、特点等等。

一度成为“家人言”的黄老新道家

汉初以《老子》为理论基础产生的黄老新道家，有纲领口号，有理论体系，并且被作为当时政治的指导思想①。大家都承认它是当时社会现实

① 参见熊铁基：《秦汉新道家略论稿》，上海人民出版社1983年版。

需要的反映，但人们多半注意的是政治上和经济上的需要，忽略了它同时也是当时一股强大社会思潮的反映。

战国以来，人民饱受长期战乱之苦，渴望统一安定，秦因而得以统一，但举措暴众，人民终不得安宁，奋起反抗，推翻了秦朝，争夺天下又是好几年的战乱。长时间中，一个最普遍的社会心理，那就是需要安定。当时的这种社会心理，直接的记录是不易找到的，但当时头脑比较清醒的政治家、思想家都看到了这种普遍的心理，则确定无疑。《汉书·曹参传》的记载颇能说明问题：

> 天下初定……参尽召长老诸先生，问所以安集百姓，而齐故诸儒以百数，言人人殊，参未知所定。闻胶西有盖公……盖公为言“治道贵清静而民自定”，推此类具言之。……其治要用黄、老术。故相齐九年，齐国安集。

参继萧何为相国三年，“百姓歌之曰：萧何为法，讲若画一，曹参代之，守而勿失，载其清静，民以宁一”。平民百姓希望安宁、清静的社会心理跃然纸上。稍有政治头脑的人都知道要注意这种民心，如匈奴“单于尝为书嫚吕太后”，时，樊哙请发十万众攻打匈奴，季布以为樊哙该杀头，他说：

> 秦以事胡，陈胜等起。今疮痍未瘳，哙又面谀，欲摇动天下。①

这提得很高，也说得很准，“摇动天下”包括摇动天下人心，国家人民不得安宁，这是千万使不得的。

政治家们在面对当时经济和政治现实的同时，考虑普遍要求安宁的社会心理，并且对这种社会心理进行了理论性的解释和说明，加以总结提高，进而成为政治指导思想，因此形成一股强大的社会思潮。陆贾在《新语》中说：

---

① 班固：《汉书》卷三十七，《季布传》，中华书局1962年版，第1977页。

故设道者易见晓，所以通凡人之心。①

设什么道呢？他又说：

夫道莫大于无为。

秦始皇帝设为车裂之诛，以敛奸邪；筑长城于戎境，以备胡越。征大吞小，威震天下，将帅横行，以服外国。蒙恬讨乱于外，李斯治法于内，事逾烦天下逾乱，法逾滋而奸逾炽，兵马益设而敌人逾多。秦非不欲为治，然失之者，乃举措暴众而用刑太极故也。②

可见，无为政治是因通"凡人"求宁静之心而产生的。

要求安宁的社会心理，如何在理论上表述呢？可以提出什么口号呢？先秦典籍中有一部《老子》，其中讲的就是"天清""地宁"，"清静为天下正"，"我无为而民自化，我好静而民自正"③ 等等，文字不多，简明扼要，同时又有解释发挥的余地。当时上上下下都读《老子》，《史记·外戚世家》记载：

窦太后好黄帝、老子言，帝及太子、诸窦，不得不读《黄帝》《老子》，尊其术。

皇亲国戚都得读《黄帝》《老子》书，长沙马王堆出土帛书中有《老子》（也有《黄帝四经》）即是一个物证。《史记·辕固生传》又记载说：

窦太后好《老子》书，召辕固生问《老子》书。固曰："此是家人言耳！"

---

① 陆贾：《新语·慎微》。
② 陆贾：《新语·无为》。
③ 老子：《道德经》第三十九、四十五、五十七章。

"家人"就是平民百姓①。平民百姓读《老子》的具体记载不多，但也有材料可以从不同角度说明，如：

> （陈平）少时家贫，好读书，治黄帝、老子之术。②

> （田叔）学黄老术于乐钜公。③

可见从秦开始，民间即已较广泛地流行读《黄》《老》的风气。另外，从《汉书·艺文志》和《隋书·经籍志》的记载看，注《老子》和传老子之学的书有不少：前者记有邻氏、傅氏、徐氏之经传、经说及刘向的《说老子》等等，后者《老子道德经》注云：

> 汉文帝时河上公注，梁有战国时河上丈人注《老子经》二卷，汉长陵三老毋丘望之注《老子》二卷，汉隐士严遵注《老子》二卷。

可惜这些书和人的事迹失传，唯严遵（君平）还有几句话的记载：

> 君平卜筮于成都市……日阅数人，得百钱足自养，则闭肆下帘而授《老子》。博览亡不通，依老子、严周之指著书十余万言。④

不过这是西汉后期的事了。

上面主要说的是《老子》书，但还有一个《黄帝》书。上面已提到马王堆汉墓出土《老子》书的同时有《经法》等四篇，就是《黄帝》书⑤。在《汉书·艺文志》中关于黄帝的书主要和《老子》书一起放在道家一

① 司马贞《史记索隐》曰："服虔云：如家人言也。案：老子《道德篇》虽微妙难通，然近而观之，理国理身而已，故言此家人之言也。"其意思并不清楚。颜师古注《汉书》，在《辕固生传》说是"僮隶之属"，在《栾布传》说"家人，犹言编户之人也"，在《董贤传》说"犹言庶人也"，在《郊祀志》又说"谓庶人之家也"。据此，理解"家人"为平民百姓不会有错。

② 班固：《汉书》卷四十，《陈平传》，中华书局1962年版，第2038页。

③ 班固：《汉书》卷三十七，《田叔传》，中华书局1962年版，第1981页。

④ 班固：《汉书》卷七十二，《王贡两龚鲍传》，中华书局1962年版，第3056页。

⑤ 熊铁基：《秦汉新道家略论稿》，上海人民出版社1984年版，第97页。

类，有《黄帝四经》《黄帝铭》《黄帝君臣》《杂黄帝》《力牧》（黄帝相）等等，也许都是战国时的作品，但是汉人把它们抬出来，与《老子》相配，是因为“与老子相似也”。《隋书·经籍志》说：

汉时诸子，道书之流有三十七家，大旨皆去健羡，处冲虚而已，无上天官符箓之事。其《黄帝》四篇，《老子》二篇，最得深旨。

《黄帝》书和《老子》书一样，主要特点是谨守雌道，节制情欲，专一而以虚无为尚。这比较准确地说明了汉初人的思想。汉初的政治家和思想家要提倡清静无为的理论，抬出一个老子来似嫌单薄，再配上一个黄帝，以加强其理论的权威性，因而黄老新道家就流行起来了。

这股思潮主要盛行于西汉，特别是汉武帝之前，但它的影响所及是整个两汉时期。武帝之后它在政治上不再占主导地位了，但思潮影响仍然存在，最能说明问题的当然是东汉王充自己所说“合黄老之义”了。一直到汉末，受这种思潮影响，还有一个比较突出的代表人物，那就是诸葛亮，诸葛亮在《诫子书》中说：“非淡泊无以明志，非宁静无以放逸。”看来，黄老新道家思想是这位杰出历史人物的政治指导思想，可以说这也是汉初黄老新道家思想在政治上的一个回光返照。

往后，道家思想还在发展，魏晋以后又有一次与玄学结合的大流行，人们重新读《老子》《庄子》（《庄子》的地位突出了），当然多少会注意和参考汉人的新道家思想，但这已是另一个新阶段，新道家之名还是用在汉代的黄老思想上最合适。在汉人心目中，黄老与道德是一回事，司马谈的《论六家要旨》已经定了调子，直到王充乃至以后仍用“黄老”之名。冯友兰先生曾使用“新道家”之名，“指的是公元三四世纪的‘玄学’”①。

玄学与道家的关系密切是事实，但“三玄”之一还有《周易》，而且不仅重《老子》，更特为重《庄子》，还有，无论主理派或主情派都着重在思想而不是在政治方面，这些都是与秦汉黄老新道家不同的，玄学家的《老子》《庄子》，不是先秦的《老子》《庄子》，汉代的黄老、道德与先秦

① 冯友兰：《中国哲学简史》，北京大学出版社 2013 年版，第 208 页。

道家也绝不相同①。玄学虽大讲“自然”，但并不以道家自居，黄老却认为自己属于道德家。因此，名“玄学”为新道家不如称黄老为新道家贴切。这些话稍稍偏离本篇之旨了，但为这一思潮定名，并明确其特点，也不是毫无意义的，所以顺便说一下。

传业浸盛的新儒家

西汉初年，由于政治家们的提倡、组织和领导，黄老新道家成为一股强大的社会思潮。但西汉初年绝不只是这一种社会思潮，原来的九流十家都在继续流行，其特点是相互影响，相互补充，进而产生出新的社会思潮。上述黄老新道家兼采了儒墨名法，又可以说是老子学与阴阳学的结合，黄帝是人们依托的，黄帝之学主要是阴阳之学。黄老之术，也是汉初的一种说法，老子尚术，所谓君人南面之术，因而可以与法家结合，变为刑名之学，所以汉初黄老和刑名又几乎是同义语。总之，它是一种新的社会思潮。汉初另一股较大的社会思潮显然是儒家的思想，所谓“世之学老子者则绌儒学，儒学亦绌老子”②。不过，此时的儒家也是新儒家，主要是儒家与阴阳家结合的产物，同时从统治来说又是离不开法家的，所以是“霸王道杂之”③

汉代儒家的地位，一开始就不弱，这从《汉书·儒林传》的论述（基本上是抄《史记》的原文）可以看出，汉兴（《史记》有此字样）之后：

> 诸儒始得修其经学，讲习大射乡饮之礼。叔孙通作汉礼仪，因为奉常，诸弟子共定者，咸为选首，然后喟然兴于学。然尚有干戈，平定四海，亦未皇庠序之事也。孝惠、高后时，公卿皆武力功臣。孝文时颇登用，然孝文本好刑名之言。及至孝景，不任儒，窦太后又好黄老术，故诸博士具官待问，未有进者。
>
> 汉兴（此处改《史记》文字，用得恰当），言《易》自淄川田生；言《书》自济南伏生；言《诗》，于鲁则申培公，于齐则辕固生，燕

① 熊铁基：《秦汉新道家略论稿》，上海人民出版社 1984 年版，第 18～30 页。
② 司马迁：《史记》卷六十三，《老子韩非列传》，中华书局 1982 年版，第 2143 页。
③ 班固：《汉书》卷九，《元帝纪》，中华书局 1962 年版，第 277 页。

> 则韩太傅；言《礼》，则鲁高堂生；言《春秋》，于齐则胡毋生，于赵则董仲舒。及窦太后崩，武安君田蚡为丞相，黜黄老、刑名百家之言，延文学儒者以百数……

这个记述既简明扼要，又比较全面，把儒学在汉初的地位讲得比较准确。即汉兴开始就恢复了儒学，虽有一段时间在政治上未占主导地位，只是处于“待问”的地位，但毕竟是兴起来了，儒者也能安插为官了。后来儒学取黄老新道家而代之，逐渐在政治上居统治地位，这是有个过程的。

一般使用汉武帝时“罢黜百家，独尊儒术”这个表述，看来不是很恰当。“独尊”看怎样理解。班固在写《董仲舒传》时说他“推明孔氏，抑黜百家”，说他的主观愿望是可以的，看成是当时的事实就夸大了。司马迁只用了“绌黄老、刑名百家之言”（班固也照抄了），这和“学老子者则绌儒学，儒学亦绌老子”的意义差不多。这里并非咬文嚼字，意思是想说明：在儒家思想成为统治思想之后，百家之言不可能罢黜，其他社会思潮也还是有的。这在以后各节中将要说明。所以我认为用“传业浸盛”这几个字来代替“独尊”，这样形容儒学思潮的发展，也许更确切一些。

本节将着重说明汉代儒家思想为什么会取代黄老逐渐成为强大的社会思潮，以及整个汉唐时期儒学思潮的大致发展概况。

如果说汉初的黄老思想反映了当时人们比较普遍的求安静的社会心理，那么儒家思想其所以取代黄老，也是有社会心理方面的原因的。

西汉初年的历史，尽管从贾谊到董仲舒都说过没有达到“善治”的境地，但也不可否认几十年的休养生息带来了经济的恢复和发展，社会的相对安定，以及国家的强盛，如《汉书·食货志》的记述：

> 至武帝之初七十年间，国家无事，非遇水旱，则民人给家足，都鄙廪庾尽满，而府库余财。京师之钱累百巨万，贯朽而不可校。太仓之粟陈陈相因，充溢露积于外，腐败不可食。众庶街巷有马，仟佰之间成群。……人人自爱而重犯法，先行谊而黜愧辱焉。

以上记述虽有溢美之词，但在一定意义上基本符合事实。人们解决了温饱问题（“人给家足”——前面还有一句“非遇水旱”，可见其比较实事求是)，满足了最低层次的需要之后，自然产生较高层次的需要。“自爱而重犯法”，“行谊而黜愧辱”，不就是人们的安全需要、归属需要乃至尊重需要吗?！前一句可以说是为了安全，后一句当即归属和尊重的需要了。而且“人人”如此，共同的要求，无疑是比较普遍的社会心理。如何实现这种社会心理？如何满足人们的欲望呢？这就需要从理论上来回答问题。此时如果再谈什么“无为自化”“清静自正”，显然是不合时宜的，什么黄帝、老子，可以用得上老子自己的一句话了：

> 子所言者，其人与骨皆已朽矣，独其言在耳![①]

人们已经生活在相对安定的社会环境之下了，和在战乱中，在饥寒交迫中渴望清静、温饱时不完全一样，在“人给家足”之后，还要另有所为才好。一般平民百姓，在起早贪黑劳动，解决起码的温饱之后，首先是会讲家庭的和睦、幸福，这就要讲孝、悌；然后还要注意邻里、乡人[②]的关系，这就要讲仁、义、忠、信之类了。满足这些心理要求需要教化，所有这些，恰恰是儒家所能回答的问题，是儒家思想的根本内容。看来，《孝经》《论语》这些普及性读物之所以流行[③]，除了统治者的提倡，也有人们的社会需要了。

儒家传业浸盛，儒家思想成为强大社会思潮的另一重要原因，当是知识分子的心理反映。知识分子因为有知识，作为时代的先锋，比一般人有更明确的、更高层次的需要，即所谓自我实现的需要。知识分子被称为士，在汉人心目中，“士者事也，任事之称也”[④]，“士”又作“仕”，简单地说就是入仕，“学而优则仕”[⑤]，读书做官是知识分子自我实现的重要的——在当时几乎是唯一的途径。儒家的书讲修身、齐家、治国、平天下，要做官当然最重要的是读儒家的书，汉初开始设经博士，到武帝时立

① 司马迁：《史记》卷六十三，《老子韩非列传》，中华书局1982年版，第2140页。

② 《论语·子路》：“(子曰：) 不如乡人之善者好之，其不善者恶之。”

③ 班固《汉书·艺文志》记载“凡《论语》十二家”，“《孝经》十一家”，解说这两部分的家数仅次于《易》《礼》的十三家，高于《书》的九家和《诗》与《乐》的六家。传授的人多，从学的人亦多，这是人们的需要。

④ 班固等：《白虎通义·爵》。

⑤ 《论语·子张》，诸子集成本，中华书局1954年版。

五经博士，可以说是儒家垄断了仕途，知识分子要自我实现，就只能纷纷争走一条路了，真是趋之若鹜。班固在《汉书·儒林传》最后赞曰：

自武帝立五经博士，开弟子员，设科射策，劝以官禄，讫于元始，百有余年，传业者浸盛，支叶蕃滋，一经说至百余万言，大师众至千余人，盖禄利之路然也。

这真是一语破的，儒家影响之日益加强，这是很重要的原因。

东汉是儒学发展的极盛时期，《后汉书·儒林列传》的记述可略见其大概：

光武中兴，爱好经术，未及下车，而先访儒雅，采求阙文，补缀漏逸。先是四方学士多怀挟图书，遁逃林薮。自是莫不抱负坟策，云会京师。……建武五年，乃修起太学……中元元年，初建三雍。明帝即位，亲行其礼。天子始冠通天，衣日月，备法驾之物，盛清道之仪，坐明堂而朝群后，登灵台以望云物，袒割辟雍之上，尊养三老五更。飨射礼毕，帝正坐自讲，诸儒执经问难于前，冠带缙绅之人，圜桥门而观听者盖亿万计。其后复为功臣子孙、四姓末属别立校舍，搜选高能以受其业，自期门羽林之士，悉令通《孝经》章句，匈奴亦遣子入学。济济乎，洋洋乎，盛于永平矣！建初中，大会诸儒于白虎观，考详同异，连月乃罢。肃宗亲临称制……顾命史臣，著为《通义》。

阐发儒家思想的《白虎通义》可称为封建社会的法典①，儒家之成为儒教是在东汉时期，儒教之成为国教也是东汉时期。

儒学极盛而衰，是由于多方面的原因，儒学——应该说主要是经学曾一度中衰，从魏晋开始，玄学“竟以儒家为迂阔，不周世用”②，两晋时期，又莫不“摈阙里之典经，习正始之余论”③。玄学兴起，佛、老盛行，

① 侯外庐、赵纪彬、杜国庠、邱汉生：《中国思想通史》第二卷，人民出版社 1957 年版，第 223～225 页。

② 陈寿《三国志·杜畿传》载杜恕上疏之语。

③ 房玄龄等：《晋书》卷九十一，《儒林列传》，中华书局 1974 年版，第 2346 页。

儒学的情况和两汉时期相比是大不一样的，古人和今人对此有多方面的分析。从儒学思潮的发展来看，我们认为，这一时期儒学虽不再是独尊地位，但影响仍然不小，只是各个时期各个地区的表现和程度不同罢了。清人焦循有一段话概括得比较全面：

> 正始以后，人尚清谈。迄今南渡，经学盛于北方，大江以南，自宋及齐，遂不能为儒立传。梁天监中，渐尚儒风，于是《梁书》有《儒林传》，《陈书》嗣之，仍梁所遗也。魏儒学最隆，历北齐、周、隋，以至武德、贞观，流风不绝，故《魏书·儒林传》为盛。①

关于儒学在这一时期的存在和发展，我们可以指出如下几点：第一，魏晋南北朝时期的各朝统治者，都有不同程度地重视和提倡儒学之举，真可以说“朝廷苟获小安，即思兴学；地方官吏，亦颇能措意于此；私家仍以教授为业；虽偏隅割据之区，戎狄荐居之地，亦莫不然”②。这每一句话都可以列举出许多事实，各史书的儒林传及有关纪、传、志可见其大概，这里就不一一征引了。第二，儒学的传播与发展，呈现出显著的地方特色，即所谓南学、北学，各有所长，《北史·儒林列传》序云：

> 南人约简，得其英华；北学深芜，穷其枝叶。

这在一定程度上反映了各自的特点。有人认为，似乎只有北方继承了汉儒章句之学，但事实却不尽然，南北双方对于儒家经典都有许多注疏③，为唐代儒学所继承。南朝宋、齐之史虽无儒林传，但并非无儒者，宋初的雷次宗与郑玄齐名，有“雷郑”之称，雷次宗说礼严谨，引证详实。晋、宋诸儒，善说礼服，杜佑《通典》一书，大量援引了他们的礼服之说④，这是儒学在当时南方发展的有力例证。第三，魏晋以后，虽然玄风大畅，但不少玄学家都精通儒学也是事实，如众所周知，王弼有《易注》，何晏有

① 焦循：《雕菰楼集》卷十二，《国史儒林文苑传议》。
② 吕思勉：《两晋南北朝史》，上海古籍出版社 1983 年版，第 1335 页。
③ 皮锡瑞：《经学历史·经学分裂时代》。
④ 参阅杜佑《通典》卷七十九至卷一百零五。

《论语集解》。而所谓自然与名教之争，名教也是儒学的代名词，争的主要对象就是儒学，更何况许多玄学家并非真正否定名教（详下），无论从正面或反面均可见儒学影响之大，否则就不必与之相争了。第四，魏晋南北朝还有佛教流行，但“南国浮屠，不能改经天之义”①。甚至也有僧人注《孝经》（如慧琳、慧始），解《论语》（如僧智）②。僧人与玄学家们来往，也与许多名儒做朋友。对于佛教来说，儒学毕竟是正统，“佛者夷狄之俗，非经典之制”③，这是当时一般人的看法。

隋唐时代，历来有儒、佛、道三教并重之说，实际上儒学还是最重要的。唐太宗恰恰是在以前朝“好释氏、老氏之教”“为鉴戒”之后说：

> 朕今所好者，惟在尧舜之道，周孔之教，以为如鸟有翼，如鱼依水，失之必死，不可暂无耳。④

一部《贞观政要》中，《崇儒学》讲礼乐、仁义、忠义、孝友等等均有专章，儒学之盛空前，在许多方面比“独尊儒术”的汉代有过之而无不及。例如从经学的情况看，从唐初开始搞五经定本，颁孔颖达《五经正义》于天下，后来又以《易》、《书》、《诗》、三礼、三传合为九经，取士以为依据。正如皮锡瑞所说：

> 夫汉帝称制临决，尚未定为全书；博士分门授徒，亦非止一家数；以经学论，未有统一若此之大且久者。⑤

汉有熹平石经，唐有开成石经，皆一代之盛举。再例如从设学校的情况看，《旧唐书·儒林列传》记载说：

> （高祖）以义宁三年五月，初令国子学置生七十二员，取三品已

① 孔广森：《戴氏遗书序》。
② 魏征等：《隋书》卷三十二，《经籍志一》，中华书局 1973 年版，第 936 页。
③ 房玄龄等：《晋书》卷七十七，《蔡谟传》，中华书局 1974 年版，第 2035 页。
④ 吴兢：《贞观政要》卷六，《慎所好》。
⑤ 皮锡瑞：《经学历史》，中华书局 1959 年版，第 198 页。

上子孙；太学置生一百四十员……四门学生一百三十员……上郡学置生六十员，中郡五十员，下郡四十员。上县学并四十员，中县三十员，下县二十员。武德元年，诏皇族子孙及功臣子弟，于秘书外省别立小学。……（太宗）大征天下儒士，以为学官。数幸国学……学生能通一大经已上，咸得署吏。又于国学增筑学舍一千二百间，太学、四门博士亦增置生员，其书算各置博士、学生，以备艺文，凡三千二百六十员。……是时四方儒士，多抱负典籍，云会京师。俄而高丽及百济、新罗、高昌、吐蕃诸国酋长，亦遣子弟请入于国学之内。鼓箧而升讲筵者，八千余人。济济洋洋焉，儒学之盛，古昔未之有也。

贞观时最为突出，以后的兴废有多次变化，但总体水平仍然可以说“古昔未有”，超过汉代是毋庸置疑的。这里只是举例说明，以见一斑。其实，就地方学校之普及而言，隋唐也是超过前代的。隋唐多次有“诏天下劝学行礼”① 之举，唐玄宗开元二十六年正月，“制：天下州县，每乡一学，仍择师资，令其教授”②。具体情况虽无系统记载，但许多地方官开设学校的零星记载还是不少的，有人也列举过③，这里就不具体引述了。总之，唐代儒学更为普及是不言而喻的。新疆吐鲁番地区出土的文物中有《论语》及《千字文》（都是儒学普及性读物）手抄本，是极生动的例证。手抄《论语》的卜天寿是乡、里义学的私学生，年仅十二岁。抄本之后的一首打油诗，生动有趣而且能反映一些问题：

写书今日了，先生莫咸池（嫌迟）。明朝是贯（假）日，早放学生归。

这里有学校的老师（先生），有教学活动和假日。地区远在西北，儒学之普及，由此可见一斑。抄写的时间是中宗景龙四年，还在玄宗之前，也许上述玄宗之“制”，是一次重申或者强调。

---

① 魏征等：《隋书·高祖本纪》；欧阳修、宋祁：《新唐书·太宗本纪》。

② 刘昫等：《旧唐书·玄宗本纪》。《通鉴》则云：“今天下州县，里别置学。”

③ 吕思勉：《隋唐五代史》，中华书局 1959 年版，第 1260～1277 页。

据上所述，从汉到唐，儒家思想是越来越盛，是整个时期的强大的社会思潮。

从阴阳之术到谶纬流行

在西汉时期，先后有黄老新道家和新儒家被统治者所提倡，形成两股强大的社会思潮，但是人们往往有意无意地忽视了同时还有另一股影响很大而且流行很广的社会思潮，那就是阴阳之术。司马谈《论六家要旨》把阴阳家列于六家之首，并且说：

> 尝窃观阴阳之大祥，而众忌讳，使人拘而多所畏。然其序四时之大顺，不可失也。

“大祥”《汉书》作“大详”，是他大大地清楚呢，还是指吉凶？也许作前一种解释更合适些（“祥”本可与“详”通），意思是他对这阴阳之术比较清楚了解。实际上当时了解乃至信仰阴阳之术的人比较多。但是阴阳之术又为什么没有像儒家、道家那样成为一个独立学派流传呢？我认为这有两方面的原因：

一方面是它为别的派别所吸收，如道家与阴阳家结合形成黄老新道家，儒家与阴阳家结合形成新儒家。此外，法家也完全能接受阴阳之术，秦始皇之相信符应和图谶就是最明显的例子，如相信五德终始之说，搞封禅，乃至求仙真奇药等等，具体例子不在此一一列举了。另一方面，也是更重要的一方面，阴阳之术本身非常驳杂，《史记集解》引“李奇曰：月令星官是其枝叶也”。在《汉书·艺文志》七略中，除“诸子略”中有阴阳家之外，“权术略”的天文家、历谱家、五行家、蓍龟家、杂占家、刑法家，“方技略”的医经家、经方家、房中家、神仙家等等，都属于阴阳之术的范围，此外“兵书略”中也有兵阴阳家，还有“诸子略”中的各家（如名家、墨家、纵横家、杂家乃至小说家）也都有阴阳术数的东西。《后汉书·方术列传》概述说：

> 若夫阴阳推步之学，往往见于坟记矣。然神经怪牒，玉策金绳，

关扃于明灵之府，封縢于瑶坛之上者，靡得而窥也。至乃《河》《洛》之文，龟龙之图，箕子之术，师旷之书，纬候之部，钤决之符，皆所以探抽冥赜，参验人区，时有可闻者焉。其流又有风角、遁甲、七政、元气、六日七分、逢占、日者、挺专、须臾、孤虚之术，及望云省气，推处祥妖，时亦有以效于事也。而斯道隐远，玄奥难原。

其流变者更多。

由此可见，几乎各家各派中都不同程度地存在着阴阳之学，一切谈神说怪的东西都属于阴阳之术，很难说哪一说哪一术是阴阳家的主体，也很难说阴阳家是一个独立的学派了。

据上所述，我们可以这样说，阴阳之术包括了最迷信的东西，也包括了当时最科学的东西，司马谈比较客观地概括指出了这两个方面：

夫阴阳四时、八位、十二度、二十四节各有教令，顺之者昌，逆之者不死则亡。未必然也，故曰："使人拘而多畏。"夫春生夏长，秋收冬藏，此天道之大经也，弗顺则无以为天下纲纪，故曰："四时之大顺，不可失也。"

司马谈的头脑是比较清楚的，他认为属于迷信的东西"未必然也"，属于科学的东西"不可失也"。不过，这只能说是少数人的冷静思考，大多数的人则是迷信、盲从，甚至出于各种不同的动机推波助澜，使各种各样的阴阳之术风靡一时，而且大为发展的又恰恰是迷信方面的东西居多。

统治者需要它。例如统治者特别相信其符命之说，实质就是假借天意来维护自己的统治，这一点董仲舒说得很明白：

臣闻天之所大奉使之王者，必有非人力所能致而自至者，此受命之符也。天下之人同心归之，若归父母，故天瑞应诚而至。《书》曰"白鱼入于王舟，有火复于王屋，流为乌"，此盖受命之符也。①

① 班固：《汉书》卷五十六，《董仲舒传》，中华书局1962年版，第2500页。

所以，秦汉时期的统治者都相信这种学说，只不过由于社会和政治条件的不同，他们相信的程度、着重的方面以及提倡的方式有些具体不同罢了。而与此密切相关的灾异说以及其他阴阳之术（如龟蓍、杂占、房中、神仙等等），都受到不同程度的重视。

上有好者，下必盛焉。秦汉时期出现了大量讲阴阳术数之人，叫做方士或方术士（名目还很多，如术士、术人、术客、术家、道士、道术士以及方伎家、工伎家、伎数之人、术数之人等等）。范晔在《后汉书·方术列传》中写道：

> 汉自武帝颇好方术，天下怀协道艺之士，莫不负策抵掌，顺风而届焉。后王莽矫用符命，及光武尤信谶言，士之赴趣时宜者，皆骋驰穿凿，争谈之也。故王梁、孙咸名应图箓，越登槐鼎之任，郑兴、贾逵以附同称显，桓谭、尹敏以乖忤沦败，自是习为内学，尚奇文，贵异数，不乏于时矣。

这是一个概述，而且是说东汉情况为主，实际上“顺风”“争谈”的事实要多得多，并且整个秦汉都是如此。如从秦始皇开始，就曾“悉召文学方术士甚众，欲以兴太平”①。又如西汉：

> 成帝末年颇好鬼神，亦以无继嗣故，多上书言祭祀方术者，皆得待诏，祠祭上林苑中长安城旁，费用甚多。②

> 哀帝即位，寝疾，博征方术士，京师诸县皆有侍祠使者，尽复前世所常兴诸神祠官，凡七百余所，一岁三万七千祠云。③

这是几次明显的大批征召方术之士，与上述东汉情况衔接起来，就是整个秦汉时的情况了。

当时既有大量阿谀苟合、故行诈伪的各种各样的方士，又有一些虽非

---

① 司马迁：《史记》卷六，《秦始皇本纪》，中华书局1982年版，第258页。
② 班固：《汉书》卷二十五，《郊祀志》，中华书局1962年版，第1260页。
③ 班固：《汉书》卷二十五，《郊祀志》，中华书局1962年版，第1264页。

方士但也有意无意推波助澜之人，特别是名儒硕士影响更大。如上述“以附同称显”的郑兴、贾逵就是如此，郑兴“不为谶”，但不敢“非之”；贾逵则“附会文致”以求人主嘉纳①。这种情况，不仅出现在谶纬流行的东汉，而且在西汉就开始了。《汉书·五行志》写道：

景、武之世，董仲舒治《公羊春秋》，始推阴阳，为儒者宗。宣、元之后，刘向治《穀梁春秋》，数其祸福，传以《洪范》，与仲舒错。至向子歆治《左氏传》，其《春秋》意亦已乖矣；言《五行传》，又颇不同。是以擥仲舒，别向、歆，传载眭孟、夏侯胜、京房、谷永、李寻之徒所陈行事。

这些人如何具体地推波助澜“行事”就不一一列举了，董仲舒之推明阴阳，则是人所共知的。

从西汉末年开始到东汉盛行的谶纬，与董仲舒等人之讲阴阳五行，既不相同，又有密切的关系。谶和纬原也不是一回事，谶记和纬书本是两种书，谶记是方士们预言未来事象的文字图录，纬书是对经书而言，为汉人伪托孔子所作。谶纬合流酿成社会思潮始自何时，其说不一，其实具体时间是很难考证的，它有一个形成和发展的过程。大体上是阴阳之术、迷信思想经过政治家和思想家们理论化、体系化的结果。大量图谶、纬候书的出现，因而形成“内学”。内者秘也，其书或称为“秘经”，其产生是神秘的，其传授是秘密的（特别是开始时），其内容和目的也是隐秘的。但是它流行甚广，影响甚大。

阴阳五行、谶纬迷信作为一种社会思潮，其流传的广度和深度恐怕要大于其他任何一种社会思潮，可说是家喻户晓，深入人心的。最突出的事例，如陈胜、吴广起义时所使用“鱼腹丹书”“篝火狐鸣”，其意义决不下于王莽篡位和刘秀登基使用的符命，它是在最下层的贫苦百姓中流行的阴阳之术。他们当时所找的“卜者”，就是方士的一种，“卜之鬼”就是迷信，戍者们见到鱼腹中有丹书“固以为怪”，听到狐鸣，看到篝火“皆夜惊恐”，司马迁在《史记·陈涉世家》中生动地描写了陈胜、吴广和戍卒

① 事均见范晔《后汉书》本传。

们的心态。这可以看出当时迷信的社会心理。

能够反映平民百姓社会心理的直接材料是不多的，但也绝不是没有。后汉王充《论衡》一书可以给我们提供一些信息，他自己说是“又伤伪书俗文多不实诚，故为《论衡》之书”①。他是一个愤世嫉俗的人，他所嫉俗情，一方面是“俗人之寡恩”，即“充升擢在位之时，众人蚁附；废退穷居，旧故叛去”（人情冷暖）。这方面他作《讥俗》之书。而其所“伤”之“伪书俗文”，当即图谶、纬书之类，包括受其影响流行于民间的种种迷信。《论衡》书中批判的对象，常常列举“儒者”“儒书”“传书”“传言”之说，除了《问孔》《刺孟》等篇直指儒家的老祖宗之外，大部分是谶纬迷信，有的笼统说是“世儒学者”，有的具体指明是“论灾异者”“变复之家”“说岁月食之家”，《移徙法》《图宅书》《葬历》《沭书》等等，乃至“裁衣有书”，人们的衣食住行，一举一动，无不受迷信的限制。

他在《四讳篇》不仅列举和批判了世俗四大讳（讳西盖宅，讳被刑为徒不上丘墓，讳妇人乳子，讳举正月、五月子），并且有一段概述：

> 夫忌讳非一，必托之神怪，若设以死亡，然后世人信用畏避。忌讳之语，四方不同，略举通语，令世观览。若夫曲俗微小之讳，众多非一，咸劝人为善，使人重慎，无鬼神之害，凶丑之祸。世讳作豆酱恶闻雷，一人不食，欲使人急作，不欲积家逾至春也。讳厉刀井上，恐刀堕井中也；或说以为“刑”之字，井与刀也，厉刀井上，井、刀相见，恐被刑也。毋承屋檐而坐，恐瓦堕击人首也。毋反悬冠，为似死人服；或说恶其反而承尘溜也。毋偃寝，为其象尸也。毋以箸相受，为其不固也。毋相代扫，为修冢之人冀人来代己也。诸言“毋”者，教人重慎，勉人为善。《礼》曰：“毋抟饭，毋流歠。”礼义之禁，未必吉凶之言也。

这段话涉及“礼义之禁”的问题，涉及有些禁忌是为了劝人“重慎”和“为善”，别有一些道理在。但从这段话反映的情况看，我们可以指出如下两点：第一，“忌讳之语”迷信居多；第二，即便是劝人“重慎”和“为

① 王充：《论衡》卷三十，《自纪篇》。

善”之言，也迷信化了。当时的忌讳确实很多，《论衡》中有十来篇文章专批当时流行的各种迷信忌讳。同时，也如王充所说，“曲俗微小之讳，众多非一”，曲者乡曲也，各地习俗不同，忌讳也不一样，如：

> 江北乳子，不出房室，知其无恶也。至于犬乳，置之宅外，此复惑也。江北讳犬不讳人，江南讳人不讳犬，谣俗防恶，各不同也。①

这里又涉及风俗问题。但此种迷信影响之深广却波及两千年、全中国！从汉代开始，就“讳妇人乳子，以为不吉”，乳即生育，试想想，一直到近现代（全国解放以前），旧社会对妇女生育的许多禁忌迷信，是多么愚昧可悲、可怕！

> 俗人险心，好信禁忌，知者亦疑，莫能实定。是以儒雅服从，工伎得胜。吉凶之书，伐经典之义；工伎之说，凌儒雅之论。②

迷信不仅成为一般俗人的社会心理，“知音”“儒雅”也疑惑不定，甚至服从。所以，对于许多迷信，“世无愚智贤不肖，皆谓之然”③。迷信忌讳成为一种群体性的社会心理，在传播过程中，又形成一些连锁反应，日益增多增大，亦如王充所说：

> 世俗所患，患言事增其实……何则？俗人好奇，不奇，言不用也。……蜚流之言，百传之语，出小人之口，驰巷闾之间，其犹是也。④

就这样“世俗增其言也，儒书增其文也”⑤，添枝加叶，越增越多。所以，不仅所有的经典都有纬书（如《诗》《书》《易》《礼》《乐》《春秋》及

---

① 王充：《论衡》卷二十三，《四讳篇》。
② 王充：《论衡》卷二十四，《难岁篇》。
③ 王充：《论衡》卷六，《龙虚篇》。
④ 王充：《论衡》卷八，《艺增篇》。
⑤ 王充：《论衡》卷八，《儒增篇》。

《孝经》皆有纬书，称为“七纬”)，还有许多图谶书（如《论语谶》)，以及种种名目的迷信书（王充在《论衡》中就列举了不少)。

谶纬迷信流行的原因是什么？除显而易见的政治原因之外，那就是人们心理方面的原因。在自然科学不发达，人们愚昧无知的情况下，天灾人祸面前的不安和忧虑特别容易传播。所以谶纬之学恰恰是在西汉末年社会危机的状态下大大发展起来的。

谶纬作为一种社会思潮，大体上盛行于两汉时期，主要又是西汉后期和东汉前期，至隋唐其便开始衰落了。《隋书·经籍志》写道：

> 起王莽好符命，光武以图谶兴，遂盛行于世。……至宋大明中，始禁图谶。梁天监以后，又重其制。及高祖受禅，禁之逾切。炀帝即位，乃发使四出，搜天下书籍与谶纬相涉者，皆焚之，为吏所纠者至死。自是无复其学。秘府之内，亦多散亡。

这当然只是说的一个大概。除两汉盛行之外，魏晋南北朝则是时禁时重，禁谶纬者除上述南朝之外，还有前秦的苻坚、北魏的孝文帝。隋朝文帝和炀帝所禁的范围和规模当然更大，如开皇十三年，“制，私家不得隐藏纬候图谶”[①]，以及上述炀帝禁天下与谶纬相涉之书。但是，虽说“秘府之内，亦多散亡”，事实并未禁绝。隋末李密、王世充乃至唐高祖等人之起事，又利用和造作了图谶，因此，《新唐书·艺文志》中仍著录有“谶纬类二家，九部，八十四卷”，又有“五行类六十家，一百六十部，六百四十七卷”，其中很大一部分是属于图谶之书。不过，多半是隋以后新增的图书，旧的经隋禁淘汰了。谶纬之学，唐以后不那么兴盛了，主要是知识分子阶层更理性化了，不再像西汉时那样热衷于鼓吹谶纬和造作图书。《新唐书·李靖传》后的几句赞语，可以反映“明理”之士与俗人之不同，其赞曰：

> 世言靖精风角、鸟占、云祲、孤虚之术，为善用兵，是不然。特以临机果，料敌明，根于忠智而已。俗人传著怪诡禨祥，皆不足信。

① 魏征等：《隋书》卷二，《高祖纪下》，中华书局1973年版，第38页。

总之，隋唐时期作为社会思潮的谶纬之学应该说是衰微了，但并非迷信思想也随之而衰，各种迷信、禁忌仍然流行①，特别是在“俗人”中仍广为流传。谶纬之书不多了，一般不在正式图书目录的奇门遁甲之书却又层出不穷，这是另外的问题了。

道教的产生和发展

道教是一个简单而又复杂的问题。说它简单，毫无疑问它是一种宗教，而且是中国土生土长的一种宗教；说它复杂，一是它本身复杂，二是它与中国传统文化的关系复杂。从它的产生看，也是既简单又复杂的，它自然而然地产生了，但又很难确切地指出它是何时产生和如何产生的。但我们从社会思潮发展这一角度看，则还是比较清楚，道教的产生既是秦汉以来某些社会思潮发展的自然结果，又是一种新的社会思潮。

在讲道教渊源时，谁都承认，它与迷信、巫术、神仙、方术以及阴阳五行思想等等有密切关系，当然与黄老新道家与新儒家的思想及其发展也有关系，在其形成过程中与外来的佛教又互相影响，以至有人说“汉代浮屠黄老为一家”②。如前所述，阴阳五行等等迷信思想，秦汉以来弥漫于整个社会。它影响儒学，以至形成谶纬。它与黄老结合，又产生了道教。

何谓道教？道教之名从何时开始？考查一下，道教之名的出现，“道”和“教”二字相连，还颇有一番意味。教可以作为一种学术派别，先秦时代各学派可以称为教，如唐封演所说：

> 其后学道、学儒、学墨诸家，分明各为一教。③

先秦诸子对“道”字又有各种各样的解释。“道”与“教”相连，最早当是《易经》中的一句话：

---

① 吕思勉：《隋唐五代史》，中华书局1959年版，第1399～1412页。

② 宋凤翔：《过庭录》。

③ 封演：《封氏闻见记》卷一，《道教》。

> 圣人以神道设教而天下服。[1]

神道，主要是神圣之道，这里的神也许不是宗教之神[2]，但也多少带有神秘的意思，《中庸》引孔子的一段话可以证明：

> 鬼神之为德，其盛矣乎，视之而弗见，听之而弗闻，体物而不可遗。使天下之人齐明盛服以承祭祀，洋洋乎如在其上，如在其左右。

神和鬼一样，不可捉摸，非常神秘。不过，儒家并未向祭祀鬼神这方面发展，而是着重讲道德教化的问题了，所以《中庸》开章明义就说：

> 天命之谓性，率性之谓道，修道之为教。

所谓“道”的“教”，都主要讲人伦之道。而道家所讲之“道”，着重是所谓形而上的东西，又更加神秘化一些。如前所述，汉代曾一度黄老大行，人人读《老子》。《老子》一书只有数千文字，“道”字可说是它的核心。于是，在汉代的造神运动中，以这个“道”字为名，造出了一个土生土长的中国宗教——道教。道教的形成，或可以说是中国有正式宗教信仰的开始。

在道教开始之初，名目不一，有黄老道、鬼道、太平道、五斗米道等等这些原始的道教（或称早期的道教），正式作为宗教的“道教”一词是出现在魏晋南北朝时期，如《老子想尔注》[3] 中就写道，“真道藏，邪文出，世间常伪称道教，皆为大伪不可用”；北魏寇谦之自称太上老君对他说，“汝宣吾新科，清整道教”[4]；又南齐顾欢《夷夏论》中有“佛教文而博，道教质而精”的明确教名。不过，道教起源比这名称的确定要早得多，这一点是可以肯定的。

有人说道教首先起源于民间，有人说道教是首先从上层统治阶级中开始的，其实，作为一种社会思潮，它应该是由于上下相互影响而逐渐形成

---

① 《周易上经·观》，十三经注疏本，中华书局 1980 年版。

② 参阅金景芳、吕绍纲：《周易全解》，吉林大学出版社 2013 年版，第 145 页。

③ 关于其作者，说法不一，唐已失传，但敦煌石窟有六朝抄本残卷。

④ 魏收：《魏书》卷一一四，《释老志》，中华书局 1974 年版，第 3051 页。

的。从上层统治阶级来说，是否一开始就有明确的思想“以神道设教”而创立道教，这还没有明显的证据，但上层统治阶级长期以来的神仙方术、阴阳五行迷信，以及信奉黄老，都是不可否认的事实。秦始皇、汉武帝信神仙方术的事情很多，人所共知。从整个汉代的情况看，宗教性的祭祀诸神的活动，汉代一开始就很重视。据《汉书·郊祀志》记载，汉初高祖就曾下诏曰：

吾甚重祠而敬祭。今上帝之祭，及山川诸神当祠者，各以其时祠之如故。

高祖陆续在长安“置祠祀官、女巫”，令各地郡、国、县增立诸神祭，等等。文帝、景帝时一般是“祠官各以岁时祠如故”[①]，到了“武帝初即位，尤敬鬼神之祀”，敬鬼神的活动就大大发展起来了：

元鼎、元封之际，燕齐之间方士瞋目扼腕，言有神仙祭祀致福之术者以万数。

宣帝时又“修武帝故事”，而且“五岳四渎皆有常礼”。整个西汉时期，对于各种各样的祠祀，“或罢或复”“不定”，但始终未断，而且总的是越发展越多。成帝也是“颇好鬼神”，其时有：

长安厨官县官给祠郡国候神方士使者所祠，凡六百八十三所……本雍旧祠二百三所。

还有高祖、文帝、宣帝时所立诸祠，以及分布于各地的诸祠，恐怕无法统计。哀帝时：

尽复前世所常兴诸神祠官，凡七百余所，一岁三万七千祠云。

平帝时王莽大力提倡，“于是长安旁诸庙兆畤甚盛矣”。王莽篡位后：

---

① 班固：《汉书》卷二十五，《郊祀志》，中华书局1962年版，第1212页。

> 自天地六宗以下至诸小鬼神，凡千七百所，用三牲鸟兽三千余种。后不能备，乃以鸡当鹜雁，犬当麋鹿。数下诏自以当仙。

终西汉之世大致情况如此，刘向还说，“家人尚不欲绝种祠”①，可见祭祀鬼神在社会上之普遍程度了。

东汉的情况，《后汉书·祭祀志》也有大概的记载，朝廷祭祠的种类和规模，虽不一定盛于西汉，但是它制度化了，往往是“修复旧祀”，“继祖宗之道”，有时学汉武帝的做法，更多的是“采元始中故事”，大约因为西汉末年时间近，典籍、传闻均可寻。除开“修复”和遵循“故事”之外，也有新增加的，如：

> 章帝即位，元和二年正月，诏曰：“山川百神，应祀者未尽。其议增修群祀宜享祀者。”

在这《祭祀志》中特别列了项“老子”，所举事实不多，只简单记了延熹八年、九年两件事，也许这是“增祀”的内容之一。祭祀老子就与道教有直接关系了，唐人封演在述道教缘起时，把桓帝梦见老子，立庙于苦县作为一个重要转折提出来②。其实在上层中祭祀老子，更早的记载还是东汉初年的楚王英。《后汉书·楚王英传》中说，楚王英“晚节更喜黄老，学为浮屠斋戒祭祀”，同时还记明帝的诏书说，“楚王诵黄老之微言，尚浮屠之仁祠”。一般均未深究：黄老与浮屠究竟是什么关系？实际上这是反映佛教初入和道教初建时的情况，以至人们会看到“浮屠、黄老为一家”。外来的佛教要在中国立足，必须从中国实际出发，中国当时的实际是儒、道两家思想影响最大，道家与神仙迷信结合正在形成道教，于是就成了佛教要比较、要吸收的对象。你讲“道”，我也讲“道”，“道有九十六种，至于尊大，莫尚佛道也”③，佛教也叫“佛道”，甚至因为“《浮屠》所载与中国《老子经》相出入”④，故“佛经未入中土之前，学浮屠者皆诵黄老之言”。另一方面，道教平地起

---

① 班固：《汉书》卷二十五，《郊祀志》，中华书局 1962 年版，第 1258 页。
② 参见封演：《封氏闻见记》。
③ 释道宣：《广弘明集》卷一，《理惑论》。
④ 陈寿：《三国志》卷三十，《乌丸传》，中华书局 1971 年版，第 859 页。

家，从零开始，不论鬼道、太平道或黄老道，本无任何成熟的宗教形式，因此学一学浮屠的“斋戒祭祀”是很方便的，也是很自然的。后世道士、和尚在活动形式上也有共同和相似之处，当是长期相互影响的结果。

总之，为黄帝、老子立祠庙，将其作为神来崇拜，这是宗教必备的条件之一，所以桓帝时祭祀老子，史书特别记上一笔。据《桓帝本纪》记载，延熹八年正月“遣中常侍左悺之苦县，祠老子”，十一月又“使中常侍管霸之苦县，祠老子”。实际上或不止这两次，别的记载还有八月遣使祠的说法①。九年七月，桓帝又“祠黄、老于濯龙宫”②，这是皇帝亲自祭拜了。《后汉书・襄楷传》也说：“闻宫中立黄老、浮屠之祠”。桓帝的这些举动，应该是在早已流行的基础上进行的，当然，他这样一提倡，必然助长风气，所以《后汉书・西域传》中写道：

> 后桓帝好神，数祀浮图、老子，百姓稍有奉者，后遂转盛。

关于佛的问题我们下面再说。祠或者祀老子（或黄老）在东汉后期已成风气，可以看作是道教产生的一种具体表现。实际上可以说，桓帝所信奉的就是黄老道，《后汉书・王涣传》写道：

> 延熹中，桓帝事黄老道。

道教在民间流行，有一些比较具体的材料，如《后汉书・皇甫嵩传》记载：

> 初，巨鹿张角自称“大贤良师”，奉事黄老道，畜养弟子，跪拜首过，符水咒说以疗病，病者颇愈，百姓信向之。角因遣弟子八人使于四方，以善道教化天下，转相诳惑。十余年间，众徒数十万，连结郡国。自青、徐、幽、冀、荆、扬、兖、豫八州之人，莫不毕应。

---

① 参见王先谦：《后汉书集解》。

② 李昉等《太平御览》卷二〇二引《续汉书》作“祀老子”。

此虽记农民起义前之准备情况，但可说明黄老道在当时影响之大。又如《三国志·张鲁传》注引《典略》曰：

> 熹平中，妖贼大起，三辅有骆曜。光和中，东方有张角，汉中有张修。骆曜教民缅匿法，角为太平道，修为五斗米道。太平道者，师持九节杖为符祝，教病人叩头思过，因以符水饮之，得病或日浅而愈者，则云此人信道，其或不愈，则为不信道。修法略与角同，加施静室，使病者处其中思过。又使人为奸令祭酒，祭酒主以《老子》五千文，使都习，号为奸令。为鬼吏，主为病者请祷。请祷之法，书病人姓名，说服罪之意。作三通，其一上之天，著山上，其一埋之地，其一沉之水，谓之三官手书。使病者家出米五斗以为常，故号曰五斗米师。实无益于治病，但为淫妄，然小人昏愚，竞共事之。

裴松之以为张修乃张鲁之父张衡之误，清人钱大昕、惠栋等人考证张修、张衡皆为五斗米道。关于五斗米道，《三国志·张鲁传》又另有记载：

> （鲁）祖父陵，客蜀，学道鹄鸣山中，造作道书，以惑百姓，从受道者出五斗米，故世号米贼。陵死，子衡行其道。衡死，鲁复行之。……鲁遂据汉中，以鬼道教民，自号“师君”。其来学道者，初皆名“鬼卒”。受本道已信，号“祭酒”。各领部众，多者为治头大祭酒。皆教以诚信不欺诈，有病自首其过，大都与黄巾相似。诸祭酒皆作义舍，如今之亭传。又置义米肉，县于义舍，行路者量腹取足；若过多，鬼道辄病之。犯法者，三原，然后乃行刑。不置长吏，皆以祭酒为治，民夷便乐之。雄据巴、汉垂三十年。

张角置三十六方，范围有八州之多；张鲁建二十八治，遍布巴蜀，影响远及洛阳。太平道、五斗米道都是庞大的道教集团。由以上几段材料可以看出，道教在开始时存在着一些大同小异的教派，分散传播，但又相互影响。此外，还可以看到，道教在民间的传播，几乎一开始就与农民起义结合，黄巾起义和张鲁据汉中都是政教合一的政权，当时及其后形成了一种传统，如晋代许多被称为“妖贼”的起义，多与五斗米道、太平道等等有关系，东晋末年，著名的孙恩“长生人”暴动最为突出，孙恩“世奉五斗米道”，叔父泰“以道术眩惑士庶”，见天下兵起，“乃扇动百姓，私集徒众”起事，泰死“皆谓蝉蜕登仙”，孙恩继之，聚众数十万，“号其党曰长生人”①，宗教性质十分明显。道教与农民起义结合这一传统，当与以上道教产生时的情况有关，对后世也有影响。

在上层与下层之间，最活跃的当然是一大批方士或道士，他们在道教的形成和传播中起了很大的作用。道教的理论是他们“创造”的，道教起源的一些传说也是他们“创造”的。但从历史研究看，有关道教起源的传说以及某些“经典”，几乎都是不可信的。我们看一看有关道教著作产生情况的记载，就可以了解其大概。前面《张鲁传》引文中说，张陵“学道鹄鸣山中，造作道书”，《后汉书·刘焉传》的记载略同，但作“学道鹤鸣山中，造作符书”，“造作”二字清清楚楚，和谶纬学家编造图谶和纬书一样，道书或者符书也是时人造作出来的。被认为是最早的道教经典的《太平清领书》，实际上也是于吉或者其他人编造出来的，《后汉书·襄楷传》写道：

> 初，顺帝时，琅邪宫崇诣阙，上其师于吉于曲阳泉水上所得神书百七十卷，皆缥白素朱介青首朱目，号《太平清领书》。其言以阴阳五行为家，而多巫觋杂语。有司奏崇所上妖妄不经，乃收藏之。后张角颇有其书焉。

于吉其人有些记载，但不详细，关键是如何“得神书”一句笼统得很，后人怎么编造都可以，或谓“天仙”所授②，或云“老君”所传③等等。我们只能认为是于吉或者其他什么人造作的。在道教发展史上，一些重要人物都造作过道教经典。不过，有些写明了是造或者作，有些则假借神仙传授，实际上也是造作，如《抱朴子·金丹》说：

---

① 房玄龄等：《晋书》卷一百，《孙恩传》，中华书局1974年版，第2632页。

② 葛洪《神仙传》：“汉元帝时，崇随吉于曲阳泉上，遇天仙，授青缣朱字《太平经》，吉行之得道，以付崇。”

③ 《老君说一百八十戒序》：“老君至琅邪，授道与于君……又传《太平经》一百七十卷甲乙十部。”

昔左元放（左慈）于天柱山中精思，而神人授之《金丹仙经》。会汉末乱，不遑合作，而避地来渡江东，志欲投名山以修斯道。余从祖仙公，又从元放受之。凡受《太清丹经》三卷，及《九鼎丹经》一卷，《金液丹经》一卷。

这些“仙经”或“丹经”当即左慈所造作。一些重要的道教人物，如陶弘景、寇谦之等等，都有进山修道的情节，以增加神秘色彩，加强他们造作经典的神秘性和神圣性。

道教在流行过程中图书日益增多，道士数量也不少。

抱朴子曰：余考览养性[①]之书，鸠集久视之方，曾所披涉篇卷，以千计矣，莫不皆以还丹金液为大要者焉。然则此二事，盖仙道之极也。……余周旋徐、豫、荆、襄、江、广数州之间，阅见流移俗道士数百人矣。或有数闻其名，乃在云日之表者。然率相似如一，其所知见，深浅有无，不足以相倾也。虽各有数十卷书，亦未能悉解之也，为写蓄之耳。时有知行气及断谷服诸草木药法，所有方书，略为同文，无一人不有《道机经》，唯以此为至秘，乃云是尹喜所撰。余告之曰，此是魏世军督王图所撰耳，非古人也。图了不知大药，正欲以行气，入室求仙，作此《道机》，谓道毕于此。此复是误人之甚者也。……其夸诞自誉及欺人，云已久寿。及言曾与仙人共游者将太半矣，足以与尽微者甚鲜矣。[②]

这说明欺世盗名者多，伪造的东西甚多。但是，道教作为一种社会思潮流行，正是反映了一些普遍的社会心理，人们要求去病免灾，进而要求长生久视，加上种种的神仙迷信，道士们——特别是有学问的道士们，利用这种社会心理，加以总结，给予理论提高，使之成为一种独具特色的社会思潮，反过来又影响人们的心理。大量流俗的道士则推波助澜，有的以讹传讹，以至于“误人之甚”。

① 李昉等：《太平御览》卷九八五中引作“生”。
② 葛洪：《抱朴子·金丹》。

当然，道教之所以发展，与统治阶级的提倡是分不开的。统治者对得道成仙不一定个个感兴趣（像秦皇、汉武那样想成仙的并不多），但对于长生久视是特别爱好的，迷信也相信，有时还特别需要。因此，道教形成之后，他们就加以提倡，对不利于统治的东西加以改造。从魏晋南北朝时期起，有些时候出现了道教国家化的倾向。

北魏太武帝在道士寇谦之鼓吹之下崇奉道教，立天师道场，改元太平真君，建静轮天宫。以后北魏诸帝即位，必亲至道场，受道士符录。隋文帝佛、道并重，然其年号“开皇”，即采自道书①。到了唐代，皇室把老子当作自己的始祖，并煞有介事地作出了考证：

> 李氏出自嬴姓……历虞、夏、商，世为大理，以官命族为理氏。至纣之时……逃难于伊侯之墟，食木子得全，遂改理为李氏……家于苦县……五世孙乾……娶益寿氏女婴敷，生耳，字伯阳，一字聃，周平王时为太史。②

司马迁时即已弄不清楚的老子问题，唐人编造出来了。因此，以老子为教主的道教，自然是唐代的国教。老子被追号为太上玄元皇帝，开元二十四年“道士女冠隶宗正寺”③，把道士女冠当作宗室。此外，唐代大力提倡学习和研究道教经典：高宗上元元年，天后御旨，王公百官都要学习《老子》（这很像西汉窦太后故事）；玄宗开元二十一年令士庶家藏《老子》一本；开元二十五年置崇玄学，习《老子》《庄子》《列子》，立玄学博士，每岁依明经举。道家诸子成为道教真经，道教经书日益增多，玄宗开元年间乃依《佛藏》修《道藏》，被称为《开元道藏》，藏经数千卷④。唐代还采取其他一些道先僧后以及尊崇道教的措施。这也是在玄宗时最为突出：

---

① 魏征等：《隋书》卷三十五，《经籍志四》，中华书局1973年版。其中载：“道经者云：有元始天尊……授以秘道，谓之开劫度人……故有延康、赤明，龙汉，开皇是其年号……”

② 欧阳修、宋祁：《新唐书》卷七十，《宗室世系表》，中华书局1975年版，第1955～1956页。

③ 欧阳修、宋祁：《新唐书》卷四十八，《百官志三》，中华书局1975年版，第1253页。

④ 马端临《文献通考》卷二二四引《宋三朝国史志》云：“唐开元中，列其书为藏，目曰《三洞琼纲》，总三千七百四十四卷。”也有记为五千七百卷（《道藏真经历代纲目》）或七千三百卷（《太上黄箓斋仪》）者。

开元二十九年，令各地建玄元皇帝庙，画玄元皇帝像，并以高祖、太宗、高宗、中宗、睿宗五像陪祀；宰相领道观；公主妃嫔多入道为女真；等等，大大地提高了道教的地位。

唐代是道教大发展时期，据《唐六典》卷四记载，“凡天下观总一千六百八十七所”，这是一个不小的数目。不过这个数字比当时佛寺的数目还是少得多，仅为其三分之一。但唐代统治者是优待道教的，唐初武德九年就曾下令都城保留三寺三观，各州保留一寺一观。一直到开元年间仍是如此，各地都有一座开元寺和开元观。和佛寺传播佛教一样，道观就是传播道教的中心。京城和各地的道观，通过日常的讲经、传经活动，特别是众多的斋醮活动，扩大自己的影响，如祈祷帝王幸福的“金箓大斋”，祈祷众生之福的“自然斋”，超度祖先的“黄箓斋”“明真斋”，拯救急难的“涂炭斋”，祭祀诸神、修生、求仙的“八节斋”，以及正月十五（上元）祭祀天官、七月十五（中元）祭祀地官、十月十五（下元）祭祀水官以便忏悔自己罪孽的“三元斋”等等。醮的名目更多。有些斋醮活动一连进行数日乃至十数日，而且场面很大，所谓“道士一醮，酒脯百盘”，“设厨食以邀宾，置酒鲑以待客”，“下姓田夫，遍来凑集”①。一年到头都有斋醮活动，就这样经常吸引大批平民百姓。再者，道教与神仙、巫术结合流行，城隍、土地等道教诸神日益普遍，使道教在民间广为传播。

佛教的传入和流行

佛教在中国历史上地位之重要，对于中国传统文化影响之深远，是众所周知，毋庸置疑的。它的传入、流行及昌盛，恰恰是在汉唐时期，而且它首先是作为一种相当普遍的社会思潮存在，然后才对传统文化发生影响（当然在时间上有时是同步的）。

关于佛教具体于何时传入，有好几种不同的记载和看法，但汉代或者东汉作为传入时期，或者传入初期，却是大家都可以接受的。关于佛教作为一种社会思潮的形成和发展，我们可以把汉魏作为一个阶段来看待，以后两晋南北朝和隋唐是另外两个阶段。

汉魏时期是中国佛教社会思潮的形成时期。据比较可靠的记载，东汉

---

① 释道宣：《广弘明集》卷十二，《决对傅奕废佛僧事》。

时上层人物中就有受到佛影响的：一条材料是《后汉书·楚王英传》的记载，说他“学为浮屠斋戒祭祀”，皇帝也公开支持他，“以助伊蒲塞桑门之盛馔”。浮屠即佛，桑门即沙门，这是毫无问题的，至于刘英是如何接受，如何理解的，这里暂且不说，他建坛祭祀浮屠（“尚浮图之仁祠”）当是事实。另一条材料是《后汉书·襄楷传》的记载，襄楷在桓帝时上书说，“又闻宫中立黄老、浮屠之祠”。这两条材料相隔一百年，反映的都是上层信佛的情况。谁传给他们的？当是楚王英所供养的那些优婆塞和沙门。完全可以推论，这批外来和尚，决不会只在上层活动，必然在民间传播（如同后世的西洋传教士一样），只可惜民间传播的材料至今尚难查到。不过还可以从另外的材料进行分析，史书中所记丹阳人笮融在徐州建造佛寺一事就颇能说明问题：

> 大起浮屠祠（《后汉书》“祠”作“寺”），以铜为人，黄金涂身，衣以锦采，垂铜槃九重，下为重楼阁道，可容三千余人，悉课读佛经，令界内及旁郡人有好佛者听受道，复其他役以招致之，由此远近前后至者五千余人户（《通鉴》作“招致旁郡好佛者至五千余户”，无“人”字）。每浴佛，多设酒食，布席于路，经数十里，民人来观及就食且万人，费以巨亿计。①

这是东汉末年发生在徐州的事。笮融当然也是上层人物，但从影响的人数看，已经是相当多了，三千人，五千户的“好佛者”，主要的当是民间人士，“来观”和“就食”的万人——“民人”自然是平民百姓了。佛教就是如此借助于“浴佛”会供应酒食以招人“来观”，“听受道”者“复其他役”等方式扩大影响，使之更有吸引力。和上述楚王英和桓帝时相比，佛教的影响显然是已经遍及民间。这种规模和局面，绝非一朝一夕之功，而有这样的规模和局面之后，影响又会更大。还有，笮融是在徐州，反映的是徐州及其“旁郡”的情况，洛阳、长安这些政治、文化中心之地，不会逊色于徐州，洛阳白马寺的建立，无论如何也早于笮融之建寺②。一个佛

---

① 《三国志·刘繇传》《后汉书·陶谦传》略同。

② 白马寺建立时间的考证，可参阅任继愈主编：《中国佛教史》第一卷，中国社会科学出版社1981年版，第101～103页。

寺就是一个传播佛教的中心。以后许多地方佛寺林立，影响就越来越大。

两晋南北朝时期，是佛教在我国大发展时期，它逐渐成为一股强大的社会思潮，和前一时期相比就十分明显了，其主要表现如下：

1. 寺塔林立。寺和塔均为佛教的象征。作为佛教庙宇的寺，是因佛教传入而具新义的，《广韵·志韵》说："寺，汉西域白马驼经来，初止于鸿胪寺，遂取寺名，创置白马寺。"塔就是佛塔，《说文新附》云："塔，西域浮屠也。从土，荅声。"似乎是首先有了佛塔这种佛教建筑物，才有了"塔"字的产生，晋以前并无此字①。寺塔（或称庙宇、佛堂）是为安置僧侣居住，或存放、翻译②佛经等而修建，这些建筑物所在地自然就成为传播佛教的场所和中心。

东汉三国时已有寺塔的零星记载，西晋时就有了大约的统计数字，据史料记载，西晋有佛寺 180 所③，其中洛阳就有 42 所④。十六国时期，由于一些统治者的信奉和尊崇，佛寺大为发展，仅以佛图澄之事为例，他和弟子们在后赵朝廷和各州郡的资助下，几十年间，建立佛寺 893 所⑤。到了北魏，"略而计之……其寺三万有余"⑥，洛阳"京城表里，凡有一千余寺"⑦。北齐的数字更大，四万有余，《广弘明集》卷十载："魏齐东川，佛法崇盛。见成寺庙，出四十千。"真可谓"自古佛事图塔之盛，无出于此"⑧。这是北方的情况。南方佛寺相对少一些，但较西晋却是大大发展，东晋南朝的寺数有如下记载：东晋 1768，宋 1913，齐 2115，梁 2846，陈 1232⑨。不论这些数字是否完全准确，其寺院遍及各地是可以断言的。与此同时，还有不少的佛塔。建造寺庙的同时，往往于寺旁筑塔，如《魏书·释老志》记载：高祖起永宁寺，构七级佛图，高三百余尺，基架宽敞，为天下第一；后熙平年间又于洛阳城内大社西起永宁寺，灵太后亲率

① 王玉树《说文拈字》载："塔字诸书所无，惟见于葛洪《字苑》，是晋以前尚无此字也。"
② 如康僧会就在孙权为他建的建初寺译经（见《出三藏记集·康僧会传》）。
③ 陈士铎：《辩证录》卷三。其他书记载均同。
④ 杨炫之：《洛阳伽蓝记·序》。
⑤ 慧皎：《高僧传·佛图澄传》。
⑥ 魏收：《魏书》卷一一四，《释老志》，中华书局 1974 年版，第 3048 页。
⑦ 杨炫之：《洛阳伽蓝记·序》。
⑧ 本觉：《释氏通鉴》卷五。
⑨ 见《辩证录》卷三及《释氏通鉴》等书。

百官，表基立刹，佛图九层，高四十余丈，等等。其他小一点的也是五级或三级佛图。梁武帝也曾诏天下诸郡建五级佛图。总之，林立的寺塔，本身就是影响。

2. 僧尼众多。记载表明，汉魏时期汉人是不准出家当和尚的：

> 汉明帝感梦，初传其道，唯听西域人得立寺都邑，以奉其神，其汉人皆不得出家。魏承汉制，亦循前轨。①

直至魏末才有第一个真正的汉籍僧人朱士行②。因此，此一时期因外来僧人毕竟有限，僧尼不会很多，所以西晋的统计数字不过有僧尼 3700 余人③。东晋以后，不仅是对汉人出家的规定废除了④，而且统治者采取不少提倡措施（详下），僧尼数不断增多，统计数字的变化是很明显的：东晋 24000，宋 36000，齐 32500，梁 82700，陈 32000，北魏 2000000，北齐 3000000，北周 2000000⑤。不仅仅僧尼本身数字如此之大，他们（特别是一批高僧及其弟子们）还要影响一批人，如佛图澄及其弟子们“道化既行，民多奉佛，皆营造寺庙，相竞出家”⑥。有的地方几乎全部佛教化，所谓“州郡化之，事佛者十室而九矣”⑦。

3. 高僧辈出。南朝梁慧皎著《高僧传》，按照“德业”分为十类：一译经，二义解，三神异，四习禅，五明律，六亡身，七诵经，八兴福，九经师，十唱导。对某一方面或几方面做出成绩者即称其为高僧。该书所载僧人，从东汉末到梁初共计 257 人，附见者 200 余人。值得注意的是，慧皎的高僧是与名僧相对而言的，他在《序录》中说：

> （僧）若实行潜光，则高而不名；寡德适时，则名而不高。

---

① 慧皎：《高僧传·佛图澄传》。
② 汉末还有严佛调，但他仅仅离俗为僧，未“羯磨受戒”，故朱士行才算真正沙门。
③ 觉岸：《释氏稽古略》卷一。
④ 房玄龄等：《晋书》卷九十五，《佛图澄传》，中华书局 1974 年版，第 2488 页。
⑤ 陈士铎《辩证录》、本觉《释氏通鉴》等书记载。
⑥ 慧皎：《高僧传·佛图澄传》。
⑦ 房玄龄等：《晋书》卷一一七，《姚兴载记》，中华书局 1974 年版，第 2985 页。

其所撰僧传只取前者，还有“适时”之“名僧”他未记载。唐初，道宣又著《续高僧传》，继《高僧传》而作，有正传 492 人，附见 215 人。两传所记主要是两晋南北朝的僧人。这一时期佛教大发展，成为一股强大的社会思潮，与这许多高僧（当然还有一些名僧）的活动、宣传是有密切关系的，他们是站在“时代前面”的，他们努力接受佛教并想方设法传播它，扩大影响。他们努力让人们通晓佛理，例如《高僧传·竺法雅传》记载：

> 少善外学，长通佛义，衣冠士子，咸附咨禀。时依雅门徒，并世典有功，未善佛理。雅乃与康法朗等，以经中事数，拟配外书，为生解之例，谓之格义。及毗浮、昙相等，亦辩格义，以训门徒。雅风采洒落，善于枢机。外典佛经，递互讲说。与道安、法汰每披释凑疑，共尽经要。

这些高僧（实际上也是名僧）多与当时名流有广泛的联系，如《高僧传·支遁传》载，支道林的好友众多：

> 王洽、刘恢、殷浩、许询、郗超、孙绰、桓彦表、王敬仁、何次道、王文度、谢长遐、袁彦伯等，并一代名流，皆著尘外之狎。

实际上他的友好名流还应该有谢安、王濛、王羲之等人。又如道安在襄阳，与习凿齿做朋友，并且“四方学士，竞往师之”①。慧远在庐山“率众行道”：

> 既而谨律息心之士，绝尘清信之宾，并不期而至，望风遥集。彭城刘遗民，豫章雷次宗，雁门周续之，新蔡毕颖之，南阳宗炳、张莱民、张季硕等，并弃世遗荣，依远游止。②

---

① 慧皎：《高僧传·道安传》。
② 慧皎：《高僧传·慧远传》。

慧远的行动后来被称为结社，而且名之曰白莲社，并有“白莲社十八贤”，入社者有123人之类的传说，实际上陶潜、谢灵运、范宁等名士都与白莲社有往来，陶潜是既不愿去又想去，常常“攒眉回去后”隔几天又去了。总之，高僧们有形无形的影响，使得当时许多知识界的名流均“孔释兼弘”。高僧、名士们就是当时佛教思潮的代表，是推动者、领导者。

4. 译经盛行。佛经是佛教社会思潮的理论和纲领。佛教从传入开始，就同时带来了佛经（如白马驮经），这是不用多说的。带来的佛经首先要翻译，然后才能使一般人阅读。记载表明，汉魏时期就有译经，不过开始为数不是太多，梁僧祐《出三藏记集》著录：东汉桓、灵之间，译经53部，73卷（除开《四十二章经》这个有争议的经典）；三国时期约40多部，近70卷。实际数字可能要多一些，据《释氏稽古录》记载，“自永平至建安，共译经293部”。各种记载不尽相同，总的数量不是很多。两晋南北朝则大不相同，虽不同文献记载的数字相差很大，但总的看来是数量大大增加，如《开元释教录》记载：西晋333部，东晋168部①，十六国合计为251部，宋465部②，齐12部，梁46部③，陈40部，共计译出1420部，3745卷。此时期（300年）的译经为前一时期（200年）的四倍多，比今存《大藏经》1916部仅少500部，只是卷数要少得多。仅从以上数字看，这一阶段的译经处于很重要的地位了。不仅如此，此时的翻译也与之前完全不同，翻译者态度非常认真，许多经典一译再译，多的到十数次，在这过程中，又逐渐形成了自己的见解和理论，为以后中国佛教各学派的兴起作了文献和思想的准备，为佛教中国化奠定了理论基础。

5. 帝王奉佛。帝王信佛以及他们对佛教的提倡，比一般王公贵族、上层统治阶级，在当时社会的影响更大，这是不言自明的。东晋以后信佛的帝王很多，也是众所周知的事实：东晋元帝、明帝、成帝、哀帝、孝武帝、恭帝均有“重佛法”或“奉佛法”的记载，十六国、南北朝诸帝中许多都与佛教有密切关系，其中十六国前秦的苻坚、后秦的姚兴，南朝梁武帝、陈武帝等最为突出，北魏诸帝除太武帝之外皆信佛。他们信佛的原因也是多种多样的。北方少数民族诸帝，实际上以“胡人”自居，对外来的

---

① 《历代三宝记》等书则为西晋451部，东晋263部。

② 《大唐内典录》总录为210部，朝别录作496部。

③ 《大唐内典录》为齐47部，梁90部。

佛教特别垂青，加以利用，这是重要原因之一。而一般的原因则是佛教有利于统治，这一点有些皇帝都明明白白地说出来了，如宋文帝，他未曾读过佛经，他之所以“不敢”反对佛教，是因为“前达及卿辈、时秀皆敬信故也”而且“若使率土之滨，皆纯此化，则吾坐致太平，夫复何事”①。类似这样的话不少，意思都是说佛教有利于社会安定，实质就是有利于巩固统治。皇帝需要佛教，甚至“令沙门敷导民俗”②，和尚也需要皇帝，以弘扬佛法。北魏初年，赵郡有个沙门叫法果，他“致拜”皇帝时说：“能鸿道者人主也，我非拜天子，乃是礼佛耳!”③ 这也是很典型化的话。

粗略列举以上五点，归结起来是如《弘明集》序中所说两个方面：“道以人弘，教以文明”，两晋南北朝时期，人和文的数量和质量都是突出的。

隋唐是中国佛教的繁荣昌盛时期，从社会思潮的发展看，从文化现象看，并非仅仅在僧尼人数和经典部数等方面有更多的增加，其主要特点可以概括为“中国佛教化”和“佛教中国化”。当然，在实际的过程中这两个“化”是同时进行的，其主要表现可以从几个方面看。

首先，这一时期的佛教带有国家性质。一方面几乎所有的皇帝（仅唐武宗除外）都不同程度地信佛，都积极地扶植和利用佛教为封建统治服务（其普遍性和自觉性都比以往的帝王为高）；另一方面许多重大措施都是在大一统的背景下全国性地推行。例如修建佛塔和佛寺就是如此，隋唐政府（也就是皇帝）多次下令全国修塔和立寺。隋文帝三次下诏：在全国113州修建了113座舍利塔，同时修建佛寺四五千所④。唐代仅大中寺院就有五千多所，小的庙宇多达四万余所⑤，事实是历朝皇帝均曾下诏建寺，如唐太宗有《为战阵处立寺诏》；高宗麟德三年，兖州设三观三寺，天下诸州各设一观一寺；玄宗开元二十六年，敕天下诸郡，立龙兴、开元两寺；等等。由皇帝统一下诏，在全国普遍建寺，这是国家法令性质。又管理寺院僧尼之事，十六国南北朝时期，逐渐形成了一套从中央到地方的僧官制

① 何尚之：《答宋文帝赞扬佛教事》，僧佑：《弘明集》卷十一。

② 魏收：《魏书》卷一一四，《释老志》，中华书局1974年版，第3030页。

③ 魏收：《魏书》卷一一四，《释老志》，中华书局1974年版，第3031页。

④ 各种记载数字不尽相同，但他“专弘佛教”，“广树仁祠，有僧行处，皆为立寺”（《续高僧传·总论》）却是事实。

⑤ 此为武宗灭佛时的数字。

度，与世俗政府平行，到了唐代取消那种独立的僧官制度，由中央政府统一管理，或属祠部，或属鸿胪寺①，加强了其国家性质。再例如，译经也由国家管理，和以前大不相同，国家设立专门的译经馆，或指定某寺院，或组织译场，延请沙门、译师翻译。这样条件优越，自然佛典翻译的成就巨大，如唐太宗曾对玄奘说：

> 自法师行后，造宏福寺，其处虽小，禅院虚静，可为翻译。所须人、物、吏力，并与玄龄商量，务令优给。②

直到高宗朝，仍派大臣参与其事。条件如此优厚，所以玄奘的译经被认为是开辟了一个新时代，被称为“新译”。唐代译经的巨大成就，这里就不一一列举了。由国家提倡并统一推行，这作用是很大的，举一例可见一斑。《隋书·经籍志》记载：

> 京师及并州、相州、洛州等诸大都邑之处，并官写一切经，置于寺内；而又别写，藏于秘阁。天下之人，从风而靡，竞相景慕，民间佛经，多于六经数十百倍。

到底写了多少呢?《辩证论》中有一个数字：

> 自开皇之初，终于仁寿之末……凡写经论四十六藏，一十三万二千八十六卷。

其流传之广就不言而喻了。

其次，从宗派林立到各宗归禅。佛教中国化的一个突出表现，就是创立中国自己的佛教宗派，并且开始宗派很多，然后是各宗归禅。先后建立的宗派约有 13 个，各宗派的具体情况，它们建立和淘汰、合并等情况，一般佛教史都有记载，这里就不重复了。需要指出的是，宗派的发

---

① 有唐一代，僧尼隶属问题，曾多次讨论，也多次变动，自有其原因，但总的来看，是由中央统管。

② 释道宣：《续高僧传·玄奘传》。

展过程主要发生在隋唐时期。由于佛教本身有大乘、小乘之分，有众多的佛教经典，所以传入中国之后，根据不同的经典，在南北朝时就先后出现了一些不同的学派，主要是到了隋唐，才由学派演变为宗派，形成各自独特的教义、不同的教规，以及传法世系等等。这些宗派大多具有中国特色，是中国人在一定时间内对佛教选择和改造的结果。后来又三淘汰两合并地发展，形成各宗归禅和禅净一致（净土宗信徒很多，只要一心念“阿弥陀佛”，即得往生净土，“简便”这一点是净土宗与禅宗的共同特点）。最后是可以称为中国佛教的禅宗，其在社会上，在广大民众间影响最大。隋唐以后越来越明显，一直到现代，十分之七八的寺院都是属于禅宗的。

再其次，佛教影响中国文化的方方面面，包括哲学、伦理、文学、艺术、科学以及风俗习惯等等，极为广泛深入。许多著作在一些具体方面都有比较详细的论述，这里也不重复引述。这里只想说明，从社会思潮来看，在隋唐时期，佛教所发生的影响可谓最大（就整个中国古代社会比较而言）。以上诸方面的影响，大都是在这一时期显露出来的，或在这一时期完成的。例如在哲学方面，佛与儒、道的关系，进入了更深层的融合、会通，不论是表面排佛或者赞佛，不论是以儒释佛，还是援佛入儒，宋以后新学说的创立，完全是以唐代哲学上的儒、佛、道交融为基础的。又例如文学，由于佛教的影响，唐代开创了格律诗的新体裁，产生了说唱文学，王维、孟浩然、韦应物、柳宗元等人以禅入诗，也是诗歌领域的新局面。无论是形式或内容都有新的变化，而且深深地影响后代。再例如艺术，包括建筑、雕塑、图画、音乐等等。寺院是木结构建筑，整个殿宇是一个完整的艺术品，屋顶采用斗拱结构，唐代形成的风格影响后世；洛阳龙门石窟中奉先寺的大佛，可以作为雕刻的典型代表，技术和艺术风格都是空前的；唐代的佛画，特别是壁画的发展，被称为空前绝后，盛极一时，影响很大。这些都说明佛教与艺术的密切关系。作为社会思潮，佛教与民间风俗习惯的关系，更可见其影响之广度与深度。由于佛教宣传因果报应，轮回转世、净土地狱等思想在人们观念上、习俗上产生许多影响，有一些是愚昧落后的迷信，也有一些可以调节人们的精神和心理，这表现在生产生活、衣食住行、岁时节日、婚丧嫁娶、游艺娱乐等许多方面。例如佛教礼仪——法会的流行，就是在唐代达到顶峰的，既有常例的，如佛生日、盂兰盆会、天子诞辰（传说始于唐玄宗）等等，又有不定期的，如佛牙供养法会、讲经法会等等。为了祝福、报恩或者祈祷，举行各种斋会，贞观六年曾举行过求雨斋会，虞世南病愈后举行千僧会，这些斋会影响甚大。代宗大历七年，河南宋州（今商丘市）开元寺举行八关斋会，参加的僧俗有六七千人（多数是供养斋会的），非常热闹，无疑宣扬了佛教思想，传播了佛教的礼仪习俗。此外，还通过寺院主办一些社会福利事业（免费投宿、收养孤贫、治病施药等等），通过义邑（以在家修行为中心的佛教团体）、法社以及各种各样的讲经活动，广泛地传播佛教。特别是所谓"俗讲"，形式上是讲经，实际上是向民众讲一些因缘故事（少数的还宣传淫秽之事）。这些大都有"开导众心"的作用。如因果报应，善有善报，恶有恶报，而且延及三世，既有迷信色彩，也可鼓励人们为善，多做有益于人生社会的好事，同时对多行不义者也是警诫。又如悔罪植福、修德禳灾、设供祈愿等等，则可以调节心理，使心灵得到慰藉。这都是深层的影响。至于形式上礼仪习俗的许多表现，通过一些节日表现的，通过生死习俗表现的，通过饮食起居表现的，这里就不一一细说了。

据上所述，整个汉唐时期，佛教作为一种社会思潮，从无到有，从小到大，由弱变强，不断发展变化，到唐代达到顶峰。同时，到唐代佛教也由盛而衰了。

玄风大畅

什么是玄风，畅行到什么程度，如何认识这一股玄风，等等，是本节要回答的问题。

玄风与玄学、清谈、谈玄等既有关系又有区别，仔细加以区别的专门研究著作不少①，大家都认为魏晋时期出现了一种可以称为玄学的新思潮。有的从内容看，有《老》《庄》《易》，称为"三玄"；有的从学风看，讲其"玄远浮虚"；有的抓住某一主要特征，说它"自然主义特盛"②；有的着重探讨其哲学价值，称之为"玄学"③。作为一种社会思潮来看，我觉得有一

① 如唐长孺《清谈与清议》（《魏晋南北朝史论丛》）一文就说，清谈与玄学不能完全等同。
② 杨东莼：《中国学术史讲话》，岳麓书社1986年版，第117页。
③ "玄学"也是旧名，但今人的理解与解释多着眼于哲学思潮。

种看法值得一提，杜国庠在《魏晋清谈及其影响》一文中写道："这里所谓魏晋的清谈，指的是魏晋以来支配了那个时代（说详悉点，就是上起曹魏下迄南北朝这个时代）的思想主潮，不是某些个别的学说或派系的思想。""所谓清谈这个名词，也就只能是以偏举全的名称，它的所指实是多方面的。它包含着当时的'谈士'们的宇宙观、人生观，以及生活、容止、言语等等。"① 他认为清谈等于玄学。这些话说明两个意思：首先，不论是"清谈"或者"玄学"，再或者其他什么名词，都只能是以偏举全的名称，其实则包括整个思潮，包括它的全部内容和各种形式；其次，虽称为魏晋清谈（或魏晋玄学），实际上支配了整个魏晋南北朝时期。一个是玄学是什么的问题，一个是影响如何的问题。

清谈等于玄学，简单地说是谈《老》《庄》（"三玄"则还包括《易》），实际是读《老》《庄》，谈《老》《庄》，并且借题发挥，谈"谈士"们自己的思想。在当时，对于已有很长时间的儒家僵化的思想统治，是一种新的风气、新的思潮，是所谓"两汉经学的反动"。

这种思潮是何时开始的？一般地说，开清谈（玄学）之风的是何晏、王弼，是他们首先"祖述老庄"而立论。实际上则不能这样绝对化。本来在经学占统治地位的时候，老学并未"罢黜"，一直有人在阅读，一直有人在利用。从《老子》书中发展起来的"天道自然无为"的思想，一直被用来反对神化的僵化的儒家思想，从西汉末的严遵，东汉初的桓谭，经王充、张衡、冯衍等，一直到东汉末的仲长统，都主要是使用这个理论武器（下面还要谈这一点）。并且我们可以看到，东汉末年，一些儒家经学大师读老庄的情况，例如马融，不仅为《老子》作注，而且相信"老庄所谓""生贵于天下也"，甚至其表现都已经是"达生任性"②。根据他和他的学生郑玄的某些清谈言行，将他们视为魏晋玄学的先驱也未尝不可。可见，思潮何时形成是无法确指的。再说，何、王之时也并不是很流行，其风是逐渐滋长起来的。后来，即便玄学本身的问题得到了一定程度的解决，其风也不可能截然终止。所以，说玄风支配或存在了一个比较长的时期是合适的。

玄风存在时间长，事实也是如此，北齐颜之推所述南北朝之学风即可

① 杜国庠：《杜国庠文集》，人民出版社1962年版，第337、338页。
② 范晔：《后汉书》卷六十，《马融传》，中华书局1965年版，第1972页。

为证：

> 洎于梁世，兹风复阐，《庄》《老》《周易》，总谓“三玄”。武皇、简文躬自讲论。周弘正奉赞大猷，化行都邑，学徒千余，实为盛美。元帝在江、荆间，复所爱习，召置学生，亲为教授，废寝忘食，以夜继朝，至乃倦剧愁愤，辄以讲自释。[1]

> 今世（按：指北齐之世）相承，趋本弃末，率多浮艳。辞与理竞，辞胜而理伏；事与才争，事繁而才损。放逸者流宕而忘归，穿凿者补缀而不足。时俗如此，安能独违？[2]

总之，整个魏晋南北朝时期，读《庄》《老》《易》成风，谈玄成风，是无可否认的事实。《世说新语》中记载了许多谈玄的事实。当时对玄学的批评中既有事实又有对玄学的阐述：“时俗放荡，不遵儒术”，“遂相放效，风教陵迟”[3]，“游辞浮说，波荡后生”[4]，均指“玄风”而言。干宝《晋纪·忌论》中的概括是：

> 风俗淫僻，耻尚所失。学者以《庄》《老》为宗，而绌六经；谈者以虚薄为辩，而贱名检；行者以放浊为通，而斥信节；进身者以苟得为贵，而鄙居正；当官者以望空为高，而笑勤恪。

从这些批评中即可见玄风之大畅。

那么该如何认识这种玄风？如何看待这股社会思潮呢？

玄学主要盛行在社会上层，在知识分子中成为时髦风尚，这一点是可以肯定的。所谓“世重清谈，士推素论”[5]，“势门上品，犹当格以清

---

① 颜之推：《颜氏家训》卷三，《勉学篇》。
② 颜之推：《颜氏家训》卷四，《文章篇》。
③ 房玄龄等：《晋书》卷三十五，《裴頠传》，中华书局1974年版，第1044页。
④ 房玄龄等：《晋书》卷七十五，《范宁传》，中华书局1974年版，第1984页。
⑤ 沈约：《宋书》卷五十七，《蔡廓传》，中华书局1983年版，第1585页。

谈”①，均是符合一定社会实际的概括。虽然有的学者认为玄学的范围、影响有限②，但另一方面，即便不是玄学家也免不了读《庄》《老》，学清谈，甚至反对和批评玄学的也可纳入玄学的范围，如有的学者指出，著《崇有论》的裴頠也讨论玄学问题（有无问题），同样推崇老子，所以“仍是一个玄学家”③。此外，许多儒家学者玄礼双修，礼学专家也往往兼注三玄，都可以说是玄风大畅的影响或表现。

玄学与儒学的关系，有时被当作自然与名教的对立，表面上看，玄学家是反对名教，这可以举出许多言论。但实际上，无论是何晏、王弼等人的“名教本于自然”，或是后来向秀、郭象等人的“名教即自然”，都不反对名教。即使像阮籍、嵇康这样一些说“名教不合自然”的人，要“越名教而任自然”，极力反对虚伪的礼教，但内心并非真正反对名教，他们的著作中就有思想前后矛盾之处。他们或出身于儒学世家（如阮籍），或很重视经学（如嵇康之学写石经古文），对于礼法之制也是念念不忘的，嵇康作《诫子书》，希望他的儿子还是谨慎地按名教办事，虽说一再交代这也“慎勿预”那也“慎勿强知”，但还是肯定“忠臣烈士之节”，鄙薄“常人皆薄义而重利”④。

总之，一方面儒学家也读《老》《庄》，另一方面玄学家也不是不读儒家经典（而且不仅是“三玄”之一的《易经》，也包括其他经书，乃至《论语》《孟子》这类当时尚未成为经典的儒书）。《文心雕龙》说：

> 于时聃周当路与尼父争涂矣。⑤

这话虽是就正始年间的情况而言，但实际上可以概括整个玄学盛行时期，“争涂”是二者并行，读《老》《庄》成风，同时又读儒家经典，后来还读佛教典籍。这是对于儒学统治的反动，但兼收并蓄，多方汲取营养，活跃

---

① 姚思廉：《梁书》卷二十一，《王暕传》，中华书局1973年版，第322页。

② 如认为玄学是洛阳之学，主要盛行于部分世族上层之中。见何滋全：《魏晋南北朝的儒学》，中国文化书院讲演录编委会：《中国文化书院讲演录第一集：论中国传统文化》，生活·读书·新知三联书店1988年版。

③ 唐长孺：《魏晋南北朝史论丛》，河北教育出版社2000年版，第319页。

④ 参阅严可均：《全三国文》卷五十一，《家诫》。

⑤ 刘勰：《文心雕龙·论说》。

了思想，开了新风气，可与“百家争鸣”媲美，在哲学上以及在整个思想文化的发展上意义都是很大的。这方面评价很多，毋庸赘述。

与玄学风气相应的表现形式——清谈，在方法上也是促进思想发展的，“能清谈高论”的人，表达能力是很强的，他们能够“嘘枯吹生”：

> 枯者嘘之生，生者吹之枯，言谈论有所抑扬也。①

死的说得活，活的说得死。“有所抑扬”，还有明显的观点和态度。

“虽不能三思而吐清谈，犹可息谑调以防祸萌也。”②“三思而吐清谈”，是有思想的，然后才能嬉笑怒骂皆成文章。玄学家们互相责难，彼此辩论，不迷信，不保守，有利于新思想的形成和发展，说是一个思想解放的时代也是可以的。

玄学的理论及其所倡放纵风气，多少也损害名教、伦理的基础，这是正统的、守旧的人物反对的，而且归根结蒂是当权统治阶级反对的，尤其是反名教还可能发展成反对统治的革命理论，诸如当时鲍敬言的“无君论”。再说玄学本身的弊病也很明显，尤其是其末流，号为“自然”，不问世事，逍遥放达，甚至发展到奢侈荒淫，精神空虚，都是不足为训，应该批判和否定的。

至于魏晋南北朝时期何以会玄风大畅，人们也分析得很多了，主要的不外乎社会的（包括政治的、阶级的等等）原因，以及思想发展本身的原因这两个方面，并且两方面又是密切联系的。社会的原因更有决定意义（哲学史家比较注重哲学思想发展的内在逻辑，其实是可以统一的），在阶级社会中，统治阶级的思想总是占统治支配地位的，如何巩固统治，有什么思想学说、理论对当时的统治有用，它就会得到较大的发展，有时是主动地提倡，有时则看起来是“自然”地发展。原来维护统治的主要理论思想——儒家思想（当然可以说得具体一些），表现出了一些明显的问题，回答不了复杂多变的现实，如：神圣化的动摇，特别是“苍天已死，黄天当立”的口号都提出来了；封建秩序的动摇，曹魏要代汉，司马氏要坐天

① 范晔：《后汉书》卷七十，《郑太传》，中华书局1965年版，第2259页。
② 葛洪：《抱朴子》卷四十五，《疾谬篇》。

下，以及统治阶级内部（特别是世家大族）的各种矛盾斗争错综复杂；“忠”“孝”动摇，如何评价人？人们该怎样行动？该如何巩固统治？等等。这就要找新思想、新理论，而思想又不能凭空产生，一直能与儒家思想抗衡的，就是那部《老子》，它一直在为人们所利用（实际也在发生变化，如黄老新道家），于是再次出现老庄与儒学争途就非常“自然”了，也“必然”了。玄学思潮就是这样出现的。

反传统的“异端”

一般作为反传统的“异端”，不会有很大的势力和影响，但是，一方面不可否认它们本身即是一种有特殊意义的思潮，另一方面还可以从不同的侧面来说明某一时期的整个社会思潮及其发展。

什么是“异端”呢?《论语·为政》有“攻乎异端，斯害也已”一句，汉以后的人解释基本一致，宋代朱熹注说得最明确：

> 异端，非圣人之道，而别为一端，如杨、墨是也。

这是站在儒家立场上说的，儒家称儒家以外的学说、学派为“异端”。汉唐时期的“异端”主要也是就此种意义而言的。《宋史·道学列传》有段概述的话颇有意义：

> 两汉以下，儒者之论大道，察焉而弗精，语焉而弗详，异端学说起而乘之，几至大坏，千有余载。至宋中叶……

> 凡《诗》《书》六艺之文，与夫孔孟之遗言，颠错于秦火，支离于汉儒，幽沉于魏晋六朝者，至是焕然而大明，秩然而各得其所。

《宋史》列《道学列传》，而“道学之名古无是也”，只是因为宋儒以直接继承孔孟道统自居，修《宋史》的元代人才“作道学传”的，实际反映的是宋儒的看法，所以他们又写道：

此宋儒之学所以度越诸子，而上接孟氏者欤？

是否如此，本也是一个问号，宋儒完全否定汉唐儒学显然是偏颇的，但秦火以后，儒学发展中确也存在着一些问题，如上述“支离”“幽沉”等“异端学说起而乘之”也是事实。

究竟“异端”如何乘机而起？有哪些突出的代表？如何看待他们呢？下面不妨看一看这一时期“异端”的大致情况。

首先说汉代的“异端”。

“异端”与正统相对，正统与政治、统治相连，“异端”的表现不是在思想方面反对传统思想和统治思想，就是在政治方面反对统治者的政治和统治。汉初有儒道之争，黄老新道家一度在政治上占优势，儒和道很难说谁是“异端”（在后来宋儒眼中，儒当然始终是正统），但是从政治上看，以道家思想为理论武器反对或者批判当时政治的就是“异端”了。这样，汉初的贾谊、司马迁、桓宽、贡禹等人，都可以说有“异端”思想，至少是有“异端”倾向了。贾谊写《过秦论》实际上写的是“过汉论”；说司马迁的《史记》是“谤书”，也是就其批评当时政治而言，他的《史记》“不与圣人同，是非颇谬于经”①，又是反传统的；桓宽的《盐铁论》记录了武帝、昭帝时的社会阶级矛盾，怀疑了儒学的世界观，有反传统的意味；贡禹多次奏议，数言得失，对当时的现实政治和道德教条进行了无情的揭露和批判，此等人均身为统治阶级中一员，但有“异端”色彩。

汉武帝“独尊儒术”（这是一般的说法），董仲舒、公孙弘等人以儒术进，尤其是公孙弘为宰相，每每以儒术来缘饰一切制度，董仲舒以《春秋》决狱，等等，以后儒学与政治统治日益紧密结合。再后来，经过西汉宣帝时的石渠阁会议，东汉章帝时的白虎观会议，等等，儒学日益神圣化，甚至宗教化。与此同时，儒学也越来越神秘化、庸俗化，特别是天人感应以及谶纬迷信的发展，乌烟瘴气，引起了有识之士的反抗和批判，从西汉末年开始，出现了一些杰出的“异端”代表人物。如：

扬雄（前53—后18）。在西汉后期谶纬流行、神学迷信泛滥的情况下，能保持清醒的头脑，试图寻求新的理论，其《太玄》《法言》等作，就是

① 班固：《汉书》卷八十七下，《扬雄传下》，中华书局1962年版，第3580页。

一种探索，他认为“玄”——元气是物质世界的根本，这是属于唯物主义范畴的思想。这虽然局限性很大，但毕竟是反对正统的一种“异端”了，“于时，人皆忽之”，而“异端”思想家桓谭却“以为绝伦”①，这就是所谓“惺惺惜惺惺”了。

桓谭（约前 20—后 56）。他公开反对刘秀提倡图谶，被指为“非法无圣”，他所著《新论》一书虽已亡佚，但却是一部反潮流的“新”作，从《谴非》《启寤》《祛蔽》《正经》《辨惑》等篇名看②，其书具有批判的性质是显而易见的，王充说：

> （桓君山）作《新论》，论世间事，辨昭然否，虚妄之言，伪饰之辞，莫不证定。③

无论从当时政治上或思想上看，桓谭都是“异端”。王充认为“说论之徒，君山为甲”。

王充（27—约 97）。王充留下了一部至今还能看到的《论衡》，说该书是中国古代一部战斗的唯物主义的著作，一点也不为过。从篇名到内容，处处表现出批判、战斗精神。《问孔》《刺孟》是对儒家老祖宗的批判，《书虚》《道虚》《语增》《儒增》等是对当时流行伪书的批判，《寒温》《谴告》是对俗儒天人感应说的批判。其他对祥瑞思想（《讲瑞》《指瑞》等），对一般社会迷信（《死伪》《纪妖》《订鬼》《四讳》等等）展开了全面的批判，对于正统思想的方方面面（主要是儒家思想及其末流）④，“订其真伪，辨其虚实”，揭发其“是反为非，虚转为实”的欺骗本质。王充的《论衡》是反正统、反潮流的“异端邪说”。值得特别一提的是，这部书具体记载和反映了当时社会思潮的许多方面，能够形象生动地说明当时的社会及当时人的思想观念，很有史料价值。

王符（生卒年不详，或生于汉和帝前后）。《后汉书·王符传》写道：

---

① 班固：《汉书》卷八十七下，《扬雄传下》，中华书局 1962 年版，第 3583 页。

② 范晔：《后汉书》卷二十八，《桓谭传》，中华书局 1965 年版，第 961 页。

③ 王充：《论衡》卷十三，《超奇篇》。

④ 王充同时对古代以来其他思想流派也大都有所批判，如《非韩》等篇之批判法家，《案书》中之批判名家公孙龙，《案书》《谈天》中批判阴阳家等等。

自和、安之后，世务游宦，当涂者更相荐引，而符能耿介不同于俗，以此遂不得升进。志意蕴愤，乃隐居著书三十余篇，以讥当时失处，不欲章显其名，故号曰《潜夫论》。其指讦时短，讨谪物情，足以观见当时风政。

他指攻“时短”，讨责“物情”，不仅批判当时流行的种种封建迷信，并且批判封建的法律道德，有些议论相当尖锐，如：

其官益大者罪益重，位益高者罪益深尔。[①]

世主欲无功之人而强富之，则是与天斗也。使无德况之人与皇天斗，而欲久立，自古以来，未之尝有也。[②]

无论从思想上看，或从政治上看，他都属于“异端”人物。

仲长统（180—220）。《后汉书·仲长统传》说：

统性俶傥，敢直言，不矜小节，默语无常，时人或谓之狂生。每州郡命召，辄称疾不就。……每论说古今及时俗行事，恒发愤叹息。因著论名曰《昌言》，凡三十四篇，十余万言。

当时人“多异之”“奇之”。这简单的记述，即可见其为当时“奇士”（实“异端”）。开始他“欲卜居清旷，以乐其志”，学习“至人能变，达世拔俗”[③]，后来他不做“潜夫”，而写《昌言》，昌者当也，昌言无忌，直言而无所隐讳。他在书中主张“人事为本，天道为末”[④]，反对和批判西汉以来的神学传统思想。政治方面暴露当时社会的黑暗现实，如：“徭役并起，农桑失业”，“田无常主，民无常居”，“权移外戚之家，宠被近习之竖，亲其党类，用其私人，内充京师，外布列郡，颠倒贤愚，贸易选举，疲驽守

---

① 王符：《潜夫论》卷二，《本政》。
② 王符：《潜夫论》卷二，《思贤》。
③ 统所作明志之诗，见《后汉书·仲长统传》。
④ 孙启治译注：《政论 昌言》，中华书局 2014 年版，第 279 页。

境，贪残牧民，挠扰百姓，忿怒四夷，招致乖叛，乱离斯瘼。怨气并作，阴阳失和，三光亏缺，怪异数至，虫螟食稼，水旱为灾，此皆戚宦之臣所致然也”[1]，直指当权的外戚宦官，真是毫无隐讳的直言了。

以上虽只列举两汉时期的几个“异端”代表人物，但这些人并不是孤立的，他们的思想也是一种思潮，与他们同时或者前后的，还有不少共鸣和相呼应者，如扬雄曾“从游学”的严君平，与严君平同时的郑子真，这些未仕的“逸民”，“其风声足以激贪厉俗”[2]。扬雄本人，虽“人皆忽之”，但“刘歆及范逡敬焉，而桓谭以为绝伦”。还有和桓谭一样反谶纬神学的郑兴、尹敏等人。古代杰出的自然科学家张衡也可以说是反神学、反谶纬的“异端”，在“儒者争学图纬，兼复以妖言”之潮流中，“衡以图纬虚妄，非圣人之法”，上疏主张“宜收藏图谶，一禁绝之”[3]，公开反对皇帝所好。此外，太学生（也包括郡国学生）的“浮华”“交会”，可以说脱离了经学的正统；汉末的“清议”，也有“异端”色彩。汉末的批判思潮中，远不止上述王符、仲长统二人，左雄、崔寔都有对宗教道德法律的批判思想，影响所及，遍至朝野。再者，“异端”代表人物之间也有关系，同时的人彼此多有交流，先后的人则多有思想上的继承和影响，如桓谭肯定扬雄，王充受桓谭的影响甚大（《论衡》书中八次称赞桓谭的《新论》）。王充赞扬司马迁、桓宽等人，也歌颂扬雄、桓谭等人：

> 近世刘子政父子、扬子云、桓君山，其犹文武周公并出一时也。[4]

范晔作《后汉书》，把王充、王符、仲长统合为一传，并且说：

> 数子之言当世失得皆究矣，然多谬通方之训，好申一隅之说。

他们是“举端自理，滞隅则失”。这当然是正统眼光的评价，但由此可以看出“异端”思想发展的渊源关系。

---

① 《损益篇》《法诫篇》，均见《后汉书·仲长统传》。
② 班固：《汉书》卷七十二，《王贡两龚鲍传》，中华书局 1962 年版，第 3058 页。
③ 范晔：《后汉书》卷五十九，《张衡传》，中华书局 1965 年版，第 1912 页。
④ 王充：《论衡》卷十三，《超奇篇》。

还有一点必须指出，所有“异端”人物，他们反正统、反神学、反潮流，几乎都是从老、庄那里找出思想武器，以“自然”之“道”作为他们的理论基础。如扬雄说“观《大易》之损益兮，览老氏之倚优”①，他的理论“玄”，实际上就是老子的“道”；如仲长统说“思老子之玄虚”，“求至人之仿佛”②，他用自然规律的“天之道”反对神学的“天道”，“所贵乎用天之道者，则指星辰以授民事，顺四时而兴功业”③。这里，和王充自谓其学“合黄老之义”④一样，“览老氏”，“思老氏”都是他们自己说的，非旁人或后人所加。总之，所有“异端”学者都不同程度地接受了老庄和《大易》的影响，自觉和不自觉地谈论和利用了老庄的自然主义⑤。这又与后来出现的玄学的形成有某种联系。由此可见思潮之间相辅相成的关系。

两汉“异端”略于上述。

不同时期的“异端”有不同的表现。魏晋玄学，从儒家的立场说，当然是最大的“异端”了。玄学已于前述，这里不再重复。整个魏晋南北朝时期，由于佛教的传入和流行以及道教的形成和发展，尤其是南北朝的统治者，把佛教和道教提到了国教的地位，原来一些“异端”反神学的思想就发展演变为反佛道的斗争（主要是反佛）。

随着政治上正统的打破，魏晋时期不但“异端”思想家，当权者如曹操之流也参与了反神学迷信的斗争，许多无神论者（特别是反佛道方面）都是儒家人物。当然主要的还是一些“异端”无神论者，包括一些自然科学家，如杨泉、傅玄与贾思勰等人，以唯物主义自然观否定神学世界观；鲁褒作《钱神论》、鲍敬言作《无君论》与天命论和君权神授论针锋相对；还有阮瞻、阮修的无鬼论，以及戴逵、刘峻、朱世卿、何承天等人之反对因果报应等等。他们从各方面与神学迷信作斗争。

在南北朝的反佛斗争中，南北的情况有所不同。北朝虽有两次著名的毁佛活动，但可以说是一种政治行动，主谋者又是道教人物，是道教与佛教的斗争。而在理论上进行斗争的又是一些儒家人物，多半从政治伦理方

① 扬雄：《太玄赋》。

② 仲长统自论其志（见《后汉书·仲长统传》）。

③ 孙启治译注：《政论　昌言》，中华书局 2014 年版，第 279 页。

④ 王充：《论衡》卷十八，《自然篇》。

⑤ 前述各代表人物均有这方面的材料，就不一一引述了。

面立论。南朝的反佛则理论性较强，而且是深入佛理，针锋相对，反佛者被视为“异端”，例如生于东晋和南朝刘宋之间的何承天，是一位数学家，作《报应问》《达性论》等反复批判佛教神不灭与报应论的观点，为当权者所不容，有记载说：

> 是时有沙门慧琳，假服僧次，而毁其法，著《白黑论》。衡阳太守何承天与琳比狎，雅相击扬，著《达性论》，并拘滞一方，诋呵释教。永嘉太守颜延之，太子中舍人宗炳，信法者也，检驳二论，各万余言。琳等始亦往还，未抵迹乃止。炳因著《明佛论》，以广其宗。帝善之，谓侍中何尚之曰：“……颜延年之折《达性》，宗少文之难《白黑论》，明佛法汪汪，尤为名理，并足开奖人意。若使率土之滨皆纯此化，则吾坐致太平，夫复何事……”①

何承天在衡阳“为州司所纠，被收系狱”，我怀疑与“异端”思想有关②。当然，南朝“异端”思想家的最大代表，即人们所熟悉的范缜及其《神灭论》，被称为“是两汉魏晋（乃至先秦）以来所有神灭思想的综合者和发展者”③。其理论内容及意义这里就不多说了（一般论著记述很多）。从社会思潮来看，范缜在当时的影响是很大的，他公开与宣扬佛教的王公贵族们多次论战，特别是发表《神灭论》时，梁武帝亲自撰文反驳，并发动僧侣、贵族 64 人，写出 75 篇文章围攻，结果无法驳倒他，也没能使他屈服，最后找个借口把他“徙广州”。但范缜的思想在当时广为传播，对后世也有直接和间接的影响。南朝与范缜几乎同时的有刘孝标作《辨命论》，以自然命定论否定报应论。稍后又有朱世卿作《法性自然论》，也以自然之义反对因果报应之说。北朝到了北魏后期，先后有张普惠、杨衒之、邢邵、樊逊④等人排佛和反佛、道的思想，从思想理论上跟上了南朝的神灭论。

---

① 严可均辑：《全宋文》卷二十八，《列叙元嘉赞扬佛教事》。

② 据李延寿《南史·何承天传》，“昔在西方与士人多不协，在郡又不公清”，故为“州司所纠”。“不协”是事实，“不公清”不知何所指？宋文帝是既想用他，又不愿、不敢用他。

③ 侯外庐、赵纪彬、杜国庠、邱汉生：《中国思想通史》第三卷，人民出版社 1957 年版，第 373 页。

④ 樊逊，《北齐书》有传，《全北齐文》辑有其文。邢邵事见《北齐书·杜弼传》。杨衒之反佛，《广弘明集·叙列代王臣滞惑解》有简略记载。张普惠，《魏书》有传。

历史进入到隋唐，排佛反佛的思想连绵不断（因为佛教继续流行发展），突出的代表，唐前期有傅奕、吕才等人，后期有韩愈、柳宗元等人（柳宗元和刘禹锡还在无神论理论方面作出了新的贡献），整个唐代反佛、反迷信、坚持无神论的还有很多，如狄仁杰、姚崇、卢藏用、李华、刘知几、李筌直、皮日休等等，各种各样的人都有，不过无所谓“异端”罢了。这是有当时的特殊原因的。由于隋唐大一统，儒、佛、道三教并重，并且有一个形成发展的过程，在这过程中，统治者表现出兼容并包的宏大气魄，所以无论怎样反佛或反传统，没有谁在政治上被列入遭排斥的“异端”，唐朝一开始即如此，例如傅奕反佛，言辞激烈，中书令萧瑀认为“非圣无法，请诛”，但受到皇帝的保护。狄仁杰、姚崇等人更是位处人臣之极。总之，不当“异端”看待（首先是政治上）这是主要的，但是，反传统而不为流俗所容的人物也不是没有，史学家刘知几即为一例，他长期参与修史活动，在史馆中却为人所嫉。他写道：

凡所著述，尝欲行其旧议。而当时同作诸士及监修贵臣，每与其凿枘相违，龃龉难入。故其所载削，皆与俗浮沈。虽自谓依违苟从，然犹大为史官所嫉。嗟乎！虽任当其职，而吾道不行；见用于时，而美志不遂。郁怏孤愤，无以寄怀。必寝而不言，嘿而无述，又恐没世之后，谁知予者。故退而私撰《史通》，以见其志。①

他的确是在《史通》一书中，通过对史学著作的批评，表现了他的无神论思想和进步的历史观，他“疑古”“惑经”“纰缪”“忤时”，大胆地对传统思想展开了批判。虽为流俗所不容，但在当时也有知音，如他自己所说：

及年已过立，言悟日多，常恨时无同好可与言者。维东海徐坚，晚与之相遇，相得甚欢，虽古者伯牙之识钟期，管仲之知鲍叔，不是过也。复有永城朱敬则、沛国刘允济、义兴薛谦光、河南元行冲、陈留吴兢、寿春裴怀古，亦以言议见许，道术相知。所有榷扬，得尽怀

① 刘知几：《史通·自叙》。

抱。每云："德不孤，必有邻，四海之内，知我者不过数子而已矣。"①

刘知几是有"异端"精神的，他继承的是"异端"思想家反对正宗神学的优良传统，他把《史通》看作与扬雄《法言》、王充《论衡》、应劭《风俗通义》、刘邵《人物志》和刘勰《文心雕龙》等一脉相承的作品。他常自比于扬雄，同时推崇桓谭与王充，从其书名《史通》看，他似乎又是以司马迁自居的②，和所有的"异端"学者一样，愤世嫉俗。

要说唐代的"异端"思想家，还值得特别提出的就是柳宗元和刘禹锡。这两个人三十多岁参与了"二王八司马"的政治革新之后就遭贬（可算是政治上的"异端"），在长期的贬谪生活中，冷静思考，潜心研究，在创作了大量的优秀文学作品的同时，在思想上完成了汉唐以来唯物主义思想的总结，超过了上述所有"异端"学者。他们的思想和学说，是在与以道统自居的韩愈论争中发展起来的，批判神学世界观，在天人关系的唯物主义解释上达到了空前未有的高度。柳宗元作《天说》《天对》，刘禹锡作《天论》三篇，从坚持元气一元论到提出"天与人交相胜、还相用"，对汉代以来天人关系的论争作了总结。柳宗元更是把反神学的斗争紧紧与政治斗争结合起来，运用历史与现实的事实揭露神学自身的矛盾，阐发了进步的历史观，而且是富有战斗性的。柳、刘二人在政治上遭贬谪，柳宗元在谪居生活中被折磨而死（主要是精神上的折磨），死时年仅47岁，实在"夭死"得可惜！他被封建卫道者目为"疏狂""轻薄"，显然属于"异端"。刘禹锡活了71岁，晚年际遇也好一点，他能够"人或加讪，心无疵兮"③，而且经常保持乐观、积极的精神，"莫道桑榆晚，为霞尚满天"④，就是他去世的那一年写的。刘禹锡心理上比较平衡一些（也许是长寿的一个重要原因），但始终也是落落寡合的。《新唐书·刘禹锡传》说：

禹锡恃才而废，褊心不能无怨望，年益晏，偃蹇寡所合，乃以文

① 刘知几：《史通·自叙》。

② 刘知几《史通》序云："且汉求司马迁后，封为'史通子'，是知史之称通，其来自久。博采众议，爰定兹名。"

③ 刘禹锡：《刘宾客文集》外集卷九，《子刘子自传》。

④ 刘禹锡：《刘宾客文集》外集卷四，《酬乐天·老见示》。

章自适。

这是“异端”学者的孤独！

从汉到唐“异端”之大概如上所述。作为社会思潮，除了前面在叙述两汉时已提到的某些共同点之外，这里再小结一下：首先，所有的“异端”都是反传统、反正统、反潮流、反神学的；其次，“异端”思想或多或少地都对政治统治有威胁，它有时候与政治革新和改革的要求一致，甚至还可能发展到与农民革命相结合，因此，“异端”思想一般地都遭到统治阶级的冷遇和反对，“异端”学者也大多遭到不同的悲剧命运；再次，“异端”虽一般是处于少数，他们既不愿同流合污，也不为流俗所容，但也绝不是孤立的，无论是当时或者以后，都有知音，在历史上连绵不断，成为历史上一份珍贵的遗产；最后，所谓“异端”，有许多都是自然科学家，或者接受自然主义中的唯物主义成分（主要是从道家《老子》和《庄子》中吸取）。

总之，从汉到唐的“异端”思潮看，不论何时何人都是反传统的，主要是反对儒家的正统传统、神学传统，或者说反唯心主义的传统；另外，在事实上“异端”本身又形成一个传统，坚持无神论的传统、唯物主义的传统，是一个进步的传统，这种社会思潮是尤其重要的。

第八章　文学艺术

如果对文化作最狭义的理解，文化是以文艺为主的，比较广义地理解，文学、艺术在文化中的地位也是突出的。文学、艺术、文艺学都是专门的科学（人文科学），都有自己的研究范围和体系。那么从文化史的角度研究文艺该研究些什么呢？我认为主要应研究文学、艺术发生、发展的过程及其原因和特点。本章就从这样的角度作一番探讨。

文学·艺术·文艺

文学和艺术的起源都很早，几乎可以说从有人开始就有。不过，有一个从原始社会意识混合体发展到初具形式的文学、音乐、舞蹈、绘画、雕刻等等的过程，作为各种专门学问的形成又不是很早的。中国古代的文学和音乐、舞蹈、绘画、雕刻等艺术，都可以追溯到三四千年以前，甚至更早一些，有大量的文字和实物材料流传到现在，中国以文化悠久著称于世。

但是，在早期阶段，文学和艺术的混合性特征是十分明显的，例如，最早发生的文学应该是诗歌，诗和歌紧密相连，是唱出来的，歌唱自然有韵律，《礼记·乐记》上说：

> 诗言其志也，歌咏其声也。

这个表述也可见文学与音乐的关系，诗的起源即与音乐是同一的，如明人徐师曾《文体明辨》所说：

> 因情以发气，因气以成声，因声而绘词，因词而定韵，此诗之源也。

我们从诗、歌、咏、韵、音、乐等文字的关系，即可看出文学与音乐的关系。我们且看一看这些字的一些重要的原始意义：诗歌是表达人的思想感情的，是人发出来的声音，音又几乎一开始就与乐相连①，《正字通·音部》就直接说：

音即乐也。

《说文》对这两个字的解释又有一番意义：

音，声也。生于心有节于外谓之音。宫商角徵羽，声；丝竹金石匏土革木，音也。从言，含一。

乐，五声八音总名。

所有的声音都可称为乐，这至少可以说反映了一个主要的特征：无论是自然界风吹草动、水波鼓浪发出的响声，或是生物界的鸟语蛙鸣，都有一定的韵律，这是人们很早就发现了的②。所以有人描述说："听花间莺语，水中蛙鸣，可知生物无有不歌者。"③ 客观事物和现象，本有各种自然的联系，文艺上的混合性在人类开始阶段就出现了，"美国马肯齐（Mackenzie）教授说：原始人的音乐、舞蹈、诗歌，都是同一的，由这韵律的力量，引起同族的感情，使其结合更强固"④。其一是讲的混合（同一），二是讲的统一于"韵律"。

中国古代文艺的混合性又有自己的特点，那就是以礼为中心的混合。在先秦时期，文学泛指文章博学，如《论语·先进》的"文学子游、子夏"，这里虽包含有文辞之义，但主要是讲他们对于礼的博学和解释⑤，

① "诗"字从"言"，"言"为心声，"言"的本义与音乐也有关系。甲骨文中的"言"字像舌从口中伸出形（山），郭沫若认为像以口吹箫，并考证说："《尔雅》云：'大箫谓之言。'按：此当为言之本义。"（《甲骨文字研究》）不论郭沫若的说法是否确切，《尔雅》的解释当有一定意义。

② ［日］泽田总清：《中国韵文史》，王鹤仪译，商务印书馆1937年版，第5页。

③ ［日］泽田总清：《中国韵文史》，王鹤仪译，商务印书馆1937年版，第5页。

④ ［日］泽田总清：《中国韵文史》，王鹤仪译，商务印书馆1937年版，第5页。

⑤ 参阅杨树达：《论语疏证》，上海古籍出版社2013年版。

“文章”二字也泛指礼乐法度，《论语・泰伯》云：

巍巍乎其有成功也，焕乎其有文章。

同时，文学又泛指文献经典。所以，文学、文章皆未脱离礼而独立[1]。乐与礼的混合更为明显，常常是“礼乐”相连，到汉代，虽然司马迁写《史记》分别写了《礼书》和《乐书》，班固的《汉书》则合并为《礼乐志》。总而言之，先秦时期（夏商周），文学艺术是以礼为中心的混合，几乎没有单独的文学或者艺术。一些本来是生活现实中自然而然以及抒发人们思想感情的东西，几乎全部纳入了礼的范围，文学艺术不过是细枝末节，如《礼记・乐记》所说：

乐者，非谓黄钟、大吕、弦歌、干杨也，乐之末节也。故童者舞之。铺筵席，陈尊俎，列笾豆，以升降为礼者，礼之末节也。

在“德成而上，艺成而下”[2] 的思想垄断之下，文学艺术很难得到独立的发展，不仅文学、乐、舞如此，绘画、雕塑乃至后世所谓工艺美术也莫不如此。例如，可称为中国工艺美术史上明珠的青铜器，可以说是因礼的需要而产生的，至今传世的青铜器几乎全部是礼器（包括明器）和乐器就是明证。

以上说明文学艺术的混合特点，没有独立的文学或者艺术。但是，先秦时期的这种情况在汉唐时期发生了变化，这是文化史上的大事，有十分重要的意义。

首先说文学。

先秦时期当然有文学，但很难说有文学家，如上述孔门四科中的“文学子游、子夏”，显然不是文学家。战国诸子我们现在都说是散文家，但《昭明文选》就说他们“不以能文为本”，不选老庄管孟的作品。也许可以说，到了战国后期，文学的独立性才开始出现，如楚辞、如《荀子・成相

---

① 《荀子・大略篇》：“人之于文学也，犹玉之于琢磨也。诗曰“如切如磋，如琢如磨”，谓学问也。……子赣、季路故鄙人也，被文学，服礼义，为天下列士。”

② 《礼记・乐记》，十三经注疏本，中华书局 1980 年版。

篇》之类，所谓：

> 古诗之体，今则全取赋名，荀宋表之于前……又有楚人屈原……骚人之文，自兹而作。①

《昭明文选》中所集作品，时间最早的出自屈原、宋玉，他们或可算作文学家。这种独立的发展，在两汉时期才逐渐形成与学术分开的文学。司马迁《史记》有《儒林列传》，其中所讲的文学，仍然和先秦一样，是能文章、通学术的意思，而且同样是以礼为中心的文章学术，这从该传的序言中看得很清楚，从“汉兴，然后诸儒始得修其经艺”讲起，或称“文学儒者”，或称“贤良文学之士”，最后说武帝时“则公卿士大夫士吏，斌斌多文学之士矣”。文学即儒学。没有纯文学家的地位。屈原是文学史上的大文学家，但屈原与贾谊合传，主要不是记文学家的意思。司马相如有一个专传，他突出的是以文章见长，《梁书·文学传》说：

> 昔司马迁、班固书，并为司马相如传，相如不预汉廷大事，盖取其文章尤著也。

但司马迁的本意似乎并非如此，他对司马相如的文章评价并不高，仅取其风谏之意：

> 相如虽多虚辞滥说，然其要归引之节俭，此与《诗》之风谏何异！……余采其语可论者，著于篇。②

《汉书》中的《儒林传》与《史记》的意义完全相同，但值得注意的是《儒林传》之前有一个大辞赋家《扬雄传》，也有一个《司马相如传》放在大儒董仲舒之后。并且这两个传都有上、下卷，这在《汉书》中是很少的几例。班固的用意或者可以说是“取其文章尤著”，在《扬雄传》赞

---

① 萧统：《昭明文选·序》。

② 司马迁：《史记》卷一百一十七，《司马相如列传》，中华书局1982年版，第3073页。

中就注意到了他是“意欲求文章成名于后世”。上述《梁书·文学传》中还说，“固又为贾邹枚路传，亦取其能文传焉”，显然是为文学家立传了。文学独立性的发展，在图书分类中更有突出的反映，刘歆的《七略》中就有《诗赋略》，《汉书·艺文志》中记“诗赋百六家，千三百一十八篇”。《诸子略》中又有“小说十五家，千三百八十篇”，亦属文学性质。班固没有摆脱传统观念的影响，但毕竟承认了纯文学的事实：

大儒孙卿及楚臣屈原离谗忧国，皆作赋以风，咸有恻隐古诗之义。其后宋玉、唐勒，汉兴枚乘、司马相如，下及扬子云，竞为侈丽闳衍之词，没其风谕之义。是以扬子悔之，曰：“诗人之赋丽以则，辞人之赋丽以淫。”①

专为文辞的诗人、辞人已脱离儒学、学术了。

直到《后汉书》出现《文苑列传》紧随《儒林列传》之后，这种独立性就明朗化了。只可惜《文苑列传》没有序言，未说明其列传之宗旨，但后有赞曰：

情志既动，篇辞为贵。抽心呈貌，非雕非蔚。殊状共体，同声异气。言观丽则，永监淫费。

这主要是讲文辞问题。其所记诸人，皆为“能文章”“能属文”“善为文”，或者“少以文章显”，或者“以善文记”“以文才”“以文章知名”的“文学之士”，或称“诸文人”。他们所作主要是诗、文、赋、颂、赞、论、铭、诔、碑、书、策、记以及连珠、杂文等等各种体裁的文学作品。王先谦在作《后汉书集解》时指出：

范史创立《文苑传》，例以文雅知名当时未裨世用者入之……然所传者，大率恃才傲物、浅中小夫，未闻君子之大道，异乎游夏文学之科焉。

① 班固：《汉书》卷三十，《艺文志》，中华书局 1962 年版，第 1756 页。

汉朝文学确实不同于先秦时的文学了。

《后汉书》以后，《三国志》既无“文苑”也无“儒林”。《晋书》和《后汉书》一样二种列传均有。记北朝的《魏书》《北史》也相同。南朝《宋书》二者皆无。《南齐书》则有“文学”而无“儒林”，并且这文学是文章之学，萧子显在传末的“史臣曰”中讲得清清楚楚。由此可见南朝时又一大变。以后的《梁书》《陈书》《南史》及《隋书》均为唐人所修，均有儒林和文学列传。再以后的《旧唐书》再用“文苑”之名（“儒林”则改为“儒学”），《新唐书》又改用“文艺”（亦有“儒学”）。以上这些可以说明，从汉到唐，“文”和“儒”日益明显地分开了。《晋书·文苑传》有序，既说了“文以化成”的作用，又讲了“导源自远”的渊源，提到了战国时的荀（卿）宋（玉），西汉的贾（谊）马（司马相如），东汉的班（固）张（衡），“俱标称首，成推雄伯”，还有“三祖”（曹氏父子）、“七子”（孔融、陈琳等建安七子）等等，列举了一系列的文学家（或者说是从文学家的角度列举这些人物）。然后说，对于晋代的文学之士，“撰其鸿笔之彦，著之文苑”。文苑传是文学家的传记。同样是唐初人写的《梁书》《陈书》《南史》《隋书》，都采用萧子显《南齐书》的名称，直接用“文学”作为这一类传之名。而《南史》和《北史》均为李延寿所撰，一称“文学”，一称“文苑”，足见二名完全等同。《北史·文苑传》又有一篇较长的序言，比《晋书》的序更详细，概述了先秦至隋的文学的主要情况（具体内容不作征引）。

以上这些，反映了从魏晋到隋唐，人们对于独立的文学有越来越明确的认识。这种认识来源于对已经形成的客观事实的总结。《后汉书》之列《文苑传》，先有了“文”“儒”之分的事实，然后才有这种形式的总结。南朝以后，纯文学①的“文学”之名及其理解，也是事实的发展而形成的。不过开始时在观念上也还有些混杂：一方面主要是以“文”“文章”来看待“文学”；另一方面，“文学”一词在使用时，也还有双重意义，《南齐书》的《文学传》是指纯文学，《世说新语》中的《文学篇》却还主要是原来意义的“文学”，有很大一部分讲儒学家、玄学家的事，讲文章及文

① 与文学史家所说的“纯文学”和“杂文学”不同，我的意思不过是说现代所说的“文学。”

学家的篇幅很少。逐渐地这种混杂的观念就没有了。

魏晋南北朝文学的独立发展，文学的专门化，一个最有力的证明，即这一时期出现了大批专门论文，或者说专门研究文学之作。从曹丕的《典论·论文》开始，接二连三论赋、论文、论诗，论文章的精神气质、体裁风格、形式技巧等等，这些在一般文学批评史的著作中述之甚详，本书从略。还有，文学作品多了，作品的分类也就有需要，编文集也有需要，《文选》就是一部文学作品选，分为39类①，又是一个文学专门化的具体证明。

本书想说的"文学"，大体就是以上这些。

顺便还要说一下，上面提到《新唐书》又用了《文艺列传》的名称（后来《金史》也用此名），此"文艺"不同于今日文学和艺术之总称，仍然仅仅是指文学而言，该传序云：

> 夫子之门以文学为下科，何哉？盖天之付与，于君子小人无常分，惟能者得之，故号一艺。

在中国古代，"艺"有才能之意，"文艺"是写作方面的才能，这个词在《大戴礼·文王官人》和《逸周书·官人》中曾出现过，"有隐于文艺者"，即为此意。

其次说艺术。

"艺术"这个词和"文学"不同，在中国古代长时间没有现代"艺术"的意义，和审美意识的联系很少。汉代史书中可以见到这个词，如《后汉书·伏湛传》：

> 永和元年，诏无忌与议郎黄景校定中书五经、诸子百家、艺术。

李贤注云：

---

① 《文选》39目有：赋、诗、骚、七、诏、册、令、教、文、表、上书、启、弹事、笺、奏记、书、移、檄、对问、设论、辞、序、颂、赞、符命、史论、史述赞、论、连珠、箴、铭、诔、哀文、哀策、碑文、墓志、行状、吊文、祭文等。

艺谓书、数、射、御，术谓医、方、卜、筮。

在这里艺和技一样，都是指才能或者技能而言。《晋书》有个《艺术列传》也完全是这个意思，其序云：

详观众术，抑惟小道，弃之如或可惜，存之又恐不经……今录其推步尤精、伎能可纪者，以为艺术传。

从其所记载的人物看，多是“善风角”“善占卜”、能图宅相冢之人，再就是佛图澄、鸠摩罗什几个沙门，还有几个“不食五谷”并会阴阳等术的奇人，没有一个能歌善舞、或书或画的现代意义的艺术人。《晋书》的《艺术列传》渊源自《史记》的《龟策列传》（这是它序中自己说的），与《后汉书·方术列传》相同。《魏书》称为《术艺列传》（术在艺前①），《北齐书》称作《方伎列传》，以后新、旧《唐书》及《宋史》以下多用“方伎”之名了。“艺术”或者“方伎”的主要内容均与纯艺术无关，其记载之目的，如《晋书·艺术列传》序所说“式备前史”，或者如《北史·艺术列传》所说，“历观经史百家之言，无不存夫艺术，或叙其玄妙，或记其迂诞，非徒用广异闻，将以明乎劝戒”，都没有审美意识，与现代所言艺术无关。但是，也应当看到如下情况：除上述主要内容之外，因为古代医与巫相连，故有医学家入艺术传（如郭玉、华佗等人）；因为“晓音律”也是技艺（或者技能）之一，故有少数可称音乐家者入艺术传，例如万宝常、王令言在《北史》和《隋书》的艺术传中有记载。“晓音律”这种技能本身就有审美意识在其中了。另外，《北史·艺术列传》中还有“颇能画刻”的蒋少游，“造舆服羽仪”“多所致创”的何稠（其父“善琢玉”），虽亦是从技能方面说的，也许可以说属于工艺美术的范畴，《魏书·术艺列传》中就有“工艺纷纶”一句。因此，艺术传又多少与纯艺术有了一些关系。

总的来看，汉唐时期没有现代意义的艺术这个概念，但并不等于汉唐时期没有艺术。艺术的独立发展和专门研究，甚至比文学还要早。汉唐的

① 《魏书·术艺列传》序：“盖小道必有可观，况往圣标历数之术，先王垂卜筮之典，论察有法，占候相传，触类长之，其流遂广。工艺纷纶，理非抑止。今列于篇，亦所以广闻见也。”术数摆在工艺之前。

艺术在中国艺术史上也是一个新阶段，其表现就是：许多种艺术在这一时期均有新的独立的发展，除诗歌之外，音乐、舞蹈、绘画、雕刻以及其他一些工艺美术，都是如此。

音乐：中国古代音乐起源很早，伏羲氏发明乐器，黄帝作乐律（五声十二律），虞舜作曲（韶乐曲），虽是传说，但至少可说开始于商周之前。到了商，特别是西周的时候，音乐相当发达，五声八音①齐全，有大量的文献记载可以证明。如《尚书·禹贡》中有“泗滨浮磬”“檿丝”（注云：檿檿桑蚕丝，中琴瑟弦）之类，《诗经》记得更明确：

鼓钟钦钦，鼓瑟鼓琴，笙磬同音。以雅以南，以籥不僭。②

多种乐器在合奏。“琴瑟击鼓，以御田祖，以祈甘雨，以介我稷黍，以谷我士女。”③“百堵皆兴，鼛鼓弗胜。”④祭祀、求雨、劳动都用了音乐。当然，如前所述，礼乐相连，乐是紧紧附在礼后的。但由于音乐的发达，音乐的独立性（脱离混合性）也很早、很突出。在战国后期就已经有了许多专门论乐的著作，如《礼记·乐记》，如《荀子·乐论》，如《吕氏春秋》中有多篇关于音乐的论述⑤，等等。所以《史记》中在《礼书》之外，另立《乐书》，讲音乐的起源、发展，特别是讲音乐的功能（这与礼乐相连有关），还有一个《律书》讲音律的问题，八书中占了两篇。附带说一下，《史记·滑稽列传》也多少与艺术有些关系，其中不仅有乐人或倡（歌舞艺人），而且主要是记一种使用语言艺术的人，所谓“俳谐”，所谓“以言辩捷之人”⑥（这有些像今日相声之类的艺术）。

《史记》以后的《汉书》反而是礼与乐合在一起成了《礼乐志》，律和历合在一起成了《律历志》，这或许是因汉代大力推崇儒家思想的影响，

---

① 五声，指宫、商、角、徵、羽，这是中国古代的基础音阶。八音，指金、石、丝、竹、匏、土、革、木八种材料的乐器。每一种中又有多种乐器，如金一类有钟、钲、镛；石一类有磬；丝一类有琴、瑟；竹一类有管、籥、箫等等。

② 《诗经·小雅·谷风之什·鼓钟》，十三经注疏本，中华书局 1980 年版。

③ 《诗经·小雅·甫田之什·甫田》，十三经注疏本，中华书局 1980 年版。

④ 《诗经·大雅·文王之什·绵》，十三经注疏本，中华书局 1980 年版。

⑤ 如《大乐》《侈乐》《适音》《古乐》《音律》《音初》《制乐》等篇。

⑥ 司马迁：《史记》卷一百二十六，《滑稽列传》，中华书局 1982 年版，第 3197 页。

但并不说明音乐的研究没有再继续发展，相反是更深入更专门。汉代开始，《乐》提到了“六经”之一的地位，关于音乐的理论，用注经的方式来记述和阐发，同时也有专门著作。《汉书·艺文志》记载，“凡乐六家，百六十五篇”（后来都亡佚了）。《后汉书》中音乐似乎没有什么地位，《礼乐志》改为《礼仪志》，不讲乐了，《律历志》也只几笔带过。但东汉时不单社会生活中的音乐从未停止，音乐的研究也在发展，和西汉一样，有乐府这样的官署专司掌其事。乐府是汉代掌管音乐的官署，乐府之名起于汉代①，据《汉书·礼乐志》记载，汉惠帝二年即有了乐府令之名②。一般说是汉武帝“立乐府”③，看来不一定确切，乐府令即为一官署之长，惠帝时就有了。不过，武帝时乐府机构扩大了，地位提高了，是很明显的，如“至武帝……乃立乐府……以李延年为协律都尉”④。主管者为都尉，比令的地位高多了。至于规模有多大，哀帝时的人数可作参考，总数为829人，分工甚细（详后）。哀帝时曾一度罢乐府官，乐事暂属他官。但东汉是恢复了的，《后汉书·明帝纪》载，永平三年秋八月“改大乐为大予乐”，注引“《汉官仪》曰：大予乐令一人，秩六百石”。而且人员也越来越多，有时还提出减员⑤。这些就不一一细说了。

魏晋南北朝分裂、战乱，但乐事、乐官未废。曹魏乐官恢复旧名，并且群臣还认真讨论过乐制⑥。晋、宋均有太乐令（或大乐令），有时甚或以更高级的官员“典知乐事”⑦。《宋书》《南齐书》《魏书》和《晋书》皆用“乐志”之名。《隋书》则称为《音乐志》，五代时修的《旧唐书》沿用此名。宋代欧阳修的《新唐书》又复旧为《礼乐志》⑧。“音乐”一词，不是修《隋书》时才有的，汉代甚至战国后期就有了⑨，其含义与现代音乐的

---

① 汉以前掌音乐的官，殷为瞽宗，周为大司乐、乐师，秦为太乐令、丞。

② 《汉书·礼乐志》：“使乐府令夏侯宽备其箫管。”

③ 《汉书》的《礼乐志》《艺文志》皆如此说。班固在《两都赋》序中写得更具体：“大汉初定，日不暇给，至武宣之世，乃崇礼官、考文章，内设金马、石渠之署，外兴乐府协律之事。”

④ 班固：《汉书》卷二十二，《礼乐志》，中华书局1962年版，第1045页。

⑤ 《后汉书·安帝纪》：永初元年九月，诏“灭黄门鼓吹以补羽林士”，注引《汉官仪》曰：“黄门鼓吹，百四十五人。”

⑥ 沈约《宋书》卷十九《乐志一》中有详细记载。

⑦ 晋武太始九年中书监荀勖“典知乐事”，又有司律中郎将陈颀。

⑧ 礼乐相连，更多地反映儒家思想，故宋代有此复旧，元人写的《辽史》《金史》《宋史》都还是礼乐分开的。

⑨ 《楚辞·远游》有：“音乐博衍无终极兮，焉乃逝以徘徊。”

含义基本相同，汉应劭《风俗通义·声音》中的“夫音乐至重，所感者大”就是如此，音乐即指宫、商、角、徵、羽等和谐组合的乐音。

以上虽是比较抽象的描述，但可见汉唐时期音乐发展的一个大概，本章最后一部分将稍加详述。

舞蹈：舞与乐关系密切。中国古代，包括我们要说的汉唐，乐舞始终紧密相连①。《礼记·乐记》中有一句话很典型：

> 故钟鼓管磬、羽籥、干戚，乐之器也；屈伸俯仰、缀兆舒疾，乐之文也。

这里虽无“舞”字，但描写的是舞的姿态，所谓“舞，动其容也”②，舞是乐的“文彩节奏”③。舞与乐这种不可分的“混合性”更为突出，史书中关于舞的记载，都在礼乐志、乐志或音乐志中，有的志中有不少篇幅专门讨论舞的问题，这里就不一一详述了。顺便说一下，先秦两汉虽有“手之舞之足之蹈之”的说法，但“舞蹈”一词，似乎是魏晋南北朝时期出现的，如《宋书·良吏传》序云：

> 凡百户之乡，有市之邑，歌谣舞蹈，触处成群。

这个记载，这个名词的出现，亦可见舞蹈发展之一斑。

绘画：这门艺术起源也很早，几千年以前的彩陶上的文饰就是留存至今的最古的绘画作品。夏商周时期，有少量的文献记载，实物则有青铜器上的纹饰。从战国开始，绘画史的内容就日益丰富起来：战国时有壁画，可以从屈原的《天问》得到证明；宋国有“画史”，见于《庄子》的记载④；近几十

---

① 有时也歌舞并举，《书经·伊训》载：“恒舞于宫，酣歌于室。”

② 《礼记·乐记》孔疏曰：“舞动其容，则《诗序》云：咏歌之不足，则不知手之舞之足之蹈之是也。”

③ 《礼记·乐记》：“文彩节奏，声之饰也”，“三步以见方”。郑注：“文彩，乐之威仪也。”“将舞必先三举足，以见其舞之渐也。”

④ 《庄子·田子方》：“宋元君将画图，众史皆至，受揖而立，舐笔和墨，在外者半；有一史后至者，儃儃然不趋，受揖不立，因之舍。公使人视之，则解衣盘礴，裸。君曰：可矣，是真画者也。”

年来出土的文物中就有战国的帛画①。到了汉代，无论文献记载或出土实物，都比战国多。汉代的记载表明，宫廷有画工，并且有专管画工的机构②；民间也有画工③；还有一些文人善画④。出土的实物日益增多，帛画、木版画、漆画、画像石、画像砖刻，样样都有，一般绘画史及考古、文物资料均有记载，不烦赘引。总之，两汉时期绘画的发展和以前的面貌大异，为以后绘画的发展奠定了坚实的基础。

魏晋南北朝至隋唐的绘画，虽不及以后两宋的发达，但也是中国古代绘画史上的昌盛时期，其艺术成就是划时代的，这可以从以下几个方面说明：

首先是画家辈出，高手如云。汉代以前，不论留下实物或文献中记述的作品，绝大多数是无名氏所作，有几个有名有姓的画工、画者或画家又无作品留下来。魏晋南北朝以后，则画家辈出：三国时期的曹不兴；两晋时期的卫协、戴逵、顾恺之；南朝的陆探微、张僧繇及其子善果、儒童等等⑤，北朝的蒋少游、杨子华、曹仲达等等；隋代的展子虔、黄伯仁、郑法士等；唐代就更多，据统计，至今有画迹可查或有文献记载的画家近400人⑥，各方面有突出成就的画家不少（后面再详说）。而北方一些大石窟（甘肃敦煌、天水以及新疆等地区）和全国各地墓室的壁画，无疑是出自许多无名的高手。

其次是题材广泛，分科发展。人物、山水、树木、花草、鸟兽、虫鱼无不入画，还有宫苑楼阁，画动物的马、牛、猫、兔都画，各种杂画都有。画家有专长，实际上形成分科发展，或专长人物，或专长山水，还有花鸟、鞍马，约有几大类。《历代名画记》写道：

圣唐至今二百三十年，奇艺者骈罗，耳目相接，开元天宝其人最

① 如1949年湖南长沙陈家大山的楚墓中出土的《龙凤人物图》，1973年清理长沙子弹库楚墓中得到的《御龙图》等等。

② 据《后汉书·百官志》载，少府属官中有画室署长，其他列传中有黄门画者、尚方画工。

③ 许多墓室中的壁画，以及记载中说的殿堂、衙署、驿站中都有壁画，当即无名氏画工之作品。

④ 如张衡、蔡邕、刘褒、赵岐等人均有“善画”之称。

⑤ 张彦远《历代名画记》有南朝画家七十多人。

⑥ 王伯敏：《中国绘画史》，上海人民美术出版社1982年版，第121～124页。

多，何必六法俱全，但取一技可采。

自注云：

谓或人物，或屋宇，或山水，或鞍马，或鬼神，或花鸟，各有所长。

绘画题材广泛并且分科发展，是从魏晋南北朝开始，到唐代完成的。

再次是竞相收藏，有史有论。绘画空前发展，绘画作品大量出现，加上琴、棋、书、画在当时成为有产阶级生活的一部分，对绘画作品也有爱好，这就有绘画作品的流通（或赠送，或买卖）和收藏。杜甫有诗曰："忆昔咸阳都市合，山水之图张卖时。"① 《历代名画记》等书中也记有买卖、收藏绘画作品的情况。绘画艺术高度发展的一个重要表现，就是绘画理论的形成和发展。绘画题材广泛，各具特色的画家辈出，绘画作品争奇斗艳，人们当然有条件在实践经验的基础上加以总结。这一时期，东晋顾恺之的画论②，南齐谢赫的《古画品录》，可以说是中国古代画家理论的开山之作。南朝还有宗炳的《画山水序》、王微的《叙画》、姚最的《续画品》等等，也是专门的画论著作。有些还遗失了（如孙畅之的《述画》）。唐代关于绘画的著作不少，失传也多，幸有一部包罗颇富的《历代名画记》保存下来，作者张彦远生于唐朝后期，记到会昌年间为止，基本上包括了整个唐代。它既是一部画史，叙绘画的"源流""兴废"，"叙历代能画名人"，"自轩辕至唐会昌凡三百七十二人"，保存了唐代以前的许多资料，它又是一部集当时画学理论大成的著作。其具体内容，这里就不一一罗列了。

从以上这一粗略的勾画不难看出汉唐时期的绘画在中国古代绘画艺术史上的地位。

与绘画艺术紧密相连的，是中国独具特色的书法艺术。汉唐时期也是书法艺术的鼎盛时期，用两句话或可概括其一般：诸体具备，并且日臻完善；书法成家，各自大显身手。书法从秦汉开始是一个新阶段。首先是秦

---

① 杜甫：《夔州歌十绝句》，《杜少陵集》卷十五。

② 顾恺之的画论著作有《魏晋胜流画赞》《论画》和《画云台山记》等，因《历代名画记》征引而保存。

统一文字（针对战国时期的“文字异形”），当然这个统一也是相对而言，秦书仍有八体：

一曰大篆，二曰小篆，三曰刻符，四曰虫书，五曰摹印，六曰署书，七曰殳书，八曰隶书。①

不过这八体从形体上看主要是大篆、小篆、隶书三体，其他只是因为刻在符、印、兵器上的变化。汉代则隶书大盛，这是书法史上的重大变革。与此同时，草书、行书、楷书皆应运而生。到了魏晋，便诸体完备并且日臻完善了，一些著名的书法家也同时出现，如钟繇和王羲之。钟繇，世称钟太傅（魏明帝时封），是一个承前启后的人物，他吸取东汉末年几位名家的长处②，能写隶、真、行、草诸体，又影响了以后的书法家，包括王羲之。王羲之被称为“书圣”，关于他的事迹甚多，这里就不详述了。单王家的伯叔、兄弟、子侄善书法的都不少，王羲之及其子献之又被称为“二王”，几乎影响整个东晋南朝。南北朝书法家如群星争灿，不胜枚举，尤其是有许许多多的无名氏，又特别体现在北朝留下的大量碑刻中。丰富的碑刻、墨迹，是长期影响后代的辉煌的书法艺术宝库。唐代则真正可说是书法的鼎盛时期，对前代既有继承又有革新。从唐初开始，有虞世南、欧阳询、褚遂良、薛稷，世称“虞欧褚薛”四家，各有特色。同时及以后的书法家比前朝更多，也不乏颇有创造性的书法家，如李邕、张旭、颜真卿、柳公权、僧怀素等人。张旭被称为“草圣”，怀素所书更是狂草，堪称书法艺术大师。颜、柳字帖，至今为人们所习。书法家多，书法作品流传下来的也多，所以对后世影响也最大。

除开上述音乐、舞蹈、绘画（包括书法）几大门类的艺术之外，其他的艺术我们再说一两项。

戏剧：现代意义上的戏剧（或称戏曲），是一种舞台表演的艺术形式，由演员表演故事。综合文学、音乐、舞蹈、武术、杂技乃至绘画、建筑等多种艺术而成。关键是有故事情节，由演员装扮剧中人表演。或歌唱，或

① 许慎：《说文解字·叙》。

② 如工篆隶的曹喜、长行书的刘德升、善八分的蔡邕。

说白，或表情动作。有关研究证明，戏剧这种艺术，正式起源在汉代，完全独立是在唐代①。唐代有“歌舞戏”“参军戏”等等，唐玄宗于梨园亲自教法曲，谓之“皇帝梨园弟子”，至今中国仍以“梨园”为戏剧界的代称。汉唐时期的戏剧当然不及后代成熟、发达，重要的是，戏剧成为一门独立的艺术是在这一时期。

工艺美术和建筑艺术：中国工艺美术历史悠久，诸如原始社会的彩陶、黑陶，奴隶社会的青铜工艺，都是令全世界羡慕的。汉唐时期，工艺美术的发展也是划时代的，包括首创、成熟或鼎盛等表现。例如，汉代就是我国陶瓷工艺史上从陶到瓷的孕育成熟阶段，青瓷在汉代已经出现，并有实物出土。接着是魏晋南北朝出现白瓷和彩瓷。隋唐是古代瓷器生产的繁荣时期，由于各地条件（胎土、燃料等）和烧造技术不同，因而有各种艺术风格。从唐代开始，以窑名代表瓷器的品种和特色，如北方的邢窑（白瓷）、南方的越窑（青瓷）等等，这种以窑名瓷的习惯沿袭至今。又如，传统的漆工艺，到了汉代，无论从生产上或从艺术上说都达到了一个高峰，现有大量出土的汉代精美漆器就是最好的证明。以后魏晋到隋唐都有进步，有创造、革新，唐代的金银平脱、雕漆和螺钿相嵌，都是很高水平的漆艺。此外，传统的织绣工艺、编织工艺、石刻、彩塑，以及建筑装饰、建筑绘画等等，一颗颗光彩夺目的明珠，都在汉唐时期有新的发展，新的创造。我们就此打住，不再一一列举。

综上所述，我们主要是研讨了文学、艺术的名和实的一般发展，从这样的角度，看到了汉唐时期文学、艺术在整个中国古代文化史的地位。下面再从另一些角度来说明这一问题。

文学的思想、理论和实践

文学本身就是表达人的思想的（包括情感），古代的诗歌、辞赋都是如此。例如说“诗言志，歌永言”②，“赋者，铺也，铺采摛文，体物写志

① 周贻白：《中国戏曲发展史纲要》，上海古籍出版社 1979 年版。该书考证甚精，可以参考。

② 《尚书·虞书·舜典》，十三经注疏本，中华书局 1980 年版。

也”①，都是表达思想的意思。我们这里要说的文学的思想，是指人们对文学的认识和看法：文学是什么（包括其起源）？文学表达的思想是什么？应该表达什么？它有什么作用？以及如何表达？等等。这些看法，总的来说，是先有实践（例如诗词歌赋的产生及其发展），然后才有看法的。这符合存在决定意识的原理。中国古代，文学起源很早，对文学的各种看法开始得很早，上述“诗言志”也是一种看法，回答诗是什么（包括诗之所由生及诗之为用）的问题，这是记古先圣王虞舜的话。到了周代，“郁郁乎文哉”②，就有了诗的分类，如：

> （太师）教六诗：曰风，曰赋，曰比，曰兴，曰雅，曰颂。以六德为之本，以六律为之音。③

对这种“以六德为之本”（亦即言志之意）的诗，还从声调格律来分其品类，这当然是认识得更深刻，或者说讲得更精密。再以后，对诗的看法，对文学的看法，就越来越多，越来越具体了。先秦诸子都有对文学的看法，或者说都有自己的文学观，我们这里且不说它。本章主要讨论汉唐时期的文学思想。下面从汉讲起：

首先从文学的实践看一看。诗歌、辞赋二者有密切关系，都属于韵了，起源甚早，但都在汉代有特殊的发展。诗歌方面，如前所述，汉设乐府，在采集和保存民间诗歌方面起很大的作用，对后世影响和贡献很大。这一时期除乐府体的诗之外，还有古诗体的形成（即所谓五言古诗和七言古诗），五言古诗可以《古诗十九首》为代表④，它的形成标志着诗歌发展新阶段的开始，成为后世古体诗的渊源。赋的发展与诗歌有关，它本来就是“六诗”之一。但汉赋是直接来源于楚赋的，所以说“受命于诗人，拓宇于楚辞”⑤。汉代是赋的极盛时代，赋可称为“正统”文学。汉代赋家辈出，著名赋家西汉有贾谊、司马相如、扬雄，东汉有班固、张衡，这是第

---

① 刘勰：《文心雕龙·诠赋》。刘熙《释名·释典艺》亦云：“敷布其义谓之赋。”

② 《论语·八佾》，十三经注疏本，中华书局1980年版。

③ 《周礼·春官·太师》，十三经注疏本，中华书局1980年版。

④ 学界对于《古诗十九首》的时代有不同看法，但都认为至晚是东汉。

⑤ 刘勰：《文心雕龙·诠赋》。

一流的。其实西汉的枚乘、枚皋、东方朔、王褒，东汉的班彪、班昭、马融、祢衡以及蔡邕等等，还有一大批人，都可以称为辞赋家。这些人大多生活在“明君”“盛世”，所写之赋歌功颂德，而且夸奇斗胜，极尽铺排，又称大赋。即便作赋人欲以讽谏、劝说，当权者也陶醉在另一方面了，例如：“武帝好神仙，相如上《大人赋》，欲以风（讽），帝反缥缥有陵云之志。”① 大赋为当权的统治者所喜爱和提倡，故成为当时的正统文学，如汉武帝亲自作赋，汉宣帝公开宣称，“辞赋大者与古诗同义，小者辩丽可喜”②。统治者的这种喜好，必然风靡一时，上有好者，下必甚焉，这是一条规律。

汉代文学，诗赋之外就是散文。这里当然讲的是事实上的散文，如先秦诸子那样的散文，如《左传》《国语》那样的历史散文。汉代散文成就很大，水平很高。从汉初开始的政论文，无论内容和形式都是高水平的，如贾谊的《过秦论》、晁错的《论贵粟疏》，以及桓宽的《盐铁论》直至东汉王符的《潜夫论》、崔寔的《政论》、仲长统的《昌言》等等，这些政论文，既是重要的历史文献，也是很好的散文作品。汉代历史散文的成就更大，《史记》《汉书》是杰出的代表，人所共知。此外，还有一些其他的散文，有专著如《淮南子》《论衡》，也有单篇如司马相如的《谕巴蜀檄》和《难蜀父老》、枚乘的《谏吴王书》和《重谏吴王书》、东方朔的《答客难》、扬雄的《解嘲》等等。

汉代文学实践的概况大致如此。

那么当时人们对文学的看法如何呢？由于儒家思想的影响（汉代是经学发展的时代），人们继承了孔孟儒家文学观，即注重文学的思想、情感和作用（伦理道德、礼乐教化），不注重（主观上）文学本身的构造、技巧（并不等于客观上没有发展）。例如对于作为“六经”之一的《诗》，汉代有不少人评说，有《诗序》《诗谱》，但都主要是按儒家思想来解说的，根本不从纯文学的观点来说。又例如对可称之为空前绝后的辞赋，人们强调的是要有益于人的思想行为（儒家要求的），主张的是“作赋以风”，大辞赋家本人也都是这样做和这样说的，如枚乘作《七发》、司马相如上

① 班固：《汉书》卷八十七下，《扬雄传下》，中华书局1962年版，第3575页。
② 班固：《汉书》卷六十四，《王褒传》，中华书局1962年版，第2829页。

《大人赋》，就是这样做的，“雄以为赋者，将以风也”①，就是这样认为的。至于技巧等等，则被认为是雕虫小技。可见文学观是儒家传统的。但在文学发展的实践中对传统思想又有所突破，因为“必推类而言，极丽靡之辞，闳侈钜衍，竞于使人不能加也”②。文学的技巧在实践中是大大发展了的，汉大赋本身在艺术上的成就即是证明，辞赋家本身也是要精雕细刻的，《西京杂记》记载：

> 司马相如为《上林》《子虚》赋，意思萧散，不复与外事相关。控引天地，错综古今，忽然如睡，焕然而兴，几百日而后成。

他自己说：

> 合綦组以成文，列锦绣而为质，一经一纬，一宫一商，此赋之迹也。赋家之心，包括宇宙，总揽人物。斯乃得之于内，不可得而传览。

> 扬子云曰：长卿赋不似从人间来，其神化所至耶！③

这里有天才，有灵性，也有艰苦的脑力劳动（“几百日而后成”），亦如扬雄所云：“读千百首赋，乃能为之。”④ 必要刻苦学习！扬雄本人可以说一生以文学为业：“（雄）实好古而乐道，其意欲求文章成名于后世。”⑤ 这是把“立言”作为人生的追求了，当然也可以说是建立了文章不朽观，这在实际上又背离了把“立言”作为“立功”“立德”之附庸的儒家思想。此后，发展这种文章不朽观思想的有桓谭、王充，桓谭与扬雄同时而稍晚，两人有时在一起讲论，桓谭佩服扬雄，“以为绝伦”⑥。王充则对两人都敬佩：“玩扬子云之篇，乐于居千石之官；挟桓君山之书，富于积猗顿

① 班固：《汉书》卷八十七下，《扬雄传下》，中华书局 1962 年版，第 3575 页。
② 班固：《汉书》卷八十七下，《扬雄传下》，中华书局 1962 年版，第 3575 页。
③ 刘歆：《西京杂记》卷二、三。
④ 刘歆：《西京杂记》卷二。
⑤ 班固：《汉书》卷八十七下，《扬雄传下》，中华书局 1962 年版，第 3583 页。
⑥ 班固：《汉书》卷八十七下，《扬雄传下》，中华书局 1962 年版，第 3583 页。

之财。"① 称欣赏他二人的作品，比当高官还要快乐，比大富翁还要富有。他把纯文学的地位提得很高，"文人之休，国之符也……鸿文在国，圣世之验也"②，甚至说，"论发胸臆，文成手中，非说经艺之人所能为也"③。他把说经者称为"世儒"，把创作文学的人（著作者）称为"文儒"，他说：

> 世儒业易为，故世人学之多……文儒之业，卓绝不循，人寡其书，业虽不讲，门虽无人，书文奇伟，世人亦传。④

这一褒一贬，不仅体现了他的离经叛道精神，还反映了他对文学的看法，反映了纯文学的地位，这是文学已经独立、已经充分发展的客观反映。自此以后，文学的实践更进一步发展，文学的理论也就充分发展起来，这就是魏晋南北朝时期。

魏晋南北朝时期，虽然政治上分裂、战乱较多，但由于社会、政治、历史发展等多种因素，在文化发展史上处于一个转折时期，继汉开唐，有其独特的历史地位，在文学发展方面尤其是如此。鲁迅曾说："用近代的文学眼光看来，曹丕的一个时代可说是'文学的自觉时代'。"⑤ 实际上应该说整个魏晋南北朝是一个文学自觉的时代。文学的自觉是什么意思呢？我们可以从几个方面来说明：

第一，是对文学地位和作用的认识发生了显著的变化。魏文帝曹丕的《典论·论文》说：

> 盖文章经国之大业，不朽之盛事。年寿有时而尽，荣乐止乎其身，二者必至之常期，未若文章之无穷；是以古之作者，寄身于翰墨，见意于篇籍，不假良史之辞，不托飞驰之势，而声名自传于后。

---

① 王充：《论衡》卷二十，《佚文篇》。

② 王充：《论衡》卷二十，《佚文篇》。

③ 王充：《论衡》卷二十，《佚文篇》。

④ 王充：《论衡》卷二十八，《书解篇》。同篇还有"人无文则为朴人"之类的议论，简直把文学当作人生的必要条件了。

⑤ 鲁迅：《鲁迅全集》第三卷，人民文学出版社 1973 年版，第 491 页。

文学如此重要，从事文学可以成名，并可以传于后世，把扬雄、桓谭、王充等人的文学不朽观明明白白地讲出来了。文学再不是雕虫小技，也绝不是丈夫所不为了。曹操父子带头兴起的“建安文学”，就是一个明显的转变和标志。曹操“外定武功，内修文学”①，这个文学就主要是现代意义上的文学。曹氏父子身体力行地提倡文学，有许多生动的事例，如刘勰说：

> 自献帝播迁，文学蓬转；建安之末，区宇方辑。魏武以相王之尊，雅爱诗章；文帝以副君之重，妙善辞赋；陈思以公子之豪，下笔琳琅。并体貌英逸，故俊才云蒸。②

在他们的带动和影响下，出现了大批文学家，最著名的是所谓“建安七子”（孔融、陈琳、王粲、徐干、阮瑀、应玚、刘桢），还有一位女文学家蔡琰。这些是人们重视文学的反映，也是文学自觉的突出表现。

第二，越来越多的人专门从事文学，因而关于文学的理论也随之发展起来。从《典论·论文》开始③，晋代有陆机的《文赋》、挚虞的《文章流别》，南朝有刘勰的《文心雕龙》、钟嵘的《诗品》，这些都是具有划时代意义的文学理论著作。除此之外，还有不少文论著作虽亡佚了，但在《隋书·经籍志》等书中保留了书目④。也还有一些散见的重要文论，如左思论赋、葛洪论文⑤、沈约的《宋书·谢灵运传》论、萧子显的《南齐书·文学传》论等等。可以说，这一时期，特别是南朝⑥，才有真正的文学理论，才有纯粹的文学批评。他们都是通过总结文学的实践，提出自己的文学主张，树立批评文学的标准。这中间既有传统文学观的继承，注重文学

---

① 陈寿：《三国志》卷十，《荀彧传》，中华书局1959年版，第317页。

② 刘勰：《文心雕龙·时序》。

③ 刘勰《文心雕龙·序志》中讲到曹魏时期的文论著作，如“陈思序书”，“应玚文论”，“公干之徒……泛议文意，往往间出”。

④ 魏征等《隋书·经籍志》中有南朝宋傅亮《续文章志》、宋明帝《晋江左文章志》、张骘《文士传》、梁沈约《宋世文章》、任昉《文章始》、陈姚察《续文章始》。《玉海》中有邱渊之《文章录》及《别集录》、丘灵鞠《江左文章录序上》。《诗品》序中有王微《鸿宝》等等。

⑤ 参阅郭绍虞：《中国文学批评史》第15篇，《左思论赋与葛洪论文》，新文艺出版社1955年版。

⑥ 参阅郭绍虞：《中国文学批评史》第16篇，《南朝在文学批评史上的地位》，新文艺出版社1955年版。

的思想性（包括“文心”“文德”之类），又大大地突破了传统观念，不仅对“心”“德”作了不同的解释，还作了很多纯文学的批评和探讨。这些又无疑地促进了文学实践的发展。

第三，由于纯文学理论和批评的发展，文章的修辞、技巧也从实践中加以总结提高，越来越讲究。人们对文体的辨析，有各种各样的分类，从而对各种体裁的特点有深入的认识，如陆机《文赋》中说：

> 诗缘情而绮靡，赋体物而浏亮。碑披文以相质，诔缠绵而悽怆。铭博约而温润，箴顿挫而清壮。颂优游以彬蔚，论精微而朗畅。奏平彻以闲雅，说炜晔而谲诳。

其所言各种文体的特点，主要是艺术和技巧方面的特点。当时，各种文论都有艺术、修辞、技巧方面的分析，《文心雕龙》中就有一些篇幅进行了总结和讨论，包括创作方面的谋篇布局、行文修辞的规律等等，对文学的实践有很大启发和指导意义。南朝中期以后，文章的形式技巧日益讲究，形成所谓“永明体”“齐梁体”，以沈约等人为代表，特别注重声律，成为一种时尚：

> （永明）时盛为文章，吴兴沈约、陈郡谢朓、琅邪王融以气类相推毂，汝南周颙善识声韵。约等文皆用宫商，将平上去入四声，以此制韵，有平头、上尾、蜂腰、鹤膝。五字之中，音韵悉异，两句之内，角徵不同，不可增减。世呼为“永明体”。沈约《宋书·谢灵运传》后又论其事，厥与约书曰：……（以下记有两人讨论声律的具体内容）……约论四声，妙有诠辩，而诸赋亦往往与声韵乖。时有王斌者，不知何许人。著《四声论》行于时。①

由此可见，当时声律的研究不仅成为风气，而且有相当的深度。讲究声音韵律，当然可以使创作增加长吟短咏之美，但也会因声律的束缚而伤其真美。特别是专讲形式技巧，忽略内容，忽略文学的任务，就成为一种弊端

① 李延寿：《南史》卷四十八，《陆厥传》，中华书局1975年版，第1195～1197页。

了。淫辞靡丽的弊端也恰恰是南朝后期，梁陈时期出现的。

第四，文学真正独立，专门从事文学的人增多，文学理论和批评的形成，文学的艺术技巧的总结和提高，反过来又影响文学实践的发展。这一时期，各种文学样式和文学风格都有很大发展，可以说是盛况空前。如诗歌，汉末发展起来的五言诗到魏晋时期特别兴盛，曹操、曹植、阮籍、左思、刘琨、陶渊明等都是五言诗作家的突出代表，南北朝则有谢灵运、鲍照、谢朓、庾信等人最为著名。他们的创作实践，使五言诗成为我国古典诗歌的主要形式之一。还有七言诗也在这时开创了新局面，如曹丕、鲍照等人。再就是以上所说的“永明体”诗的产生。至于民间诗歌，南北朝时的南北乐府民歌争奇斗艳，各放异彩：南方民歌清新婉约①；北方民歌刚健豪迈②。许多文人模仿③，影响当时和后世。再如辞赋，由汉代的大赋，变成抒情小赋，许多著名文学家都擅长此类小赋，并且有不少艺术水平很高的作品④。又如散文，这一时期的散文也有自己的特点，主要表现是自由通脱，无论是议论、叙事或抒情，都比较生动活泼，许多作品至今仍使人百读不厌，如曹操的《让县自明本志令》、诸葛亮的《出师表》、嵇康的《与山巨源绝交书》、王羲之的《兰亭集序》、陶渊明的《桃花源记》、郦道元的《水经注》等等，读起来是一种享受，一种美的享受。这一时期，由于历史的、社会的、政治的种种原因，思想比较“自由”“开放”（这种词是在相对的意义上使用的），如曹操“力倡通脱”。通脱即随便之意。此种提倡“影响到文坛，便产生多量想说甚么便说甚么的文章”⑤，因此呈现出多样化的倾向。由此又可见，文学的思想与哲学、政治等思想也是相关相通的，这里就不详细讨论了。

接下来是隋唐。

隋代的历史很短，尤其放在较长历史时期中看，三十多年的历史关于文学的内容很难单独说些什么，南北朝有些文人活到隋朝，隋朝有些人又

---

① 郭茂倩《乐府诗集》中的《清商曲辞》可为代表。

② 郭茂倩《乐府诗集》中的《鼓角横吹曲》可为代表。

③ 南朝梁武帝、简文帝、沈约、江淹、陈后主、江总等人均有乐府诗作，尤其是鲍照，其所存二百来首诗中有乐府八十余篇。北朝也有温子升、邢邵、魏收、王褒、庾信等，不过受南朝影响较大。

④ 曹丕有赋31篇，陆机《文赋》、左思《三都赋》、谢灵运《山居赋》等等都是名作。

⑤ 鲁迅：《鲁迅全集》第三卷，人民文学出版社1973年版，第489页。

活到唐朝，有些内容可以放在前一时期，也可以放在后一时期中讨论。例如，隋代文学的主流是继承了南朝后期的浮艳之风，但隋初也曾注意，试图改变文风，隋文帝还下过诏令①，只是成效不大罢了。还有，针对文体轻薄的弊病，李谔和王通曾提出了尖锐的批评。李谔在上文帝的书中写道：

降及后代，风教渐落。魏之三祖，更尚文词，忽君人之大道，好雕虫之小艺。下之从上，有同影响，竞骋文华，遂成风俗。江左齐、梁，其弊弥甚，贵贱贤愚，唯务吟咏。遂复遗理存异，寻虚逐微，竞一韵之奇，争一字之巧，连篇累牍，不出月露之形，积案盈箱，唯是风云之状。世俗以此相高，朝廷据兹擢士。利禄之路既开，爱尚之情愈笃。于是闾里童昏，贵游总丱，未窥六甲，先制五言。至如羲皇、舜、禹之典，伊、傅、周、孔之说，不复关心，何尝入耳。以傲诞为清虚，以缘情为勋绩，指儒素为古拙，用词赋为君子。故文笔日繁，其政日乱，良由弃大圣之轨模，构无用以为用也。②

这些话虽有点不问青红皂白否定一切的意思，但又简明扼要，击中了要害，要害的立足点是"风教""政""用"这几个字，这是一个关于文学作用的老问题，只是从批评南朝后期的文风中重新提出来了（李谔从魏三祖讲起，主要还是齐梁以后）。隋末大儒王通也是如此，他著《中说》一书，也是这样的批评和主张，他在《事君篇》中对谢灵运、沈约、鲍照、江淹、吴均、孔稚珪、谢庄、王融、徐陵、庾信、刘孝绰、刘孝威、肖子健、肖子良、谢朓、江总等等，一一加以指责，骂他们为"小人""狂者""鄙人""贪人""浅人""诡人"。他主张诗文必顺合乎道，《天地篇》曰：

学者博诵云乎哉？必也贯乎道。文者苟作云乎哉？必也济乎义。

上明三纲，下达五常。于是征存亡，辩得失，故小歌之以贡其

① 魏征等：《隋书》卷六十六，《李谔传》，中华书局1973年版，第1545页。
② 魏征等：《隋书》卷六十六，《李谔传》，中华书局1973年版，第1544～1545页。

俗，君子赋之以见其志，圣人采之以观其变。

这些思想，可以归结为“文以载道”的思想，在当时虽没有产生明显的影响，唐中叶以后却被韩愈等人发扬起来了。以上稍多地引证一些，是因为从整个文学思想发展过程看有一定意义，可看到时代的变化和文风变化的关系，可看到文学本身发展的某种自身调节——思想与技巧的关系等等。这些到了唐代就更加明朗起来。

唐初的政治家们很重视文学问题，他们主要的注意点在于：文学与政教得失，文学与国家兴亡的关系。例如，唐太宗不同意为他编文章集的请求，并且说：

朕若制事出令有益于人者，史则书之，足为不朽。若事不师古，乱政害物，虽有词藻，终贻后代笑，非所须也。只如梁武帝父子及陈后主、隋炀帝，亦大有文集，而所为多不法，宗社皆须臾倾覆。凡人主惟在德行，何必要事文章耶！①

这是说：政事是主要的，文学是次要的。其有的时候更明确地说，“文体浮华，无益劝诫”，要求“上书论事，词理切直，可裨于政理”②。不仅唐太宗一人是这样的思想，他的臣子们也有此共识，他们的思想比较集中地反映在唐初所修几部史书的文苑传或文学传中，在这些传的序、论中，都批评了南朝文学的偏向，得出了规律性的结论：

古人有言：亡国之主，多有才艺。考之梁、陈及隋，信非虚论。然则不崇教义之本，偏尚淫丽之文，徒长浇伪之风，无救乱亡之祸矣。③

这些政治家们励精图治，当然不会让文学——特别是绮靡的文风来误国。但是，他们也并没有完全否定文学、文艺，这方面虽无直接的说明，但可

① 吴兢：《贞观政要》卷七，《文史》。
② 吴兢：《贞观政要》卷七，《文史》。
③ 姚思廉：《陈书》卷六，《后主本纪》，中华书局1972年版，第119～120页。

以从他们的实践，从他们关于文学的一些具体议论中看出来。唐太宗自己说："予以万机之暇，游息艺文。"[①] 史臣也记载，他"于听览之暇，留情文史。叙事言怀，时有构属，天才宏丽，兴托玄远"[②]。他有文学等方面的"天才"，既能写作[③]，也能颇有见地地评论文艺（文学、音乐、书法等），而且主要是从文采、从艺术、从审美的角度进行评论的[④]。所以说其实践证明他并不否定文学，并不否定文学的艺术性。

那么，除了注重文学与政治的关系之外，唐初懂文学的君臣们有无正面的文学主张呢？他们的主张，可以说是一种"文质并重"的主张，《周书·王褒庾信传》论的一段论述可作代表：

> 虽诗赋与奏议异轸，铭诔与书论殊涂，而撮其旨要，举其大抵，莫若以气为主，以文传意。考其殿最，定其区域，摭六经百氏之英华，探屈、宋、卿、云之秘奥。其调也尚远，其旨也在深，其理也贵当，其辞也欲巧。然后莹金璧、播芝兰，文质因其宜，繁约适其变，权衡轻重，斟酌古今，和而能壮，丽而能典，焕乎若五色之成章，纷乎犹八音之繁会。

"气""调""旨""理""辞"，内容和形式，思想和技术，都有要求，文质并重，是比较全面的。虽然都不是什么新东西，但有利于纠淫靡文风之偏，也有利于文学的发展。而且和政治、思想上兼容并包的主张一样，他们主张兼采南北文学之长，《隋书·文学传》序中写道：

---

① 彭定求等：《全唐诗》卷一，《帝京篇十首序》。

② 刘昫等：《旧唐书》卷七十三，《邓世隆传》，中华书局 1975 年版，第 2600 页。

③ 《全唐文》中有他的文 272 篇，《全唐诗》中有他的诗 100 首，他甚至写宫体诗。《新唐书·虞世南传》："帝常作宫体诗使赓和，世南曰：圣作诚工，然非雅正。上之所好，下必有甚者。臣恐此诗一传，天下风靡，不敢奉诏。帝曰：朕试卿耳！"《贞观政要·尊敬师傅》也记载刘洎上书批评他："加以暂屏机务，即寓雕虫。……陛下自好如此……臣所未谕二也。"

④ 例如他亲自写《晋书·陆机传》论，称赞陆机"文藻宏丽，独步当时；言论慷慨，冠乎终古。高词迥映，如朗月之悬光；叠意回舒，若重岩之积秀。千条析理，则电坼霜开；一绪连文，则珠流璧合。其词深而雅，其义博而显，故远超枚、马，高蹑王、刘，百代文宗，一人而已。"全讲的内行话。他写《王羲之传》论论书法也是如此（兹不再引）。另外，《贞观政要·礼乐》记他的言论说："夫声音岂能感人，欢者闻之则悦，哀者听之则悲，悲悦在人心，非由乐也。"这是有关审美理论的见解。

> 江左宫商发越，贵于清绮；河朔词义贞刚，重乎气质。……若能掇彼清音，简兹累句，各去所短，合其两长，则文质彬彬，尽善尽美矣。

这不能不说是符合社会历史发展，有利于文学发展的正确的好主张。

正确的文学理论和主张是针对实践中存在的问题而产生的，当然与提出主张的人的思想水平和社会条件也有关系，上述隋朝君臣就没有如此全面的思想。这里我们还要指出，比较正确的理论和主张，不但形成有一个过程，它要在实践中产生影响，也需要时间，又还要有一个过程。因此，为了纠绮靡之偏，人们还要不断呼吁，不断完善比较正确的主张，到高宗、武后时期，陈子昂仍然在感叹，“文章道弊，五百年矣”①，到了他才开始一次真正的变革。唐朝人是这样看的：“国朝盛文章，子昂始高蹈。”②后人也是这样评价的：“唐兴，文章承徐、庾余风，天下祖尚，子昂始变雅正。”③ 事实也确实可以这样划分时期，文风之变，到陈子昂时水到渠成，比较成熟了。陈子昂既有较正确的理论主张，又用创作实践反对华靡之风，他以“复古”为号召，实际是现实主义的主张，他写道：

> 文章道弊，五百年矣。汉、魏风骨，晋、宋莫传，然而文献有可征者。仆尝暇时观齐、梁间诗，采丽竞繁，而兴寄都绝，每以永叹。思古人，常恐逶迤颓靡，风雅不作，以耿耿也。④

要传“汉魏风骨”，要继其“兴寄”手法，这是打着“复古”的旗号，实际上是主张写实，主张有内容才能有“骨”，有情性才能有“风”，起情而作，作而有所寄托，用这样的理论把人们反浮华的思想表达出来了。而且他还用自己的创作来实践这样的主张，其《感遇》38首，用各种手法（或写物，或咏史，或怀古）来表明自己对现实、对人生的态度，既有强烈的

---

① 陈子昂：《陈伯玉文集》卷一，《修竹篇序》。

② 韩愈：《韩昌黎集》卷二，《荐士诗》。

③ 《新唐书·陈子昂传》实际也是赞同唐人说法。卢藏用《右拾遗陈子昂文集序》云：“宋、齐之末，盖憔悴矣。逶迤陵颓，流靡忘返，至于徐、庾，天之将丧斯文也。后进之士，若上官仪者，继踵而生，于是风雅之道扫地尽矣。……道丧五百岁而得陈君。……崛起江汉，虎视函夏，卓立千古，横制颓波天下翕然，质文一变。”（《全唐文》卷二三八）。

④ 陈子昂：《陈伯玉文集》卷一，《修竹篇序》。

报国理想①，又无情地揭露和抨击黑暗政治与统治剥削阶级的腐朽②，完完全全地写实。而且他的感情充沛，著名的《登幽州台歌》，“前不见古人，后不见来者。念天地之悠悠，独怆然而涕下”，短短 22 字，以高度精练的语言展示感情的奔腾，艺术水平也是极高的。当然，把陈子昂说得这样突出，并不是（也不能）将文风改革归功于他一人，无论是理论或实践，他的同时，他的前后都有一批人。例如他之前有“初唐四杰”，也是既有理论又有实践，众所周知杜甫评价他们：

> 王杨卢骆当时体，轻薄为文哂未休。尔曹身与名俱灭，不废江河万古流。③

其地位是不可移易的。与他大约同时的还有刘希夷、张若虚等许多人④，他们的创作实践中都有文风转变的新气象。总之，从唐初开始逐渐发展的比较正确的文学思想、理论和主张，到以陈子昂为代表的时期成熟了。这是唐代文学繁荣的重要转折，文学史上的盛唐时期到来了。

其实，“盛唐之音”也可以形容整个唐代文学，乃至整个唐代文艺。而唐代在中国古代文学乃至整个文艺方面的地位又是“集大成”，“登峰造极”的，如宋代苏轼所说：

> 故诗至于杜子美，文至于韩退之，书至于颜鲁公，画至于吴道子，而古今之变、天下之能事毕矣。⑤

这不过是对唐代诗文书画的一种具体看法，形容、描述唐代文学和艺术盛况的文字很多，不必一一列举了。

唐代文学的繁荣，首先是表现在诗歌方面，数量众多，形式完备，题

---

① 如《感遇》之三十五：“感时思报国，拔剑起蒿莱。西驰丁零塞，北上单于台……”

② 如《感遇》之十：“深居观元化，悱然争朵颐。谗说相啖食，利害纷啾啾。便便夸毗子，荣耀更相持……”

③ 杜甫：《杜少陵集》卷十一，《戏为六绝句》。

④ 如所谓“文章四友”杜审言、李峤、苏味道、崔融，“吴中四士”贺知章、包融、张旭、张若虚等等。

⑤ 苏轼：《东坡全集》卷二十三，《书吴道子画后》。

材广泛，并具备各种各样的风格和情调，如明代胡应麟所说：

> 甚矣，诗之盛于唐也：其体，则三、四、五言，六、七、杂言，乐府，歌行，近体，绝句，靡弗备矣；其格，则高卑、远近、浓淡、深浅、巨细、精粗、巧拙、强弱，靡弗具矣；其调，则飘逸、浑雄、沉深、博大、绮丽、幽闲、新奇、猥琐，靡弗诣矣；其人，则帝王、将相、朝士、布衣、童子、妇人、缁流、羽客，靡弗预矣。[①]

这也是一种概括性的评述，而且概括得相当详尽，用现在的话可以这样表述：唐诗，不仅是数量、体裁和题材多和广，而且思想内容和艺术技巧都达到了很高的境界。唐代是中国古典诗歌的黄金时代。

清人所编《全唐诗》，收录二千二百多位诗人近五万首诗歌，还不是真正的“全”，现在又有补遗的《全唐诗外编》[②]，收录约二千首。遗失的唐诗当然无法计数。这蔚为大观的资料，是当时文学实验的记录，它们不仅仅是反映唐代文学的繁荣兴盛面貌，反映文学本身的方方面面，而且能反映唐代的历史、文化面貌，反映当时社会、文化的各个方面，是唐代文化史研究的一个丰富的资料宝库，人们可以作各方面的总结和分析。

唐代文学几乎可以成为唐代文化的代表，唐诗又几乎可以说是唐代文学的代表。但是，唐代文学除诗之外，其他样式的文学也有很大成就。例如各种文体的文同样可观，清人编的《全唐文》，某些数字比《全唐诗》还大，《全唐诗》只有900卷，《全唐文》有1000卷，收录3042人18488篇，当然也并非真正的“全”，已编辑的拾遗文章，又有3310篇。这样多的文，同样是研究历史、文化的资料宝库。顺便说一句，这些资料的利用和研究，远不如唐诗的利用和研究，这是文化史工作者可注意的一件事。

唐代是诗文并茂的，诗有以“复古”为旗号的革新运动，散文方面更被明确地叫做“古文运动”。“古文运动”虽说是以韩愈、柳宗元为突出代表，但它的产生要早得多。陈子昂所说“文章道弊，五百年矣”是包括诗、文一起讲的，所谓“古文”也是与骈文相对的一个概念。针对骈文之

① 胡应麟：《诗薮·外编》。

② 中华书局合王重民《补全唐诗》、孙望《全唐诗补遗》及童养年《全唐诗续补遗》等而成一书，于1982年出版。

弊，主张文学复古，文体革新，在骈文盛行之时就不断有人提出来。“古文运动”的中心思想是“文以载道”或者“明道”，说通俗一点，形式要为内容服务，这就是主张文学应该反映现实，应该反映作家的真实感情，也就相应地要求作家要注意道德修养，等等，其道是儒家之道。但也并非简单的因循守旧，而是“师其意不师其辞”①，并且“惟陈言之务去”②，还要“文从字顺各识职”③，这样就可以在继承传统的基础上创造、出新，所以实际是革新运动。类似这种主张，早在南北朝时期就有人涉及了，文与道的关系一直在讨论，而且在不断发展。到唐代，在各方面条件成熟的情况下，正式形成“古文运动”，才产生韩、柳这样的杰出代表。“古文运动”无论在当时和以后都有很大影响，有其重要的历史地位。因此，文的发展在唐代文学史上也是不应忽视的。

唐代文学，除开诗、文之外，还有传奇小说的兴盛、词的兴起以及说唱文学的发展等等，样样都能反映唐代文学丰富、繁荣的面貌。

综观从汉到唐文学思想、理论和实践的发展过程，显然涉及一些规律性的问题：

第一，文学的发展与社会政治、经济的关系问题。这绝不是老生常谈，而是实际中息息相关，文学上的任何一个重大的发展变化，无不与之相关。但这个关系又不是简单的、一目了然的，而是多种因素错综复杂地混合在一起，有时是表面的，有时又是深层的。例如，王朝兴起、强盛的时候，或者衰落、弱小的时候，需要什么样的文学，需要文学干什么，似乎并没有一致的要求，但总又有当时的社会政治、经济因素直接或间接地起作用，包括人君和文人的心态，也受其影响。汉大赋的形成、唐诗歌的繁荣、骈文的出现以及淫靡之风的流行等等，都免不了要作政治、经济等方面的分析，“上之所好，下必有甚者”④，虞世南劝阻唐太宗与宫体诗的这句话，说明的是政治的、心理的因素。实质上其也与社会的、经济的因素有关。“利禄”二字即包含着政治的、经济的因素。汉大赋的发展，骈体文的流行，其原因均可作以上论证。唐诗的繁荣，也可由此开始分析，

---

① 韩愈：《韩昌黎集》卷十八，《答刘正夫书》。

② 韩愈：《韩昌黎集》卷十六，《答李翊书》。

③ 韩愈：《韩昌黎集》卷三十四，《南阳樊绍述墓志铭》。

④ 欧阳修、宋祁：《新唐书》卷一〇二，《虞世南传》，中华书局 1975 年版，第 3972 页。

唐太宗开文学馆延四方文学之士，图像“十八学士”，他本人也“玩”和“好”文学，都有意无意的是一种提倡。但文风的变革，却又有更深刻的原因，唐诗的豪迈雄浑、丰富多彩，可以断言是政治上大一统气派，朝气蓬勃、向上的精神以及对外经济文化交流频繁等等的反映，与大量诗人的各种政治、社会实践有密切关系，当然文学本身的发展、诗歌艺术形式的日趋成熟也是条件和因素之一。

第二，思想理论与实践的关系问题。从总的发展情况看，一般都是理论落后于实践，许多思想和理论都是在相当长时间大量的实践之后总结出来的，魏晋南北朝以后的各种“文论”的出现莫不如此。但是另一方面，某些思想主张，一旦由隐而显，一旦与时代潮流符合，也能促进一种风气的形成和发展，所谓“古文运动”的形成就是如此。

第三，继承与创新的问题。几乎可以说，没有继承就没有创新，文学的理论是如此，文学的创作实践也是如此。在理论上，文与道的关系，文学的功能和作用，各个时期各个人的讲法不一，但多少都有继承和发展关系。例如“古文运动”的“文以明道”，就是由南北朝时比较模糊的“文道合一”（如刘勰的“文原于道”之类）发展而来的，道专指儒家之道也是逐渐明确起来的。文学创作的继承和发展，无论在形式、内容还是风格乃至词句上都可看到许多具体事例，能写出名篇、名作的大作家，不论是一挥而就，还是反复锤炼，都与他们继承前人的东西，与他们的知识渊博有密切的关系，只有“读书破万卷”才能“下笔如有神”，杜甫《戏为六绝句》之六说：

> 未及前贤更无疑，递相祖述复先谁？别裁伪体亲风雅，转益多师是汝师。

他对于古人、当时人的东西都广泛学习，别人关于他的评论说得更清楚：

> 至于子美，盖所谓上薄风骚，下该沈宋，言夺苏李，气吞曹刘，掩颜谢之孤高，杂徐庾之流丽，尽得古人之体势，而兼今人之所独专矣。①

---

① 元稹：《杜甫墓志铭》。

绝非杜甫一人是如此继承与创新，我们前面考证过李白一首诗的具体例子（见“汉唐文化发展的特点”一章），这里不重复了。要从文学作品中找事例，那会是很多的。

第四，形式与内容的问题。这里，形式包括文体和文辞技巧，内容包括反映和表现的事、物、情乃至其作用。理想的是二者能够统一，但从汉唐发展的实际看，二者常常不能完全统一。例如，赋的形式与文辞在汉代很难说起到了好的社会作用，六朝文辞技巧高度发展，却越来越没有内容（从主流看）。所以文和质、文和道的问题，也始终是文学思想和理论中关注和讨论的问题，人们在长期实践中逐渐认识到二者不可偏废，必须统一。所以人们在主张“文以载道”的同时，也要求“文从字顺各识职”，要求文辞流畅、语法规范、字句恰当，让形式（文）更好地为内容服务（载道或者明道）。当然，内容是什么，作用是什么，这又受时代的阶级的限制。在当时讨论了几百年，也不过是儒家之道，大多数也还是直接或间接地为巩固统治服务。即便有少量“离经叛道”的作品，那也形成不了思想和理论，不过或者可以看作现实主义传统的一部分。这是我们不可也不该苛求的。

从文化史的角度研讨汉唐时期的文学，有许多事可以做，以上这些我认为应该是首先深入研究的问题，本章也只是作了一些粗略的探讨。当然还有一些重要的问题，如中外文化交流中的文学问题，本章中完全没有提到，在文化史上也是值得深入研讨的。

艺术成就和审美意识

中国古代的艺术成就，内容丰富，多姿多彩，可以借助于层出不穷的考古发掘材料绘声绘色写出若干部专著，我们在这里无法一一详述。但是，艺术成就既是文化史的主要内容，也是我们研究和讨论问题的基础，所以必须做些一般性的概述。艺术的几个主要部类，就是音乐、舞蹈、绘画、书法以及建筑、工艺美术等等，本章第一部分为了说明各种艺术的独立发展，有些门类已经概述过了，这里再作些补充，特别是就乐舞、绘画等作些补充，以见汉唐时期艺术成就的一个大概情况。

乐舞　现代的音乐，可以伴之以舞，也可以不伴舞。中国古代的音乐则主要是在歌舞形式中发展的[①]，《礼记·乐记》中反复讲了乐和舞的关系：

> 比音而乐之，及干戚、羽旄谓之乐（注云：干戚，武舞也；羽旄，文舞也）。

> 夫乐者，乐也。人情之所不能免也。乐必发于声音，形于动静，人之道也。

音乐、舞蹈就是这样密不可分。当然其各自的独立性也还是存在的。以下先讲音乐。

中国古代的音乐大体上分两条线发展：一是民间音乐；一是统治阶级享受和利用的音乐（包括改造一部分民间音乐）。中国古代音乐或者被称为“雅乐”（又称“正乐”“古乐”）和“俗乐”（又称“新乐”）。“俗乐”被孔子和后来的儒家称为“郑卫之声”：

> 子曰：恶紫之夺朱也，恶郑声之乱雅乐也。[②]

> 郑卫之音，乱世之音也，比于慢矣。桑间濮上之音，亡国之音也，其政散，其民流，诬上行私而不可止也。[③]

这当然是统治剥削阶级的偏见。“俗乐”在当时广为流行是客观事实，艺术欣赏价值比“雅乐”要高，有的统治者也直言不讳，如魏文侯曾经说：

> 吾端冕而听古乐，则唯恐卧；听郑卫之音，则不知倦。[④]

---

① 宋元以后又主要在戏剧与曲艺的形式中发展。

② 《论语·阳货》，十三经注疏本，中华书局1980年版。

③ 《礼记·乐记》，十三经注疏本，中华书局1980年版。

④ 《礼记·乐记》中，子夏讲了一通“古乐”与“新乐”的道理，并说“乐与音相近而不同”，指出文侯所好是“音”，这无疑是就艺术美感而言。

齐宣王曾经说：

寡人非能好先王之乐也，直好世俗之乐耳。①

根据文献记载，中国古代先秦时期，经过统治阶级长期的利用和改造，雅乐是颇具规模的，但随着春秋战国的“礼崩乐坏”，雅乐也确实衰落了（这当专门去研究）。但是无论哪一朝的统治阶级，在礼仪制度上，在生活享受上，都是需要音乐（乐舞）的。先秦的雅乐衰落了，秦汉以后又重新改造和制作出来，所以史书记载说：

及秦焚典籍，《乐经》用亡。汉兴，乐家有制氏，但能记其铿锵鼓舞，而不能言其义。周存六代之乐，至秦唯余《韶》《武》而已。始皇改周舞曰《五行》，汉高祖改《韶舞》曰《文始》，以示不相袭也。又造《武德舞》，舞人悉执干戚，以象天下乐已行武以除乱也。……周又有《房中》之乐，秦改曰《寿人》，其声楚声也，汉高好之，孝惠改曰《安世》。高祖又作《昭容乐》《礼容乐》。《昭容》生于《武德》，《礼容》生于《文始》《五行》也。汉初又有《嘉至乐》，叔孙通因秦乐人制宗庙迎神之乐也。文帝又自造《四时舞》，以明天下之安和。盖乐先王之乐者，明有法也；乐己所自作者，明有制也。②

这记载，大体上反映了秦和汉初“制礼作乐”的情况，讲了与以前继承和“不相袭”的关系。虽然先秦的“礼乐丧矣”③，但汉代又有了统治阶级“自作”的（包括利用和改造民间的）乐舞。和以前一样，有主管乐舞的官员和机构，在汉代主要是太乐令、太乐丞及乐府。

乐府作为一种机构，可以说是西汉独有的。前已指出，乐府始于汉初，盛于武帝，规模相当大，废于哀帝。《汉书·礼乐志》写道：

---

① 《孟子·梁惠王下》中孟子混淆二者区别，说“今之乐犹古之乐也”，并且恭维齐宣王“好乐”是“与民同乐”。

② 沈约：《宋书·乐志》。《汉书·礼乐志》也有这些内容，但详略不一。

③ 班固：《汉书》卷二十二，《礼乐志》，中华书局1962年版，第1042页。

> 至武帝定郊祀之礼。……乃立乐府，采诗夜诵。有赵、代、秦、楚之讴。以李延年为协律都尉。多举司马相如等数十人造为诗赋，略论律吕，以合八音之调，作《十九章》之歌。

参以其他记载可知：第一，乐府是一个搜集、整理和制作音乐的机构，所谓制作主要是制音度曲。第二，乐府的主管一般是乐府令，六百石的级别。李延年为协律都尉（“佩二千石印绶”），实际是他一度主管乐府：“是时上方兴天地诸祠，欲造乐，令司马相如等作诗颂。延年辄承意弦歌所造诗，为之新声曲。”① 由一个高级别的官员主管，这机构的地位自然一时高出很多。第三，乐府机构庞大，在制造乐曲方面分工精细。这可从哀帝时“罢乐府”的记载②中看出，当时有各种专工属员 829 人，其中有“主领诸乐人”的“仆射”，有“夜诵员”（选读民歌），有“听工”（测音，“以律知日冬夏至”），有“刚别柎（鼓名）员”“主调篪（笛类）员”“钟工”“磬工”“箫工”“竽工”“琴工”以及“柱工”（主筝、瑟之柱）、“绳弦工”（琴瑟之弦）等乐器制作和维修的专业工匠，又有艺术表演的乐工，如各种“鼓员”（“骑吹鼓吹”“邯郸鼓员”“江南鼓员”“淮南鼓员”“巴俞鼓员”等等）和“竽、瑟、钟、磬员”等乐器演奏员，“齐讴员”“秦倡员”以及各种名目的“会员”等演唱和表演人员，等等。从以上这些情况看，乐府这一机构无疑地对音乐的发展起重大作用。

特别值得提出的是乐府搜集和整理民歌的功绩。先秦以来，民间音乐自有其传统和特色，战国时俗乐压倒了雅乐，到汉代仍然是俗乐流行，汉高祖“好楚声”，就是爱的民间音乐，到武帝时“常御及郊庙皆非雅声”：

> 今汉郊庙诗歌，未有祖宗之事，八音调均，又不协律于钟律，而内有掖庭材人，外有上林乐府，皆以郑声施于朝廷。③

当时乐府搜集了多少民歌，已难查考，但《汉书·艺文志》有所反映，其《诗赋略》歌诗部分所记一半以上是各地的民歌，如《吴楚汝南歌》15 篇、

① 班固：《汉书》卷九十三，《李延年传》，中华书局 1962 年版，第 3725 页。
② 班固：《汉书》卷二十二，《礼乐志》，中华书局 1962 年版，第 1073 页。
③ 班固：《汉书》卷二十二，《礼乐志》，中华书局 1962 年版，第 1071 页。

《燕代讴雁门云中陇西歌诗》9 篇、《邯郸河间歌诗》4 篇、《齐郑歌诗》4 篇、《淮南歌诗》4 篇、《左冯翊秦歌诗》3 篇、《京兆秦歌诗》5 篇、《河东蒲反歌诗》1 篇、《洛阳歌诗》4 篇、《河南周歌诗》7 篇、《周谣歌诗》75 篇等等。从地区看，遍及大河上下、大江南北，远至燕代与大漠沿边。搜集民歌之广，也从一个侧面反映了大一统帝国的规模和气魄。

由于民歌之富有生命力，它不但在汉代广泛存在，并为乐府所搜集（当然不可能是全部），而且它使得汉代音乐呈现出多姿多彩的形式。如：主要以北方民歌为基础的《相和歌》（唱和形式并加管弦伴奏），又由《相和歌》发展为《大曲》（有多节歌词，有艳、有趋、有乱，结构形式比较多样）。北方少数民族中流行的“鼓吹乐”（以击乐器鼓和管乐器排箫、横笛、笳、角等合奏的音乐，有时也歌唱）传入中原后，与各地的汉族民间音乐结合，形成各种特色的鼓吹乐，故当时有邯郸鼓吹、淮南鼓员等等。朝廷采用后，用于军队、仪仗和宴乐之中，于是有“黄门鼓吹”（用于宴飨）、“骑吹”（用于车驾从行）、“横吹”、“短箫铙歌”（均用于军中，马上演奏）等等。此外，还有如古琴曲《广陵散》《胡笳十八拍》以及长篇叙事歌曲《陌上桑》《焦仲卿妻》等的历史遗存告诉我们，当时既有古琴独奏，也有说唱音乐了。音乐形式多样化，音乐、舞蹈结合，说白、动作兼有，“击鼓歌吹作俳倡”①，向着戏剧的方向发展了。

讲汉代的音乐成就，还不能不看到乐器的发展。先秦时期即有“五声八音”之说，乐器按其构成的主要材料分为八大类，金、石、丝、竹、匏、土、革、木，谓之“八音”。每一类又有若干种乐器，如钟、钲之类为金，琴、瑟之类为丝，管、箫之类为竹，磬为石，鼓为革，等等。每一类都有形制不同或大小不同的几种甚至几十种乐器，如革制的乐器，在《诗经》和《礼记》中就有 20 多种②。到了汉代，当然也会淘汰一些，但主要是改进和发展，特别是由于中外（包括当时某些少数民族）文化交流而增加了一些新的乐器。东汉应劭的《风俗通义》专有《声音》一篇，记述了二十三种（类）乐器（实际或有遗失，《太平御览》等书中还引用该书记乐器之文，但不见于今本），其中有的写明“古如何、今怎样”，如：

---

① 班固：《汉书》卷六十八，《霍光传》，中华书局 1962 年版，第 2940 页。

② 如：鼓、鼛、鼖、应、田、鞉、鞀、相、雅、贲鼓、县鼓、鞞鼓、土鼓、应鼓、鲁鼓、薛鼓、楹鼓、蕢桴、拊搏、揩击。

古瑟长“八尺一寸，四十五弦”，“今瑟长五尺五寸，非正器也”；“今琴长四尺五寸，法四时五行也”；竽“今二十三管”。有几种则为汉代新增乐器，如：

空侯（箜篌，一名坎侯）：“孝武皇帝赛（塞）南越，祷祠太乙，后土，始用乐人侯调依琴作坎坎之乐，言其坎（应节奏也，侯以姓冠章耳）。”

筝：“今并、凉二州筝形如琴，不知谁所改作也，或曰秦蒙恬所造。”

笛：“武帝时丘仲之所作也。……长一尺四寸，七孔，其后又有羌笛。”①

枇杷（他书均引作琵琶）：“谨案此近世乐家所作，不知谁也。以手枇杷，因以为名。长三尺五寸……”②

箜篌、琵琶该为拨弦乐器，种类也甚多，箜篌有横、竖之分，琵琶有长颈、短颈之别。琵琶有时还成为外来（胡）拨弦乐器的总称，在中国古代乐器中占很重要的地位。《风俗通》中未提到的，也可能是“胡人”中传来的还有笳与角，都是吹奏乐器。这是从乐器的发展看汉代的音乐成就。

在汉代音乐发展的基础上，魏晋南北朝时期各个方面均继续前进，并不断有新的成就。

魏晋南北朝这个动荡的时代，中国境内各民族的斗争和融合是主要内容之一，因而在音乐方面也出现了各族音乐文化的大融合。各民族音乐的交流与融合从汉代就开始了，如蔡文姬之借胡笳声调翻入古琴创《胡笳十八拍》，如鼓吹乐之发展，等等。但是，更多更大的交流和发展，是在魏晋南北朝时期，特别是大量少数民族内迁之后，许多少数民族在内地建立政权之后，各少数民族乃至外国的音乐，更大规模地传入和融合。北朝时，天竺（印度）的音乐已经传入：

> 《天竺》者，起自张重华据有凉州，重四译来贡男伎。③

---

① 《宋书·乐志》：“笛，案马融《长笛赋》：此器近世出于羌中。……又称丘仲工其事，不言仲所造。《风俗通》则曰：丘仲造笛，武帝时人。其后更有羌尔。三说不同，未详孰实?”但笛在汉代才开始有是可以说的。

② 傅玄《琵琶赋序》、刘熙《释名》皆云“本出胡中”。

③ 魏征等：《隋书》卷十五，《音乐志下》，中华书局1973年版，第379页。

传入更多的是西域各国的音乐，这西域既包括新疆境内的龟兹（今库车）、西凉（今敦煌）、高昌（今吐鲁番）、疏勒等国，也包括中亚的康国、安国等等。还有东北的高丽音乐，以及南方一些少数民族的音乐（如铜鼓、羌笛、“滇歌”等等）。各族的和外国的音乐传入后，既独立存在和发展，又与汉族原有的音乐融合，丰富了中国古代音乐的内容：北方的“相和歌”和鼓吹均有新的发展并传到南方；以南方民歌“吴声”“西曲”为基础，继承“相和歌”的传统发展起来的清商乐，就是一种更高的艺术作品。此外，其他歌舞、百戏以及器乐等均有新的发展。

到了隋唐，音乐上来了一个大总结，成就辉煌，表现在：

第一，燕乐的繁荣。燕乐或称宴乐，泛泛地说，即统治阶级宴会时应用的一切音乐（包括舞蹈），随着隋、唐两朝的大统一，先后有所谓“七部乐”“九部乐”和“十部乐”等名称。唐太宗所定“十部乐”即包括“燕乐”“清商”“西凉乐”“高昌乐”“龟兹乐”“疏勒乐”“康国乐”“安国乐”“扶南乐”“高丽乐”等十部。这既表现了兼容并包的大一统气派，又是音乐繁荣的具体表现，同时也能反映各民族音乐的融合与中外音乐文化的交流。以后取消了“十部乐”之名，而分为立部伎和坐部伎，实际是明显的区别逐渐消失，融合和同化的结果。每一部中又分别有八部和六部①，是更进一步发展和繁荣。

第二，音乐机构庞大。如前所述，中国古代历来有主管音乐的机构，但以唐代为最多最大。在太常寺之下，除乐府之外，既有“雅乐”“燕乐”兼管的大乐署，又有专管仪仗中间鼓吹音乐的鼓吹署，人数多到数万②。各地方也有专管音乐的机构叫衙前乐。值得特别提出的是还有教坊和梨园。教坊，唐初原有一个内教坊，管理宫廷内音乐，也隶属于太常寺。唐玄宗以后，内教坊之外，增设外教坊四处，长安、洛阳各两处，再不隶属太常寺，而由宫廷派中官为教坊使管领。教坊原是教习音乐的机构，最初教习宫女表演，后来逐渐扩大，成为一种独立的音乐机构。唐玄宗时又建立梨园，《新唐书·礼乐志》写道：

---

① 立部伎中有安乐、太平乐、破阵乐、庆善乐、大定乐、上元乐、圣寿乐、光圣乐等八部。坐部伎中有燕乐、长寿乐、天授乐、鸟歌万岁乐、龙池乐、小破阵乐等六部。

② 《新唐书·礼乐志》：“唐之胜时，凡乐人、音声人、太常杂户子弟、隶太常及鼓吹署，皆番上，总号音声人，至数万人。”

玄宗既知音律，又酷爱《法曲》，选坐部伎子弟三百，教于梨园。声有误者，帝必觉而正之，号皇帝梨园弟子。宫女数百，亦为梨园弟子，居宜春北院。梨园法部更置小部音声三十余人。

同时，长安太常寺里也设有梨园别教院，洛阳太常寺里又有梨园新院，都成为专门的音乐机构，人数也是以千百计①。

第三，民间音乐的新发展。民间音乐始终是音乐文化发展的重要源泉。汉代的乐府是如此，“鼓吹乐”“相和歌”“清商乐”也是很好的证明，“九部乐”“十部乐”更为明显。事实上，民间音乐一方面不断为朝廷所吸收，另一方面自身又不断有新的发展。隋唐时期的民间音乐已形成较高级的艺术形式——曲子。与民歌只用于清唱不同，曲子还配以乐器用于说唱、歌舞、戏弄中间，形式新颖自由。歌词既有齐言（七言、五言等），也有长短句。曲式也有单只和分成若干段的“大曲”，可以单遍也可双遍，可以多节连唱，还可用帮腔。总之，已突破民歌的局限，向更高的艺术形式发展了。曲子在民间广为流行，在踏歌（民间集体歌舞）乃至插秧劳动中可听到，如刘禹锡《竹枝词序》云：

余来建平，里中儿联歌《竹枝》，吹短笛击鼓以赴节。歌者扬袂睢舞，以曲多为贤。聆其音，中（协）黄钟之羽。卒章激讦如吴声，虽伧伫不可分，而含思婉转，有淇澳之艳。②

民间载歌载舞，而且有一定艺术水平，跃然纸上。他在登连州城远眺时所作《插田歌》又云：

冈头花草齐，燕子东西飞。田塍望如线，白水光参差。农妇白纻裙，农夫绿蓑衣。齐唱田中歌，嘤咛如《竹枝》。但闻怨响音，不辨

---

① 《册府元龟》卷五六九：“又有别教院教供奉新曲。太常每凌晨，鼓笛乱发于大乐署。别教院禀食常千人。”段安节《乐府杂录》：“古都乐工计五千余人，内一千五百人俗乐，系梨园新院。于此旋抽入教坊。”

② 刘禹锡：《刘禹锡集》卷二十七，《乐府下》。

俚语词。时时一大笑，此必相嘲嗤。[①]

虽不一定有乐器伴奏，但显然是有韵调的。民间曲子颇有思想内容，反映现实生活的一些方面[②]。民间曲子也不断翻新，如白居易诗云：

六幺水调家家唱，白雪梅花处处吹。古歌旧曲君休听，听取新翻杨柳枝。[③]

刘禹锡也有“请君莫奏前朝曲，听唱新翻杨柳枝”[④] 的诗句。曲子逐渐引起文人的兴趣，他们纷纷填写曲子的歌词，如王维填词的《阳关三叠》不仅当时流行，而且影响至今，不过变化很多就是了。此外，民间说唱基础上的《变文》，民间歌舞如《参军戏》之成为后代歌舞剧的雏形，这些，都是民间音乐新发展的表现。

隋唐时期的音乐成就，当然还表现在音乐技术本身的发展方面，如器乐合奏的发展，乐器的改进和新乐器的出现（如拉弦器奚琴），乐器演奏技术的提高，记谱法的改进（工尺谱的推行），以及作曲理论方面的发展（“犯调”“移调”的出现）等等。这些问题很专，这里无法一一详述。由于音乐文化的发展，隋唐时期，除开原有的《礼乐志》《音乐志》之外，关于音乐的专业性著作也更多了，《隋书》中可考见的有42部142卷，《唐书》中有38部257卷。流传至今的有《乐书要录》《教坊记》《羯鼓录》《乐府杂录》等书，对于研究音乐史均有重要意义。此外，史书中记载的或详或略的杰出燕乐艺人的名字和事迹也越来越多了。乐工、乐伎历来不少，因为社会地位低下，很少留下姓名，唐代因为音乐文化发达，见于文献中的歌唱家、舞蹈家、器乐演奏家以及作曲家也逐渐多起来，粗略统计也可数出数以百计的人来[⑤]。

这一部分开头标明是“乐舞”，以上主要从音乐的角度作了叙述，尚

---

① 刘禹锡：《刘禹锡集》卷二十七，《乐府下》。

② 参见敦煌《曲子》及《古谣谚》等书，此处不具体征引。

③ 白居易：《白氏长庆集》卷六十四，《杨柳枝词八首之一》。

④ 刘禹锡：《刘禹锡集》卷二十七，《乐府下·杨柳枝词》。

⑤ 杨荫浏：《中国古代音乐史稿》，人民音乐出版社1981年版，第239～245页。

未说到舞蹈。实际上乐与舞蹈紧密相连，上述内容，无论是“太乐”“乐府”等机构，还是“九部”“十部”“坐部”“立部”，都是既有音乐又有舞蹈的。舞蹈本身是有相对独立的名称和内容的，特别是动作、情态与服装等等，有许多特色可言。白居易的《霓裳羽衣歌（和微之）》① 云：

> 我昔元和侍宪皇，曾陪内宴宴昭阳。千歌万舞不可数，就中最爱霓裳舞。

由“千歌万舞”可见舞蹈种类之多。唐代各种名称的舞蹈，见于记载的少说也有几十种，如七德舞、九功舞、天授舞、万岁舞、八俏舞、胡旋舞、高丽舞、光大之舞、长发之舞，以及文舞、武舞、健舞、软舞等等。这些名称，或讲其编舞用意（七德、九功），或表明创作时间（天授、万岁），或反映该舞的发源地（高丽），或为舞蹈动作的概括（胡旋，左右旋转，急速如风）。有些名称如软舞、健舞还是某一类舞的共名②。

跳舞的情态也有不少具体的描写，如谢偃《观舞赋》③：

> 金石奏，丝桐理，奇调间发，新声互起。促宴洽而忘疲，欢情畅而未已。于是燕余齐列，绛树分行，曳绢裙兮拖瑶珮，簪羽钗兮珥明珰，擢纤腰之孤立，若卷旌之未扬，纡修袂而将举，似惊鸿之欲翔。退不失伦，进不逾曲，流而不滞，急而不足，弦无差袖，声必应足，香散飞巾，光流转玉。若乃巴姬并进，郑媛俱前，对席齐举，分庭共旋，乍差以燕接，又讽沓而凤皂连，止有余态，动无遗研，似两艳之同发，类双花之偶然。进止合度，俯仰合一，节缓则顾迟，唱速则回疾，殊姿异制，不可殚悉。

姿态的妖妍，步法的缓急，及其与音乐的配合等等，描述得自然真切，情

① 白居易：《白氏长庆集》卷二十一。

② 崔令钦《教坊记》：“阿辽、柘枝、黄獐、拂林、大渭州、达摩支之属，谓之健舞。”“垂手罗、回波乐、兰陵王、春莺、半社、渠借席、乌夜啼之属，谓之软舞。”《乐府诗集》《乐府杂录》等书所记软舞、健舞的具体名称又有许多不同。

③ 董诰等：《全唐文》卷一五六。

景如画。这也是乐舞并述，但着重是讲舞蹈。这又是一般地描述舞蹈，不同的舞有不同的容仪和装束，这在各种记载中也有①，在此不能一一详加引述，只有从略了。

在乐舞这个题目下，前面已经提到有了戏曲萌芽。我们还要附带指出，杂技这门艺术，也与乐舞有密切关系，在汉唐时期逐渐成长发展，汉代舞蹈中有些技术性很强的如“巴俞舞”“七盘舞”之类，就既是舞蹈，也是杂技。一些汉代画像石、石刻表明，既有长袖甩舞，也有倒立、跟斗等许多高难动作，还有道具等等。经魏晋南北朝至隋唐，杂技越来越成为乐舞的重要组成部分，唐代有许多名目的乐舞主要是表演杂技，如“爬竿”“手技”“马戏”“动物戏”等。由于杂技的发展，也有不属乐舞的杂技，直接加入“百戏”之中。到了唐代，杂技也繁花似锦，节目丰富，技艺高超，四方异域的风格毕集。不仅有绚丽多姿的马戏（包括各种动物戏，猴戏乃至斗鸡、“教虫蚁”等等），独具特色的狮子舞也有许多高难动作的节目，如“顶竿”“走大索”之类，一些女艺人顶竿，竿上能载数人甚至十几人：

> 大竿百夫擎不起，袅袅半在青云里。纤腰女儿不动容，戴形直舞一曲终。②

还有“吞刀”“吐火”之类迷人的幻术。

绘画　本章第一部分已对汉唐时期各种艺术的发展作了一般的概述，绘画成就说得较详细。现在再就承先启后的唐代绘画作些补充。

唐代绘画盛况空前。首先是作品多、画家多、名画家多。当时的佛寺道观、宫室州府到处都是壁画，同一寺内各院各殿均有。高宗时的善导大师一生造净土寺三百余壁，吴道子一人为两京寺观画墙壁三百余间（间者言柱与柱之间一堵之壁面）。壁画之多，为历代之冠。壁画内容，既有佛

① 如《文献通考》卷一四五记载：七德舞，“舞人更以进贤观，虎文袴，螣蛇带，乌皮靴”；上元舞，“衣画云五色衣”；燕乐舞，“绯绫为袍，丝布为袴”；龙池舞，“服五色纱云衣，芙蓉冠，无忧履”等等。

② 王建：《寻橦歌》，彭定求等：《全唐诗》卷二九八。

像佛事，也有俗人俗事及供观赏之用者。不过，当时壁画虽多，留下来的却很少，现在仅能从留存的石窟中和新出土的墓室中见到一些。卷轴画也是很多的，留存下来的极少，正如唐后期张彦远《历代名画记》在“叙画之兴废”时所说：

自古兵火亟焚，江波屡斗，年代寖远，失坠弥多。

一场大乱之后，绘画作品或被焚毁，或“遭漂没”，往往“所存十亡一二”。唐代本身就几经“耗散”，唐末五代又是大散失，所以宋代的郭若虚说：

自唐季兵乱，五朝乱离，图画之好，乍存乍失。①

所以作品虽多，流传下来的却极少。大量的绘画作品，本身就可表明有大量的画家，而且可以说多数未曾留下姓名，现存许多壁画绝大多数即是无名氏的作品。如前所述，唐代留下名字和简单事迹的画家不过三四百人，但是在画史上可占一席之地的大、名画家却比其他朝代要多。

其次是题材空前扩大，风格和流派丰富多彩。这一点在第一部分中也提到了，再补充说几句。当时入画的内容非常广泛，统治者要画学士、图功臣，宗教要画菩萨，世俗要图仕女，人物、鸟兽、山水、花草、亭台楼阁、宫殿城池、风俗游乐，无所不画。举一个具体例子，唐玄宗封泰山回驾，路过金桥，见数十里间队伍整齐鲜美，怀念那景色和场面，于是诏画臣同绘《金桥图》：

御容及帝所乘照夜白马，陈闳主之，桥梁、山水、车舆、人物、草木、鸷鸟、器仗、帷幕，吴道子主之，狗、马、驴、骡、牛、羊、橐驼、猴、兔、猪、貀之属，韦无忝主之。图成，时谓三绝焉。②

---

① 郭若虚：《图画见闻志》卷一，《叙国朝求访》。
② 郭若虚：《图画见闻志》卷五，《故事拾遗》。

这是根据画家专长，分工合作，共同制作一幅画，这规模和气派很容易使人联想到当今著名画家合作人民大会堂的《江山如此多娇》大壁画。在唐代，一方面是有些画家多才多艺（如上述吴道子），另一方面又是许多画家专长某一类画，如阎立本、吴道子等人之擅长人物画，张萱、周昉等人又专长画仕女，李思训、王维等人以画山水著名，边鸾、刁光胤是有影响的花鸟画家。更有更专门的画家，如曹霸、韩干善于画马，戴嵩善于画牛，冯绍正善于画龙，李渐善于画虎，薛稷善画鹤，张星之善画鸡，卢弁善画猫，姜皎善画鹰，李逖善画昆虫，肖悦善画竹，等等。如此各专一技，技法自然是高超，而且必然形成自己的特色。例如，同样是画山水，有的可以大笔挥写，有的愿意精工细描，同样是画嘉陵江三百里山水，李思训用数月之功，吴道子一日而成，各得妙处；有的用石青、石绿等颜料绘出金碧辉煌的“青绿山水”（并且有或浓或淡的大、小青绿之分），有的则发挥水墨的特性涂抹成比较清淡的“泼墨山水”。

再次，唐代绘画的发展，还可从创作方法与表现技巧的显著进步来说明，但这方面的内容比较专，作一知半解的皮毛介绍，不如暂付阙如。不过我们可以从流传下来的绘画理论著作中看到这方面的有关资料，绘画理论的发展也是绘画的重大成就。据记载和流传至今的材料，唐朝画论有二十多种，大致可分为如下几类：画品（如李嗣真的《画后品》、彦悰之《后画录》、朱景玄之《唐朝名画录》），画法（如王维之《山水诀和》《山水论》①），画迹（如裴孝源之《贞观公私画史》），画史（如张彦远之《历代名画记》）。这几类各有所侧重，但都有关于如何绘画的理论。其中特别是《历代名画记》更为全面，既叙述画之源流、兴废，又记载了画家画迹，有关画法、技巧、用笔、拓写乃至“名价品第”等等均有论述，可以称为理论与实际并重，记叙与考证兼有，条分缕析，以类相从，是一部有创造性、有价值的古代画史著作。此外，唐代一些诗文中也有论画的内容，如杜甫有《丹青引赠曹将军霸》《戏题王宰画山水图歌》等三十多首诗论及绘画问题，白居易写《画竹歌》，元稹作《画松诗》，等等。绘画理论既是绘画作品的反映和总结，又必然影响和促进绘画创作的发展，这是毋庸置疑的。

---

① 是否王维所撰，有不同看法。

与绘画经常联系在一起的书法这种中国独特的艺术，以及其他各种各样的艺术，这一时期都有很大的成就，本章第一部分均已述及，不再重复。

审美意识的发展 一般地说，美是艺术的本质，这是美学范围的问题，我们研讨文化史，是想从人们审美意识发展的方面，看看汉唐时期文化发展的水平及其在整个中国古代文化史中的地位。

人们为什么需要艺术？艺术有什么用？最原始最基础的当是人类审美的需要。人类又为什么需要艺术美，需要审美，以及如何审美？这些都属于艺术哲学、美学的研讨范围，审美或者说审美意识也是一个包含着很多内容的问题，我们这里无法详细讨论，只能谈谈汉唐这一历史时期审美意识发展的某些方面。此外，还要交代一下，以下所谈审美问题，又是包括文学而言的，文学也是一种艺术，文学理论中的审美理论更多更具体。

和文学艺术一样的古老，人们审美意识的发生和发展也是很早的，中国古代的先秦时期，审美意识就已经比较系统化、理论化，形成了美学理论，特别是儒、道两家的审美理论，成为中国古代美学理论发展的两大基础。在这已经形成的美学理论中，一个突出的根本的主张就是艺与道的统一。这是给人们画的一个框框，定的一个调子，影响极大极深。其主要内容和主要精神，就是孔子所说："兴于诗，立于礼，成于乐"①，"志于道，据于德，依于仁，游于艺"②。艺（包括技艺和乐舞之类）必须与道统一，道是主要的，艺是从属的，"游于艺"必须有助于"志于道"，艺不能违背道，包括比这更早一些的思想"诗言志"③，包括孔子说的"人而不仁如礼何？人而不仁如乐何？"④ 等等。这种要求艺与道统一的思想，不但是儒家如此，先秦的道家也是如此，《庄子》中就有"技艺是末道是本"的思想：

> 通于天地者德也，行于万物者道也，上治人事者事也，能有所艺者技也。技兼于事，事兼于义，义兼于德，德兼于道，道兼于天。⑤

---

① 《论语·泰伯》，十三经注疏本，中华书局 1980 年版。
② 《论语·述而》，十三经注疏本，中华书局 1980 年版。
③ 《尚书·舜典》，十三经注疏本，中华书局 1980 年版。
④ 《论语·八佾》，十三经注疏本，中华书局 1980 年版。
⑤ 《庄子·天地》，十三经注疏本，中华书局 1980 年版。

庄子又借庖丁之口说出："臣之所好者道也，进乎技矣。"① 因此，先秦时期就已形成了"尽善尽美"的要求，例如《论语·述而》记载说：

> 子在齐闻《韶》，三月不知肉味，曰：不图为乐之至于斯也。

他听到《韶》乐，得到极大的审美享受，就因为这种乐符合他的审美观念和审美理想：尽善尽美。

> 子谓《韶》：尽美矣，又尽善也。谓《武》：尽美矣，未尽善也。②

以后，从汉到唐，不论是讲艺与德的关系，还是文与道的关系，都是上述思想的演变和发展。例如汉末魏初的徐干说：

> 艺者，所以成德者也。德者，以道率身者也。艺者，德之枝叶也。德者，人之根干也。斯二者，不偏行，不独立。无枝叶则不能丰其根干，故谓之瘣。人无艺则不能成其德，故谓之野。……艺者，心之使也，仁之声也，义之象也。③

艺与德应该统一，但也有根本和枝叶的不同。再例如，不论是六朝人讲"因文而明道"，还是唐人讲"文以载道"，虽有许多深入具体的理解，也有一定的差别，但文（艺）与道（德）统一，而且道始终占主导地位，这与先秦时期的审美意识又没有根本的不同。因此，这一时期的"乐论"也好，"文论"也好，都没有跳出这个大框框。文艺成为劝善惩恶、宣传封建伦理道德的工具，成为维护统治、维护纲常名教的手段。

以上这一带根本性的问题，弊病是很明显的，有无"合理"的因素似尚可讨论，且不说它。但我想指出，这种审美意识在一定意义上说是取消文艺的独立地位，与文学和艺术不断发展，日益取得独立地位是有矛盾

---

① 《庄子·养生主》，十三经注疏本，中华书局 1980 年版。
② 《论语·八佾》，十三经注疏本，中华书局 1980 年版。
③ 《中论·艺纪》，十三经注疏本，中华书局 1980 年版。

的。因此，一方面是这个问题反复被提出来讨论①，另一方面人们的审美感受，人们的审美趣味、观念、理想、心理等等，也有越来越丰富的内容。

人们对现实美（包括自然和社会）和艺术美的感受，具体地从对文学、音乐、舞蹈、绘画、书法、雕塑、建筑乃至园林等等的欣赏和评论中表现出来。而且汉唐时期的发展情况，又十分引人注目。

艺术能给人以美感，最基本的就是给人以愉快之感（美学上称之为"自由的愉快"②）。不论统治者如何强调艺术的教化作用，愉快之感是客观存在的。例如汉代武帝以后儒家思想占统治地位，但宣帝和武帝一样，一面"讲论六艺群书"，一面又"博尽奇异之好"，对于他的游乐活动，"议者多以为淫靡不急"，但是上曰：

> 不有博弈者乎？为之犹贤乎已。辞赋大者与古诗同义，小者辩丽可喜。譬如女工有绮縠，音乐有郑卫。今世俗犹皆以此虞说（娱悦）耳目。辞赋比之，尚有仁义风谕、鸟兽草木多闻之观，贤于倡优博弈远矣。③

这里虽对艺术活动和艺术欣赏仍有微词，但承认了它们"虞说（娱悦）耳目"的美感，而且"世俗""皆"是如此，这就是人们最普遍最基本的审美意识。文人、艺术家在这个基础上总结提高，逐渐发展人们的审美意识，这就是美学理论，有了理论又反过来影响人们的审美趣味、观念、理想以及心理等等。

关于从汉到唐，人们审美意识的发展，我们不妨从以下两个方面来说明：

首先，我们看一看人们的审美趣味。美，是客观存在的，人们能广泛地感受它，因此，琴棋书画，各种各样的音乐舞蹈都会引起人们的兴趣。"秦、楚、燕、魏之歌也，异转而皆乐"，"美人者必西施之种"④，"佳人不

---

① 这方面的材料很多，文学是"文以载道"；音乐则始终"礼乐"相连，而且"先王作乐从德"；绘画也是如此，《历代名画记》开宗明义："夫画者成教化助人伦，穷神变测幽微，与六籍同功。"几乎是老生常谈，但说明道和艺的关系有极普遍的意义。

② 刘纲纪：《艺术哲学》，湖北人民出版社 1986 年版，第 75 页。

③ 班固：《汉书》卷六十四，《王褒传》，中华书局 1962 年版，第 2829 页。

④ 《淮南子·修务训》。

同体，美人不同面，而皆说（悦）于目”①。西汉时期的《淮南子》论述了美的多样性，反映了人们广泛的审美兴趣。那么，汉唐时期人们的审美趣味有无发展变化呢？应该是有的。因为美不仅是客观存在的，也与人的心理状态有关，与欣赏者的欣赏能力有关，《淮南子》在这方面也有较深刻的阐述：

> 心有忧者……琴瑟鸣竽弗能乐也。②

> 六律具存而莫能听者，无师旷之耳也。③

> 夫歌《采菱》，发《阳阿》，鄙人听之，不若此《延路》《阳局》。非歌者拙也，听者异也。④

由于审美主体的心态、文化水平的不同，美感有差异。在文化艺术的发展中，人们的兴趣、要求、崇尚也是发展着的，这表现在：

对和谐协调美的进一步追求和讲究：本章开头已提到，自然中有声音的事物都是有韵律的，都是和谐协调的。最早的诗歌就是音乐、舞蹈、文学三者结合，要求符合自然的声律，要求和谐协调，为此人们很早就注意了声律的研究，《史记》中有《律书》，而且是紧接在《礼书》和《乐书》之后，排在第三。《汉书》中的《律历志》更是摆在十志之首。“律”可以说是总结自然界的声律，《史记·律书》说：

> 王者制事立法，物度轨则，壹禀于六律。六律为万事根本焉。

音律又与总结自然界的历法结合起来，《史记》虽分为二书，但有此结合的思想，故《汉书》合而为一成《律历志》，这当然与阴阳五行思想有关，此处不加详论。只要指出，《律书》也好，《律历志》也好，主要篇幅是讲

---

① 《淮南子·说林训》。
② 《淮南子·诠言训》。
③ 《淮南子·泰族训》。
④ 《淮南子·人间训》。

声律的问题，而且研究得较深，这是音乐的需要，诗歌的需要，反映了人们对声律的和谐协调美的讲究和追求。这些在庙堂音乐中表现出来，也在民间的歌谣中表现出来，如：

> 颍水清，灌氏宁。颍水浊，灌氏族。①

> 东家有树，王阳妇去。东家枣完，去妇复还。②

> 小麦青青大麦枯，谁当获者妇与姑，丈人何在西击胡。吏买马，君具车，请为诸君鼓咙胡。③

这只是几首汉代童谣，《乐府诗集》以及大量散见的民歌多得很，无一不有和谐协调的韵律，有的还特别优美。文人当然更有条件讲这种美。值得注意的是，魏晋南北朝时期，开始了更自觉的声律研究，首先是陆机的《文赋》中说到声律的重要：

> 暨声音之迭代，若五色之相宜。

接着是南朝齐梁间沈约等人发现四声，编纂韵书，并自觉地把它运用到文学创作上。《南史·陆厥传》概述了沈约、谢朓等人“文皆用宫商”的情况（原文已见前引）。沈约在《宋书·谢灵运传》的最后写道：

> 夫五色相宜，八音协畅，由乎玄黄律吕，各适物宜。欲使宫羽相变，低昂互节，若前有浮声，则后须切响。一简之内，音韵尽殊；两句之中，轻重悉异。妙达此旨，始可言文。……自骚人以来，多历年代，虽文体稍精，而此秘未睹。至于高言妙句，音韵天成，皆闇与理会，匪由思至。

---

① 司马迁：《史记》卷一〇七，《灌夫列传》，中华书局1982年版，第2847页。

② 班固：《汉书》卷七十二，《王吉传》，中华书局1962年版，第3066页。

③ 范晔：《后汉书》志第十三，《五行一》，中华书局1965年版。

说是他们这批“知音者”，重视了声律的研究，提高了声律的地位。这话也不无道理。文学中和谐协调的声律美是客观存在的，“高言妙句，音韵天成”，不仅诗歌辞赋之中，散文中特别是优美的散文之中也都有节奏感，有声调抑扬的音乐美。只不过魏晋南北朝以后，人们更加刻意追求和研究罢了。

对新奇美的追求和提倡：人们为什么喜欢新奇，有的心理学家认为，这是由动物都有的“探究反射”发展而来的好奇心。但新奇的东西不一定都是美的。艺术上（包括文学）以新奇为美，这又是一个更高级的发展过程。这方面中国古代很早就有记载。如《尚书・泰誓》中说“今商王受……作奇技淫巧，以悦妇人”，当即以“奇”为美；《庄子・知北游篇》中也有“是其所美者为神奇”的话（这里的美不完全是美感，但包含美感）。新奇的文章称为奇文，人们是乐意欣赏的。《汉书・王褒传》：“诏使褒等皆之太子宫虞侍太子，朝夕诵读奇文及所自造作。”陶渊明更有诗云：“奇文共欣赏，疑义相与析。”① 这虽是上层文人的事，但人同此心，如王充所言：“世俗之性，好奇怪之语，说（悦）虚妄之文。何则实事不能快意，而华虚惊耳动心也。”② 这里不仅讲了世俗之性，而且明显地涉及了美感的问题，所谓“好”“悦”“快意”“惊耳动心”，均为人们的美感。是否以“虚妄”为美倒不见得，“华虚”则指华而不实的言辞和文章，华就与美感相连了。

对新奇美的追求是客观存在的。由此，我们也可说明为何外来的艺术能得到迅速传播和吸收。汉唐时期十分明显：由于中外（包括当时的一些少数民族）文化交流在汉代已有很大的发展，种种新奇艺术传入之后立即受到欢迎和被欣赏。早在汉武帝时许多新奇艺术就已大量传入，元封“三年春，作角抵戏，三百里内来观”③，实际上是一次中西合璧的“百戏”大会演，一些外国艺术家表演了不少新奇节目，如罗马人的幻术（吞刀、吐火、自缚自解之类）。国外新的艺术形式不断引进，中国艺术也在迅速吸收发展。汉唐“百戏”中许多是外来节目。东汉“灵帝好胡服、胡帐、胡

① 陶渊明：《移居二首》，《陶渊明集》。
② 王充：《论衡》卷二十九，《对作篇》。
③ 班固：《汉书》卷六，《武帝纪》，中华书局 1962 年版，第 194 页。

床、胡坐、胡饭、胡空候、胡帝、胡舞，京都贵戚皆竞为之”①。经魏晋南北朝的民族大融合，到了唐代对一切外来艺术的爱好更是风靡一时，长安城里“女为胡妇学胡妆，伎进胡音务胡乐”②，洛阳也是“家家学（一作教）胡乐”③。这些都在一定程度上反映了人们对外来艺术、对新奇美的欣赏和追求。

如果说人们在艺术上欣赏新奇美是天生的、自发的，那么到了魏晋南北朝以后，人们就开始了自觉地追求和提倡。这也可以从西晋的陆机说起，他的《文赋》是一篇重要的古代文论，特别注重审美意识，其中就倡导新奇之意：“收百世之阙文，采千载之遗韵，谢朝华于已彼，启夕秀于未振。”他要求集百世千载之阙文、遗韵于一身，写出古人未曾有过的美的文章，并且还说，“虽抒轴于予怀，怵他人之我先”，唯恐没有新意。他的文论历代被重视，对他的文章则褒贬不一。实际上他的文章实践也是以新奇为尚的，其弟陆云曾在一封信中说：“兄顿作尔多文，而新奇乃尔，真令人怖。不当复道作文。”④

陆机以新奇为尚是可以肯定的。以后的文论家对于古今、新旧竞相争论，南朝齐梁之间论争相当激烈，并且是“新变”派取得胜利⑤。刘勰的《文心雕龙》折中新旧之争，主张在处理好继承与革新关系中“日新其业”，《通变》篇中就具体阐述了这一思想，篇末赞曰：

> 文律运周，日新其业，变则其久，通则不乏，趋时必果，乘机无怯，望今制奇，参古定法。

“参古定法”而“日新”“制奇”，这在理论上更有深度。再以后，唐代，如杜甫之“语不惊人死不休”，韩愈之“惟陈言之务去”，都可以说是提倡新奇。唐人把小说称为“传奇”，可见是“非奇不传”。人们对新奇的追求是不断的。

---

① 范晔：《后汉书》志第十三，《五行一》，中华书局 1965 年版。

② 元稹：《元氏长庆集》卷二十四，《法曲》。

③ 王建：《凉州行》，彭定求等：《全唐诗》卷二九七。

④ 严可均辑：《全晋文》卷一〇二，《与兄平原书》（第 9 封）。

⑤ 参阅李泽厚、刘纲纪：《中国美学史》第十七章第二节，中国社会科学出版社 1987 年版。

这些主要就文学的审美而言，其他艺术也莫不如此。东晋南朝在乐舞方面“家竞新哇，人尚谣俗”①。实际上从汉以来，朝廷也在不断地制作“新歌”“新曲”“新律”，史书上有关记载甚多。绘画、书法以及其他艺术，无不有创造与革新的问题，就不一一论列了。人们有新奇的审美趣味和要求，艺术也就适应这种需求不断发展。

对含蓄美的深入探讨：美学家们在论无言之美时说：“文学之所以美，不仅在有尽之言，而尤在无穷之意。推广地说，美术作品之所以美，不是只美在已表现的一小部分，尤其是美在未表现而含蓄无穷的一大部分，这就是本文所谓无言之美。”② 这种欣赏“无言”“无声”“无形”含蓄美的审美趣味，是有中国特色的，是以老、庄哲学思想为基础的，是从老子的“大音希声”、庄子的“至乐无乐”等引申出来的。这种审美趣味在汉代还不十分明显，或者说只有朦胧的追求，如司马迁评论屈原及其作品时说：

> 其文约，其辞微……其称文小而其指极大，举类迩而见义远。③

这既有“微言大义”的意思，也有“言外之意”的意思，后者即含蓄。又如东汉的王充，他欣赏和主张“文贵约而指通，言尚省而趋明。辩士之言要而达，文人之辞寡而章”④。

从魏晋开始，人们对含蓄美作了深入的理论的探讨。这一时期，哲学和美学上提出的一些重要命题，如王弼的“得意忘象”讲言、象、意的关系，嵇康的“声无哀乐”讲乐与情感的关系，顾恺之的“传神写照”讲“以形写神”、讲“迁想妙得”，宗炳的“澄怀味象”讲“味”、讲“神思”，等等，都涉及言外之意，弦外之音，象外之象。刘勰的《文心雕龙》中有《隐秀》一篇，可以说是专门论述含蓄美的。经过这一系列的研讨，人们对含蓄美越来越崇尚，新的认识又反过来影响文学艺术在这方面的发展。许多文学艺术的佳品，都是给人们留下了反复思考、领会的广阔余地的，

① 沈约《宋书·乐志》中王僧虔顺帝开明二年上表之言。
② 朱光潜：《朱光潜美学文集》第二卷，上海文艺出版社 1982 年版，第 460 页。
③ 司马迁：《史论》卷八十四，《屈原贾生列传》，中华书局 1982 年版。
④ 王充：《论衡》卷三十，《自纪篇》。

这里也不举例说明了。

重绮丽雕饰与崇尚自然：雕饰与自然是对立的，又是相辅相成的，雕饰如果符合自然那就统一了。自然有客观的自然，也有主观体验的自然。艺术本意即技能技巧，技字从手，就是人手的加工，“错采镂金”，如果“巧夺天工”，不露斧痕，浑然逼真，雕饰与自然就统一了，但这很不容易。有人，有艺术就有雕饰。雕饰之美为人们所接受、欣赏，但是费工、费时、费人力的事，所以古代曾有这样的认识：

> 为雕文刻缕，技巧华饰，而伤农事，王者必禁之。①

所以汉代景帝曾下诏说：

> 雕文刻镂，伤农事者也；锦绣纂组害女红者也。②

这里包含着艺术与经济发展的关系，且不讨论。但并未否定对雕饰美的爱好。相反，汉代在儒家思想的制约下，为了厚人伦、美教化、移风易俗，文学艺术上的绮丽、雕饰之风大盛，这从文学、音乐、美术的各个方面都可看出来。魏晋以后，随着儒家思想统治的动摇，玄学的兴起，也随着艺术、美学本身的发展，先秦道家（庄子）就曾讨论过的自然美的问题，重新被重视起来。魏晋南北朝一方面是绮靡之风愈演愈盛，另一方面对自然美也日益重视，各有特色，也各有人爱好，二者并行不悖，这方面有一个很具体的例子：

> （颜）延之尝问鲍照，己与灵运优劣，照曰：谢五言如初发芙蓉，自然可爱；君诗若铺锦列绣，亦雕缋满眼。③

钟嵘的《诗品》把这两句评价的话写作出自汤惠休之口（或认为是汤借用鲍照之言，颜延之很看不起汤），并且说“延年终身病之”。两句评语并未

---

① 《六韬·文韬·尚贤》。

② 班固：《汉书》卷五，《景帝纪》，中华书局 1962 年版，第 151 页。

③ 李延寿：《南史》卷三十四，《颜延之传》，中华书局 1975 年版，第 881 页。

明言优劣，说明二者并存，颜延之终身以为遗憾，又可见当时舆论爱好的发展趋向。

再看一下一种明显的而且有普遍意义的文学艺术现象，那就是山水诗、山水画的兴起，所谓“老庄告退，而山水方滋”[①]，实际上并非老庄告退（只是一度流行的谈乎寡味的“玄言诗”告退），而是“玄对山水”，“山水以形媚道”[②]。就诗体变化而言的这句“山水方滋”，反映了山水诗画兴起的事实，人们广泛地以河、草木、风花、雪月、鸟兽、虫鱼等自然界的事物为题材，艺术地再现大自然的美；也反映了此时人对于自然审美意识的觉醒（或者说复苏）。当时对山水自然美的欣赏成为一种风尚，这从文人学士们的爱好中可以看出来，例如：阮籍“或登临山水，经日忘归”[③]；羊祜“乐山水。每风景必造岘山置酒，言咏终日不倦”[④]；“会稽有佳山水，名士多居之，谢安未仕时亦居焉。孙绰、李充、许恂、支遁等皆以文义冠世，并筑室东土，与羲之同好”[⑤]；孙绰甚至是“居于会稽，游放山水，十有余年”[⑥]。这些情形的出现，当然有社会的、意识形态的多方面原因，是时代变化的结果，这里不详加讨论。我们主要说明，这一时期开始了对自然美的崇尚：表现在对自然美的欣赏，并且进一步发展为产生了以审美为目的园林建筑[⑦]；表现在用艺术品再现大自然的美，并且在艺术创作中强调要求“清水出芙蓉，天然去雕饰”[⑧]（此就诗而言），“同自然之妙有”[⑨]（就书法而言），“肇自然之性，成造化之功”[⑩]（就水墨画而言）。

其次，谈汉唐时期审美意识的发展，还可以从美学理论方面来说明。中国古代有丰富的美学理论，大量的资料足以让今人写出几十万甚至几百万字中国美学史，近几年来已有人开始做这件十分有意义的工作了。这里

① 刘勰：《文心雕龙·明诗篇》。
② 宗炳：《画山水序》。
③ 房玄龄等：《晋书》卷四十九，《阮籍传》，中华书局 1974 年版，第 1359 页。
④ 房玄龄等：《晋书》卷三十四，《羊祜传》，中华书局 1974 年版，第 1020 页。
⑤ 房玄龄等：《晋书》卷八十，《王羲之传》，中华书局 1974 年版，第 2099 页。
⑥ 房玄龄等：《晋书》卷五十六，《孙绰传》，中华书局 1974 年版，第 1544 页。
⑦ 参阅金学智：《中国园林美学》，江苏文艺出版社 1990 年版。
⑧ 李白：《李太白文集》卷十一，《经乱离后天恩流夜郎忆旧游书怀赠江夏韦太守良宰》。
⑨ 孙过庭：《书谱》。
⑩ 王维：《王右丞集》卷二十八，《画学秘诀》。

不打算（也不可能）对中国古代美学理论——哪怕是我们研讨范围（从汉到唐）内的美学理论进行全面介绍，只从一个角度，而且是一个角度的一个方面来进行说明，那就是：我国独特的审美范畴（几个主要的）及其形成和发展（汉唐时期的发展）。

中国古代美学史上有一系列独特的美学范畴，如："道""气""象""意""味""妙""神""赋""比""兴""情""趣""虚实""形神""意象""风骨""气韵""妙悟""意境"等等，有些名同实异，有些名异实同，有的内容交叉重叠，有的不同时期有不同含义。有人已经开始对这些范畴进行归类、整理，专门进行了研究①。这也是可以写成若干部专著的问题，本章当然无法尽述。我们只想说明，从汉到唐这一历史时期，一些常用的审美范畴，或有重要的发展变化，或是开始形成，以下举几个比较重要的例子：

情理：情是指人的感情，比较明确。理在中国古代美学上往往以"志""道"或者"义"这些词来表示。一般来说都是如此。但有人说，"中国美学的'诗言志'这一古老的命题中，开始蕴含艺术是情感的表现这个思想的萌芽"②，这说法也有一定道理，古老的《诗经》中就不乏缘情之作。不过，从儒家产生之后，就逐渐开始强调"理"（"道""志"），把"志"和"情"对立起来，如《礼记·乐记》之"反情以和其志"，《荀子·乐论》之"以道制欲（情欲）"，要以"道""志"（也就是"理"）来限制人们的情欲，把理摆在第一位。这在儒家思想成为统治思想的汉代就是如此。另一方面由于"情"与"志"（"理""道"）在客观上的混合，所以有时表现在解释"诗言志"时产生分歧，有时则是公开的争论，如魏晋以后"缘情"说的兴起，以及缘情说与言志说的争论。以陆机、钟嵘等人为代表的缘情说的兴起，对文艺特性的阐明，对文学艺术的发展是有很重要的意义的。因而魏晋时期是文学艺术发展的一个重要转折时期。此后，强调"情"的人并非不讲"理"，强调"理"（"道""志"）的人也不是不重"情"，只是讨论时个人的针对性、着重点不同罢了。但这种争论是有利于文学艺术发展的。

---

① 如曾祖荫：《中国古代美学范畴》，华中工学院出版社 1986 年版。

② 李泽厚、刘纲纪：《中国美学史·先秦两汉编》，安徽文艺出版社 1999 年版，第 24 页。

形神：汉代思想家在先秦哲学的基础上论述了“形”与“神”的关系，如《淮南子》一书中表现就很突出，它强调了神和形的主宰作用：“以神为主者，形从而利；以形为制者，神从而言”[①]；“神贵于形也。故神制则形从，形胜则神穷”[②]。

《淮南子》提出了“君形”之说，并且用文艺的例子加以说明：“画西施之面，美而不可说（悦）；规孟贲之目，大而不可畏。君形者亡焉。”[③]高诱注云：“生气者，人形之君，规画人形无有生气，故曰君形亡。”生气就是神气，画西施不表现其内在的神气，叫做“君形亡”，就不能使人愉悦，不能得到美感。又说：“使但吹竽，使工厌窍，虽中节而不可听，无其君形者也。”[④] 仅有节奏的声音（形），不能表现内在的情感（无其君形者），也不可听，不能使人得到美感。我们知道，从魏晋开始，形神的讨论更加普遍也更加深入，在人物品评方面出现了一系列与“神”有关系的概念，如“神气”“神色”“神姿”“神貌”乃至“神明”“神清”等等。同时，在文艺方面，首先是绘画理论上出现了顾恺之的“传神写照”[⑤]，“以形写神”[⑥]（很可能是从以上《淮南子》的论述中得到直接的启发）。以后，谢赫的《古画品录》也有形神的论述，他说顾骏之的画“神韵气力不逮前贤，精微谨细有过往哲”，这“神韵”二字后来得到广泛的运用。张彦远《历代名画记》说：

> 人物之有生动之可状，须神韵而后全。若气韵不周，空陈形式，笔力未遒，空善赋采，谓非妙也。

形神论还逐渐影响到书法[⑦]、音乐[⑧]中去。从唐代开始，诗文创作中的传神理论也发展起来，如杜甫评画论诗都多次说到“神”：“韩干画马，毫端

---

① 《淮南子·原道训》。
② 《淮南子·诠言训》。
③ 《淮南子·说山训》。
④ 《淮南子·说林训》。
⑤ 刘义庆：《世说新语·巧艺》。
⑥ 顾恺之：《魏晋胜流画赞》。
⑦ 如王僧虔《笔意赞》：“书之妙道，神彩为上，形质次之，兼之者方可绍于古人。”
⑧ 《古诗十九首》第四首《今日良宴会》中有“新声妙入神”之句。

有神”①，“将军画善盖有神”②（以上论画）；“文章有神交有道，端复得之名誉早”③，“挥翰绮绣杨，篇什若有神”④，“诗成觉有神”⑤ （以上论诗文）；以及“书贵瘦硬方通神”⑥（论书法）。以后司空图在《诗品》中讲神更进一步，讲的是“神似”“神韵”，超出了形象本身，而是他所说的“象外之象，景外之景”，“韵外之致”，“味外之旨”。这种余味不尽的神，意义就更深刻了。形神理论有了很大的发展。

意境：这是中国古代非常特殊的又是最基本的一个美学范畴。什么是意境，美学家也很难取得一致的意见。它既可以从创作的角度也可以从欣赏的角度讨论研究，包括了情景交融、主客观统一的各个方面，涉及其他一些概念和范畴。我们这里单讲它的形成。和任何一个范畴的产生一样，它是有一个发展过程的，意境说的产生也经过了一个长期的孕育过程。如果说先秦的文学作品（如《诗经》）中可以分析出意境⑦，先秦的哲学中有与意境相通的某些观点⑧，这都比较远一些，那么两汉以后，人们是有意识地探讨了与意境有直接或间接关系的艺术理论问题，如上述之情理论、形神论，还有言意论、诗味说等等，都与意境理论有某种联系。根据研究⑨表明，意境的正式提出是在唐代。“意境”这个名称最早见于王昌龄的《诗格》：

> 诗有三境：一曰物境，欲为山水诗，则张泉石云峰之境，极丽绝秀者，神之于心，处身于境，视境于心，莹然掌中，然后用思，了然境象，故得形似；二曰情景，娱乐愁怨，皆张于意而处于身，然而驰思，深得其情；三曰意境，亦张之于意而思之于心，则得其真矣。

---

① 杜甫：《杜少陵集》卷二十五，《画马赞》。

② 杜甫：《杜少陵集》卷十三，《丹青引》。

③ 杜甫：《杜少陵集》卷四，《苏端薛复筵简薛华醉歌》。

④ 杜甫：《杜少陵集》卷十六，《八哀诗·赠太子大师汝阳郡王琎》。

⑤ 杜甫：《杜少陵集》卷五，《独酌成诗》。

⑥ 杜甫：《杜少陵集》卷十八，《李潮八分小篆歌》。

⑦ 如潘德兴《养一斋诗话》：“三百篇之体制、音节，不必学，不能学；三百篇之神理、意境，不可不学也。”

⑧ 如《易·系辞上》：“子曰：圣人立象以尽意，设卦以尽情伪，系辞焉以尽其言，变而通之以尽利，鼓之舞之以尽神。”

⑨ 参阅叶朗：《中国美学史大纲》十二章四节，上海人民出版社 2005 年版；曾祖荫：《中国古代美学范畴》第五章，华中工学院出版社 1986 年版。

此意境虽与意境论不能等同，但包含了部分意义。以后皎然的《诗赋》、司空图的《诗品》，还有权德舆、刘禹锡等人，都对意境论进行了探讨。王昌龄提出了意境，皎然、刘禹锡等人对意境又有进一步的论述，司空图在前人的基础上，既区分了意境的不同类型，又论述了意境的美学本质。经过这一系列的发展，意境理论在唐代诞生了。至于为什么会在唐代产生，上面所述已经可以看出，是美学理论长期发展的结果，是水到渠成。同时也与当时的历史条件有关系，不仅文学艺术本身丰富多彩，外来佛教的传入及发展也是一个重要因素。境界一词，由原有的时间和空间界限，发展成指思想意识并在文学艺术中广泛使用，是与佛经中的境界分不开的，这里就不多说了。

此外，把哲学上的有无、虚实之争，言意之辩引进审美理论之中，都是从魏晋南北朝开始的①，到隋唐形成。讲创作个性与艺术风格的体性论也是魏晋南北朝时建立的②。

综上所述，从汉到唐，特别是其中的魏晋南北朝，确实是中国古代美学史上一个重要的发展时期，在很多方面是一个转折时期。由此也可见这一时期在整个中国古代文化史上的重要历史地位。

① 具体表现在陆机的《文赋》、刘勰的《文心雕龙》和一些画论、书论以及一些作家的思想中。

② 曹丕《典论·论文》最早提出“文以气为主”，气即指作家的个性气质。刘勰《文心雕龙》中则进行了比较全面的论述。

第九章　风俗习惯

什么是风俗？仔细琢磨，相当复杂，一般地理解，它是大众的（或者说民间的）各种习惯。关键是“俗”字，从字义上解释，基本意义就是如此。例如《说文》的解释：“俗，习也（徐注曰：俗之言续也，转相习也）。”《释名》：“俗，欲也，俗人之所欲也。”“欲”又是什么意思呢？《说文》说是贪欲，实际也包含有爱好之意①。当然贪欲与爱好二者并不矛盾，如《礼记·曲礼》中“欲不可从”的疏云，“心所贪爱为欲”，和《说文》的意思相同。徐注《说文》又进一步解释说：“欲者贪欲也，欲之言续也，贪而不已也……故于文，欠谷为欲，欠者开口也……”总之，欲是什么，习是什么，从不同的角度有许多解释，各种解释又多少有些联系。如果我们从“习俗”和“世俗”的角度来考察，“俗”的主要特点可以说有以下几点：第一，它是欲望和爱好；第二，它是长期形成的欲望和爱好，有连续性，所谓“习惯”②，会世代相传；第三，它是多数人的普遍的欲望和爱好，有广泛性，所谓“世俗”③，它含有平常、凡庸的意思，用在称呼民间、社会的事象，所以凡属民间的东西，往往冠以“俗”字，如“俗忌”“俗尚”“俗说”“俗语”“俗字”“俗本”“俗乐”“俗学”等等。以上几点，都是先秦以来就有了的含义。

至于“风俗”连词，主要应该是春秋战国和汉代的事，无论是《诗序》中的“美教化，移风俗”，还是《礼记·乐记》中的“移风易俗”，都只能是春秋战国，甚或是汉代人使用的词。从《荀子·强国篇》中的“入境观其风俗”，可以肯定战国时这个词的明确意义了。“风”的字意，除了

---

① 如《尚书·泰誓》中说，“仡仡勇夫，射御不违，我尚不欲”，就不能说是贪欲，而是爱好之意。

② 如《司马法·天子之义》云：“习惯成，民礼俗矣。”《大戴记·保傅》云：“少成若性，习惯之为常。”《汉书·贾谊传》贾谊引“孔子曰：少成若天性，习惯如自然”。

③ 《孟子·梁惠王下》：“寡人非能好先王之乐也，直好世俗之乐耳。”《商君书·更法》：“子之所言，世俗之言也。”《离骚》：“謇吾法夫前修兮，非世俗之所服。”

自然之风[①]以外，教化的意义也是比较早的，在《尚书》中它曾多次出现，如《毕命篇》："彰善瘅恶，树之风声。"《说命篇》："四海之内，咸仰朕德，时乃风。"孔传云："风，教也，天下皆仰我德，是汝之教也。"以上"风"字，皆指教化而言。教化就与风俗有关系。《毕命篇》又说："既历三纪，世变风移，四方无虞，予一人以宁。"孔传云："世代民易，顽者渐化。"就是"移风易俗"的意思，教化在很大程度上解决习俗的问题，如《礼记·乐记》所说："其移风易俗，故先王著其教焉。"再进一步，风也就是指风俗而言，如《吕氏春秋·音初篇》："是故闻其声而知其风，察其风而知其志。"汉人高诱就把"风"注释为"风俗"。

以上就是中国先秦时期已经形成的关于风俗的主要观念。与此相关，它的主要内容和表现形式，还有风俗与其他文化现象的关系，特别是与礼乐教化的关系等等，这些都将在本章内结合汉唐时期的情况和事实来予以论述。

汉代对风俗的认识

《荀子·强国篇》记应侯问孙卿子"入秦何见"，孙卿子曰："入境，观其风，其百姓朴，其声乐不流污，其服不挑，甚畏有司而顺，古之民也。"[②] 讲的是"百姓"或"民"的风俗，"朴""顺"是讲人们的性格特点，音乐清雅[③]，衣服不奇异[④]，这是风俗的几个主要内容，显然是赞扬的态度。可见，战国时人，首先是入境"观俗"，或者"问俗"，然后才是评论俗的好坏，再后才是讲"移风易俗"。这在《礼记》中有反映，如《曲礼》云："入境而问禁，入国而问俗，入门而问讳。""入境""入国""问禁""问俗"只是文字上的不同，郑玄注曰："皆为敬主人也。禁，谓政教；俗，谓常所行与所恶也。国，城中也。""问俗"是为了尊重主人，

① 《说文》："风，八风也。"《广雅》："风，气也。"《庄子·齐物论》中的"大块噫气，其名为风"。这些皆指自然之风而言。

② 下文还有"及都邑官府"，"入其国，观其士大夫"，"观其朝庭"等等，或者也属于广义的风俗范围。

③ 杨倞注云："流，邪淫也；污，浊也。不流污，言清雅也。"

④ 杨倞注云："挑，偷也，不为奇异之服。《诗序》曰：长民者衣服不贰，从容有常，以齐其民，民德归一也。"

尊重一个国家、一个地区的风俗习惯。这本身很容易引申出“入境从俗”①的意思，《淮南子·齐俗训》把这个意思说清楚了：

> 是故入其国者从其俗，入其家者避其讳，不犯禁而入，不忤道而进，虽之夷狄徒倮之国，结轨乎远方之外，而无所困矣。

这似乎是当时“国际”关系中的一条原则。在秦汉，统一国家建立后，“入国问俗”这个问题就不突出了，“入乡随俗”这个思想还是往下传承了的，当另行考论。

在汉代主要是“一风俗”和“移风易俗”的问题。但这个问题儒、墨、道、法各家各有不同的主张。

儒家主张教化，靠礼、乐来化民正俗，这在《礼记》中总结得很明确，如《曲礼》说：“教训正俗，非礼不备。”《乐记》又说：“乐也者，圣人之所乐也，而可以善民心。其感人深，其移风易俗，故先王著其教焉。”儒家这方面的言论甚多，不烦详举。

法家则主张用法，用制度来“化俗”。《史记·李斯列传》说：“孝公用商鞅之法，移风易俗。”这在《商君书》中是有具体说明的，如《壹言篇》写道：

> 制度时，则国俗可化，而民从制，治法明，则官无邪；国务一，则民应用；事本专，则民喜农而乐战。夫圣人之立法化俗，而使民朝夕事于农也，不可不知也。

“立法化俗”是为了“归心于一”，但同时也重视已有的民情、民俗，所以该书又写道：

> 故圣人之为国也，不法古不修今，因世而为之治，度俗而为之法。故法不察民之情而立之，则不成治……

---

① “从俗”主要是道家的思想，如《庄子·山木》有“入其俗，从其俗”。

针对民情、民俗而立法，不过看不出有顺民情、从民俗的意思。法家的主张，这里也不详加讨论了。

道家的主张就是要“从其俗”。《庄子・山木》云：“且吾闻诸夫子曰：入其俗，从其俗。”成玄英《庄子疏》说夫子指老子，那就是《庄子》复述《老子》的话了。“从其俗”是老子和庄子的思想，有的本子“从其俗”，作“从其令”，但意思都是一样的，即到一个地方，就要顺从那里的风俗习惯①。秦汉的新道家继承和发展了老庄的思想。《吕氏春秋・音初篇》中有：“是故闻其声而知其风，察其风而知其志，观其志而知其德。”高诱作注，认为此处之风即俗。这和儒家的“观风”没有什么区别。新道家讲移风易俗，最明显的当是《淮南子・齐俗训》，其篇之序目云：“齐，一也。四宇之风，世之众理，皆混其俗，令为一道也，故曰齐俗。”② 此篇关于风俗有许多具体见解（下面还要论及），其主要思想应是以“道”来齐，一风俗，所以开章明义就说：“率性而行谓之道，得其天性谓之德”，并且接着重复一番道家“仁义立而道德迁”的道理。它承认儒家的礼仪，而且礼与俗相连：“所谓礼义者，五帝三五之法籍风俗，一世之迹也。”“礼俗者，非人之性也，所受于外也。”但是它主张“制礼义，行至德，而不拘于儒墨”。它的“时世异”，“不法其已成之法”，“与化推移”的看法，与法家相近相通，但是认为：“握一君之法籍，以非传代之俗，譬由胶柱而调瑟也。”这既非“传代之俗”又与法家思想相违（当然其所说“法籍”主要还是指儒家的“礼法”）。因此，它一方面主张“入其国者从其俗”，和老庄思想一样，另一方面又主张“故以道论者，总而齐之”，“圣人体道反性，不化以待化”，“各有所宜，而人性齐矣”，“所为者各一，而所道者一也”③。总的思想是齐俗的办法要“因”和“顺”，是道家思想。

墨家关于风俗似没有很多的论述，但《墨子》的“节葬”“非乐”等等，实际是反对不良的风俗习惯，他和其他各家的看法相同，认为“上以

---

① 参阅陈鼓应：《庄子今注今译》，中华书局 1983 年版。

② 《淮南子》各篇序目为汉高诱之注。刘文典认为：此篇书目无“因以题篇”字，乃许慎注本。

③ 刘文典：《庄子补正》，商务印书馆 1947 年版。谨按：《意林》引作“得道一也”。

为政，下以为俗”①，主要是“上”面的问题，“下”面则是“所谓便其习而义其俗者也”。注认为，义者善也。“义其俗”即“善其俗”，因此如何解决不良风俗问题，主要从上之“为政”做起：“若节丧之为政，而不可不察此者也。”他的移风易俗主张，如其“尚同”的主张一样，靠的是人，人为之政。

汉代继承和发展了先秦各家关于“风俗”的种种思想。

首先是重视风俗。

汉初的政治家们是重视风俗问题的，例如陆贾，他留下的《新语》就是汉朝最早的政论之一，其中有两处明显地提到风俗问题：一处是《道基篇》，讲到“后圣乃定五经明六艺”，制礼作乐时，其目的是“以节奢侈，正风俗，通文雅”。另一处是《无为篇》，在讲“道莫大于无为，行莫大于谨敬”时，主张“教化”：“上之化下，犹风之靡草也。……孔子曰：移风易俗，岂家至之哉，先之于身而已矣。”又如贾谊，他的《新书》中也有：“教训正俗，非礼不备。”他在文帝时大声疾呼，以为“汉承秦之败俗，废礼义，捐廉耻……至于风俗流溢，恬而不怪，以为是适然耳。夫移风易俗，使天下回心而乡道……宜定制度，兴礼乐”②。

汉初，主要是新道家思想占支配地位。如上所述，新道家关于风俗的观点，既不同于儒家、法家，也不同于先秦道家，而是兼采了各家的思想。这表现在集新道家思想大成的《淮南子》③中，也表现在司马迁的《史记》之中（这些下面将分别论及），中心是以“道”为指导，解决“风俗易移”的问题，用“道”来“齐俗”。但是，汉初并没有像周代那样“观风览俗”，并没有采取多少具体的措施。这原因至少有两条：一是立国之初，百废待兴，特别是政治上的稳定要给以极大的关注，所谓“拨乱反正，日不暇给”④。二是虽要制礼作乐，多半因袭而行，“大抵皆袭秦故”，不过“少所改变”，或“颇有所增益减损”⑤。增减一些什么呢？根据礼俗“因民所好”⑥的思想和原则，汉初出自民间的天子和“布衣将相”，对民

① 《墨子·节葬篇》，以下《墨子》引文同。

② 班固：《汉书》卷二十二，《礼乐志》，中华书局1962年版，第1030页。

③ 除《齐俗训》专讲风俗之外，《氾论训》《泰族训》中都有不少关于风俗问题的论述。

④ 班固：《汉书》卷二十二，《礼乐志》，中华书局1962年版，第1030页。

⑤ 司马迁：《史记》卷二十三，《礼书》，中华书局1982年版，第1159页。

⑥ 《淮南子·泰族训》。

间风俗习惯是比较熟悉的，制礼作乐时自然会参考，“高祖乐楚声”影响了汉初的礼乐是显然的，如《汉书·礼乐志》说：“凡乐，乐其所生，礼不忘本，高祖乐楚声，故房中乐楚声也。”这个简略的记述①可以说明问题，“乐其所生”讲的是习俗问题。

一直到汉武帝时，社会、政治相对稳定了，政治舆论上也一再呼吁，如《淮南子》之论述“齐俗”，如董仲舒之强调教化，主张“教化行而习俗美”② 等等，才恢复了周代的“观风览俗”，才采取了一些比较具体的以教化整齐风俗的行动，这方面，《史记·礼书》记载了汉初至武帝时期的一个大概：

> 至于高祖，光有四海，叔孙通颇有所增益减损，大抵皆袭秦故……孝文即位，有司议欲定仪礼，孝文好道家之学，以为繁礼饰貌，无益于治，躬化谓何耳，故罢去之。孝景时，御史大夫晁错明于世务刑名，数干谏孝景曰：……今大国专治异政，不禀京师，恐不可传后。孝景用其计，而六国叛逆，以错首名，天子诛错以解难……是后官者，养交安禄而已，莫敢复议。今上即位，招致儒术之士，令其定仪，十余年不就。或言古者太平，万民和喜，瑞应辩（遍）至，乃采风俗，定制作。上闻之，制诏御史曰：盖受命而王，各有所由兴，殊路而同归，谓因民而作，追俗为制也。议者咸称太古，百姓何望！汉亦一家之事，典法不传，谓子孙何？化隆者闳博，治浅者褊狭，可不勉与？乃以太初之元，改正朔，易服色，封泰山，定宗庙百官之仪，以为典常，垂之于后云。

这段记述，第一，概述了前面所说由于政治上的原因汉初未能大规模制礼作乐，整齐风俗的情况；第二，比较明确地记述了汉武帝时大规模制礼作乐及其主要思想，虽然他表示不同意“议者咸称太古”，但在实际上“采风俗，定制作”这个办法他还是采取了，如《汉书·艺文志》说：

① 《宋书·乐志》等记载又稍详细一些。

② 班固：《汉书》卷五十六，《董仲舒传》，中华书局 1962 年版，第 2504 页。

> 自孝武立乐府而采歌谣，于是有赵、代之讴，秦、楚之风，皆盛于哀乐，缘事而发，亦可以观风俗，知薄厚云。

虽然这主要是一件音乐方面的具体措施，但至少是从此恢复了古代“观风览俗”的这种办法。如《汉书·武帝纪》元狩六年诏曰：

> 今遣博士大等六人分循行天下，存问鳏寡废疾，无以自振业者贷与之。谕三老孝弟以为民师，举独行之君子，徵旨行在所……详问隐处亡位，及冤失职，奸猾为害，野荒治苛者，举奏。郡国有所以便者。上丞相、御史以闻。

从循行天下的内容看，此举属于“观风”和“采风”的性质，在此之前，整齐风俗事主要依靠地方长吏，如元朔元年诏曰：“公卿大夫，所使总方略，一统类，广教化，美风俗也”，“令二千石举孝廉，所以化元元，移风易俗也”①。

武帝以后各朝均有类似的措施。昭帝始元元年，“遣故廷尉王平等五人，持节行郡国，举贤良，问民所疾苦、冤、失职者”②。宣帝元康四年，“遣太中大夫强等十二人循行天下，存问鳏寡，览观风俗，察吏治得失，举茂材异伦之士”③。元帝初元元年，“遣光禄大夫褒等十二人循行天下，存问耆老、鳏寡、孤独、困乏失职之民，延登贤俊，招显侧陋，因览风俗之化”④。成帝永始三年，“遣太守大夫嘉等循行天下，存问耆老、民所疾苦。其与部刺史举惇朴逊让有行义者各一人”⑤。哀帝即位，天灾人祸，虽未正常遣使观风俗，但也曾“遣光禄大夫循行举籍”，元寿元年又令“将军、列侯、中二千石举贤良方正能直言者各一人”⑥，亦有关移风易俗之举。平帝元始四年，“遣太仆王恽等八人，置副，假节，分行天下，览观

① 班固：《汉书》卷六，《武帝纪》，中华书局1962年版，第166～167页。
② 班固：《汉书》卷七，《昭帝纪》，中华书局1962年版，第220页。
③ 班固：《汉书》卷八，《宣帝纪》，中华书局1962年版，第258页。
④ 班固：《汉书》卷九，《元帝纪》，中华书局1962年版，第279页。
⑤ 班固：《汉书》卷十，《成帝纪》，中华书局1962年版，第323页。
⑥ 班固：《汉书》卷十一，《哀帝纪》，中华书局1962年版，第343页。

风俗”[1]。以上这些循行天下览观风俗，当然包括很大一部分政事，政事与风俗有时是不可分的。再者，所谓“览观”，实际上是整齐风俗，也是督促各地整齐风俗，如《后汉书·雷义传》说：“义遂为守灌谒者，使持节督郡国行风俗，太守、令长坐者凡七十人。”这里，“风俗”“政事”和地方长吏的关系反映出来了。由此也可见，东汉的情况和西汉是一样的，派人巡行各地，材料似不必再一一列举了。值得提出的也有一点，东汉除了公开的派使巡行，还采取了秘密巡访的形式，如：

> 和帝即位，分遣使者，皆微服单行，各至州县，观采风谣。使者二人当到益部，投（李）郃候舍。时夏夕露坐，郃因仰观，问曰：“二君发京师时，宁知朝廷遣二使邪？”二人默然，惊相视曰：“不闻也。”问何以知之。郃指星示云：“有二使星向益州分野，故知之耳。”[2]

这描写李郃善“风星”的记载，具体反映了秘密遣使巡行的事实，“观采风谣”当即“览观风俗”。

那么究竟如何整齐风俗，如何移风易俗呢？除了上述巡行观览、督行郡国之外，两汉时期还有不少具体措施。如乡设三老，就是普遍地推行教化，其大致内容，如《后汉书·百官志》所说：

> 三老掌教化。凡有孝子、顺孙、贞女义妇、让财救患及学士为民法式者，皆扁表其门，以兴善行。

具体办法就是树立榜样，而所谓“孝悌力田”“贤良方正”之类，也是如此。对三老、孝廉等等，经常进行各种奖励，以及“旌节义”“尊耆老”都是正面的提倡，而“戒奢侈”“禁厚葬”之类，则是禁止“淫侈之俗”。这些都是关于风俗方面的大问题，每个问题都可以做一篇大文章。下面举一例为证。徐天麟撰《东汉会要》列了《禁厚葬》一目，其所加按语可见

---

① 班固：《汉书》卷十二，《平帝纪》，中华书局1962年版，第357页。

② 范晔：《后汉书》卷八十二，《李郃传》，中华书局1965年版，第2717～2718页。

一斑：

> 竭资用以奉宅穸，西都虽未设禁，然观贡禹言于元帝曰：众庶埋葬，皆虚地上以实地下，过自上生。杨王孙报郑侯书亦曰：厚葬诚无益于死者，而俗人竞以相高，糜财单币，腐之地下。由此观之，则末俗浮侈，自西京已滥觞矣。中兴以后，蔑礼违制，日以甚。故自建武、永平，诏书数下，明立禁防。而王符著论，深讥当世……独高人达识，不为流俗之所迁染，如杨震、郑宏、王堂、郑玄辈皆遗令薄葬，以矫愚俗。周盘敕其子…赵咨将终，亦告其故吏，使薄葬素冠，籍以黄壤，欲令速朽，不听子孙改之。噫！若数子者，其特立独行，不展转于流俗者与！

这段话信息量相当大，反映了一个重要的风俗问题，特别是反映了西汉以来，朝廷和政论家、思想家们在这个问题上为移风易俗所做的努力，是颇有典型和代表意义的。然而在实际中，"过自上生""蔑礼违制"是极普遍的现象，今日出土之满城汉墓、马王堆汉墓、江陵汉墓等等足以证明。

其次，谈一谈汉人关于风俗问题的一些观点。特别值得提出的是《淮南子》和《史记》二书中关于风俗问题的见解，可以说它们是继承和总结先秦各家的思想，进行了多角度的论述。前者偏重理论的阐释，后者主要针对现实中的问题发议论，并较多地列举了当时一些具体情况。如：关于"礼俗"的形成。《史记·礼书》说：

> 观三代损益，乃知缘人情而制礼，依人性而作仪，其由来上矣……人体安乘驾，为之金舆错衡，以繁其饰；目好五色，为之黼黻文章，以表其能；耳乐钟磬，为之调谐八音，以荡其心；口甘五味，为之庶羞酸咸，以致其美；情好珍善，为之琢磨圭璧，以通其意。故大路、越席、皮弁、布裳、朱弦、洞越、大羮、元酒，所以防其淫侈，救其雕敝。是以君臣朝廷尊卑贵贱之序，下及黎庶，车舆、衣服、宫室、饮食、嫁娶、丧祭之分，事有宜适，物有节文。

《淮南子·齐俗训》也说："故礼因人情而为之节文"，"所谓礼义者，五帝三王之法籍风俗，一世之迹也”。不过，它还进一步指出：

> 原人之性，芜濊而不得清明者，物或堁之也。羌、氐、僰、翟，婴儿生皆同声，及其长也，虽重象、狄騠，不能通其言，教俗殊也。今三月婴儿，生而徙国，则不能知其故俗。由此观之，衣服礼俗者，非人之性也，所受于外也……人之性无邪，久湛于俗则易。易而忘本，合于若性。

礼俗问题，除了“因人情”之外，还有“外物”的影响，就像蒙上尘埃一样。这段文字里没有说明受哪些“外物”的影响。但从全文来看，“外物”的影响主要是两条：

一是“教俗”的不同，传统习惯的不同，这在该篇中列举了不少事例，如：

> 故胡人弹骨，越人契臂，中国歃血也，所由各异，其于信，一也。三苗髽首，羌人括领，中国冠笄，越人𩑽鬋，其于服，一也。帝颛顼之法，妇人不辟男子于路者，拂于四达之衢；今之国都，男女切踦，肩摩于道，其于俗，一也。故四夷之礼不同，皆尊其主而爱其亲，敬其兄；猃狁之俗相反，皆慈其子而严其上。

这里承认传统习惯的不同，但各种不同的礼俗，可以找出共同的东西，即“其于信，一也”，“其于俗，一也”。不过在以上这段文字之后又有“夫鸟飞成行，兽处成群，有孰教之”，似乎与“教俗”不同的看法有些矛盾，其实不然，以下的文字主要是讲不应以儒家之教为教，所谓“岂必邹、鲁之礼谓礼乎”，仍然是承认各地各族不同的礼俗，“是故入其国者从其俗”这样的话，就顺理成章地出来了。

另一重要的“外物”影响，那就是自然条件不同，它说：

> 其导万民也，水处者渔，山处者木，谷处者牧，陆处者农。地宜其事，事宜其械，械宜其用，用宜其人。

关于自然环境与习俗的关系，《史记·货殖列传》比较具体：

关中自汧、雍以东至河、华，膏壤沃野千里，有虞夏之贡以为上田，而公刘适邠，大王、王季在岐，文王作丰，武王治镐，故其民犹有先王之遗风，好稼穑，殖五谷，地重，重为邪。及秦文、德、缪居雍，隙陇蜀之货物而多贾。献公徙栎邑，栎邑北却戎翟，东通三晋，亦多大贾。孝、昭治咸阳，因以汉都，长安诸陵，四方辐凑并至而会，地小人众，故其民益玩巧而事末也……天水、陇西、北地、上郡与关中同俗，然西有羌中之利，北有戎翟之畜，畜牧为天下饶……

夫三河在天下之中，若鼎足，王者所更居也，建国各数百千岁，土地小狭，民人众，都国诸侯所聚会，故其俗纤俭习事。……种、代，石北也，地边胡，数被寇。人民矜懻忮，好气，任侠为奸，不事农商……其民羯羠不均，自全晋之时固已患其僄悍，而武灵王益厉之，其谣俗犹有赵之风也……中山地薄人众，犹有沙丘纣淫地余民，民俗懁急，仰机利而食。丈夫相聚游戏，悲歌慷慨，起则相随椎剽，休则掘冢作巧奸冶，多美物，为倡优。女子则鼓鸣瑟，跕屣，游眉富贵，入后宫，偏诸侯。

……郑卫俗与赵相类，然近梁、鲁，微重而矜节。濮上之邑徙野王，野王好气任侠，卫之风也。

夫燕亦勃、碣之间一都会也。南通齐、赵，东北边胡。上谷至辽东，地踔远，人民希，数被寇，大与赵、代俗相类，而民雕捍少虑……

齐带山海，膏壤千里，宜桑麻，人民多文彩布帛鱼盐。临菑亦海岱之间一都会也。其俗宽缓阔达，而足智，好议论，地重，难动摇，怯于众斗，勇于持刺，故多劫人者，大国之风也。其中具五民。

而邹、鲁滨洙、泗，犹有周公遗风，俗好儒，备于礼，故其民龊龊。颇有桑麻之业，无林泽之饶。地小人众，俭啬，畏罪远邪。及其衰，好贾趋利，甚于周人。

夫自鸿沟以东，芒、砀以北，属巨野，此梁、宋也……其俗犹有先王遗风，重厚多君子，好稼穑，虽无山川之饶，能恶衣食，致其蓄藏。

越、楚则有三俗。夫自淮北沛、陈、汝南、南郡，此西楚也。其俗剽轻，易发怒，地薄，寡于积聚。江陵故郢都，西通巫、巴，东有云梦之饶。陈在楚夏之交，通鱼盐之货，其民多贾。徐、僮、取虑，则清刻，矜己诺。

彭城以东，东海、吴、广陵，此东楚也。其俗类徐、僮。朐、缯以北，俗则齐……

衡山、九江、江南、豫章、长沙，是南楚也。其俗大类西楚……与闽中、干越杂俗，故南楚好辞，巧说少信。江南卑湿，丈夫早夭……九疑、苍梧以南至儋耳者，与江南大同俗，而杨越多焉……

颍川、南阳，夏人之居也。夏人政尚忠朴，犹有先王之遗风。颍川敦厚。秦末世，迁不轨之民于南阳。……俗杂好事。业多贾。其任侠，交通颍川，故至今谓之“夏人”。

以上所载，北方的多而细，南方的少而粗，也许与司马迁的经历有关。他虽然到过南方，特别是江淮一带，但对北方更熟悉一些。司马迁所述南北各地不同的风俗，很大程度上与自然环境和条件有关系，同时也与传统的“教俗”有关系，后者特别与习俗的改变有关。这都说明是“外物”的影响。

以上是《淮南子》和《史记》中关于风俗，关于“礼俗”形成的一些思想。可以说是代表新道家的思想，显然与儒家不同，特别强调的是一个“因”字，强调顺具自然。《淮南子·齐俗训》通篇都是这个思想，如说：

先王之法籍，非所作也，其所因也。

所以为法者，与化推移者也。

圣人之所以应时耦变，见形而施宜者也。

故行齐于俗，可随也；事周于能，易为也。矜伪以惑世，伉行以违众，圣人不以为民俗。

使各便其性，安其居，处其宜，为其能。

要像庖丁解牛一样，“游乎众虚之间”，也就是顺其自然。司马迁也是最赞赏这个“因之”，他说：

俗之渐民久矣，虽户说以眇论，终不能化。故善者因之，其次利道之，其次教诲之，其次整齐之，最下者与之争。①

显然“因”和“利道”是最好的，“教诲”“整齐”是其次。但在现实生活中，几乎没有最好的可能，司马迁在这段话之前，在文章一开头，在引了老子的“至治之极”之后又说：

必用此为务，挽近世涂民耳目，则几无行矣。

现实情况如何呢？

太史公曰：夫神农以前，吾不知已。至若《诗》《书》所述虞夏以来，耳目欲极声色之好，口欲穷刍豢之味，身安逸乐，而心夸矜执能之荣使。

如此现实，事实上不可能“因”和“利道”了，而只能“教诲”“整齐”。因此，新道家的理想（也就是先秦道家的理想）是根本不可能实现的，尽管他们也退而求其次，调整了自己的理论观点，但不如儒家直接提倡“教诲”“整齐”现实。这也是儒家能取代新道家的原因之一。

儒家在风俗问题上也讲“因”，讲因人之性，但是与道家因而顺之不同，强调的是因人之性而制礼作乐，以礼乐改变人之性，如班固在《汉书》中就表述得比较明确：

凡民函五常之性，而其刚柔缓急，音声不同，系水土之风气，故谓之风；好恶取舍，动静亡常，随君上之情欲，故谓之俗。孔子曰：“移风易俗，莫善于乐。”言圣王在上，统理人伦，必移其本，而易其末，此混同天下一之乎中和，然后王教成也。②

① 司马迁：《史记》卷一百二十九，《货殖列传》，中华书局1982年版，第3253页。
② 班固：《汉书》卷二十八，《地理志》，中华书局1962年版，第1640页。

> 人函天地阴阳之气，有喜怒哀乐之情，天禀其性而不能节也，圣人能为之节而不能绝也，故象天地而制礼乐，所以通神明，立人伦，正情性，节万事者也。①

在《史记》的《礼书》《乐书》中也有“缘人情而制礼，依人性而作仪”之类的话，但仔细对比，司马迁和班固的观点是不一致的，“好恶取舍”，“随君上之情欲”这样的话，在司马迁及新道家学者的著作和思想中是难见到的。

汉以后各朝的“整齐风俗”

如上所述，儒家的思想观点更符合社会的现实情况，更符合统治阶级的需要。所以，从汉代开始，政治上实行的就是儒家以“礼乐”“教化”整齐风俗或移风易俗，“《诗》《书》所述，要在安民，富而教之”②。整齐风俗，一是“劝农”，二是“教化”，后者的范围很大，主要是以儒家思想为准绳。

汉以后的历代统治者，都和汉一样重视风俗，或下令“整齐”，或遣使“观览”，或责成地方长吏“移风易俗”（包括派大员“都督”）。即便是分裂割据，战乱连年之时，也不忽视这一方面，如曹操之下《整齐风俗令》③。不过此令所指仅为“阿党比周”，“父子异部，更相毁誉”等内容。但是，有许多令虽未明言“整齐风俗”，实际上有“整齐”之意，或正面提倡、褒赏，或反面的禁、断、戒。如《礼让令》之提倡礼让精神，《修学令》《求贤令》《选举令》等等，都是正面提倡。禁断之令，有的很大，较有原则；有的较小，比较具体，如《明罚令》：

> 闻太原、上党、西河、雁门，冬至后百有五日皆绝火寒食。云为介子推、子胥沉江。吴人未有绝水之事，至于推独为寒食，岂不悖乎。见北方冱寒之地，老少羸弱，将有不堪之患。今到，人不得寒

① 班固：《汉书》卷二十二，《礼乐志》，中华书局1962年版，第1027页。
② 贾思勰：《齐民要术·序》。
③ 以下引曹操之令，均见严可均辑《全三国文》。

食。若犯者，家长半岁刑，主使百日刑，令长夺一月俸。

真有点雷厉风行之势。这可以说是“移风易俗”的大好事。还有《戒饮山水令》也是如此：

凡山水甚强寒，饮之皆令人痢。

如果仔细研究这些“整齐风俗”令岂不很有意思！当然，这仅仅是几个具体而微的例子，不能以偏概全，但可以窥一斑而知全豹。重视风俗成为整个政治的一部分，内容也是很丰富的。

晋代当然如此，如晋武帝时的《耕籍诏》：

夫国之大事，在祀与农。是以古之圣王躬耕帝籍，以供郊庙之粢盛，且以训化天下。①

又如《责成二千石诏》：

郡国守相，三载一巡行属县，必以春。此古者所以述职、宣风、展义也。见长吏，观风俗，协礼律，考度量，存问耆老，亲见百年，录囚徒，理冤枉，详察政刑得失，知百姓所疾苦，无有远近，便若朕亲临之。敦谕五教，劝务农功，勉励学者。思勤政典，无为百家庸末，致远必泥。士庶有好学笃道、孝悌忠信、清白异行者，举而敬之。有不孝父母，不长悌于族党，悖礼弃常，不率法令者，纠而罪之。田畴辟、生业修、礼教设、禁令行，则长吏之能也……扬清激浊，举善弹违，此朕所以垂拱总纲，责成于良二千石也。於戏，戒哉！

这是责成地方长吏“整齐风俗”，还有《遣使者侯使光等周行郡国诏》：

---

① 引文见严可均辑《全晋文》，下同。这里“国之大事，在祀与农”很有意思，《左传》中是“国之大事，在祀与戎”。此变化值得研究。

> 今使使持节……衔命四出，周行天下，亲见刺史二千石长吏，申谕朕心……访求得失，损益诸宜，观省政教，问人间患苦。《周典》有之：以其万姓之利害为一书，礼俗政事刑禁之逆顺为一书，其悖逆暴乱作慝犯令为一书，其礼丧凶荒厄贫为一书，其康乐和亲平安为一书，每国辩异之，以返命于王，以周知天下之故。斯旧章前调，今率由之，还其条奏……

这是“遣使者”巡行各地，按照“旧章前调”全面的观省风俗。

类似以上所举各种整齐风俗令，抽象的，具体的，正面提倡的，反面禁止的，专门差使的，全面观察的，在南北朝各个时期也都有，似不必一一列举。那么各种各样的诏令行过没有？实行到什么程度？从有关记载看，许多是实行了的，虽然程度和范围有限。如派使巡行，本身就是实行，巡行之后必有交代，也是完全可以肯定的，如前述雷义一次巡行处分地方长吏七十余人。地方官对朝廷诏令多少要应付一下，部分地方实行得相当好，也有的很差（要多一些），这从史书零零散散的记载中可以看出来。如《宋书·谢方明传》：

> （武帝）永初三年出为丹阳尹，有能名，转会稽太守。江东民户殷盛，风俗峻刻，强弱相陵，奸吏蜂起，符书一下，文摄相续。又罪及比伍，动相连坐，一人犯吏，则一村废业，邑里惊扰，狗吠达旦。方明深达治体，不拘文法，阔略苛细，务存纲领……东土至今称咏之。

又《宋书·自序》：

> 元嘉二十二年……以（沈）亮为南阳太守加扬武将军……遣吏巡行诸县，孤寡老疾不能自存者，皆就蠲养，耆年老齿，岁时有饩。时儒学崇建，亮开置庠序，训授生徒。民多发冢，并婚嫁违法，皆严为条禁……立民崇政，训本播穑，故能殷邦康俗，礼节用成。

这是好的例子。大多数恐怕是既治理不好，又隐情不上报，如：

山阴民户三万，海内剧邑，前后官长，昼夜不得休，事犹不举。①

更有甚者则是贪赃枉法，如：

南土沃实，在任者常致巨富，世云：广州刺史，但经城门一过，便得三千万也。②

当然，同一个地方，因长吏不同，政绩、风俗也会不同，如：

越中饶沃，前后守宰例多贪纵，（王）劢独以清白著闻……及肖勃平后，又以劢旧在岭表，早有政绩。③

王劢在广州比其他人就治理得好一些。上山阴、广州两例，顾觊之、王琨二人甚与其他无用之辈和贪吏不同。

北朝虽为少数民族入主中原，其观风览俗和移风易俗的办法与汉族的统治者基本相同。早在北魏道武帝立国之初，即有遣使巡行郡国之举。以后也是有各种各样的措施，如明元帝泰常二年二月的《遣使巡省诏》：

……其遣使者巡行天下，省诸州，观民风俗，问民疾苦，察守宰治行。诸有不能自申，皆因以闻。④

又如文成帝太安元年六月《遣使巡行州郡诏》：

……今遣尚书穆伏真等三十人，巡行州郡，观察风俗。入其境……徭役不时……聚敛烦数……绥导无方……威禁不设……诸如此比，黜而戮之。善于政者，褒而赏之。……其容隐者，以所匿之罪罪之。⑤

① 沈约：《宋书》卷八十一，《顾觊之传》，中华书局 1974 年版，第 2079 页。
② 萧子显：《南齐书》卷三十二，《王琨传》，中华书局 1972 年版，第 578 页。
③ 姚思廉：《陈书》卷十七，《王劢传》，中华书局 1972 年版，第 238 页。
④ 魏收：《魏书》卷三，《太宗纪》，中华书局 1974 年版，第 57 页。
⑤ 魏收：《魏书》卷五，《高宗纪》，中华书局 1974 年版，第 114～115 页。

比较具体的移风易俗的诏令也有，如孝文帝太和二年四月的《定婚葬律令诏》：

> 婚聘过礼，则嫁娶有失时之弊；厚葬送终，则生者有糜费之苦。圣王知其如此，故申之以礼数，约之以法禁。乃者民渐奢尚，婚葬越轨，致贫富相高，贵贱无别。又皇族贵戚及士民之家，不惟氏族，下与非类婚偶。先帝亲发明诏，为之科禁，而百姓习常，仍不肃改。朕今宪章旧典，祗案先制，著之律令，永为定准。犯者以违制论。①

虽然这只是重申旧令，而且明显地维护门第等级，但要改变“过礼”“厚葬”“民渐奢尚”等陋习，则是移风易俗的措施。

北周处于隋唐大一统的前奏，许多政策措施对隋唐有直接影响。关于整齐风俗方面有两点特别值得提出：一是苏绰为“六条诏书”，并为“敦教化”；要“诸牧守令长”“上承朝旨，下宣教化”，以“移风易俗”。二是宣帝时“诏制九条，宣下州郡”，实即整齐风俗的九条具体措施②，带有统一性质，对隋唐有影响。

隋唐统一之后，在观省和整齐风俗方面，自然也是继承和总结以往的一切，范围更大，制度上更经常化。如唐初之设“观风俗使”：

> 贞观八年正月二十九日诏曰：“昔者明王之御天下也，内列公卿，允厘庶绩；外廷侯伯，司牧黎元。惟惧淳化未敷，名教或替，故有巡狩之典，黜陟幽明；行人之官，存省风俗。时雍之化，率由兹道。宜遣大使，分行四方，申谕朕心，延问疾苦，观风俗之得失，察政刑之苛弊，务尽使乎之旨，俾若朕亲觌焉。”于是分遣萧瑀、李靖、杨仁恭、窦静、王珪、李大亮、刘德威、皇甫无逸、韦挺、李袭誉、张亮、杜正伦、赵弘智等，巡省天下。③

此“观风俗使”注云，“自贞观八年以后不置”，其实不然，诏令中只说

① 魏收：《魏书》卷七，《高祖纪》，中华书局1974年版，第145页。
② 令狐德棻等：《周书》卷七，《宣帝纪》，中华书局1971年版，第116页。
③ 王溥：《唐会要》卷七十七，《诸使上》。

“遣大使”“观风俗之得失”，“观风俗使”之名还是《唐会要》作者加上去的，但其以后不置的说法不恰当，以后倒还有“观察使”之名，如宪宗元和二年正月“委观察使风闻按举”，文宗开成元年“令诸观察使”上奏地方“教化”情况[1]，等等，与上述“观风俗使”基本任务相同。此外，不同时期的巡察、按察、巡抚等使，均有“观风俗”的任务在其中，如：

建中元年正月制，诸道宜分遣黜陟使，观风俗，问疾苦……[2]

在移风易俗方面，也有具体例子，如垂拱元年：

四月六日，尚书左丞狄仁杰充江南安抚使，虽楚多淫祠，仁杰一切焚之，凡除一千七百所。[3]

应该说这是一次很大的移风易俗行动。

另一方面，也主要是通过地方官“整齐风俗”和“移风易俗”。唐太宗把地方官的姓名写在“屏风”上，坐卧常看。唐朝各个时期，只要政治上相对稳定，都有一批政治家上疏讨论地方官的问题，也经常下诏令，或重申重视，或采取某些具体措施，都是因为“移风易俗，其寄不轻”（刘知几上疏所云），地方官不良，就会“风俗不澄”，地方官的选任乃“政教之首”[4]。

关于地方官“移风易俗”所起的作用，在史书的良吏传和一些做过地方官的人物传中多有记载，不少人被地方立碑甚至立祠纪念。他们“整齐风俗”的政绩大略有几个方面：一是兴学校，崇教化；二是劝农桑，崇俭约；三是革除各种陋俗。前两方面可说是从根本作起，后一方面则由客观情况决定，兹举以下数例说明之：

韦景骏为肥乡令，修学堂馆舍、道路桥堤，“人吏立碑颂德”；

① 王溥：《唐会要》，卷六十八，《刺史上》。
② 王溥：《唐会要》，卷七十八，《黜陟使》。
③ 王溥：《唐会要》，卷七十七，《诸使上》。
④ 王溥：《唐会要》，卷六十八，《刺史上》。

“开元中，为贵乡令。县人有母子相讼者，景骏……取《孝经》付令习读之，于是母子感悟，各请改悔，遂称慈孝”；“十七年，迁房州刺史。州带山谷，俗参蛮夷，好淫祀而不修学校。景骏始开贡举，悉除淫祀”。①

罗珦“擢庐州刺史。民间病者，舍医药，祷淫祀，珦下令止之。修学官，政教简易”。②

韦丹“为容州刺史，教民耕织，止惰游，兴学校。民贫自鬻者，赎归之，禁吏不得掠为隶。始城州，周十三里，屯田二十四所，教种茶、麦，仁化大行”。“徙为江南西道观察使……始，民不知为瓦屋，草茨竹椽，久燥则戛而焚。丹召工教为陶……”③

韦宙为永州刺史，“为书制律并种植为生之宜，户给之”。“初，俚民婚，出财会宾客，号‘破酒’，昼夜集，多至数百人，贫者犹数十；力不足则不迎，至淫奔者。宙条约，使略如礼，俗遂改。邑中少年常以七月击鼓，群入民家，号‘行盗’，皆迎为办具，谓之‘起盆’，后为解素，喧呼疻斗。宙至，一切禁之”。④

薛元赏“拜京兆尹，都市多侠少年，以黛墨镵肤，夸诡力，剽夺坊闾。元赏到府三日，收恶少，杖死三十余辈，陈诸市，余党惧，争以火灭其文”。⑤

事例甚多，不能尽举。

这里有必要指出，如果放在一个更长的历史时期（例如整个汉唐）看，特别是一些边远地区和原来比较落后的地区，地方官吏“移风易俗”的作用是不小的。如早在西汉时，文翁之治蜀，用兴学校的办法改变“辟陋有蛮夷风”的蜀地，使之“好文雅”，他的经验曾引起汉武帝下令“天下郡国皆立学校”⑥。有些地方之所以能“移风易俗”，又是历任长吏不断“整齐风俗”的结果，如东汉时的桂阳，先是光武帝时卫飒为桂阳太守，

① 刘昫等：《旧唐书》卷一八五，《韦景骏传》，中华书局1975年版，第4797～4798页。
② 欧阳修、宋祁：《新唐书》卷一九七，《罗珦传》，中华书局1975年版，第5628页。
③ 欧阳修、宋祁：《新唐书》卷一九七，《韦丹传》，中华书局1975年版，第5629、5630页。
④ 欧阳修、宋祁：《新唐书》卷一九七，《韦宙传》，中华书局1975年版，第5631页。
⑤ 欧阳修、宋祁：《新唐书》卷一九七，《薛元赏传》，中华书局1975年版，第5633页。
⑥ 班固：《汉书》卷八十九，《文翁传》，中华书局1962年版，第3626页。

“郡与交州接境，颇染其俗，不知礼则。飒下车，修庠序之教，设婚姻之礼。期年间，邦俗从化”[①]。后来，“南阳茨充代飒为桂阳，亦善其政，教民种殖桑柘麻纻之属，劝令养蚕织屦，民得利益焉”[②]。《后汉书》注引《东观记》更说：

> 茨充教人种桑蚕，人得其利，至今江南颇知桑蚕织屦，皆充之化也。

但是到了和常时，许荆为桂阳太守，记载又说：

> 郡滨南州，风俗脆薄，不识学义。荆为设丧纪婚姻制度，使知礼禁。[③]

同为桂阳一地，从东汉初期到中期，好几任太守为当地移风易俗做了努力。细查下去，太守是会不断的，不过无政绩突出者罢了[④]。而上述唐代韦宙之在永州，永州离桂阳（唐改为连州）不过二三百里地，风俗当大抵相同，则这一带移风易俗是长期进行的。把不同地区的风俗习惯逐渐变成大体相同，这不能不说是汉唐统一历史发展的结果（南北朝虽为分立，实也有思想上的统一）。其他如交州等边远州郡，历代都有良吏治理，这里就不再具体列举了。杜佑《通典》在“古南越”州之“风俗”中写道：

> 五岭之南，人杂夷獠，不知教义，以富为雄。珠崖环海，尤难宾服。是以汉室尝罢弃之。大抵南方遐阻，人强吏懦，豪富兼并，役属贫弱，俘掠不忌，古今是同，其性轻悍，易兴迷节。爰自前代，及于国朝，多委旧德重臣，抚宁其地也。

“古今是同”的状况后世显然是改变了，是许多“旧德重臣，抚宁其地”

---

① 范晔：《后汉书》卷七十六，《卫飒传》，中华书局 1965 年版，第 2459 页。
② 范晔：《后汉书》卷七十六，《卫飒传》，中华书局 1965 年版，第 2460 页。
③ 范晔：《后汉书》卷七十六，《许荆传》，中华书局 1965 年版，第 2472 页。
④ 刘禹锡曾为连州（即汉之桂阳）刺史，当有所为，可惜史书没有什么记载。

的结果。他们“整齐风俗”的思想、办法，基本上是相同的，可以说都是以儒家的思想为指导思想，用兴学、劝农等从根本做起的办法，或用示范、感化，或明令禁止、惩恶劝善，达到了“移风易俗”的目的。这对于国家的统一，文化的发展，都是有积极意义的。

一些主要习俗的演变

从秦汉到隋唐这一历史时期，文化的发展有许多重要内容和变化，风俗习惯也是如此。以下且看一看，一些重要的风俗习惯在这一时期的演变。

婚俗 有人类就有婚姻，从“血缘群婚”开始，到以后的各种婚姻形态，都是长期的习俗形成和演变。在中国，“婚姻”一词本身就反映一种习俗，如《说文》之解释“婚”字：

> 婚，妇家也。礼，娶妇以昏时。妇人阴也，故曰婚。从女，从昏，昏亦声。

“娶妇以昏时”就反映着一种古老的习俗①，所谓“礼”是因“俗”而成。

婚姻之纳于礼的范围，在中国古代是很早的事，至少周代已经如此，这在《诗经》中有所反映，如：

> 文定厥祥，亲迎于渭。②

> 韩侯迎止，于蹶之里。③

---

① 刘师培《古政原始论》认为：“行礼必以昏时者，则以上古时代用火之术尚未发明，劫妇必以昏时，所以乘妇家之不备，且使之不复辩其为谁何耳。后世相沿，浸以成俗，遂以昏礼为嘉礼之一矣。”亦有学者根据《诗经》《楚辞》的描述，认为是男女会合，“人约黄昏”之古俗（参见陈鹏《中国婚姻史稿》卷一，中华书局1990年版）。

② 《诗经・大雅・大明》，十三经注疏本，中华书局1980年版。

③ 《诗经・大雅・韩奕》，十三经注疏本，中华书局1980年版。

“亲迎”“迎止（之）”当即所谓“六礼”① 中之亲迎。《左传》中记载就更多更具体一些。《仪礼·昏礼》和《礼记·昏义》可以说是先秦时期各朝各地流风遗俗的总集。先秦的情况，本章就不作论述了。

从汉代开始，《礼经》、“礼学”逐渐大行，婚俗必受其影响无疑，而且是自上而下的，由中央到地方产生的影响，例如《汉书·韩延寿传》记载，韩延寿为颍川太守，与郡中长老商量移风易俗：

因与议定嫁娶，丧祭仪品，略依古礼，不得过法。延寿于是令文学、校官诸生，皮弁执俎豆，为吏民行丧嫁娶礼。百姓遵用其教。

又如《后汉书·李忠传》：

（建武）六年，迁丹阳太守。……忠以丹阳越俗不好学，嫁娶礼仪，衰于中国，乃为起学校，习礼容。

《后汉书·卖巴传》：

四迁桂阳太守。以郡处南垂，不闲典训，为吏人定婚姻丧纪之礼，兴立学校，以奖进之。

以上所引地方长吏在“移风易俗”中，不少都有设婚姻之礼的内容。这些地方官所设婚姻之礼，多半如韩延寿一样，是“略依古礼”，这“古礼”无非就是《仪礼》以及《礼记》的一些记载乃至理想，把习俗与礼制结合起来。这样也就使得婚俗逐渐定型化。当然，所谓“定型”也并非一成不变，而是大的方面定型，例如所谓“六礼”这种大方面的定型，具体情节各地不同，实际上也是不断改变的，如《汉书·平帝纪》记载：

（元始三年）诏光禄大夫刘歆等杂定婚礼。四辅、公卿、大夫、博士、郎、吏家属皆以礼娶，亲迎立轺骈马。

① “六礼”指纳采、问名、纳吉、纳征、请期、亲迎，见《仪礼·士昏礼》“下达纳采”疏。

从“杂定婚礼”的反面意思看，或者平帝以前并未认真实行“六礼”，或者是平帝时新定了礼仪，师古作注，就说“立轺骈马”是新定之制，其实只不过新定了“亲迎”之制，并没有脱离“六礼”的大范围。以后各朝各代，也常有“定婚礼”的记载，也当是一些具体的改变，不合时俗只能束之高阁。实际的婚俗，一般是按照“六礼”的纳采、纳吉、请期、亲迎等项，而形成的各种各样的风俗习惯，有很多习俗都是在汉唐时期形成和发展起来的，例如：从问卜到“合婚”的转变，就是魏晋南北朝和隋唐时期完成的：“六礼”之中问名、纳吉是以卜筮定婚姻，古已有之，汉唐时期也普遍存在（直至宋代也还存在）。“合婚”是以男女年庚相配，依五行生克，决定婚姻与否。这与问卜性质相同。此法当起于魏晋南北朝，因为在《隋书·经籍志》“五行”类中记有：

> 《嫁娶经》四卷，《阴阳婚嫁书》四卷，《杂阴阳婚嫁书》三卷，《婚嫁书》二卷，《婚嫁黄籍科》一卷，《六合婚嫁历》一卷（梁《六合婚嫁书》及图各一卷）……

共十二种，这无疑是“合婚”之俗形成以后人们才编出这些书来的。此俗在宋代以后终于取代了问卜。后世许多婚俗（如拜堂、闹房之类）据记载都是汉魏六朝时发展起来的①，特别是有些北方少数民族的婚俗，经南北朝隋唐，与汉族婚俗融合，成为中国古代乃至近代长期有影响的风俗习惯，如催妆、青庐之类。《酉阳杂俎续集》卷四记载：

> 今士大夫家婚礼露施帐，谓之入帐，新妇乘鞍，悉北朝余风也。聘北道记云：北方婚礼，必用青布幔为屋，谓之青庐，于此交拜，迎新妇。夫家百余人，扶车俱呼曰：新娘子催出来，其声不绝，登车乃止，今之催妆是也。

到了唐代，更发展成以诗催妆，出现了不少催妆诗，以后作乐催妆等等不断变化，催妆之俗一直沿袭下来。

---

① 陈鹏：《中国婚姻史稿》卷五，《俗礼》诸条，中华书局1990年版。

汉唐时期影响婚俗的，不仅有礼，而且有法。关于婚姻的法律，汉以前的至今尚未发现，似无直接规定婚事之律文，但《九章律》中有《户律》一章为后世附以婚事之本，有无具体内容尚不清楚，据《晋书·刑法志》记载：

> 又汉时决事，集为《令甲》以下三百余篇，及司徒鲍公撰嫁娶辞讼决为《法比都目》，凡九百六卷。世有增损，率皆集类为篇，结事为章。

这是婚姻判例汇编，非律条文，但判案必有律文可依，只是这方面的律文已亡佚罢了。以后魏晋南北朝均有《户律》，直至北齐正式列婚事于《户律》中，名曰《户婚》。北周曾分为《婚姻》《户禁》两篇，隋开皇又合为《户婚》，大业再为《户律》及《婚律》，到唐代定为《户婚》。唐律至今存在，对婚姻关系的各个方面都作出了详细的规定。例如婚约、婚书、聘财等婚姻成立条件和婚姻关系的解除，例如婚龄、父母尊长的主婚权，以及对婚姻的一些限制（包括违法婚姻）等等。有些内容明显是维护封建统治的，如良贱不得为婚之类；有些内容则属于“移风易俗”和调整婚姻关系的，如同姓与近亲不得为婚、禁止“枉法娶人妻妾及女”等等。除开法律条文之外，从汉到唐的各朝统治者还经常颁发一些关于婚俗的诏令，如禁嫁娶之僭侈过制，以时嫁娶、禁卖婚等等，皇帝的诏令实际也就是法律。

婚姻问题与政治有密切关系，在统治阶级方面尤为突出。汉唐时期有两点特别值得提出：

一是“和亲”。以婚姻为政治行为自古有之，西周亲异姓诸侯的办法就是结为婚姻，使成为甥舅关系。春秋战国以婚姻互结邻援，以婚姻巩固盟誓，事例甚多。汉代，从高祖开始即以婚姻资助政治，特别是纳娄敬之策，以宗人子为公主嫁匈奴单于，与约和亲。这可说是汉族与他族“和亲”政策之始。一直到唐代，有许多突出的“和亲”事例，如众所周知的汉之王昭君、唐之文成公主等等，其意义之重大，也是十分显然的。

二是“门第婚”。在等级森严的阶级社会里，讲门当户对，似乎是天经地义之事。汉初君臣起自民间，开始无所谓“门第”，久而久之，也就形成了世族，人们在婚姻上也就羡慕高门，如：

（王）闳妻父肖咸，前将军望之子也，久为郡守，病免为中郎将。兄弟并列，（董）贤父恭慕之，欲与结婚姻。[1]

并且“豪杰大姓，仍自相与为婚”[2]。这是西汉就有了的情况。真正典型的“门第婚”，那是存在于魏晋南北朝时期，旧族高门虽贫困下来，仍不屑与庶族为婚，南朝掌机要之寒门乃至天子也竟以通婚旧族为荣。另一方面，世族女子与庶族通婚甚至遭到弹劾。凡此种种，可谓达到了登峰造极。到了唐代，花很大力气纠正这种门第婚的观念，但一方面人们积习不改，仍愿与旧族为婚，另一方面是新的贵族形成，又互为婚，新的门第婚又逐渐形成。以后，旧门第不再像魏晋南北朝那么严重，但高门大姓总有，婚姻上讲门当户对遂成为一种长期的习俗，深入人们心中。

这一时期婚俗方面的事还很多，不能一一记述。总的来说，这一时期在中国婚俗史上是一个重要阶段，一方面是有关礼、法在这一时期日趋完备，婚俗也日趋丰富，另一方面在实际中婚姻又有一定自由、婚俗也在不断发展变化，可说是一个过渡时期。

丧葬 丧葬在中国古代和婚姻一样，纳入了礼、法的范围，甚至有过之而无不及，《仪礼》16 篇，有 4 篇专讲丧葬之礼，占全书的四分之一；《礼记》49 篇，有 14 篇讲丧服、丧事，篇目将近三分之一。关于丧葬之礼的文字记载，由于有考古发掘，许多都能得到证明，对于丧葬文化的研究是特别有利的。

大量地下发掘的事实证明，厚葬之风在古代特别盛行。先秦是如此，秦汉及其以后都是如此。当然具体仔细考察，不同时期也会有程度的区别，例如西周比商代弱，战国比春秋弱，魏晋南北朝比秦汉和隋唐弱，等等。秦汉和隋唐都是厚葬的高潮时期，遍布在今陕西、河南各地的帝王陵墓就是证明。即便是“自天子不能具钧驷，而将相或乘牛车，齐民无藏盖”[3] 的汉初，似乎死人比生人的享受还要丰厚，已发掘的长沙马王堆汉墓、湖北江陵汉墓、河北满城汉墓有大量的陪葬物，金缕玉衣、高级丝绸、精美漆器等等，其奢侈程度令人惊叹。以“节俭”著名的汉文帝，记载说他不以金、银、

---

① 班固：《汉书》卷九十三，《董贤传》，中华书局 1962 年版，第 3738 页。
② 班固：《汉书》卷七十六，《赵广汉传》，中华书局 1962 年版，第 3200 页。
③ 司马迁：《史记》卷三十，《平准书》，中华书局 1982 年版，第 1417 页。

铜、锡为饰，而专用瓦器，但西晋时盗发霸陵，却“多获珍宝”。许多帝王陵墓至今未打开，情况如何，难以想象（有些早已被盗过），但厚葬是完全可以肯定的，厚葬当然是劳民伤财，《晋书・索綝传》记载：

……盗发汉霸、杜二陵，多获珍宝。帝问綝曰：汉陵中物何多邪？綝对曰：汉天子即位一年而为陵，天下贡赋三分之，一供宗庙，一供宾客，一充山陵。汉武帝飨年久长，比崩而茂陵不复容物，其树皆已可拱。赤眉取陵中物不能减半，于今犹有朽帛委积，珠玉未尽。此二陵是俭者耳，亦百世之诫也！

这种以事实为根据的概述，足见帝王厚葬之一般了。汉以后，除魏晋南北朝主要因客观条件而略“薄”之外，唐代的昭陵、乾陵至今仍屹立在那里，或者有一天会揭开其中之谜。历代关于帝王将相、豪门贵族厚葬的记载甚多，已出土和未出土的墓葬也很多，似不必再一一列举了。

一般平民百姓，平日生都不易，死后自然是不得其葬的，遇上灾年荒月的严重时期即“白骨蔽平原”①，“尸骸相撑拒”②，更加悲惨。但葬俗对民间还是有影响的，不过是“富贵办棺木，贫穷席里裹”③ 罢了。许多丧葬仪式也逐渐在民间流传开来，成为一种习俗，只要稍有条件，就会部分地实行。它与迷信、伦理、教育等等结合起来，直至近代都是如此，因此影响是很大很深的。

厚葬需要大量钱财，家境稍不宽裕就难以发丧。汉代政府对官吏之丧有所谓“法赙”，《汉书・何并传》云：

吾生素餐日久，死虽得法赙，勿受。（如淳曰：公令，吏死官，得法赙。师古曰：赠终者布帛曰赙。）

或者由他人赠送。汉初，平原君朱建母死，因“贫未有以发丧，方假贷服具”，辟阳侯“乃奉百金税”，师古曰：

① 王粲：《七哀诗》。
② 蔡琰：《悲愤诗》。
③ 王梵志：《王梵志诗》。

赠终者之衣被曰税，托以百金为衣被之具。[①]

或者由“官赋敛送葬”：

天下殷富，大郡二千石死官，赋敛送葬皆千万以上，妻子通共受之，以定产业。[②]

这是借丧事发财了。《汉书·陈平传》：

邑中有大丧，平家贫，以先往后罢为助。

这是有钱的出钱，有力的出力。《汉书·原涉传》又记载：

人尝置酒请涉，涉入里门，客有道涉所知母病避疾在里宅者，涉即往候，叩门。家哭，涉因入吊，问以丧事，家无所有，涉曰：但洁扫除沐浴，待涉。还至主人，对宾客叹息曰：人亲卧地不收，涉何心乡此！愿彻去酒食。宾客争问所当得，涉乃侧席而坐，削牍为疏，具记衣被棺木，下至饭含之物，分付诸客。诸客奔走市买，至日昳皆会。涉亲阅视已，谓主人：愿受赐矣。既共饮食，涉独不饱，乃载棺物，从宾客往至丧家，为棺敛劳徕毕葬。

此类互助，当是民间葬俗得以实行的原因之一。

当然，这里也要指出，在厚葬之风盛行时，也不乏有识之士的极力反对。两汉时期突出的有杨王孙、贡禹、刘向、桓宽、王符、赵咨、周盘、王充等人[③]。杨王孙甚至主张“裸葬”以挽流俗。王充在《论衡》中专写《薄葬》一篇，极力反对厚葬，主张薄葬。这些都是优良的唯物主义传统。

汉唐时期在丧礼、丧俗发展方面也是一个重要阶段。后代的许多习俗都是这一时期形成和发展起来的。诸如与厚葬相应的大办丧事之类，从汉

① 班固：《汉书》卷四十三，《朱建传》，中华书局 1962 年版，第 2117 页。
② 班固：《汉书》卷九十二，《原涉传》，中华书局 1962 年版，第 3714 页。
③ 这些人在《汉书》《后汉书》中有传。

到唐，愈演愈厉害，唐人李德裕《论丧葬逾制疏》的一段文字，说送丧祭奠之盛及其弊病，可见一斑：

> 缘百姓厚葬，及于道途盛设祭奠，兼置音乐等。闾里编氓，罕知报义，生无孝养可纪，殁以厚葬相矜。丧葬僭差，祭尊奢靡，仍以音乐荣其送终。或结社相资，或息利自办，生业以之皆空。习以为常，不敢自废。人户贫破，抑此之由。①

具体的丧葬仪式甚多，治丧之家以饮食鼓乐娱宾，以能多致宾客为荣，等等。“丧祭无度”② 之俗，从汉到唐，历朝历代多有记载。再如汉代之招魂、挽歌、堪舆相地吉凶③，唐代之烧纸钱④，还有各种各样的服丧礼俗，迷信的居多，有不少习俗也早已死亡，不必多说了。

但是，也有某些汉唐时期兴起的丧服习俗值得一说。如碑文、墓志铭之兴起，这有一定纪念和教育意义，也保存了不少历史资料。再如墓祭之俗，见于记载，最早最突出的事例是，曹操感桥玄之知己，在桥玄死后，以“斗酒只鸡”并为文于墓前致祭⑤。但是曹大家《东征赋》有“民亦beginning其丘坟”一语（是祭古贤之墓），则曹操之前有此习俗。到了唐代，每年寒食上墓拜扫著为法令：

> 开元二十年四月二十四日敕：寒食上墓，礼经无文，近世相传，浸以成俗。士庶有不合庙享，何以用展孝思？宜许上墓，用拜埽礼，于茔南门外奠祭撤馔讫，泣辞食余于他所，不得作乐。仍编入礼典，永为常式。⑥

《唐会要》卷二十三《寒食拜埽》一类中，记载了唐代有关此俗的多次诏令、包括官吏可以请假扫墓的内容。此种扫墓风俗至今犹存，多少也有些

① 王溥：《唐会要》卷三十八，《葬》。

② 陈寿：《三国志·虞翻传》注引《会稽典录》。

③ 《汉书·艺文志》中有《堪舆金匮》十四卷可证汉代已有此术。六朝时此术大为发展，自不待说。

④ 最早的记载见于唐开元二十六年，新、旧《唐书》之《王屿传》均有记载，新书更说其是此前已有之里俗。

⑤ 见范晔《后汉书》卷五十一《桥玄传》及陈寿《三国志》卷一《魏书·武帝纪》。

⑥ 王溥：《唐会要》卷二十三，《寒食拜埽》。

纪念、教育之类的积极意义。

另外，如人们由追求长生不老，至死后想尸体不朽，以为玉可防腐，故盛行玉殓之风，文献中之“含珠鳞施”①，实物出土之金缕玉衣，即是证明。汉以后逐渐淡化肉体不朽的努力，而加强精神不朽的追求，设墓志于墓中，这种发展，应该说是进步的。

衣饰 衣服本为蔽体之用，进入阶级社会之后，逐渐成为一种等级制的标志。开始，如《旧唐书·舆服志》所说：

> 昔黄帝造车服，为之屏蔽，上古简俭，未立等威。而三五之君不相沿习，乃改正朔，易服色……于是典章兴矣。

夏、商、周是有等级的，《后汉书·舆服志》说：

> 至奚仲为夏车正，建其斿旐，尊卑上下，各有等级。周室大备……

《晋书·舆服志》写道：

> 周礼弁师掌六冕，司服掌六服，自后王之制，爰及庶人，各有等差。及秦变古制，郊祭之服皆以袀玄，旧法扫地尽矣。汉承秦弊，西京二百余年，犹未能有所制立。及中兴后，明帝乃始采《周官》《礼记》《尚书》及诸儒记说，还备衮冕之服。

《旧唐书·舆服志》又说：

> 迨秦诛战国，斟酌旧仪，则有卤簿金根大驾法驾备，千乘万骑导。《舜典》《周官》汉氏因之。……东京帝王博雅好古，明帝始令儒者考曲台之说，依《周官》……创为法服。虽有制作，竟寝不行。……其后所御，多从袍服，事具前志。而求冕之服，历代不行。

① 《吕氏春秋·节丧篇》《淮南子·道应训》。

后魏、北齐舆服奇诡。至隋氏一统，始复旧仪。

这些记载，反映了唐以前衣服制度发展变化的大体情况。其中最重要的一点是，以服饰来表示和区别等级。例如在汉代记载中，官服与民服有区别，儒服和军服不同，从官与法官、卫士与亭吏等等均有不同的服饰，还有专门的罪人服、祭服等等。冠戴、履袜乃至服色均有等级区别，如黄色为尊者之服，平民常服则为青绿色，吏和卫士着黑衣（皂衣），军服又为红色（罪人也衣赭衣）等等①。

关于衣服之制还有很多内容，包括冠履以及多种佩带，不能也不必在此一一列举。有些规定是实行过的，有些不过徒具空文而已。各朝制度又还有些具体变化，逾制的情况也时有发生，如《三国志·夏侯玄传》记载：

今科制，自公、列侯以下，位从大将军以上，皆得服绫锦罗绮纨素金银饰镂之物，自是以下杂彩之服，通于贱人，虽上下等级各示有差，然朝臣之制已得侔至尊矣，玄黄之采，已得通于下矣。

这种情况任何一个朝代都有。

总之，衣服之制，既有定制，也有变化，从风俗习惯来看，则有互相模仿、追求新奇等特点，这在《抱朴子》中有两段绝妙的描述：

丧乱以来，事物屡变，冠履衣服，袖袂财制，日月改易，无复一定，乍长乍短，一广一狭，忽高忽卑，或粗或细，所饰无常，以同为快。其好事者，朝夕放效。所谓京辇贵大眉，远方皆半额也。余实凡夫，拙于随俗，其服物变不胜，故不变，无所损者，余未曾易也。虽见指笑，余亦不理也。岂苟欲违众哉，诚以为不急耳。上国众事，所以胜江表者多，然亦有可否者。君子行礼，不求变俗。②

这里有风气习俗的记述，也有人们心态的描写，作者本人则是一种“以不

① 参阅瞿宣颖：《中国社会史料丛钞》一，《衣饰》，商务印书馆 1937 年版。
② 葛洪：《抱朴子·讥惑篇》。

变应万变”的心态。在另一处，葛洪还有一段大体相同的表述：

洪之为人也……冠履垢弊，衣或繿缕，而或不耻焉。俗之服用，俄而屡改。或忽广领而大带，或促身而修袖，或长裾曳地，或短不蔽脚。洪期于宁常，不随世变。①

所述如目所睹，生动有趣，发人深省。

服饰，包括头上戴的，身上穿的，脚上套的，以及头上和面部的装扮(特别是妇女的)，变化之大，花样之多，不是这里所能尽举的。我们要指出，习俗之形成，变化之发生，一切“时髦”的服饰都是从城市（主要是京城）开始的，如唐代诗人白居易所说：

时世妆，时世妆，出自城中传四方，时世流行无远近，腮不施朱面无粉……②

很多习俗又都是出自宫中或某些贵族之家，如：

桓帝元嘉中，京师妇女作愁眉、啼妆、堕马髻、折腰步、龋齿笑。……始自大将军梁冀家所为，京师歙然，诸夏皆放效。③

灵帝好胡服帐，京师皆竞为之。④

妇人皆剪剃以着假髻，而危邪之状如飞鸟，至于南面，则髻心正西。始自宫内为之，被于四远。⑤

有些习俗又显然是受到当时的外来影响，白居易也说得明白：

---

① 葛洪：《抱朴子·自叙篇》。
② 白居易：《白氏长庆集》卷四，《时世妆》。
③ 李昉等：《太平御览》卷三六五，引《风俗通》。
④ 李昉等：《太平御览》卷六九九，引《风俗通》。
⑤ 李百药：《北齐书》卷八，《幼主纪》，中华书局 1972 年版，第 114 页。

元和妆梳君记取，髻堆面赭非华风。①

服饰习俗新潮迭起，常常使人跟不上潮流，如以上葛洪所言。各朝代皆是如此，如唐李华在《与外孙崔氏二孩书》中说：

吾小时，南市帽行见貂帽多，帷帽少，当时旧人已叹风俗。中年至西京市，帽行乃无帷帽，貂帽亦无，男子衫袖蒙鼻，妇人领巾覆头，向有帷帽幂离必为瓦石所及，此乃妇人为丈夫之象，丈夫为妇人之饰，颠之倒之，莫甚于此。②

原来男女饰象之颠倒，亦是古已有之。

服饰之变化，按照儒家正统观念，被称之为“服妖”，认为：

风俗狂慢，变节易度，则为剽轻奇怪之服，故有服妖。③

被称为“服妖”的事当中很多是享乐腐化的陋俗④，自然是该反对的。但也有些是牵强附会，也有一些不必指责批评的，好新奇、爱美之心人皆有之，无可厚非。服饰的许多变化，与好奇爱美之心不无关系。当然，服饰习俗的变化，与实用也有关系（如好武者之喜服短衣），与经济条件更有关系。这些都值得进一步研讨。本章不作详论。

饮食 “人们首先必须吃、喝、住、穿，然后才能从事政治、科学、艺术、宗教等等。”⑤ 饮食是第一位的，中国俗话叫做“民以食为天”。从文化史看，我国饮食习俗的发展，内容极其丰富，无论饮食种类，饮食的方法（包括烹饪方法）、饮食的器具等等，多姿多彩。在长期的历史发展

---

① 白居易：《白氏长庆集》卷四，《时世妆》。

② 董诰等：《全唐文》卷三一五。

③ 班固：《汉书》卷二十七，《五行志》，中华书局1962年版，第1353页。

④ 事例甚多，载于各史五行志中，仅举一例：“熹平中，省内冠狗带绶，以为笑乐。有一狗突出，走入司徒府门，或见之者，莫不惊怪。”（《后汉书·五行志》《盐铁论·散不足篇》也有“犬马衣文绣”之语。）则洋人之宠猫狗，中国亦古已有之。

⑤ ［德］马克思、［德］恩格斯：《马克思恩格斯选集》第三卷，中共中央马克思恩格斯列宁斯大林著作编译局编译，人民出版社1995年版，第776页。

过程中，从汉到唐的演变情况，我们可以看到如下几个特点：

首先，饮食的内容日益丰富，饮食的方法越来越讲究。《盐铁论·散不足篇》将汉代饮食与“古”时作了一些比较，其文曰：

古者燔黍食稗，而烨豚以相飨。其后，乡人饮酒，老者重豆，少者立食，一酱一肉，旅饮而已。及其后，宾昏相召，则豆羹白饭，綦脍熟肉。今民间酒食，殽旅重叠，燔炙满案，臑鳖脍腥，麑卵鹑鷃橙枸，鲐鲤醢醯，众物杂味。

古者庶人粝食藜藿，非乡饮酒，腰腊祭祀无酒肉。故诸侯无故不杀牛羊，大夫、士无故不杀犬豕。今间巷县佰，阡陌屠沽，无故烹杀，相聚野外。负粟而往，挈肉而归。

古者不粥饪，不市食。及其后，则有屠沽沽酒，市脯鱼盐而已。今熟食遍列，殽施成市，作业堕怠，食必趋时。杨豚韭卵，狗腊马朘，煎鱼切肝，羊淹鸡寒蜩马骆目（血），蹇捕庸脯，腼羔豆赐，鷇膹雁羹，自鲍甘瓠，热梁和炙。

这些对比说明，汉代的饮食比以前丰富多了，食物种类多（有些还很奇特），数量也增多（满案、成市等等），其中包含有多种多样的烹制方法（众物杂味）。毫无疑问，这些是建立在经济发展的基础之上的。汉代经济的发展，才能在饮食上比过去丰富，但与以后比较，又显得有些简陋。经魏晋南北朝逐渐发展，才越来越讲究。

魏晋南北朝饮食文化和习俗的发展，我们可以从以下一个方面来说明，即这一时期关于饮食的讲究，已经出现了《食经》《食疏》之类的专书。《隋书·经籍志》中有：崔氏《食经》4 卷，《食经》14 卷（梁有《食经》2 卷，又《食经》19 卷，刘休《食方》1 卷），《食馔次第法》1 卷，《四时御食经》1 卷（梁有太官《食经》5 卷，又太官《食法》20 卷……）等等。还有一些属于祖传秘方之类，如《南史·虞悰传》云：

悰家富于财而善为滋味，豫章王嶷盛馔享宾，谓悰曰：肴羞有所遗不？悰曰：何曾《食疏》有黄颔臛，恨无之。……武帝幸芳林園就悰求味，悰献栅及杂肴数十舆，太官鼎味不及也。上就悰求诸饮食方，悰秘不出。上醉后体不快，悰乃献醒酒鲭鲊一方而已。

关于饮食的研究，在中国历史上也开始得很早，魏晋南北朝之出现《食经》《食法》等专书，只不过是水到渠成。值得注意的是，这些书都放在“医方类”①，说明饮食的研究包括科学卫生的研究，中国古代有“医食同源”“药补不如食补”等说法，反映了这方面的优良传统，例如最早的医书《素问》中就说：

五谷为养，五果为助，五畜为益，五菜为充。

谷肉果菜，皆有五气五味，宜合而食之，无使偏胜，以补精益气。

这显然说的是饮食养生的道理。关于以食治病，唐代孙思邈在《备急千金方》中曾指出：

夫为医者，当须先洞晓病源，知其所犯，以食治之，食疗不愈，然后用药。

汉唐时期的医书中，还告诉人们哪些食物既能养生又能治病，如《神农本草经》中就有记载。哪些东西不能吃，会致病，如《伤寒论》中就说：

秽饭、馁肉、臭鱼，食之皆伤人。六畜死，则有毒，不可食。

汉以前，如孔子就曾说这不食那不食②，《礼记·内则》中也有一些不可食的记载③，都与医学科学有关，也说明汉唐以后医方、食经所记，乃长期

① 另外，像《齐民要术》之类的书中也有关于饮食的记载。

② 《论语·乡党》：“食饐而餲，鱼馁而肉败，不食。色恶，不食。臭恶，不食。失饪，不食。不时，不食。割不正，不食。不得其酱，不食。”

③ “不食：雏鳖，狼去肠，狗去肾，狸去正脊，兔去尻，狐去首，豚去脑，鱼去乙，鳖去丑。”注云：皆为不利人也。

实践经验的总结。

再者，从汉到唐饮食的研究，还具体表现在，越来越讲究制作方法（烹饪），越来越讲色、香、味美。从上引《盐铁论》中记载的菜名看，蒸、煮、脍、炙、煎、濯、烩、氽、酱、腌等等，各种制作方法都有了。以后日益发展，甚至可以“变一瓜为数十种，食一菜为数十味”①。在食物加工方面，可以特别提出的是“豆腐”起源于汉代，这物美价廉营养丰富的食品，相传是淮南王刘安的发明②。关于饮食的种类及讲究，唐人韦巨源的《食谱》有比较集中的反映，其中所记有特色的主副食品近150种之多，有各种各样的面食糕点，有各种名目的鸡、鸭、鱼、肉和野味水产。有些是参和数种为一种，如：鹿鸡掺拌，谓之小天酥；细治羊豕牛熊鹿，谓之五生；盘治鱼羊体，谓之逡巡酱；薄治群物入沸油烹，谓之过门香；等等。该书还附记了所谓“张手美家”“花糕员外”“建康七妙”等美食家的专门食谱。如长安之张手美家，每个节日专卖一物，元日卖“元阳脔”，人日卖“六一菜”，上元卖“油画明珠”，二月十五卖“涅槃兜”，上已卖“手里行厨”寒食卖“冬凌粥”，四月八日卖“指天馂馅”。仅仅这些食品的名称就很讲究了。

此外，众所周知，《茶经》《酒经》之类的书籍，也是这一时期开始出现的。不再一一列述。

其次，汉唐饮食发展的另一特点，即南北饮食习俗不同日益明显。如南方人之多食稻米，北方人多食菽麦。这多半与地理，物产等自然条件有关。有人在讲到淮南田地荒芜时曾说：

> 今水田虽晚，方事菽麦，菽麦二种，益是北土所宜，彼人便之，不减粳稻……③

淮南基本处于我国中部，稻麦均宜种，因为错过了种水稻的时机，所以主张种菽麦。但是，这一说法之中，就反映出北方宜菽麦，而且北方人习惯食菽麦（便之），南方人习惯食粳稻的现象。当然有记载表明北方人也有

---

① 姚思廉：《梁书》卷三十八，《贺琛传》，中华书局1973年版，第548页。

② 朱熹曾在一首诗的注中说：“世传豆腐本为淮南王术。”李时珍《本草纲目》则肯定地说：“始于汉淮南王刘安。”

③ 萧子显：《南齐书》卷四十四，《徐孝嗣传》，中华书局1972年版，第773～774页。

以稻米为贵的。同样，南方人也有觉得北方的粟麦好吃的（现在的感受就是如此）。这是另一方面的问题。因为习俗不同，南北分别在米、麦的吃法上也各有讲究。北方面食花样多，从汉代开始，就有汤饼、蒸饼以及外来的胡饼之类的不同，到唐代，包子、油条以及各种各样的糕点更多。南方的米饭也能做出种种花样。这里就不一一列举了。

再例如吴人之尚鱼蔬，《晋书·张翰传》记载说：

> 翰入洛，因见秋风起，乃思吴中菰菜，莼羹、鲈鱼脍，曰：人生贵适志，何能羁官数千里以要名爵乎？遂命驾而归。

菰菜、莼菜均为水生植物，还有鱼类，都是江南水乡泽国的特产，人们习以为食，远离家乡的游子还会思念它。

此外，如北方人食乳酪，南人之喜甜食，等等，南北饮食好尚不同的记载很多①。主要的当与地理自然条件有关。但南北交流发展，习俗也会互相影响，人们的爱好更会因时因地而改。《洛阳伽蓝记》卷三“正觉寺”下有一段记载颇有意思：

> （王）肃初入国，不食羊肉及酪浆等物，常饭鲫鱼羹，渴饮茗汁。京师士子见肃一饮一斗，号为“漏卮”。经数年以后，肃与高祖殿会，食羊肉酪粥甚多，高祖怪之。谓肃曰：“卿中国之味也。羊肉何如鱼羹？茗饮何如酪浆？”肃对曰：“羊者是陆产之最，鱼者乃水族之长。所好不同，并各称珍。以味言之，是有优劣。羊比齐、鲁大邦，鱼比邾、莒小国。唯茗不中，与酪作奴。”……彭城王谓肃曰：“卿不重齐、鲁大邦，而爱邾、莒小国。”肃对曰：“乡曲所美，不得不好。”彭城王重谓曰：“卿明顾我，为卿设邾、莒之食，亦有酪奴。”因此复号茗饮为酪奴。……自是朝贵宴会，虽设茗饮，皆耻不复食，唯江表残民来降者好之。

---

① 张华《博物志》卷三云：“东南之人食水产，西北之人食陆畜，食水产者，龟、蛤、螺、蚌以为珍味，不觉其腥臊也。食陆畜者，狸、兔、鼠、雀以为珍味，不觉膻焦也。”

这一大段值得玩味的文字，又带出南人好尚饮茶的习俗。饮茶被认为是三国时发明的：

> 饮茶，或云始于梁天监中，事见《洛阳伽蓝记》，非也。按《吴志·韦曜传》：孙皓时，每晏飨，无不尽日坐席。无能否，饮酒以七升为限，虽不悉入口，皆浇灌取尽。曜所饮不过二升，初见礼异，时或为裁减，或赐茶荈以当酒。如此言，则三国时已知饮茶，但未能如后世之盛耳。逮唐中世，榷利与煮酒相抗，迄今国计，赖此为多……①

这是宋人根据史书记载所作说明，如果再作些搜罗，还会有不少材料，不限于吴地，大约当时南方各地均已兴起饮茶之俗，陆机《毛诗疏义》曰：

> 椒聊，聊语助也。椒树似茱萸有针叶，叶坚而滑泽，蜀人作茶，吴人作茗，皆煮其叶以为香。②

南人饮茶，与北人饮酒，也相对成为各自饮食习俗的特色（当然并非南人不爱酒，北人不饮茶，而是指日常生活中较普遍的习惯而言）。

最后，汉唐饮食习俗发展，还有一个值得提出的特点，那就是陆续吸收了一些外来优良的食物品种和食物加工方法。不过，这个外来，包括一部分当时汉族以外少数民族的食物。

食物从外传入，汉代的记载中就有了，例如胡饼，显然是外来的，何时传入，至少是东汉。《后汉书·五行志》中有灵帝好“胡饭”的记载，《太平御览》卷八六〇引《续汉书》说，灵帝好胡饼，京师皆食胡饼。大约都是根据相同的事实所作记载，不必细究了。再如豉，《急就篇》和《史记·货殖列传》中均有“盐豉”的记载。《博物志》说：

> 外国有豉法：以苦酒为浸豆，暴令极燥，以麻油蒸之，蒸讫复暴，三过乃止。然后细捣椒屑筛下，随多少合投之。中国谓之康伯，

---

① 宋无名氏：《南窗纪谈》。
② 李昉等：《太平御览》卷九五八引。

以是胡人姓名传此法者。云下气调和。①

又如苜蓿，《史记·大宛列传》云：

（大宛）俗嗜酒，马嗜苜蓿，汉使取其实来，于是天子始种苜蓿，蒲陶肥饶地……

苜蓿，今名“紫云英”，作为绿肥，唐人还作为食用，敦煌民间的《俗务要名林》将它列入“菜蔬部”，宋人亦有诗云“苜蓿聊可嚼”②。

食物制作方法的输入，如《释名》云：

貊炙，全体炙之，各自以刀割，出入胡貊之为也。

又如，饆饠这种八宝饭式的食品，也是外来的，在唐人《酉阳杂俎》中有记载。

外来食物及食物制作方法的传入，丰富了我国饮食文化、习俗的内容，也反映了文化交流的发展。（这里且不谈中国传入其他国家的饮食习俗。）

居处 人们生活，或曰衣食住行，或曰饮食起居，居住问题是次于衣、食的大问题，这方面习俗的变化也值得一述。

人类脱离穴居野处的原始生活之后，就有房屋宫室。从统治阶级来说，夏、商、周以来日益讲究奢侈自不必说，到了汉代进一步发展，帝王的宫殿金碧辉煌，王公贵族的宅第高大宽广③。魏晋至隋唐有加无已，这些自不必说。如果从建筑学、美学等角度研究，值得深究的东西很多。从人们生活习俗方面来说，可以不去研讨它。

对于广大的平民百姓，屋宇则多为草舍，直到魏晋南北朝时，南北各地皆是如此。北方如《魏书·甄琛传》载：

---

① 此为逸文，虞世南《北堂书钞》卷一四六、李昉等《太平御览》卷八五五引。

② 唐庚：《眉山诗集》卷二，《除凤州教授》。

③ 瞿宣颖《中国社会史料丛钞》中有“汉之宫殿”与“汉之第宅”等目集中了不少资料，可参考。

(向)州城之内，先有燕、恒、云三州避难之户，皆依傍市廛，草茅攒住。

南方如《隋书·高颎传》载高颎之言曰：

江南土薄，舍多竹茅。所有储积，皆非地窖。

到了唐代仍是如此。例如《旧唐书·宋璟传》记载：

广州旧族，皆以竹茅为屋，屡有火灾。璟教人烧瓦，改造店肆，自是无复延烧之患。

“旧族”“皆”这些字可以表明普遍性，“改造店肆”是说的城市店肆，一般乡间民居之为茅屋更可想而知了。实际上不仅宋璟一人如此作，广州历任刺史、都督都有劝导百姓变茅屋为瓦舍的事迹[①]。而且不仅广州如此，王仲舒在苏州也“变屋瓦，绝火灾”[②]；韦丹为江南西道观察使，也因“民不知为瓦屋，草茨竹椽”而“召工教为陶”[③]；牛僧孺刺鄂州、高骈为成都尹[④]，所见情况均反映出茅屋之普遍。平民百姓的居住条件远不如统治剥削阶级，以茅竹或木板为屋在各地也有不同，不过是就地取材。在北方还有穴居者（即今之窑洞），如《晋书·隐逸传》说孙登于郡北山为土窟居之，虽为隐逸行为，实也因北方才有此条件。又有居毡帐者，《颜氏家训·归心篇》云：

昔在江南，不信有千人毡帐，及来河北，不信有二万斛船。

这虽然是讲最大的，但由此可见，还有以毡帐，以船为居处者。房屋的大致情况就是如此，特别是民间的居处，大约千百年很少变化。

① 参阅《旧唐书·李复传》《新唐书·杨於陵传》等等。
② 欧阳修、宋祁：《新唐书》卷一六一，《王仲舒传》，中华书局1975年版，第4985页。
③ 欧阳修、宋祁：《新唐书》卷一九七，《韦丹传》，中华书局1975年版，第5629页。
④ 均见刘昫等《旧唐书》本传。

附带说一下室内装饰，在汉唐时期有壁衣和地衣的记载，《汉书·贾谊传》：

白谷之表，薄纨之裹，缉以偏诸，美者黼绣，是古天子之服，今富人大贾嘉会召客者以被墙。……今庶人屋壁得为帝服……富民墙屋被文绣……

班固之《西都赋》云：

屋不呈材，墙不露形，裛以藻绣，络以纶连。

这比今天的一般墙壁纸高级多了。当然主要是王公贵族，但贾谊“今富人大贾”“庶人”之说，又相对有较普遍的意义。至于地衣，《汉书·王吉传》有“广厦之下，细旃之上”的说法，《西京杂记》则说，“温室规地以罽宾氍毹”。唐代的地衣，有白居易的《新乐府·红线毯》[①] 可证：

宣州太守知不知？一丈毯，千两丝。地不知寒人要暖，少夺人衣作地衣。

这诗的典型意义一目了然。此外，室内还有帷帐、床、案等等，就不一一说它了。

在居处习俗上还要提出一点，那就是从汉到唐，由席地而坐到坐床、坐椅的发展和变化。汉代，王公贵人、平民百姓，无论日居宴会，皆以席布地而坐。尊者有专席，卑者数人同席。致敬或讲话皆离席至地（今之席位、席次、上席、首席皆因此而来）。《汉书·爰盎传》：

上幸上林，皇后、慎夫人从。其在禁中，常同席坐。及坐，郎署长布席，盎引却慎夫人坐。慎夫人怒不肯坐。上亦怒起。盎因前说曰：臣闻尊卑有序……今陛下既以立后，慎夫人乃妾，妾主岂可以同

① 白居易：《白氏长庆集》卷四，《讽喻四》。

坐哉！

这里有“同席坐”的问题，有“尊卑”席位问题，禁中可以随便一点，与爱妃同席坐，在宫外则要讲究尊卑席位了。又《汉书·灌夫传》：

蚡起为寿，坐皆避席伏。已，婴为寿，独故人避席，余半膝席。

讲礼时就要“避席”，离席而跪或起，所谓跪不过引身而起，因为当时之坐如后来的跪，屈其足向后，如果想舒服一点，伸足向前就称为“箕踞”了。看来，席地而坐和那种似跪的坐式，并不舒服，但或者因为是“礼”的规定，即便坐在床上也是那种跪的姿势，垂脚而坐就被认为不雅不敬了①。汉代朝会时，只有天子能“居床”，这样可高人一等：

殿堂之上，惟天子居床，其余皆铺幅席前设筵。②

床在有的地方就是土炕，坐卧皆可。坐床有几以供凭倚，在床上饮食或做事就有案，有食案，有书案。

魏晋以后，以席布地而坐的习俗仍旧，也有坐于毡上者，如《晋书·愍怀太子遹传》云，“使人以针著锡常坐毡中而刺之”，这就是后来形容坐卧不安“如坐针毡”一词之所本。但是，人们为了更舒适一些，坐床、坐榻之风日渐兴起，如《三国志·简雍传》：

在先主坐席，犹箕踞倾倚，威仪不肃，自纵适，诸葛亮以下独擅一榻，项枕卧语，无所为屈。

坐榻、箕踞都是为了“纵适”，《世说新语·方正篇》：

杜预拜镇南将军，朝士悉至，皆在连榻坐。时亦有裴叔则、羊稚

① 司马迁：《史记》卷九十七，《郦食其传》，中华书局1982年版，第2692页。
② 李昉等：《太平御览》卷一七五，引挚虞《决疑》。

> 舒后至，曰：杜之凯乃复连榻坐客，不坐便去……

可见，席地而坐的习俗已经在改变。但到唐代仍有席地而坐的，不过贵人、富人是越来越多地坐榻、坐床了[①]。起初坐床的姿势仍为跪式，故《梁书·长沙嗣王业传》有“独处一室，床有膝痕”之语，床上磨出了膝盖的印子。以后垂脚之风才逐渐发展起来，特别是坐胡床，看来是垂脚而坐的[②]。胡床是一种简便的床，实即后世之交椅[③]，宋人陶谷《清异录》三《逍遥座》云：

> 胡床施转关以交足，穿便条以容足，转缩须臾，重不数斤。

看来胡床和现在轻便折叠靠椅的性能相似。胡床据记载是东汉灵帝时传入的[④]，魏晋南北朝隋唐日益普遍，包括不断改进。如上引《逍遥座》的下文还有：

> 相传明皇行幸频多，从臣或待诏野顿扈驾，登山不能跂立，欲息则无以寄身，遂创意如此，当时称逍遥座。

或可认为唐代开始胡床改为交椅。

以上是一段居处习俗演变的历史，不能不认为变化的原因是人们为了起居得更舒适，舒服和适用。桌、椅的变化至今未停止，基本原因相同，不过增加了美观的因素。至于而今还有盘膝坐炕之习俗，既是古代之遗风，也有其一定舒适的因素。

节令 节令或称令节，或曰时令、时节，等等。指的是四时风俗，涉及人们生产、生活的许多方面，影响很大很深。有些是自上而下制定的，

---

① 吕思勉：《隋唐五代史》第十九章第四节认为“床仍为尊者之坐”。列举了不少材料，如政事堂之置榻设床。

② 姚思廉《梁书·杨公则传》：“矢贯胡床，左右皆失色，公则曰：几中吾脚!”

③ 胡三省注《通鉴》(梁武帝大通元年)：“胡床即今之交床，隋恶胡字，改曰交床，今之交椅是也。”

④ 主要根据还是前引《风俗通》和《后汉书·五行志》中灵帝好胡服、胡床、胡食等那条材料。

多半是在人们生产、生活的实践中形成的。《礼记·月令》季冬之月云：

天子乃与公卿大夫，共饬国典，论时令，以待来岁之宜。

这可以说是年终制定来年的计划，“论时令”，当是总结已有的四时习俗，加以认可和推广。这种时令或者节令起源很早，到秦汉时期已经比较全面了。《史记·太史公自序》说：

夫阴阳四时、八位、十二度、二十四节，各有教令。

“教令”实即习俗。汉时成书的《礼记·月令》具体讲了一年十二月该干些什么，宜干什么，等等，旧注已指出，这是根据《吕氏春秋·十二纪》中的文字删合而成的。《吕氏春秋》做了一次系统化的工作，以后逐渐发展，日益丰富，一年到头，形成了许多时令节日。宋人编的《岁时广记》按季、按月记述，专篇（有的还分上、中、下）记述的时令节日有24个，在四季综述中记了一些各地的节令。影响后世、流传至今的节令，在唐代以前均已形成了，如元旦、上元（正月十五）、寒食和清明、端午、七夕、中元（七月十五）、中秋、重九、冬至、岁除（除夕）等等。

总之，四时八节不但汉唐时期已经形成，而且一直受到重视，如敦煌文书伯2578《开蒙要训》云：

乾坤复载，日月光明，四时来往，八节相迎。

人们教导子孙后代，要注重顺应自然的四时八节。关于这与人们生活至关重要的四时节令，我们要指出如下两点：

第一，围绕着每一个节令，有一系列的活动和风俗习惯，例如《荆楚岁时记》中说：

正月一日是三元之日也。《春秋》谓之端月，鸡鸣而起，先于庭前爆竹，以辟山臊（魈）恶鬼。长幼悉正衣冠，以次拜贺。进椒柏酒，饮桃汤。进屠苏酒，胶牙饧。下五辛盘。进敷于散，服却鬼丸。

各进一鸡子。造桃板著户，谓之仙木。凡饮酒次第，从小起。帖画鸡户上，悬苇索于其上，插桃符其傍，百鬼畏之。

立春之日，悉剪彩为燕戴之，帖“宜春”二字。

正月十五日，作豆糜，加油膏其上，以祠门户。先以杨枝插门，随杨枝所指，仍以酒脯饮食及豆粥，插箸而祭之。其夕，迎紫姑，以卜将来蚕桑，并占众事。

正月夜多鬼鸟渡，家家槌床打户，捩狗耳，灭灯烛以禳之。正月未日，夜，芦苣火照井厕中，则百鬼走。

社日，四邻并结综会社，牲醪，为屋于村下，先祭神，然后乡其胙。去冬节一百五日，即有疾风甚雨，谓之寒食。禁火三日，造锡大麦粥。斗鸡，镂鸡子，打毬，鞦韆，施钩之戏。

三月三日，士民并出江渚池沼间，为流杯曲水之饮。

五月俗称恶月，多禁忌曝床荐席，及忌盖屋。五月五日，四民并蹋百草，又有斗百草之戏。采艾以为人，悬门户上，以禳毒气。是日竞渡。采杂药。

七月七日，为牵牛织女聚会之夜。是夕，人家妇女结采缕，穿七孔针，或以金银鍮石为针，陈瓜果于庭中以乞巧，有喜子网于瓜上，则以为符应。七月十五日，僧尼道俗，悉营盆供诸佛。

八月十四日，民以朱水点儿头额，名为天炙，以压疾。又以锦采为眼明囊，递相响遗。

九月九日，四民并藉野饮宴。

十二月八日为腊日，谚语“腊鼓鸣，春草生”。村人并击细腰鼓，戴胡头，及作金刚力士，以逐疫。其日并以豚酒祭灶神。岁前又为藏驱之戏。岁暮，家家具肴蔌。诣宿岁之位，以迎新年。相聚酣饮。留宿岁饭，至新年十二日，则弃之街衢，以为去故纳新也。

以上这些内容，如果细加考证，那要不少篇幅。以上记载也很不全，例如中秋节就未载，王谟在整理该书后说是“唐以前世俗尚无，中秋故事不宜荆楚”。唐以前无恐不确，《岁时广记》中有两条记载可供参考，其“观江涛”条云：

《文选》枚乘《七发》：客曰：将以八月之望，与诸侯并往观涛于广陵之曲江。詹克爱《中秋即事》云：前年中秋秋月高，钱塘江上观风涛。

其“泛夜舫”条云：

《晋书》：袁宏孤贫，运租自业，谢尚时镇牛渚，八月十五夜，乘月与左右微服泛江，会宏在舫中讽咏解闷，即其咏史之作。尚迎升舟，与谈达旦不寐，至此名誉日茂。

《晋书·袁宏传》原文与此小异，“八月十五夜”为“秋夜”二字。唐代八月十五玩月之风很盛，不会是突然兴起的。许多时令节日的活动内容，都是发展到唐代越来越丰富的。除八月十五之外，如正月十五夜观灯、三月游宴，以及端午、中秋、除夕的活动都一样，唐以前开始，唐代特别丰富①。

关于节令活动的内容。从上述《荆楚岁时记》的简要记述看，吃喝玩乐样样都有。有些是各家各户的活动，如正月元日，从早到晚，一家人高高兴兴，拜贺玩要。放爆竹名曰辟鬼，实为取乐。连鸡笼上面都贴上画，这画可以想象是随人所欲。吃，当然是一主要内容，并且一反常规，饮酒从小的开始。其情其景，可见人们享受天伦之乐。也有一些是邻里乡亲的

① 参阅陈元靓：《岁时广记》。

共同活动，大规模的有竞渡、打腰鼓，小型的有斗百草、采杂药，等等，也算得是丰富多彩的。众所周知，在唐诗中有许多歌咏时令节日的诗，内容也很生动。

第二，节令活动的内容是日益发展丰富的，而且各地习俗也不尽相同。例如端午节，上列《荆楚岁时记》中无关于纪念屈原的内容，但《岁时广记》引梁吴均《续齐谐记》曰：

屈原，楚人也，遭谗不见用，以五月五日投汨罗之江而死，楚人哀之，至此日，以竹筒子贮米，投水以祭之，汉建武中，长沙区回，忽白日见一士人，自云三闾大夫，谓回曰：闻君常见祭甚善，但常年所遗，每为蛟龙所窃，今若有惠，可以楝树叶塞其筒，上以彩丝缠之，此二物，蛟龙所惮也。回依其言，后复见原感之。今世人五月五日作粽，并带五色丝及楝叶，皆汨罗水之遗风也。

该书还记述了各个时期、各个地区、各种风俗习惯一百七十余条。举此亦可见其一斑。许许多多的岁时风俗，都是人们在现实生活中因为种种需要和条件而逐渐形成的，朱鉴作《岁时广记》序说得好：

彼仲夏之重五，季秋之重九，岂天之炁（气）候然也，而人实为之。使微考订，孰知竞渡之由楚灵均，登高之因费长房乎！引类而伸，若此者众。

习俗有形成发展的过程，有的习俗成为某种需要，有意义，会长期流传，并且日益丰富。有的习俗则会随着时间的流逝，被淘汰、被更新。这是习俗发展的客观规律。我们虽不一一考订，亦可作此断言。现今少数民族中许多时令风俗，或能在中国古代找到其渊源，这是民俗学研究的问题，这里就不说它了。

信仰 在汉语中，信仰一词似与佛教有关，如唐译《华严经》十四中有“人天等类同信仰”① 之句。这里且不细考。信仰是指没有充分的理智

① 释道世《法苑珠林》卷九十四《绮语》引《习报颂》：“生无信仰心，恒被他笑具。”

认识足以保证一个命题的真实情况下，就对它予以接受或同意的一种心理状态。信仰作为一种心理因素，广泛存在于人们的生产生活、衣食住行等风俗习惯之中。例如一年四季生产、生活，“宜”或“不宜”，“吉”或“不吉”，就是信仰的一种表现。信仰习俗是一个大类，宗教最讲信仰，我国宗教起源相对晚一些，但汉、唐时期，道教、佛教的信仰都已充分发展。在我国比较突出的则是宗教性的信仰，包括天神、地鬼、图腾、精灵，以及婚丧嫁娶、社会住行中的种种迷信。如《墨子·明鬼篇》所说：

有天鬼，亦有山水鬼神者，亦有人死而为鬼神者。

和许多古人一样，墨子是相信有鬼神存在的（虽然他“明鬼”主要是为了“赏贤”“罚暴”，与一般迷信又有所不同）。《中庸》说得更有意思：

鬼神之为德，其盛矣乎！视之而弗见，听之而弗闻，体物而不可遗。使天下之人，齐明盛服，以承祭祀。洋洋乎，如在其上，如在其左右。

这是对作为心理状态的信仰很好的一种描述。祭祀又是信仰的一种表现，人们信仰、祭祀也是有目的的，《礼记·郊特牲》说：

祭有祈焉，有报焉，有由辟焉。

或者有所祈求，或者感恩报德，或者希望避免灾祸，这是人们祭祀的目的，对于信仰也一语破的，信仰到迷惑不解，分辨不清，甚至神态失常，这就是迷信。我国古代信仰，迷信居多，虽非全部，也是绝大部分。

先秦时期祭祀鬼神的迷信就已很多很杂，汉朝建立之后，一开始就注意了这个问题。据《汉书·郊祀志》记载，汉高祖初年治祠社，置祠祀官、女巫，规定各地祠祀，看似整顿，实际也是认可和提倡。随着阴阳五行思想的发展和传播，各种迷信日益发展起来，这主要具体表现在：第一，祠祀多而滥。这在《汉书·郊祀志》和《后汉书·祭祀志》中有较集中的记载（已在《社会思潮》章中征引）。在其他古籍中也有许多反映，例如东汉应劭的《风俗通》一书，今存十篇中，《祀典》《怪神》《山泽》等篇也集中有所反映（其他篇也有），不仅“风伯”“雨师”是神，“五岳”“四渎”中有神，还有许多“淫祀”，还有狗、蛇、“精物”变为怪神。另一类记载，就是当时一些进步思想家，他们在批判迷信的活动中，列举了形形色色的迷信（在《社会思潮》中也有论列）。第二，神仙、方术盛行。在汉代，神仙家还主要在上层中流行，方术、巫术则更为普遍，当然是由于统治阶级的爱好和提倡，所谓：

> 汉自武帝颇好方术，天下怀协道艺之士，莫不负策抵掌，顺风而届焉。后王莽矫用符命，及光武尤信谶言，士之赴趣时宜者，皆骋驰穿凿，争谈之也。①

这真是“上有好者，下必甚焉”。因此，术数之学应运而兴，其种类繁多：

> ……其流又有风角、遁甲、七政、元气、六日七分、逢占、日者、挺专、须臾、孤虚之术，及望云省气，推处祥妖，时亦有以效于事也。②

后世之奇门、遁甲、看相、算命、望风水等等，都已经逐渐形成了。“时亦有效事也”，主要是信仰，而不是事实。

以后，魏晋南北朝隋唐，淫祀、迷信有变化，但很难说是减弱或是增强，人们的认识在提高，历代唯物主义思想家（包括汉代）的认识也有一定影响，如《颜氏家训·杂艺篇》说：

> 吾尝学《六壬式》，亦值世间好匠，聚得《龙首》《金匮》《玉燮》《玉历》十许种书，讨求无验，寻亦悔罢。凡阴阳之术，与天地俱生，其吉凶德刑，不可不信，但去圣既远，世传术书，皆出流俗，言辞鄙浅，验少妄多。至如反支不行，竟以遇害，归忌寄宿，不免凶终，拘

① 范晔：《后汉书》卷八十二，《方术列传》，中华书局1965年版，第2705页。
② 范晔：《后汉书》卷八十二，《方术列传》，中华书局1965年版，第2703页。

而多忌，亦无益也。

有识之士采取慎重态度，先学再看，发现有些东西虽“不可不信”，但“验少妄多”，所以主张不要“拘而多忌”。这一时期的统治者也下过不少禁杂神淫祀的诏令，甚至还有行动。名声不好的隋炀帝还曾发使四出，搜天下书籍与谶纬相涉者皆焚之，以至“自是无复其学，秘府之内亦多散亡”①。不过，事实上并未烧尽，以后又有新的图谶制造出来②。至于杂神、淫祀更是如此，虽每有禁止废除，但不断有诏令颁发，本身就表明是屡禁不止，这在记各地风俗的书籍中常有反映，常常在废除一些之后，又有人捧出一些新神来敬奉，如《宋书·孔季恭传》：

先是吴兴频丧太守，云项羽神为卞山王居郡听事，二千石至，常避之。

《梁书·肖琛传》说：

（吴兴）郡有项羽庙，士民名为愤王，甚有灵验，遂于郡听事，安施床幕为神座，公私请祷。前后二千石皆于厅拜祀，而避居他室。琛至，徙神还庙，处之不疑。③

此项羽神历宋、齐、梁、陈而不衰④。又例如对后世影响很广的土地、城隍神，也都是魏晋隋唐时期先从南方发展起来的，所谓“吴俗畏鬼，每州县必有城隍神”⑤。唐宋以后逐渐普及南北各地，这里就不一一详述了⑥。

---

① 魏征等：《隋书》卷三十二，《经籍志一》，中华书局1973年版，第941页。

② 参阅吕思勉《隋唐五代史》第二十二章第三节“杂迷信”，该节集中了炀帝以后谶纬的一些资料。

③ 《南史·肖琛传》：“琛至，著履登听事，闻室中有叱声。琛厉色曰：‘生不能与汉祖争中原，死据此听事，何也？’因迁之于庙。”这就更神了！

④ 《齐书·李安民传》《南史·陈本纪》有吴兴楚王神。

⑤ 李昉等：《太平广记》引《牛肃纪闻》。

⑥ 参阅吴泽《汉唐间土地、城隍神崇拜与神权研究》，该文载《魏晋南北朝史论集》（1986年《华东师范大学学报》丛刊）。

其他具体变化也还有很多。如：古代是“筮短龟长，不如从长”①，西汉以后，龟卜之术，则主要是筮的发展，而且与魏晋玄学之崇《周易》结合起来，筮术日益发展。又如：望气之术，逐渐与兵家结合，《隋书·经籍志》中兵家多有其书，这或者是向科学知识方面发展。再如：相术在这一时期大发展，相家著述日多，《北史·艺术传》有来和《相经》30 卷，肖吉《相经要录》1 卷，又有《相手版要诀》1 卷；《隋书·经籍志》中有《相手版经》6 卷，《梁相手版经》《受版图》《韦氏相版法指略钞》《魏征东将军程申伯相印法》各 1 卷，书虽亡佚，但相命之书称为经，这除了说明经学地位之动摇外，其被视为经典也说明其影响之大。与相术有关的推命之说，或起南北朝，《北史·艺术传》有临孝恭著《禄命书》20 卷。

综上所述，从汉到唐，旧有的各种迷信日益发展，甚至是逐渐定型、完备。影响很大，主要是消极的影响，或者毫无道理的束缚人们的手脚和思想，但也有少数信仰（迷信）中包含有一些积极因素，也应该注意到。如王充《论衡》中列举的迷信习俗有的多少有合理的东西，我们在第七章中也提到过。特别是关于生产、生活方面的信仰习俗，有一定积极意义。从汉代开始，如《礼记·月令》《四民月令》之类的书，告诉人们什么时候该做什么。民间流行的历书，则加上“吉”或“凶”、“宜”或“忌”之类的迷信。这种历书从汉代就开始有，当时称为“历日”，郑玄注《周礼·春官·冯相氏》“以会天位”时说：

> 若今历日，太岁在某月某甲朔日直某也。

“若今历日”即汉代的历日，《梁书·傅昭传》更有“随外祖于朱雀航卖历日”的记载，唐诗中也有“山中无历日，寒尽不知年”② 的说法。可见从汉到唐都把历书叫历日。历日内容如何，今有敦煌资料可证，例如伯 3447《大唐同光四年具历》中有这样的记载：

> 正月十一日己亥木开，通渠吉。

---

① 《春秋左传正义》卷十二，十三经注疏本，中华书局 1980 年版。

② 彭定求等：《全唐诗》卷七八四，太上隐者《答人》。

十二日庚子土闭，修硙、塞穴吉。

十三日辛丑土建，拜官、造车吉。

十八日丙午水定，修宅吉。

十九日丁未水汁，伐才吉。

廿二日庚戌金成，天恩修造吉。

廿三日辛亥金收，藉田种莳吉。

廿四日壬子木开，启源、祭母、（修仓、通渠吉）。

廿八日丙辰土满，裁衣吉。

虽为五代时的历书，至少是沿袭唐朝的。从上述内容不难看出，和《月令》之类的书一样，告诉人们何时该干什么，不过加了一个“吉”字，用信仰来加强，比单纯的法令显然更有影响。再者，在上述内容中，除拜官、祭母无积极因素之外，通渠、种莳显然是提醒和推动劳动生产的，修硙、塞穴、修宅、裁衣也与人们的生活有关。除此种历书之外，其他一些讲吉凶的图书也是如此，如伯 2661《吉凶避忌条项》，不少是人们愚昧的无稽之谈，就不说它了，也有“中性”的，如：

六月一日取三家井水作酒饮之，令人耐老，百事吉。

这不过是生活习俗的反映，说不上什么积极意义（或者反映邻居关系），也算不得多大的迷信。另一些有积极意义的内容，如：

凡种树，东方种桃九根，西方种□九根，南方（种）枣九根，北方（种）榆九根，依此法，宜子孙，大吉利，富贵。

宜和吉是信仰，甚至是迷信，但这些内容主要是提倡人们多种树，是有积极意义的。如何解释？也可以较科学地解释。例如说“九”为数之极，多种树的意思，又“九”与“久”谐音，取幸福长久之意。“宜了孙”可解释为多子多孙，也可解释为子孙受益，“前人栽树，后人乘凉”①。“富贵”，

① 伯 3418：“努力勤心种，多留与后人，新人食甘果，愧贺（荷）种花人。”

也可以说的，多种树（特别是果树和有经济价值的树），本身就有经济效益。这些解释都是有一定道理的①。

杂俗 各方面风俗习惯很多，上列七大类远非全貌，民俗史的专著怕也难以尽述，这里不打算再多说了。仅略举数例以“杂俗”概言之，“杂”的意思仅此而已。

1. 行侠仗义：《史记》有一篇《游侠列传》，司马迁以十分赞赏的态度写了一大段序言，并记述了朱家、郭解等人的事迹，他肯定说：

> 今游侠，其虽不轨于正义，然其言必信，其行必果，已诺必诚，不爱其躯，赴士之厄困，既已存亡死生矣，而不矜其能，羞伐其德，盖亦有足多者焉。
>
> 且缓急人之所时有也。

在几百字序言中，还反复肯定游侠之“所长”“足称”，对于法家之“讥”，儒墨之“排摈不载”，以至“匹夫之侠湮没不见”，“余甚恨之”。其实墨也是侠，排斥的是游侠，司马迁讲的游侠，是“匹夫之侠”或“布衣之侠”“乡曲之侠”，即民间的行侠仗义。对于统治阶级来说，“侠以武犯禁”，是非法的，对平民百姓来说，游侠能“赴士之阸困”，解人之缓急，“侠客之义，又曷可少哉”。从司马迁所说的情况看，民间是有行侠仗义之风俗。以后魏晋南北朝隋唐，此风未尝间断，《太平广记》有四卷记载了唐代26个豪侠的故事，这可说是人们需要侠客的一种心理反映。兹不多述。但有一点值得一说，即豪族与游侠的区别问题，在《史记·游侠列传》序的最后司马迁还有这样几句话：

> 至如朋党宗疆比周，设财役贫，豪暴侵凌孤弱，恣欲自快，游侠亦丑之，予悲世俗不察其意，而猥以朱家、郭解与暴豪之徒同类而共笑之也。

他有意区别豪强与游侠。然而，在事实中这两者往往搅混在一起，很难区

① 高国藩：《敦煌民俗学》，上海文艺出版社1989年版，第286～289页。

分。我们从风俗讲，主要也是肯定司马迁所肯定的那些内容，即民间的行侠仗义，患难相助，“其私义廉洁退让”等等。

2. 游山玩水：这主要是有闲阶级中的一种习俗，但随着时代的推移，随着经济的发展，也会影响越来越广。追溯游览风俗起源的人，可以追到“尧舜时代”，即《书经·益稷》中说的“丹朱傲，惟慢游是好”，再就是周穆王之“肆意远游”①，等等，一直到秦始皇，都是讲帝王之游。士大夫阶级，孔子行迹中有反映，《楚辞》中有反映。汉代司马迁也是周游各地，但主要是“社会考查”性质。真正兴起游山玩水之风的，当是魏晋南朝的文人墨客和富有之家（二者大多数情况是结合的），这在《文艺》章中已经约略提及，有的甚至年纪很小就染此风，如《晋书·郭文传》：

> 少爱山水，尚嘉遁，年十三，每游山林，弥旬忘反。

虽为特例，亦可见一斑。此种习俗的流行和发展，与南方山清水秀的自然条件有关系，与经济发展有关系，也与社会思潮的发展有关系（老庄思想的恢复、佛道的崇奉）。此种习俗的演变，直接引起富豪之竞营林园；也影响四时郊游习俗的发展，这一时期，特别是到了唐代，许多四时节日，人们都举行郊游（多半是郊外有山水的地方）。正月十五一过，人们即作探春之游，如《天宝遗事》云：

> 都人士女，每至正月半后，各乘车跨马，供帐于园圃，或郊野中，为探春之宴。
>
> 长安春日，盛于游赏，园林日无闲地。

接着三月，春暖花开，郊游更多，清明、上巳（三月三）等节日规模更大，如《邺中记》云：

> 石虎三月三日临水会，公主妃主，名家妇女，无不毕出，临水施帐幔，车服灿烂，走马步射，饮宴终日。

① 《列子·周穆王》《穆天子传》有详细记载。

更有《南郭新书》记载说：

> 贞元初，三月三日，宜任百僚择胜地追赏为乐，仍赐钱充宴会。

“择胜地追赏”，说不定非一日之游。这些如同今日机关、学校之春游了。再以后七月中元、八月中秋都有机会郊游。到了秋高气爽的九月又是高潮，特别是“重九”之日，前引《荆楚岁时记》所说“四民并藉野饮宴”，这个面显然是扩大了，“四民”皆如此。

此类习俗在历史上的影响很大，山水文学与山水画之兴起，与之有关系，已述之于第八章。此类习俗与今之旅游相同，有利于健康。这是有积极因素的习俗。

3. 女子装饰：这问题在汉唐时期比较突出，而且发展变化很快，例如发式，汉以后的记载日多，高者曰髻，低者曰鬟，从南朝开始，高髻之风日盛，如《宋书·五行志》志：

> 宋文帝元嘉六年，民间妇人结发者，三分发抽其鬟直向上，谓之飞天纺，始自东府，流被民庶。

宫内、贵族家影响民间，这在以上服饰习俗中已经说到。高髻之风愈演愈盛，到唐初，唐高祖就曾问令狐德棻：“丈夫冠、妇人髻竟为高大何也?”①唐代髻鬟种类众多②，高髻不少，有许多诗词描写，如元稹说，“髻鬟峨峨高一尺”③。

又如面部化妆。从汉唐开始就傅粉画眉，《盐铁论》所谓“傅白黛青者众”。黛青即画眉，《释名》云：

> 黛，代也，灭眉而去之，以此画代其处也。

张敞为妇画眉之事见于《汉书·张敞传》。不过，当时不仅女子，男子也

---

① 刘昫等：《旧唐书》卷七十三，《令狐德棻传》，中华书局1975年版，第2596页。

② 黄现璠：《唐代社会概略》，商务印书馆1926年版，第178～188页。

③ 何文焕：《历代诗话》上册，《彦周诗话》引元稹《李娃行》。

有傅粉的，直至魏晋仍是如此。魏晋时妇女已用外来的燕支粉①。《古今注》云：

> 燕支叶似蓟，花似菖蒲，出西方，土人以染，名为燕支，中国人调红兰以染粉为妇人面色，谓为燕支粉也。

还有，如额上画黄、唇上点脂，均已从南北朝开始。关于额黄，庾信《舞媚娘诗》云："眉心浓黛直点，额角轻黄细安。"《木兰诗》云："当窗理云鬓，对镜贴花黄。"从南北朝到唐五代，此类诗文不少②。关于口脂，刘孝威诗云："艳彩裾边出，芳脂口上渝。"③ 白居易《时世妆》中之"乌膏注唇唇似泥"，岑参《醉戏窦美人》中之"朱唇一点桃花殷"，均为今口红之类的妆饰。《妆台记》中更记有多种名称的口脂。还有靥上作星之俗，庾信《镜赋》中有"靥上星稀，黄中月落"之句，元稹《恨妆成》诗有"满头行小梳，当面施圆靥"之句。据《事物纪原·冠冕首饰部》记载：

> 远世妇人妆喜作粉靥，如月形，如钱样，又或以朱若燕脂点者，唐人亦尚之。段成式《酉阳杂俎》曰：如射月者，谓之黄星靥。妆靥之名，盖自吴孙和误伤邓夫人颊，医以白獭髓，合膏琥珀太多，痕不灭，有赤点，更益其妍。诸嬖欲要宠者，皆以丹青点颊，此其始也……（还有其他说法）。

此外，尚有各种首饰、耳环之类，且不一一罗列。总之，女子每次梳妆，都要煞费苦心，如庾信《镜赋》云：

> 暂设妆奁，还抽镜屉，竞学生情，争怜今世。鬓齐故掠，眉平犹剃，飞花砖子，次第须安，朱开锦蹹，黛蘸油檀，脂和甲煎，泽渍香兰。量髻鬓之长短，度安花之相去，悬媚子于搔头，拭钗梁于粉絮。

---

① 据《释名》记载，粉以米为之。

② 参阅瞿宣颖《中国社会史料丛钞》衣饰部，黄现璠《唐代社会概略》女子化妆节。

③ 《先秦汉魏晋南北朝诗·梁诗十八》，《都县遇见人织率尔寄妇诗》。

总之，此一时期兴起之妇女妆饰繁多，越来越讲究，而且又不断更新，可见爱美之心古今如一。

列以上八大类具体说明汉唐时期风俗之演变，实际上生产、生活方面的习俗还有很多，有一些在以上某些大类中提到了，也有一些大类还根本未涉及，如社交，如语言，许多方面的习俗，本书只好“阙如”了。

汉唐时期风俗的记录和研究

既然如上所述，历代统治阶级都很重视风俗问题，自然就有关于风俗问题的记载和研究。

汉代的记载，首先是《史记》。其《货殖列传》一篇被今人称为“经济史传”，不无道理，其中有关于经济史的资料，也有对经济问题的看法。但是该篇写作的目的是什么，其主要思想究竟是什么，还是值得讨论的。如清乾隆时参与校刻二十一史的张照就曾“考证”说：

> 按：迁史以《货殖传》终，所以见先王《诗》《书》《礼》《乐》之泽至汉武之世而荡然无遗，盖伤之也，末以“非也”二字作结，彰彰可见。而后儒犹谓马迁重“货殖”而薄“仁义”，宁得称知言哉！

这是一种值得注意的见解。《货殖列传》的主要内容，是记载各地因自然条件的不同，从而形成的经济方面的不同习俗，以及思想、性格等方面的不同风气，同时还提出了对风俗习惯问题的一些看法。该篇第一段引述《老子》的“至治”理想：

> 民多甘其食，美其服，安其俗，乐其业。

第二段则阐述他关于风俗的主要看法：

> ……至若《诗》《书》所述虞夏以来，耳目欲极声色之好，口欲穷刍豢之味，身安逸乐，而心夸矜势能之荣使。俗之渐民久矣，虽户说以眇论，终不能化。故善者因之。其次利导之，其次教诲之，其次

整齐之，最下者与之争。

这无疑是专讲风气与习俗，人们耳目身心之俗，积久而成。解决的办法，上策是因势利导，中策是教诲整齐，下策是与之相争。在本章篇首已指出，司马迁对风俗的态度，是新道家的态度和思想，这里所表述的确实如此。在以上两段文字之后，司马迁开始讲经济（自然条件、物产等）与“谣俗”之关系，而先秦之范蠡、计然、白圭、猗顿、乌氏倮、寡妇清等人，均是作为举例说明而写的。再接下去讲汉，虽然“汉兴，海内为一”，但各地习俗仍然不同，而且有些还追述了自古以来的不同。在总结这些内容时又进一步论述经济与习俗的关系。最后一部分，记述当时蜀卓氏、宛孔氏、宣曲任氏等十几名富商大贾，值得注意的是他写这些人之前有几句话：

请略道当世千里之中，贤人所以富者，令后世得以观察焉。

他主要写他们之“所以富”，并称之为“贤人”。那些人之所以富，皆能审时度势，因条件不同（地理的、历史的），或“用铁冶”，或“逐渔盐商贾之利”。为什么称之为“贤人”，呢？请看其叙述：蜀卓氏有远见，找到“民工于市，易贾”的“沃野”之地，加上其“运筹策”，艰苦创业而致富。“鲁人俗俭啬，而曹邴氏尤甚，以铁冶起，富至巨万。然家自父兄子孙约，俯有拾，仰有取……”刁间利用“齐俗贱奴虏”，“收取”“桀黠奴”，“使之逐渔盐商贾之利”。“周人既纤，而师史尤甚……”“秦之败也，豪杰皆争取金玉，而任氏独窖仓粟。”“任公家约，非田畜所出弗衣食，公事不毕则身不得饮酒食肉。以此为闾里率，故富而主上重之。”或言其审时度势，或叙其艰苦创业，或颂其“俭啬”，以这些内容为“贤”，这中间既有经济思想，也有关于“习俗”的观念。行事与习俗相连，又能影响社会的习俗，“为闾里率”。据此，我认为，《货殖列传》与风俗史的关系更为密切。而且，其关于各地风俗的记述，在《汉书·地理志》中全文照录了，并对它们作了许多具体的充实和补充。

《史记》的《日者列传》和《龟策列传》，则主要讲信仰方面的习俗。《日者列传》序言说：

> 自古受命而王，王者之兴何尝不以卜筮决于命哉！其于周尤甚，及秦可见。代王之入，任于卜者。太卜之起，由汉兴而有。

《史记索隐》案：

> 此云由汉兴者，谓汉自文帝卜大横之后，其卜官更兴盛焉。

《龟策列传》的序言，再次强调：

> 太史公曰：自古圣王将建国受命，兴动事业，何尝不宝卜筮以助善！……王者决定诸疑，参以卜筮，断以蓍龟，不易之道也。
>
> 蛮夷氐羌虽无君臣之序，亦有决疑之卜。或以金石，或以草木，国不同俗，然皆可以战伐攻击，推兵求胜，各信其神，以知来事。

显然讲卜筮是信仰，是习俗，各国俗虽不同，其作用是一样的。这观点和《淮南子·齐俗训》相同，其说已见前第二节。《史记》关于风俗的观点，在许多字里行间流露出来，如《乐书》中云：

> 以为州异国殊，情习不同，故博采风俗，协比声律，以补短移化，助流政教。

《礼书》中记载武帝时“采风俗，定制作”，诏曰：

> 盖受命而王，各有所由兴，殊路而同归，谓因民而作，追俗为制也。

全书各篇中散见的风俗记载还很多，本章不能尽言了。

两汉时期，关于风俗问题的理论研究，《淮南子·齐俗训》是突出的一篇，它的主要观点已在前面引述，不再重复了。

《史记》中处处记载风俗，事实上是客观生活的反映，因而以后的史书也莫不如此，但是又各有特点。例如，《汉书》与《史记》相比，记载风俗不单是内容更丰富更具体，而且有两点突出的不同。第一，讲经济的《食货志》中有关于各地风俗的记载（特别是经济方面的），但各地风俗的概貌和发展，集中在《地理志》中去了。在编写方法上，在内在联系上，无疑更有科学性，比《史记》显然是一个进步。第二，更重要的是，关于风俗的观点有明显的不同，《汉书》是儒家的观点。《地理志》在具体记述各地不同风俗之前，有一段表明“观点”的文字（原文已见前第一节征引），说“凡民函五常之性”，强调的是禀赋纲常，风俗虽然会有许多具体的不同，但它们是可以“随君上之情欲”而变化的，“圣王在上，统理人伦”，必须要“移风易俗”，必须要“移其本，而易其末”，这样才能“混同天下一之乎中和”，主要讲的是“王教”，强调教化的作用。这样的思想，在《礼乐志》《郊祀志》中有更为突出的反映。在《汉书》中，俗与礼几乎是一回事。以后正统的关于风俗的观点，就是《汉书》中所表述的儒家的观点。

再以后，《后汉书》记载风俗又有其特点，记载了较多的汉族以外少数民族的风俗习惯。《后汉书》的少数民族列传比《汉书》的多而且大，有《东夷列传》《南蛮西南夷列传》《西羌传》《西域传》《南匈奴列传》《乌桓鲜卑列传》等。《汉书》仅有《匈奴传》《西域传》以及西南夷、南粤王、闽粤王、朝鲜合传。并且《后汉书》着重记了各“国”风俗，《东夷列传》写道：

> 自中兴之后，四夷来宾，虽时有乖畔，而使驿不绝故国俗风土，可得略纪。东夷率皆土著，熹饮酒歌舞，或冠弁衣锦，器用俎豆。所谓中国失礼，求之四夷著也。凡蛮、夷、戎、狄总名四夷者，犹公、侯、伯、子、男皆号诸侯云。

一方面各列传中确实记了不少异国风俗，另一方面还反映了各民族间习俗的相互交流。“中国失礼，求之四夷”这句话很有意思，至今少数民族习俗中保留着许多古风古语，就是这一句话的最好注脚。

关于风俗的记录，除了被称为“正史”的史书之外，有更多的其他杂著，尤其是还有专门记风俗的书籍。

东汉应劭的《风俗通义》是今存的第一部专记风俗的书，书名已经表明，该书的目的是为了整齐风俗，他认为，“为政之要，辨风正俗最其上也”。该书在传播中，遗佚很多，今人所辑“佚文”数量不少，而且价值较高。此书在叙述风俗事象时，杂引古籍，具有“通”的特色，仅举一例以明之，如“祀典”条：

> 《礼》：“天子祭天地山川岁遍。”《春秋国语》：“凡禘郊、宗、祖、报，此五者国之典礼。……”《论语》：“非其鬼而祭之，谄也。”又曰：“淫祀无福。”是以泰山不享季氏之旅，而《易》美西邻之禴祭。盖重祀而不贵牲，敬实而不求华也。自高祖受命，郊祀祈望，也有所增。武帝尤敬鬼神，于是盛矣。至平帝时，天地六宗已下及诸小神凡千七百所，今营寓夷泯，宰器阙亡。盖物盛则衰，自然之道，天其或者欲反本也，故记叙神物曰祀典也。

旁征博引，有事实的记述，有作者的议论。

再就是崔寔的《四民月令》，以“月令”的形式记述时令活动，如：

> 正月之朔，是谓正旦，躬率妻孥，洁祀祖祢，及祀日，进酒降神毕，乃室家尊卑，无大无小，以次列于先祖之前，子妇曾孙，各上椒、柏酒于家长，称觞举寿，欣欣如也。……上辛日埽除韭畦中枯叶。……农事未起，命成童已上入大学，学五经。命幼童入小学，学篇章，命女工趣织布，典馈酿春酒。雨水中，地气上腾，土长冒橛，陈根可拔。急菑疆土黑垆之田，粪畴，可种瓜，可种瓠，可种葵，可种薤韭芥、大小葱、蒜、苜蓿……可作诸酱、肉酱、清酱。正月自朔暨晦，可移诸树竹，漆、桐、梓、松、柏杂木，唯有果实去，及望而止。……正月尽二月，可种春麦䅟豆。可剥树枝。自正月以终夏季，不可伐木，必生蠹虫。[1]

这中间既有已成之习俗，又似是一种宗族约规。该书早佚，今有辑本，远非全貌。

---

① 严可均辑：《全后汉文》。

此外，《西京杂记》《三辅黄图》之类的书籍，都有关于风俗的史料，《三辅黄图》中有“秦汉风俗”一目，但仅引《汉书·地理志》中一段文字，无具体内容。但其“霸桥”条中又有很好的风俗材料：“霸桥在长安东，跨水作桥，汉人送客至此桥，折柳赠别。”折柳赠别之习俗颇有风雅，为后人所沿袭。又如“杂录”中记载说：“清道，谓天子将出，或有斋祠，先令道路扫洒清静。”此俗后世也一直沿用。

还有一些书，如桓宽的《盐铁论》、王符的《潜夫论》、王充的《论衡》等均有许多习俗的记载。《潜夫论》中关于习俗的记载也颇多，如《断讼》篇中说：

> 五代不同礼，三家不同数，非其苟相反也，盖世推移而俗化异也，俗化异，则乱原殊。

这就是注意到习俗和习俗的“化异”问题。而其《卜列》《巫列》《相列》《梦列》等篇，更是从大道理上批判迷信，同时也有具体习俗的列举，如《卜列》篇云：

> 今俗人筴（狎?）于十筮，而祭非其鬼，岂不惑哉！
> 亦有妄传姓于五音，设五宅之符第，其为诬也甚矣。
> 俗工又曰：“商家之宅，宜西出门。”此复虚矣。

以上是汉代关于风俗记录和研究的大致情况。魏晋以后，上面这些史书杂著均不断有新篇，并且还有一些新的种类出现，如干宝的《搜神记》，专门记载民间传说、神话故事，既记有信仰方面的习俗，也有衣食、岁时方面的风俗，兹举一例与本章风俗之具体演变相印证：

> 晋时，妇女结发者，既成，以缯急束其环，名曰撷子髻。始自宫中，天下翕然化之也。
>
> 泰元中，公主妇女缓鬓倾髻以为盛饰，用发丰多，不可恒戴，乃先于爰笼上装之，名曰假髻，或名假头，至于贫家不能自办，自号无头就人借头。

这是关于妇女妆饰的习俗，可与以上“女子妆饰”参证。

《搜神记》之后又有《续搜神记》等书。

《荆楚岁时记》，其内容已详述于以上“节令”之中。该书的一个特点是按年中岁时记述各方面的风俗，由“月令”发展而来，以后逐渐增多，越编越大，越编越全，如《岁时记》《岁时杂记》《岁时广记》等等。另一特点是带有地方性。地方风俗方面的书以后也日益增多，如段公路所撰《北户录》及其征引的《南越志》《广州记》《扶南传》等等。还有如刘恂《岭表录异》专记岭南风土，如莫休符之《桂林风土记》谱记广西地区的民风土产。

在岁时风俗方面，陈元靓的《岁时广记》是一部比较大型的书，它相当详细地记载了各个节令的各种习俗，特别是每一条都旁征博引，“搜节物之异闻，考风俗之攸尚”，对于许多风俗“能探其源委”，使人们对一些风俗的源流都能知道。它搜集了唐代及其以前的很多资料。

与此相类的书，如失而复得的《四时纂要》[①] 作者韩鄂序云：

> 余是以编阅农书，披罹杂诀。《广雅》《尔雅》，则定其土产，《月令》《家令》，则叙彼时宜，采氾胜种树之书，掇崔寔试谷之法。而又韦氏《月录》，伤于简阅，《齐民要术》弊在迂疏，今则删两氏之繁芜，撮诸家之要术……加以占八节之风云，（卜）五谷之贵贱，手试必成之醯醢，家传立效之方书，至于相马、医牛、饭鸡彘。既资博识，岂可弃遗？事出千门，编成五卷，虽惭老农老圃，但冀传子传孙，仍希好事英贤，庶几不罪于此，故目之为《四时纂要》云耳。

它纂集各书，分四时，按月记载各项事宜。既有大量关于生产、生活的习俗，也有不少迷信习俗（特别是农业方面的占候居多）。

《四时纂要》属于唐代记载。到了唐代，另一类图书日益发展，那就是笔记、小说。此类书籍中关于风土习俗的记述也不少，如《酉阳杂俎》《朝野佥载》之类，还有《艺文类聚》《初学记》这样的类书，更是记有不

① 这部书早已散失，直到1960年日本发现朝鲜1590年重刻本才重新问世，1961年日本山本书店影印出版。

少风俗事象。

总的来看，关于风俗的记载，魏晋以后是越来越多，但是，关于风俗的见解，似乎没有什么特别值得提出的东西，无非是采风俗、察时政之类的传统儒家观念。只是这一时期胡风胡俗的影响很大，又是其发展的特点。如《通典·乐序》所说："而人间胡戎之乐，久习未革。"其实不仅"胡戎之乐"，其他礼仪习俗、饮食起居皆莫不"久习未革"。如何对待呢？见之于文的似乎反对者居多，就是白居易那句话："元和妆梳君记取，髻堆面赭非华风！"但是，一些具体的奇装异服甚至不良风气是会被自然淘汰的（不排斥人为），各族之间、中外之间习俗的交流是不会停止的。没有正确的观念，也就解决不了任何实际问题。

附　录

关于汉唐文化史的资料

汉唐时期，文化辉煌灿烂，文化史的资料也非常丰富。文献资料和实物资料都很多，文献资料既有旧有的，也有新发现的；实物资料既有地面上的古迹、古物，也有地下的墓葬、遗址。随着考古事业的发展，地下出土的新资料层出不穷，需要不断地、深入地进行研究。

文献资料，除了金石、简牍、缣帛之外，大量的还是抄写和版刻留下来的书籍（版刻在唐后期才开始）。这些书籍按旧的分法，是经、史、子、集四大类。无论哪一类都有文化史的资料，都是文化史的资料。

就经部而言，大部分经书是汉以前就有了的，它可以让我们找到中国各种文化事象的源头。汉以后，有大量的注疏，这些注疏不但帮助我们读懂经书，也可以从其中看到注疏者本人的思想，如研究王弼的思想，主要就是根据他的《周易注》《周易略例》《老子注》《老子微旨略例》和《论语释疑》等著作。此外，通过经书的注疏，还可看到作注疏者所处时代的各种文化事象，如注疏者说“今”如何如何，那就可以确认是当时的事实和情况了。

史部的书，如所谓正史，以及编年、纪事本末之类的史书，各种文化史的资料都有，比较全面，但有些方面又比较简略，如某时代、某人的学术思想等等，在史书中就只有概括的简略的记述，不过，有利于作综合的观察和比较的分析。正史中的书和志以及某些类传，如儒林、文苑、艺术之类，更是文化史方面比较集中和直接的资料，有一些必须精读、反复读，才能发现其文化史的价值。另外一些属于史部的，如别史、杂史、时令、地理之类，则更具体地记述了各种文化事象（如风俗习惯等等）。

子部和集部，与史部有所不同，关于政治的记载相对少一些，有些分门别类又比较专，从文化史的资料看，更有重要意义，如研究宗教，佛教或道教，就可以集中在释家类或道家类中去查找。农、医、天文算法、术数、艺术等等也都有专类。而一些类书，如唐代的《艺文类聚》《北堂书钞》《初学记》《白孔六帖》等等，部头大，材料多，分类记述了各种文化事象。

子部中有一些书有较高的文化史资料价值，特别是杂家类的一些书，如汉唐时期的有：《吕氏春秋》《淮南子》《人物志》《颜氏家训》（以上杂学之属），《白虎通义》《独断》《古今注》（以上杂考之属），《论衡》《风俗通义》《封氏闻见记》（以上杂品之属）等等；还有小说家类的，如：《西京杂记》《世说新语》《朝野佥载》《国史补》《大唐新语》《明皇杂录》《明皇别录》《因话录》《教坊记》《唐摭言》《开元天宝遗事》（以上杂事之属），《汉武故事》《拾遗记》《搜神记》（异闻之属），《博物志》《酉阳杂俎》（琐记之属）等等。唐以后的笔记、小说、类书更多，都有关于唐代以及唐以前各朝文化事象的记载。

下面举例说明此类书籍的文化史资料价值：

《吕氏春秋》和《淮南子》 《吕氏春秋》，秦相吕不韦集其宾客所撰，今存本全书分“十二纪”（61篇）、“八览”（63篇）、“六论”（36篇），共160篇（“八览”当缺佚1篇）。《淮南子》，又名《淮南鸿烈解》，汉淮南王刘安集宾客所撰，今本21篇。这两部历来被列为杂家的书，从学术思想发展看，有很高的价值。这两部书都是当时许多学者的集体创作，书中包含了春秋战国以来各家各派的学术思想，特别是政治思想和哲学思想，而又有所发展。此外，还可以从文化的其他许多方面进行研究，如天文、地理、军事、教育、文学、艺术（音乐）乃至生理卫生、风俗习惯等等。例如《淮南子》中的《齐俗训》就是关于风俗问题的理论著作。《吕氏春秋》中的《贵生》《重己》等许多篇，讲了不少养生之道；又有许多篇专讲音乐问题等等；有些篇目明确地反映其内容，《上农》等篇讲农，《荡兵》等篇讲军事，《劝学》等篇讲教育，以及《天文训》《地形训》讲天文、地理等等，还有些内容是分散的。

《颜氏家训》 此书有《教子》《治家》《涉务》《养生》等20篇。旧题署为“北齐黄门侍郎颜之推撰”，实际上颜之推在南朝梁也做过官。在一个战争频繁、兵连祸结的乱世，做人处世都相当困难，尤其是官场上更不容易，他要写一本家训“以整齐门内，提撕子孙”（《序致》）。用什么标准来教训子孙呢？儒家思想是传统的，也是正统的，但是当时释、道流行，玄风大畅，他本人也都受到影响，因此他这本家训中，儒、玄、释、道什么思想都有。所以过去把这本书列入杂学类有其一定的道理。研究颜之推及《颜氏家训》的思想，这本身就是思想文化史的一个课题。更由于他“生于乱世，长于戎马，流离播越，闻见已多”（《慕贤》），所以此书涉及的范围很广，诸如河北、江南的不同风俗，豪门、庶族的不同好尚，佛教的流行，玄风之“复阐”，以及学术之兴废等等，均有记述。许多材料生动、具体、翔实，如记述“贵游子弟，多无学术”：

> 至于谚云：“上车不落则著作，体中何如则秘书。”无不熏衣剃面，傅粉施朱，驾长檐车，跟高齿屐，坐棋子方褥，凭斑丝隐囊，列器玩于左右，从容出入，望若神仙。明经求第，则顾人答策；三九公宴，则假手赋诗。（《勉学》）

描写世族子弟不学无术的典型形象。其中又涉及世族们衣食住行的一些材料。书中记述的许多具体人和具体事，为正史所无，有很高的资料价值。除此之外，如《文章》《音辞》等篇，关于文章，关于语言文字，有专门研究的价值。《杂艺》等篇，涉及书法、绘画、卜筮、算术、医方等方面的文化史材料。

《白虎通义》　又名《白虎通德论》，今本44篇，题名班固撰，实际上是东汉章帝时一次诸儒讨论儒家经典的记录整理。此书对于研究儒家文化有较大意义。它主要是解释和考论儒家一些礼制，如考论爵、号、社稷、礼乐、三军、蓍龟、三纲六纪、情性、寿命、宗族、姓名、天地、四时、五刑、五经、嫁娶、绋冕、车旂等等，内容比较杂，所以属于杂考一类。但它完全是按照儒家的思想进行考论，企图用一个明确的结论统一人们的思想，所谓“帝王者何”“或称天子或称帝王何”“黄帝先黄后帝者何”以及“礼乐者何谓也”“三纲者何谓也”等等，在所谓考论之中，加强其权威性、神圣性，如：

> 天子者，爵称也。爵所以称天子者何？王者父天母地，为天之子也。……
>
> 帝王者何？号也。号者功之表也，所以表功明德，号令臣下也，德合天地者称帝，仁义合者称王，别优劣也。……

> 礼乐者何谓也？礼之为言履也，可履践而行，乐者乐也，君子乐得其道，小人乐得其欲……故乐所以荡涤，反其邪恶也；礼所以防淫泆，节其侈靡也。……三纲者何谓也？谓君臣、父子、夫妇也。六纪者，谓诸父、兄弟、族人、诸舅、师长、朋友也。……何谓纲纪？纲者张也，纪者理也。大者为纲，小者为纪，所以张理上下，整齐人道也。……

以上省略号所省略，多引经书或纬书为证。除了主要是宣扬儒家思想之外，由于采取引经据典进行考论，故又有一些文化史资料的价值，如论五声、八音、十二律，论五岳、四渎等等，比较集中地提供了一些资料。

蔡邕的《独断》、崔豹的《古今注》等书，与《白虎通义》同属杂考一类，范围更广，保留了一些重要资料，只可惜今本并非全貌。

《论衡》 东汉王充撰，原为85篇，今《招致篇》缺正文，只存84篇。研究这个唯物主义无神论思想家，本身就是一个重要课题。他的《论衡》一书，战斗性很强，有些篇名就有明显的火药味，如《书虚》《变虚》《福虚》《道虚》等等，如《问孔》《非韩》《刺孟》，如《谈天》《说日》《答佞》，如《订鬼》《辨祟》，等等。主要是批判唯心主义的神学，批判对天神的迷信，批判对鬼神及禁忌的迷信，以及批判对圣人的迷信。他在批判中，往往列举其批判的内容，因而记录了当时谶纬及各种迷信流行的情况，我们在研究社会思潮、研究当时风俗习惯等问题时，可以得到许多具体的资料。

《风俗通义》 东汉应劭撰。全书十卷，即十大类，每类一个总题，其下若干散目。由于其编书的目的是整齐风俗，使上下之心“咸归于正”，故其要旨为“言通于流俗之过谬，而事该之于义理也”（《风俗通义序》）。每一事目，先叙其事，再以“谨案”云云论其得失。例如《正失》的总说明就说，要对“传言失指，图景失形”之类的谬误加以辨析，“故纠其谬曰正失也”。其散目有《乐正后夔一足》，“谨按”分析说，并非是一只脚，而是有夔一人足矣。又散目《丁氏家穿井得一人》，不是得一人于井中，而是穿井之后得一人之使，多出一个劳动力。又如《东方朔》一条，传说什么东方朔是太白星精，黄帝时为风后，周时为老聃，在越为范蠡，“言其神圣能兴霸王之业，变化无常”。应劭对此痛加驳斥，他说，刘向、扬雄等人都曾指出其为“凡庸俗说”，“其事浮浅，行于众僮儿牧竖，莫不眩耀。而后之好事者，因取奇言怪语附著之耳，安在能神圣历世为辅佐哉”。其余“谨按”多与此同，有自己的分析判断，说明了一些问题，可供我们参考。从文化史的资料看，此书记述了许多有关东汉社会风俗的情况，能够反映当时的社会矛盾，有些篇目记载了统治阶级的“过誉”“愆礼”行为，能够反映封建统治的虚伪和腐败。还有，关于乐器的专篇，记述了各种各样乐器的制作者和形制，是研究乐器史的重要材料。关于山泽的专篇，有助于研究历史地理的参考。另外，一些关于神异鬼怪的片断，为后来著名的志怪小说《搜神记》所取材，有的被全文移植。总之，此书涉及的范围很广，从许多侧面展现了当时的社会生活状况和文化思想面貌，提供了丰富的史料。有许多内容又追述了当时以前的情况，便于了解发展源流。

同属于杂品类的唐封演的《封氏闻见记》，也有很高的文化史料价值，包括掌故、古迹、杂论以及士大夫轶事等等，有许多资料为他书所无。

子部还有小说家类，此类书与今之小说不同，实际上许多都是以事实为基础的文化史资料，如《四库全书总目提要》所云：

> 迹其流派，凡有三派：其一叙述杂事，其一记录异闻，其一缀辑琐语也。唐宋以后，作者弥繁，中间诬谩失真，妖妄荧听者，因为不少。然寓劝戒、广见闻、资考证者，亦错出其中。班固称小说家流，盖出于稗官，如淳注谓，王者欲知闾巷风俗，故立稗官使其称说之。然则博采旁搜，是亦古制，固不必以冗杂废矣。

则唐宋以前的所谓“小说家”之书，更有史料价值。

《世说新语》 南朝宋临川王刘义庆撰，刘孝标注。今本分 36 篇，上起东汉，下迄东晋，所记皆轶事琐语，具体生动，对研究文化思想史有很高的参考价值，几乎每一条材料都能反映和说明一些问题。例如《文学》篇有几条记载：

> 郑玄欲注《春秋传》，尚未成，时行与服子慎遇，宿客舍。先未相识，服在外车上与人说己注《传》意，玄听之良久，多与己同。玄

就车与语曰："吾久欲注，尚未了。听君向言，多与吾同，今当尽以所注与君。"遂为《服氏注》。

服虔既善《春秋》，将为注，欲参考同异。闻崔烈集门生讲传，遂匿姓名，为烈门人赁作食。每当至讲时，辄窃听户壁间。既知不能逾己，稍共诸生叙其短长。烈闻，不测何人。然素闻虔名，意疑之。明蚤往，及未寤，便呼："子慎！子慎！"虔不觉惊应，遂相与友善。

何晏注《老子》未毕，见王弼自说注《老子》旨，何意多所短，不复得作声，但应诺诺，遂不复注，因作《道德论》。

初，注《庄子》者数十家，莫能究其旨要。向秀于旧注外为解义，妙析奇致，大畅玄风，唯《秋水》《至乐》二篇未竟，而秀卒。秀子幼，义遂零落，然犹有别本。郭象者，为人薄行，有俊才，见秀义不传于世，遂窃以为己注，乃自注《秋水》《至乐》二篇，又易《马蹄》一篇，其余众篇，或定点文句而已。后秀义别本出，故今有向、郭二《庄》，其义一也。

这些记载，具体生动，给人的印象深刻，作为学术发展的背景材料，很能说明一些问题，很有启发意义。有的材料在思想史上还有更大的价值，如：

阮宣子有令闻，太尉王夷甫见而问曰："老庄与圣教同异？"对曰："将无同。"太尉善其言，辟之为掾。世谓"三语掾"……

这"将无同"三字就是一个值得深究的思想史上的问题。又如当时解放思想，反对礼教束缚，也有一些很具体的材料：

阮籍嫂尝还家，籍见与别。或讥之，籍曰："礼岂为我辈设也！"

张季鹰纵任不拘，时人号为"江东步兵"。或谓之曰："卿乃可纵

适一时，独不为身后名邪?”答曰：“使我有身后名，不如即时一杯酒。”（以上《任诞》）

王浑与妇钟氏共坐，见武子从庭过，浑欣然谓妇曰：“生儿如此，足慰人意。”妇笑曰：“若使新妇得配参军，生儿故可不啻如此。”（《排调》）

“参军”乃王浑之弟，“我若与你弟弟相配，生出来的儿子还要好”！如此“玩笑”话，不但大伤礼教，今亦不以为然。诸如此类事例，从反礼教的角度看，都比较典型。此书中，其他还有如关于品评人物，关于风俗习惯，尤其关于当时士大夫的思想、言行等等，有许多好的具体的资料。

唐代小说家类的书不少，如张鷟的《朝野佥载》、李肇的《国史补》、刘肃的《大唐新语》、韦绚的《刘宾客嘉话录》、赵璘的《因话录》、崔令钦的《教坊记》等等，都提供了不少社会历史、文学艺术、风俗习惯的资料，均有一定的参考价值，但使用和发掘得很不够。

集部的书，无论别集或总集，都有极高的资料价值，但发掘和研究得很不够，这是研究历史和文化史的人特别值得注意的。例如，一部《全唐诗》，虽属文学作品，但它是时代的镜子，是当时的真实记录（虽然有的会夸张一些）。它由于内容多、题材广，所以能反映当时社会的方方面面，人们已经常常引用了，说明问题都很典型、生动。但我一直认为，唐诗这个宝库还应该进一步开发利用，可以作出多篇有关文化史的好文章。可以综合去作，也可以分类去作；可以宏观地鸟瞰，也可以微观地分析；可以观察其时代风尚，也可以了解其具体内容。例如黄现璠的《唐代社会概略》一书中，“风俗”章有“女子化妆”一节，述髻鬟、额黄、眉黛、朱粉、口脂、花钿、妆靥七项，几乎全部用的是唐诗中的材料。我曾设想（但尚未实行），假如把唐诗中有关节日的诗全部集中起来进行研究，对于了解当时有关的节日风俗习惯会有很大帮助。从元旦到除夕，民间的所有重大时令节日都有许多首诗。例如九月九日重阳节，王维、孟浩然等诸名家均有诗篇留下，杜甫一人以“九日”题名者十多首，到了晚年，重阳节常常引起他的感叹，如：

伊昔黄花酒，如今白发翁。追欢筋力异，望远岁时同。弟妹悲歌里，乾坤醉眼中。兵戈与关塞，此日意无穷。(《九日登梓州城》)

寒花开已尽，菊蕊独盈枝。旧摘人频异，轻香酒暂随。地偏初衣夹，山拥更登危。万国皆戎马，酣歌泪欲垂。(《云安九日郑十八携酒陪诸公宴》)

九日明朝是，相要旧俗非。老翁难早出，贤客幸知归。旧采黄花剩，新梳白发微。漫看年少乐，忍泪已沾衣。(《九日诸人集于林》)

这几首诗都有些伤感，一是年纪大了，“筋力”不及，二是接连几年的重阳节换了地方，在梓州、在成都、在云安、在夔州，“相要”非旧，频换“诸人”，所以他只得：

老去悲秋强自宽，兴来今日尽君欢。(《九日蓝田崔氏庄》)

因为“明年此会知谁健”，所以“醉把茱萸仔细看”(《九日蓝田崔氏庄》)。难能可贵的是，杜甫在这些诗中不忘忧国忧民，“万国皆戎马，酣歌泪欲垂”。此外，这些诗还反映了登高、望远、追欢、赏花等重阳节的习俗。诸如此类，如果展开深入的研究，我们的文化史内容将会大大丰富。

以上所说极为粗略，而且众所周知的资料也仅仅是提到而已，平日不太为人们注意的稍微说得多一点，也只是举例而言。我的目的是引起人们对资料的注意，研究历史，研究文化史，资料是基础，否则就会“空”，“空”则害人不浅，这道理是明白的，但事实上又是较普遍的一个问题。

文史知识与史学名著题解

炎黄和华夏

中国人常常称自己是“炎黄子孙”。这“炎黄”二字系指古代传说中的人物炎帝（又称神农氏）和黄帝（又称轩辕氏）。他们是远古时代两个最著名的部落首领，古人把衣食住行的许多创造发明都归功于他们。他们成了中国人祖先的代表人物。

据古书记载的传说，黄帝族和炎帝族最先都居住在陕西，后来分别迁徙到山西、河北和河南、山东，在迁徙中有联合、有斗争，最后结为一体。例如传说记载，炎帝和黄帝曾联合一起与九黎族（即夷族）的首领蚩尤大战，即“逐鹿之战”（战地在今河北逐鹿），共同击败蚩尤后，炎黄两族间又有“阪泉之战”（战地在今河北怀来），炎帝族被打败。也许因为黄帝族最强大，文化水平比较高，所以关于黄帝的传说流传下来的比较多。后来黄帝族成了中华文化的代表，黄帝也就成为中国人的祖先，更进一步则把黄帝轩辕氏当作我们祖国的象征，如鲁迅所说，“我以我血荐轩辕”。

但是，古代的中原文化并不是属于黄帝一族的。炎帝、黄帝、蚩尤又联合又斗争，后来定居中原的居民，不仅有炎帝和黄帝族，还有部分九黎族。后者被打败后有一部分南下荆楚，与苗蛮集团住在一起。这些原有不同祖先的居民，以后都自认为是黄帝的后代，自称“黄帝子孙”或“炎黄世胄（后代）”。

开始时中原地区的居民称为“炎黄尧舜之苗裔”，因而黄帝似乎是汉族的祖先。实际上，自古以来各族人民都把炎帝和黄帝当作自己的祖先。例如汉代的记载说，匈奴族的祖先是夏后氏的后代，蛮夷的祖先高莘氏是黄帝曾孙。以后的少数民族更是如此：南北朝时期的北魏说自己的祖先是昌意（黄帝的儿子）的少子；辽的祖先，一说出自炎帝，一说“系轩辕之裔”。总之，中国各族人民都说自己是“炎黄子孙”，这是长期历史形成的。

远在春秋时期，中原地区的居民，在自认为是黄帝后代的同时，又自称“诸夏”或“华夏”，有时也单称“华”或“夏”。这样，华夏族成了汉族的前身，“华夏”也成为中国的代名。关于华夏，古人一种较普遍的解释说：“中国有礼仪之大，故称夏；有服章之美，谓之华。”这就是国家大、文化高的意思。华夏族居住在中原地区，居四方之中，故又引申出“中华”之名。华夏族的活动范围日益扩大，并与其他各族不断融合，长期发展的结果是：中华民族成为我国境内各民族的总称，同时，“中华”二字也就成为代表整个中国的名称了。

中国和九州

中华人民共和国简称中国。但是，“中国”这个名称由来已久。

在古代，中国首先是一个地域概念。春秋战国时就有九州即中国之说，《尚书·禹贡》认为，九州是冀、兖、青、徐、扬、荆、豫、梁、雍诸州，实际上主要是中原地区，即黄河流域和长江的中下游。而战国时的齐人邹衍则又提出了“大九州”的说法，认为“天下”比上述九州要大九倍，他说：“儒者所谓中国者，于天下乃八十一分居其一分耳。”他的所谓“天下”主要是指全中国而言。不过，在当时，中国的范围除了东至于海以外，南、北、西三方的边远之地不如现代这样有明确的疆界，要弄出个明确的疆界，还有待我们根据各种记载整理研究。然而，所谓东夷、西戎、南蛮、北狄之地，很早就是中国的范围，这一点是没有问题的。历史上，人们往往用“九州”作为全中国的代名词，多半是在诗文中用，如唐人王昌龄在《放歌行》中有：“清乐动千门，皇风被九州。”南宋陆游在《示儿》诗中有：“死去原知万事空，但悲不见九州同。”九州同，就是中国统一。另外，邹衍还有“中国名曰赤县神州”的说法，所以后人诗文中也有以“神州”为中国代称的，如唐人虞世南的《吴都诗》中有：“三分开霸业，万里宅神州。”毛泽东同志也有诗句：“六亿神州尽舜尧。”

其次，中国同时也是一个国家概念。例如，西汉初年陆贾和南越王尉佗谈话，就曾反复使用“中国”这个词，所谓“中国初定”“足下中国人”

等等，并且明确地说："中国之人以亿计，地方万里……政由一家……今王众不过数万……譬如汉一郡，王何乃比汉！"显然这里的中国即指汉王朝这个国家。到了明清时期，更是以"中国"为正式国名，如明初派使者到日本，日本的王良怀曰："吾国虽处扶桑东，未尝不慕中国。"又如清代就常常在外交文件和外交官员职衔之前，明确冠以"中国"之名。

中国从来都是属于各族人民的，中国境内的各族人民共同缔造了中国，中国境内无论哪一个民族的历史，都是中国历史不可分割的一部分。因而，在历史上任何一个民族建立的政权都可称为中国，上述以满族为主建立的清王朝之称中国就是明显的例子。同样，毫无疑问，中国境内的各族人民都是中国人。

《世本》

《世本》是先秦史官记录和保存的部分历史档案资料，经过秦汉时人编辑整理成书。

关于本书的作者，晋代以后有种种不同说法，或者说为左丘明所作，或者说是楚汉之际的好事者所著。比较可靠的说法，应该认为是西周以至战国的史官相继撰写而成的著作，其中有些内容是后来增加进去的。

本书的内容，主要是记述从黄帝至春秋期间的一些帝王、诸侯和卿大夫的氏姓和世系，同时也记述其居处（都邑）、制作、谥法等等。氏姓、世系属于谱牒之学，是为皇室和贵族服务的，为贵族们所珍视，为一般平民百姓所反对。因而此类书一方面为历代统治者所重视，另一方面也不断散失，特别在改朝换代时受的摧残更大，或删改，或毁灭。但是这些内容对于研究历史也还是需要的。尤其是"制作"这种关于创造发明的记载（如仓颉作书、容成造历、禹作宫室等等），更有重要意义，在轻视科学技术的古代社会里更是难能可贵。王充就曾说："言苟有益，虽作何害。仓颉之书，世以纪事；奚仲之车，世以自载；伯余之衣，以辟寒暑；桀之瓦屋，以辟风雨。夫不论其利害，而徒讥其造作，则仓颉之徒有非，《世本》十五家皆受责也。"

本书是先秦重要史书的一种，其分部别类，将世系、氏姓、居、作等等分章叙述，打破古史记事记言的格局，开创了分专题记述的新体例。司马迁著《史记》，不但采用了它的许多资料，而且从它的体例中得到启发，以之创立本纪、世家、列传等篇目，甚至《三代世表》《十二诸侯年表》，都是仿效《世本》记述世系作成的。此外，两汉学者，如班固、刘向、王充、郑玄等人，亦多所称引，韦昭注《国语》，杜预注《左传》，其中的世系，也都是以《世本》为依据，以后“凡言姓氏者，皆本《世本》”（《通志·氏族略序》）。

本书的原书至宋代已佚。明清以来，不少学者搜集佚文，编成各种辑本。1957年商务印书馆将明清主要辑本汇刻为《世本八种》，可供阅读参考，其中以清人雷学淇和茆泮林二人所辑为最好。

《逸周书》

《逸周书》十卷，作者不详。

本书原名《周书》，与《尚书》相类，是一部“周时诰、誓、命”记言的史书。《汉书·艺文志》中载有《周书》七十一篇，自注说是“周史记”。刘向曾经说，本书是孔子删定《尚书》后剩余下来的资料。但是，到了唐代就有人怀疑不是古人原本了。《逸周书》之名是从晋代开始的，《隋书·经籍志》又误题为《汲冢周书》，实际它不是汲冢所出之书。

本书确实是古已有之的周史记，据学者研究，《左传》中就曾几次引用，《管子》《墨子》《商君书》《吕氏春秋》也都曾引用过。但是，书中又确实掺杂有战国时人模拟周代诰、誓、辞命之作，“殆事后之好事者所增益也”（《史通·六家》）。其原因当与孔子删订《尚书》时摒弃本书有关，在西汉学重师承的时代，这《周书》也就藏“入中秘，其后稍隐，学者不道”了（《文献通考·经籍考》）。以至于到南朝萧梁时，“文字零落，人莫能识”（《南史·刘显传》）。

本书今存六十篇，其所叙事上起周初的文王、武王，下至春秋后期的灵王、景王。虽然大部分文字可能是出于战国秦汉间学者之手，但也必有一部分事实或传说的根据。实际上某些篇的史料价值已经被指出来了。如梁启超在《中国历史研究法》中就曾说：“吾侪读《尚书》《史记》，但觉周武王伐罪吊民之师，其文明程度，殆为超人的。倘非有《逸周书·〈克殷〉〈世俘〉》诸篇，谁复能识‘血流漂杵’四字作何解?”他又说：“孟子因《武成》'血流漂杵'之文，乃叹'尽信书不如无书'；谓'以至仁伐至不仁'，不应如此。推孟子之意，则《逸周书》中《克殷》《世俘》诸篇，益为伪作无疑。其实孟子理想中的仁义之师，本为历史上不能发生之事实；而《逸周书》叙周武王残暴之状，或反为真相。"这样判断史料的真伪是正确的。郭沫若进一步根据甲骨金文的材料，证明《克殷》《世俘》诸篇是可靠的。他在《中国古代社会研究》中说："《世俘解》之可信，除文字体例当属于周初以外，其中所纪社会情形与习尚，多与卜辞及古金中所载者相合。"所以在今天这书仍值得重视。

《逸周书》的整理工作还有待进行。清人已经做了一些，如王念孙《逸周书杂志》四卷，陈逢衡《逸周书补注》二十二卷，丁宗洛《逸周书管笺》十卷，朱右曾《周书集训校释》十卷，朱骏声《周书集训校释增校》一卷，庄述祖《尚书记》七卷，洪颐煊《读书丛录逸周书》一卷，于鬯《逸周书校记》二卷，俞樾《周书平议》一卷，孙诒让《周书斠补》四卷，刘师培《周书补正》六卷、《周书说略》一卷，陈汉章《周书后案》二卷。此外单篇注释散见于文集笔记及新出杂志中者还很多。倘有人综合众说，成为集解，将是一件很有意义的工作。

《通鉴外纪》

《通鉴外纪》十卷，宋刘恕撰。

刘恕（1031—1078），字道原，筠州（今江西高安）人。受到司马光的器重，参加了《资治通鉴》的编写工作，司马光称赞他，"为人强记，纪传之外，闾里所录，私记杂说，无所不览，坐听其谈，衮衮不穷。上下数千载间，细大之事如指掌，皆有稽据可考验，令人不觉心服。"所以在编书过程中，凡"史事之纷错难治者，则以诿之，光仰成而已"。他在《资治通鉴》的编写中起了很重要的作用。平生著述有《十国纪年》四十二卷，庖牺至周厉王《疑年谱》、共和至熙宁《年略谱》各一卷，《通鉴外纪》十卷及《目录》五卷。因为司马光编《资治通鉴》不及周威烈王之前，刘恕原打算作《通鉴前纪》与《后纪》二书，使《通鉴》成一首尾完整的编年通史，后来因病放弃了《后纪》的写作计划，《前纪》也是在临终前不久口授其子以成书，因较原计划者为简，故改名《外纪》。

《通鉴外纪》十卷，起自三皇五帝，止于周威烈王二十二年（下接《资治通鉴》)。卷一为《包牺以来纪》，卷二为《夏商纪》，卷三至卷十为《周纪》。共和（前 841 年）以前取编世的形式，如《包牺氏》《神农氏》《黄帝》《帝尧》……以及夏、商和西周早期的各王。共和以后共四百三十八年（前 841—前 404)，始取编年的形式。共和以前称为疑年，不标岁阳岁阴之名，也不条列其数，可见其审慎态度。本书性质为《资治通鉴》的补编，网罗材料亦甚丰富。材料也有不同的处理，认为可信的就大书，记载不同或荒远茫昧的就采取分注或细书的形式。例如，“包牺氏”用大字，其下有“蛇首人身，母曰华胥”就用小字注；禹“都安邑”用大字，“或云平阳，亦云晋阳及韩”用小字分注。

另外，《通鉴外纪目录》五卷，年经事纬，上列朔闰天象，下列《外纪》之卷数，与《通鉴目录》体例相同。

《四部丛刊》中收有此书，名曰《资治通鉴外纪》和《资治通鉴外纪目录》，共五册。

《东观汉记》

《东观汉记》是东汉一代的国史。东观是洛阳宫殿中藏书之所，修史也在其中，故以之为书名。

《东观汉记》所记，起于光武，终于灵帝。是先后分四次撰修而成的。第一次是明帝时命班固等人写成《世祖本纪》，加上班固后来又作列传、载记二十八篇，大体上完成了光武初年的记事。第二次是安帝时续修。第三次是桓帝时续修。这三次先后共完成一百四十篇，名叫《东观汉记》。第四次是灵帝时继续补修部分纪传，成为一部很大的历史著作。虽因董卓之乱，在献帝时即已散失不全，但据《隋书·经籍志》记载，仍有一百四十三卷。在魏晋时，《东观汉记》和《史记》《汉书》共称三史，很多人读它。直到唐初，征引此书的人还不少。后来章怀太子注范晔《后汉书》以后，此书才逐渐湮没。此书从唐代开始缺佚，北宋时只剩残本四十三卷，明代就不存在了。清代姚之骃开始辑佚，仅成八卷。后来陆续增补成二十四卷。

今《四部备要》本《东观汉记》二十四卷，计有：帝纪三卷、年表一卷（仅存《百官表》的部分内容，《诸王表》《王子侯表》《功臣表》《恩泽侯表》仅存目录）、志一卷（有《地理》《律历》《礼》《乐》《郊祀》《车服》诸志的部分内容，《朝会》《天文》志存目）、列传十七卷（包括《外戚》《宗室》等共三百八十六人）、载记一卷、佚文一卷（附《东观汉记范书异同》）。

本书既是由国史馆所修，专为当时政权服务的，所以免不了有神化刘汉政权、歌颂皇帝功德、贬斥与汉争天下的群雄（如将刘盆子、赤眉、铜马等列入载记）等等问题。但是，它也保存了范晔《后汉书》里所没有的材料，例如，在《帝纪·世祖光武皇帝》中，记载有南阳府掾史张顺曾参与起义之谋，又有王常赞助昆阳之策等许多材料，都是范书中所没有的。也有些是记载比范书详细，如章帝时下诏增修群祀、杜林之议郊祀以及东平王苍之议庙舞等等，都是当时大典，本书中有较详细的记载。所以本书不失为一部珍贵的古书。

《绎史》

《绎史》一百六十卷，清马骕著。

马骕（1621—1673），山东邹平人，是清初的历史学家，生平著有《绎史》一百六十卷，《左传事纬》二十卷，《十三代玮书》数百卷。

一百六十卷《绎史》分为五个大部分：1. 太古部分，包括《开辟原始》《皇王异说》以及《太皞纪》《黄帝纪》等十卷；2. 三代部分，包括《禹平水土》《商汤灭夏》《周室始兴》《文王受命》，一直到《周室东迁》等二十卷；3. 春秋部分，包括《鲁隐公摄位》《齐桓公霸业》《秦穆公霸西戎》《楚庄王争霸》《老子道教》《孔子类记》《楚白公之乱》《越灭吴》以及《春秋杂事》《春秋遗事》等七十卷；4. 战国部分，包括《三卿分晋》《吴起仕魏相楚》《扁鹊文挚医术》《屈原流放》《秦白起长平破赵》《列国遗事》以及《秦并天下》《秦亡》等五十卷；5. 外录，包括《天官书》《律吕通考》《月令》《洪范五行传》《地理志》《诗谱》《食货志》《考工记》《名物训诂》《古今人表》十卷。此外，还有《世系图》三十七种，《地理图》八种，《天象图》十种，《古物图》八十五种，《建制图》八种，《谱表》四种，《古文字摹印》八种。马骕自己说，“纪事则详其颠末，纪人则备其始终”，因此，本书是属于纪事本末体的史书。

马骕编著《绎史》，用的是考据学的方法，有“无征不信”的科学精神。他的每个部类、每条史迹，都搜罗古籍所有的传说，加以整理编排，并且一一标明史料出处，既可节省后人遍阅群书的劳力，又便于人们去复查原书。本书取材的范围很广，著名典籍就有一百二十八种之多，但是并不是盲目抄录，凡采取的史料，都经过一定的鉴别和考证，一般是采取隋唐以前的古籍，并且根据不同情况，有的“全录”或“节抄”，有的“姑存一二”，唐宋类书中所引用已遗佚的古书材料，也适当采取。

本书不仅抄辑和编次了史料，在每卷之后还有评论，对历史事件作出自己的分析和判断。

又，本书中有各种插图，除《世系图》《地理图》之外，《古器物图》表明古代玉器、金器制作之精细，《古文字图》表明文字形体的变化。还有各种各样的表，如《古今人表》《三代州域表》等。利用这些图表来加深对上古历史的理解，也是本书的特色之一。

总之，马骕著《绎史》，对于搜集和整理先秦史料作出了一定贡献，成为当时研究夏商周三代史的专家，被人们称为“马三代”，顾炎武也称赞本书是“必传之作也”。本书是学习和研究先秦史的一本重要参考书。

本书通行有一种石印小本。

《汉官六种》

《汉官六种》十卷，清孙星衍校集。

孙星衍（1753—1818），江苏阳湖人，字伯渊，一字渊如，号季述。博通经史百家，专究文字音训之学，长于校刊。乾隆时进士，官至山东按察使、布政使。因病归故里，先后在钟山书院、诂经精舍讲学。一生著有《尚书今古文注疏》《周易集解》《孔子集语》《平津馆金石萃编》及《文稿》等数十种书籍。辑刊有《平津馆丛书》《岱南阁丛书》。《汉官六种》即为《平津馆丛书》中之一种。

《汉官六种》包括：汉王隆的《汉官》一卷，汉胡广注的《汉官解诂》一卷，汉卫宏的《汉旧仪》两卷及孙星衍所辑的《汉旧仪补遗》两卷，汉应劭的《汉官仪》两卷，汉蔡质的《汉官典职仪式选用》一卷，三国吴丁孚的《汉仪》一卷，共十卷。其中《汉旧仪》原有《永乐大典》中的《汉官旧仪》一卷，清修《四库全书》时，定为卫宏所撰，并辑录有《补遗》一卷，孙星衍即据此校集。其余各种均早已亡佚，为孙星衍所辑。

六种之中以《汉旧仪》和《汉官仪》分量最大。据《后汉书·卫宏传》记载，卫宏作《汉旧仪》四篇，以载西京杂事。今看其书，自皇帝起居、皇后亲蚕，以及玺绶爵位之等级，皆有记载。涉及许多官制以及有关的礼仪故事。《汉官仪》也是如此，所以说“朝廷制度，百官仪式，所以不亡者，由劭记之”。其他各书大同小异。

本书对于研究汉代官制和礼仪制度等有很大的帮助。但材料都是辑录而成的，使用时必须校勘比较其他有关记载，才能得出较正确的结论。

《四部备要》中所收《汉官六种》即据孙星衍的《平津馆丛书》的本子刊印的。

《列女传》

《列女传》八卷，汉刘向著。

刘向（约前77—前6），本名更生，字子政，沛（今江苏沛县）人。楚元王刘交的后代，经历了宣帝、元帝、成帝三朝，曾任光禄大夫、中垒校尉等官。他是西汉著名学者，奉命校理古籍，在学术文化上有很大贡献，校阅群书，写成《别录》，成为我国目录学奠基之作。他的著作不少，著名的有《新序》《说苑》等等。他的一些著作有意讽谏时政，例如《列女传》就撰写于赵飞燕姊娣嬖宠之时。宋代曾巩说：“列古女善恶所以致兴亡者以戒天子，此向述作之大意也。”

《列女传》屡经传写，到宋代已经不是原来的本子了。分篇有各种分法。现在的本子是七卷，每卷十五人，共一百零五人，每一卷后面都有颂。书后有《续列女传》一卷，其中有的妇女与刘向同时，有的在他之后，显然是后人增加的。

本书七卷也就是七类，其名目为《母仪》《贤明》《仁智》《贞顺》《节义》《辨通》《孽嬖》。从这些名目就可看到，除第七类之外，大都有褒无贬。当然，其所表扬的是以封建伦理道德为准则，但也保留有一些好的言行，是可以批判继承的，例如孟母三迁的故事，为了教育孩子，注意环境的影响，就是很好的一例。另外，有的妇女关心生活、关心政治，有的妇女聪明机智、奇节异行等等，都能给人以启发和教育。

古代史籍记载妇女事的不是没有，但这样搜集广泛且比较详尽叙述的并不多，因而本书在传记史籍中有一定地位，对后世也有影响，如《后汉书》中就有《列女传》。清代还有两位女史学家王照圆和梁端为《列女传》作注。

刘向所著《列女传》，在《四部丛刊》中叫《古列女传》七卷，其第八卷为《续列女传》。《四部备要》中有《列女传校注》，收的是梁端的注本，分卷与《四部丛刊》同。

《高僧传》

《高僧传》十四卷，南朝梁释慧皎撰。

慧皎（497—554），会稽上虞（今浙江上虞）人。他本身就是一位高僧，《续高僧传》上有他的传，但非常简略，生平事迹不详。在慧皎之前，有人撰写过《名僧传》，慧皎不满“名僧”二字，故作《高僧传》，他在本书序中写道：“前代所撰，多曰名僧。然名者实之宾也，若实行潜光，则高而不名；若寡德适时，则名而不高，本非所纪。高而不名，则备今录。故省名音，代以高字。”以高僧为名，有超绝尘世之意，所以他写的是一部汉魏六朝的高隐传，同时也反映了他对当时佛门子弟的看法。

本书为类传体，共分十门，即：《译经》三卷，《义解》五卷，《神异》二卷，《习禅》《明律》共一卷，《亡身》《诵经》共一卷，《兴福》《经师》《唱导》共一卷。每门内为若干高僧列传，皆标明何时何地何人，如《汉洛阳白马寺摄摩腾》《吴建业建初寺康僧会》《晋长安鸠摩罗什》等。自后汉至梁初，共正传二百五十七人，附见二百余人。又，本书每门之后均有评论。

本书主要记述僧家事迹，但有较高的史料价值，能补充史书记载之不足，例如《世说新语》中涉及的僧人有二十来个，见于《晋书·艺术传》的仅佛图澄一人，但十之八九均见于《高僧传》。著名的支道林，《世说新语》中出现过四五十次，《晋书》无传，本书中却有一篇很长的传。其能补充史书所未载的人物和事迹还不少。僧人虽离俗出家，但与社会政治不能毫无关系，有时甚至关系甚大，故本书可供参考。本书还有一些可资勘误的材料。

此外，书中保存着丰富的中西交通史料。有许多西域僧人到内地讲译佛经的记载，也有不少内地沙门西行求法的记载，他们“西渡流沙”，历尽千辛万苦，同时保留了一些沿途的风土人情和中西交通资料。

若从佛教史的研究看，本书的资料更为宝贵。

本书创例之后，唐释道宣又作《续高僧传》三十卷，接着《高僧传》一直写到唐朝初年，有正传四百八十五人，附见二百一十九人。体例大体相同，也分十门，名目略有增改，每门之后也有论述。《高僧传》著于偏安之时，故记南方的较多，而记北方的较略；《续传》著于统一之时，文献较完备，故搜罗比较广。故后者史料价值更高。以后，还有宋释赞宁的《宋高僧传》三十卷和明代沙门如惺辑录的《明高僧传》，实际上是宋代和明代所修，并非宋代和明代高僧之传。各书皆名《高僧传》，后人刻书，有的就把第一部叫《高僧传初集》，《续传》叫《二集》，《宋传》叫《三集》。慧皎的《高僧传》或称《梁高僧传》，以区别于后出之书。

《高僧传初集》有金陵刻经处的单刻本。

《碑传集》

《碑传集》一百六十卷，钱仪吉编。

钱仪吉（1783—1850），浙江嘉兴人，曾担任过会典馆总纂，生平著有《补晋兵志》《三国会要》《南北朝会要》《皇舆图说》《碑传集》《衎石斋记事稿》《刻褚集》等书。

《碑传集》是传记体史书的一种，收集了历史人物的神道碑、墓志铭、别传、行状、行述之类文字。钱仪吉自己说，编此书是“略依杜氏大珪、焦氏竑之例”，即这种体裁创始于南宋杜大珪的《名臣碑传琬琰集》（一百零七卷），以后元苏天爵的《元朝名臣事略》（十五卷），明徐纮的《明名臣琬琰录》（四十六卷），以及焦竑的《国史献征录》（一百二十卷）等等，都是采用这种体裁编辑的，可以另成一个系统。

本书包括的历史时间，自天命至嘉庆，六朝共二百年，叙述人物有二千零二十多人。一百六十卷内分宗室、功臣、宰辅、部院大臣、内阁九卿、翰詹、科道、曹司、督抚、河臣、监司、守令、校官、佐贰杂职、武臣、忠节、逸民、理学、经学、文学、孝友、义行、方术、藩臣、列女等二十五类，既按人物的性质分类，而且分得很细，又在每一类中按时间顺序有系统地编排，这就便于人们查考。

本书文字都是当时人记述的，一般比较真实，而且还叙述些生活细事，能补充正史之不足。例如《清史稿》的《马骕传》附于《张尔岐传》之后，本书所收施闰章的《马骕墓志铭》就叙述详细得多。因为是私家撰述，既不受时间的限制，又有取材的自由，多方搜集，随遇随录。正史漏列的一些重要人物，本书中可以找到其事迹，例如本书补收明朝大臣的传就有十五篇，《逸民传》九十一篇。

钱仪吉从公元1823年到1850年，花了近三十年的时间完成此书，到1893年才得刊印流行。现有江苏书局校刊本。

《续碑传集》

《续碑传集》八十六卷，缪荃孙编。

缪荃孙（1844—1919），江苏江阴人，曾任国史馆纂修、清史馆总纂等职。又曾主讲几个书院，担任江南图书馆总办、京师图书馆监督。他一生对于历史文化事业很有贡献，当年北京图书馆、南京国学图书馆的目录，是他最先编订的；据说张之洞的《书目答问》是他代作的。生平著有《续碑传集》《艺风堂文集》《金石目》《读书记》《藏书记》，刻有《云自在龛丛书》《藕香零拾》《烟画东堂小品》《对雨楼丛书》。

《续碑传集》是继《碑传集》之作，其历史时间是道光至光绪，四朝约九十年。本书八十六卷，叙述人物有一千一百零七人。分为二十二类，即：宰辅、部院大臣、内阁九卿、翰詹、科道、曹属、督抚、河臣、监司、守令、校官、佐贰杂职、武臣、忠节、藩臣、客将、儒学、文学、孝友、义行、艺术、列女等，与《碑传集》分类略有不同。

《续碑传集》的编辑，据缪荃孙自己说，花了三十年。有江楚编译书局本子流传。

《碑传集补》

《碑传集补》六十卷，闵尔昌编。

闵尔昌，江苏江都人，生卒年月未详，民国时曾任袁世凯的秘书。《碑传集补》一书是补《碑传集》和《续碑传集》两书缺遗的，故所叙述的人物自清初以至民国都有，叙述了七百八十六人，其中有许多都是《清史稿》上所没有的，如《逸民传》有五十八篇，《畴人传》有十七篇，《党人传》有十八篇，《释道传》有十八篇，《艺术传》有三十四篇。

本书分为二十六类，和《碑传集》相比，无宗室、功臣、藩臣等类，增加了使臣、畴人、党人、释道等类。

本书由燕京大学国学研究所刊印。

《越绝书》

《越绝书》十五卷，是介于历史和小说之间的书，又可属于地方史。

《越绝书》作者是会稽郡的袁康和吴平，在书的末尾，作者用隐语的方式说明了自己的姓名和籍贯，他写道："以去为姓，得衣乃成，厥名有米，复之以庚。"这是"袁康"二字。"禹来东征，死葬其疆。"这就是会稽郡。"以口为姓，承之以天，楚相屈原，与之同名"是"吴平"二字。作者生平不详，连什么时候的人也无法知道。有人认为是战国后期的人，但书中除主要记吴越事外，秦汉直至建武二十八年的事也杂记其中，或者是后人加上去的。

书名"越绝"，在首篇《外传本事》中解释说："越者，国之氏也。绝者，绝也，谓勾践时也。"越是指地区而言，绝的解释意义不明，下面又继续解释说，在天子微弱、诸侯皆叛时，勾践能抑强扶弱，"内能自约，外能绝人"；又，"贤者所述不可断绝，故不为记明矣"，则绝乃不绝之义。清人俞樾解释说，即《春秋》绝笔于获麟之绝，其意在记吴越之事以续补《春秋》，而重点更在于越，故曰"越绝"。

本书原为二十五篇，所谓"旧有内记八，外传十七"，北宋初亡佚了五篇，现在只剩下十九篇，其中首尾两篇属于序跋性质，实际是十七篇，其篇目是：《外传本事》《荆平王内传》《外传记吴地》《吴内传》《计倪内经》《请籴内传》《外传纪策考》《外传纪范伯》《内传陈成恒》《外传记地传》《外传计倪》《外传记吴王占梦》《外传记宝剑》《内经九术》《外传记军气》《外传枕中》《外传春申君》《德序外传记》《篇序外传记》。其中有三个两篇合为一卷，故为十五卷。从篇名看，有内经、内传，又有外传，显得比较杂乱。但《外传本事》中解释说："经者论其事，传者道其意，外者非一人所作，颇相覆载，或非其事，引类以托意说之者。"这一方面说明其材料来源是多方面的，另一方面说明了作者著书的意图，实际上据《德序外传记》篇末的说明，每篇都有其特定的目的，如："观乎太伯，能知圣贤之分"，"观乎九术，能知取人之真，转祸之福"等等。

《越绝书》中保存有吴、越地区东汉以前的许多史料，有的为《史记》所采用，如计倪即计然，范蠡之师。同时，如《外传记宝剑》篇中所谓"以石为兵""以玉为兵""以铜为兵""以铁为兵"的记载，大体上反映了今天考古学上的旧石器、新石器、铜器和铁器时代。

《四部丛刊》《四部备要》《汉魏丛书》中均有十五卷的《越绝书》，1956年商务印书馆出版的《越绝书校注》是校勘较好的本子。

《吴越春秋》

《吴越春秋》六卷十篇（或作十卷），作者赵晔。

赵晔，字君长，东汉会稽山阴（今浙江绍兴）人。曾远到四川从当时经师杜抚学韩诗。著有《韩诗谱》《诗细历神渊》《诗道微》及《吴越春秋》等书，今只存《吴越春秋》一种。

《吴越春秋》和《越绝书》一样，也是主要记述春秋末期吴越二国（包括一部分楚国）之事，前五篇为吴事，称内传，后五篇为越事，称外传。其篇目是：《吴太伯传》《吴王寿梦传》《王僚使公子光传》《阖闾内传》《夫差内传》《越王无余外传》《勾践入臣外传》《勾践归国外传》《勾践阴谋外传》《勾践伐吴外传》。从形式上看比较整齐，但其史料价值却不如《越绝书》。许多大事均已见于《左传》《国语》和《史记》等书中，而一些传闻异说又不如《越绝书》那样保留资料原貌，甚至以后人想象之词加于春秋末年吴越之事，例如记伍子胥的言论，有"胡马望北风而立，越燕向日而熙"，这种语言是春秋时期不可能有的。此外，还有一些传说更不能视为史实，如越军伐吴，伍子胥显相以阻越兵，后又托梦给范蠡和文种，示以进军之路。这当然是无稽之谈。书中此类传说还比较多。从史料价值方面看，本书有些地方比《史记》的记载略为详细一些，如吴兵破楚入郢之役，孙武为吴军之将等等，对历史编纂方面也是有参考价值的。

本书过去被列为杂史，其性质可以说介于历史与小说之间，有似于后世的演义类小说，人物的刻画、故事情节的描写都有一定文学价值，因而对后世文学有一定影响，唐代俗讲中的《伍子胥变文》，宋元话本中的《吴越春秋连像评话》，明清以后的许多剧目，都是以本书为依据改编的。

本书有元代徐天祐作注，考辨了原书中一些记事错误之处，可作参考。《四部丛刊》《四部备要》《汉魏丛书》均收有本书。

《楚汉春秋》

《楚汉春秋》九卷，陆贾撰。

陆贾（约前240—约前170），楚地人，随从汉高祖刘邦起事，一直到汉朝建立。他跟随刘邦左右，言谈之中常常称引诗书，刘邦自认为“马上”得天下安用诗书！陆贾说：“居马上得之，宁可以马上治之乎！”刘邦于是命他撰修史书，记述秦之所以失天下，汉之所以得天下的道理，以及自古以来历代胜败兴亡的事迹，以供其统治天下借鉴。陆贾因此撰修了《新语》，同时又撰修了《楚汉春秋》。

《楚汉春秋》是述项羽和刘邦起事以至汉初的史事，以所谓“记录时功”，“诛锄秦、项之事”为主要内容。在兵荒马乱之中，或者百废待兴的时候，陆贾能写出当时的历史，也是难能可贵的了。作为当时人记当时事，可以算是第一手材料，而当时几乎很少这样的材料，所以后来司马迁写《史记》时以其材料为主要依据述楚汉之事。

但是，也正因为是当时人记当时事，其目的又是对汉朝开国创业歌功颂德，所以不免有失历史真实的地方，司马迁采用时也予以纠正了。

其次，“春秋”本是编年体史书的通称，一年四季以春秋为代表，记事系以年月为此类史书的特点。然而《楚汉春秋》却没有一点春秋的意义，历代对此皆有非议，它不是编年体的史书，被列为子部杂记或稗史之类。

《楚汉春秋》一书，南宋时已经亡佚，清代人茆泮林、洪颐煊、黄奭均有辑本，分别保存于《龙溪精舍丛书》《问经堂丛书》和《黄氏逸书考》等丛书之中。

《风俗通义》

《风俗通义》十卷，东汉应劭撰。

应劭，字仲远，汝南南顿（今河南项城境内）人，出身官僚世家。灵帝初年，由郡举孝廉，官至泰山太守，后为袁绍军谋校尉。他的著述有《风俗通义》《中汉辑叙》《汉官仪》《礼仪故事》等，共十一种，一百三十六篇，又曾集解《汉书》。应劭关于两汉典章制度的著作很有价值，有人说，汉代“朝廷制度，百官仪式，所以不亡者，由劭记之”。应劭著书多为当时时政服务，例如他“论当时行事，著《中汉辑序》。撰《风俗通》，以辨物类名号，释时俗嫌疑”。

面对着东汉末年“王室大坏，九州幅裂”的局面，应劭一方面积极组织地主武装镇压农民起义，另一方面他认为“为政之要，辩风正俗最其上也”。他想用封建正统思想来整齐风俗，使上下之心“咸归于正”。所以他撰写《风俗通义》的要旨，就是“言通于流俗之过谬，而事该之于义理也”。

本书各卷皆有总题，其十卷题为：《皇霸》《正失》《愆礼》《过誉》《十反》《音声》《穷通》《祀典》《怪神》《山泽》。每题之下又各有散目。每一题皆先有一个总说明。每一散目，则先详其事，再以“谨案”云云论证其得失。处处都能贯彻其著书目的。例如《正失》的总说明就说，要对“传言失指，图景失形”之类的谬误加以辨析，“故纠其谬曰正失也”。其散目有《乐正后夔一足》，“谨按”分析说，并非是一只脚，而是有夔一人足矣。又散目《丁氏家穿井得一人》，不是得一人于井中，而是穿井之后得一人之使，多出一个劳动力。又如《东方朔》一条，传说什么东方朔是太白星精，黄帝时为风后，周时为老聃，在越为范蠡，“言其神圣能兴霸王之业，变化无常”。应劭对此痛加驳斥，他说，刘向、扬雄等人都曾指出其为“凡庸俗说”，“其事浮浅，行于众僮儿牧竖，莫不眩耀。而后之好事者，因取奇言怪语附著之耳，安在能神圣历世为辅佐哉”。其余“谨按”多与此同。

《风俗通义》一书有一定的史料价值。它记述了许多有关东汉社会风俗的情况，能够反映当时的社会矛盾，有些篇目记载了统治阶级的“过誉”“慭礼”行为，能够反映封建统治的虚伪和腐败。还有，关于乐器的专篇，记述了各种乐器的制作者和形制，是研究乐器史的重要材料。关于山泽的专篇，可以作为研究历史地理的参考。另外，一些关于神异鬼怪的片断，为后来著名的志怪小说《搜神记》所取材，有的被全文移植。总之，本书涉及的范围很广，从许多侧面展现了当时的社会生活状况和文化思想面貌，提供了丰富的史料。

《风俗通义》原有三十卷，北宋时才散佚。据苏颂的记载，当时已经亡佚的二十篇篇名为：《心政》、《古制》、《阴教》、《辨惑》、《析当》、《恕度》、《嘉号》、《徽称》（或作《秽称》）、《情遇》（或作《恃遇》）、《姓氏》、《讳篇》、《释忌》（或作《释忘》）、《辑事》、《服妖》、《丧祭》、《宫室》、《市井》、《数纪》、《新秦》、《狱法》。从这些篇名看，如果全书存在，那么史料价值更高。

现在传世的十卷本，大体上是北宋时形成的，但元、明、清时期，都有人校刻。1980年天津人民出版社出版的吴树平的《风俗通义校释》是最新的本子。

《佛国记》

《佛国记》一卷，作者释法显。

法显是东晋时期后秦的僧人，俗姓龚，平阳武阳（今山西襄垣）人，三岁便度为沙弥。公元399年（后秦弘始元年），自长安西行，历尽辛苦，终到达印度，学梵书梵语，取得了一些佛经，又到佛陀出生地迦毗罗卫城（今尼泊尔的兰毗尼村）巡礼。后来随商船沿海道而还，险遭不测，公元412年（东晋义熙八年）回到牢山（今山东青岛崂山）登陆。

法显此行前后经历了十五年，去时花了六年，在印度停留六年，海道返回历时三年，途中经历了三十余国（包括西域的一些小国）。《佛国记》一书就是记载他此行的经历。此书又名《法显传》，作者或作法明，以“明”代“显”，是唐朝人为避中宗之讳所改。

全书只一卷，一万多字，但其价值较高，是研究当时中国与印度等国交通及印度笈多王朝时代历史的重要史料，所以《佛国记》有不少外文译本。材料算是第一手的，基本可靠。《四库全书总目提要》认为“不必尽实”，曾举一例说：“于阗即今和阗，自古以来，崇回回教法……而此书载其有十四僧伽兰，众僧数万人，则所记亦不必尽实。”这是《提要》作者自己搞错了，回教的成立和西域崇回教，当是唐以后的事，法显时代当地佛教流行倒是可靠的，当然不必拘泥于数万，极言其多罢了。

本书以天竺为中国，以中国为秦土边地或汉地，是因为佛教自尊的缘故。读者应该注意。

《全上古三代秦汉三国六朝文》

《全上古三代秦汉三国六朝文》七百六十四卷，严可均校辑。

严可均（1762—1843），字景文，号铁桥，浙江乌程人。嘉庆举人。著有《说文校议》《说文声类》《铁桥金石跋》《铁桥漫稿》等书。清嘉庆年间开全唐文馆，编辑一部达千卷之多的《全唐文》，当时有名的文人多被邀请参加，严氏未被邀请，心中愤愤不平。他说：“不才越在草茅，无能为役。”他慨然曰：“唐之文盛矣哉，唐已前要当有总集。”于是他发愤独自另编一部书，当年秋天即开始，花了九年时间“草创粗定”，又用十八年“拾遗补阙，抽换之，整齐之，画一之”。共花了二十七年的心力，编成这部《全上古三代秦汉三国六朝文》，起上古，至隋代，作为《全唐文》的前接部分。

本书分十五集：一集《全上古三代文》，十六卷，二百零六人；二集《全秦文》，一卷，十六人；三集《全汉文》，六十三卷，三百三十四人；四集《全后汉文》，一百零六卷，四百七十人；五集《全三国文》，七十五卷，二百九十四人；六集《全晋文》，一百六十七卷，八百三十人；七集《全宋文》，六十四卷，二百七十八人；八集《全齐文》，二十六卷，一百三十一人；九集《全梁文》，七十四卷，二百零四人；十集《全陈文》，十八卷，六十三人；十一集《全后魏文》，六十卷，三百零二人；十二集《全北齐文》，十卷，八十四人；十三集《全后周文》，二十四卷，六十一人；十四集《全隋文》，三十六卷，一百六十八人；十五集《先唐文》，一卷，五十四人。作者三千四百九十五人。加上附韵编全文姓氏五卷，总共七百四十六卷。每代姓名次第排列，又大体按如下各类：帝、后、宗室诸王、国初群雄、诸臣、宦官、列女、阙名、外国、释氏、仙道、鬼神。每人先有一小传，每人之文又按诏、书、奏、议等等分类编次，在各类文中再按时间先后排列。

本书特点就是“全”，网罗面确是相当广泛，使人们在一部书中可以看到唐代以前所有现存的单篇文章，而且分类编次较清楚，便于翻查，对于研究古代历史和古代文化有一定的参考价值。但是，这么一部大书，其采录标准（包括分辨真伪），以及编次等方面，都难免有一些问题，使用时当注意。

本书编成后并未刻印，到光绪年间，黄冈王毓藻集合了二十八个文人，经过八年工夫，八次校对，才把它刻印出来。1958 年，中华书局根据这个本子断句照相影印出版，分装成四大册，便于查阅。

后　记

在二十世纪八十年代兴起“文化热”的同时，我和几位青年同志一起，选了一个“汉唐文化史”的研究项目。这似乎是赶“时髦”，实际上则有它的“必然性”，或者多少也能反映某种时代发展的必然。

我从全国解放初期开始上大学，走上学习和研究历史的道路。学习和研究的理论基础是马列主义。那一段时间的学习，我曾认真地、系统地读过几本马列原著（有些反复读过），也实实在在地影响了自己的立场、观点和方法。只是后来史学界也受“左”倾错误思潮的影响，片面地发展“阶级斗争”观点，产生出不少错误来，而这些错误的影响在我身上也不小，有时甚至表现为“虔诚”的信仰。但是，在“极端”发展之后，我又慢慢感觉出问题来。因此，我曾对“阶级斗争”理论作过一番思考，觉得不应该是简单地“阶级斗争”，不应该讲历史就只讲农民起义（记得有一年的中学历史课本中只剩下三次农民起义），我就曾注意到列宁的一段论述：“阶级斗争理论所以是社会科学取得的巨大成就，正是因为它十分确切而肯定地规定了把个人因素归结为社会根源的方法。第一、这个理论制定了社会经济形态的概念。……第二、‘个人’在每个社会经济形态范围内的活动，这些极为多样的似乎不能加以任何系统化的活动，已被综合起来，归结为在生产关系体系中所起的作用上、在生产条件上、因而在生活环境的条件上、在这种环境所决定的利益上彼此不同的个人的集团的活动，一句话，归结为阶级的活动，而这些阶级的斗争决定着社会的发展……”① 这样，至少还应该讲“社会经济形态”问题，也可以和应该讲“极为多样”的“个人”和“集团”活动，等等。在这样的认识基础上，我改变了一度专门围绕农民起义作文章的做法（我发表的《唐代前期

① ［苏］列宁：《列宁全集》第一卷，中共中央马克思恩格斯列宁斯大林著作编译局编译，人民出版社 1955 年版，第 388～389 页。

的阶级矛盾和各族人民的起义》最为典型，花了大量时间和精力，像大海捞针一样，从两《唐书》以及其他一些资料中努力钩辑“阶级斗争”的材料），开始做一些其他方面的研究。例如我在 1978 年就发表过《啬夫考——读云梦秦简札记》（署名为郑实，当时在一个分校的政史系），1980 年发表过《秦人早期历史的两个问题》，后来又展开思想史和制度史等等的研究。学术研究的环境和条件变化了，个人的研究也在变化。历史本来是丰富多彩的，学习和研究历史自然应该丰富多彩。历史与文化关系密切（这本身就是一个题目），学历史的人研究文化史有其必然性。这就是结合个人情况看选定“汉唐文化史”这个研究课题的“必然性”。

当然还有个人的其他条件，例如，从二十世纪六十年代初期开始，我曾经比较系统地读过前四史以及《隋书》和新、旧《唐书》等基本史籍，也较为广泛地涉猎过有关这一历史时期的其他一些资料。在读书和习作的时候得到过我的老师吴泽教授、唐长孺教授、张舜徽教授以及好些前辈的具体指导和帮助，也曾以吴泽先生弟子的身份拜见过李达、吕振羽、侯外庐等大师，至今我保留着吕振羽先生给我的好几封亲笔信（关于论学的信，我将找一个适当的时候和机会公布）。公开这些关系也可能引起不同的看法，假如有人说这是“炫耀”自己，倒可以不去管它（因为是事实）。如果因为自己才疏学浅而有辱师门，那就大不敬了。但前辈们对后学教诲的事实，实在不应湮没。我这里是从我学习和研究道路上的“必然性”说出来的，相信有一定的时代意义和历史意义。说到这里，又应该作一郑重的说明，以上所说师长仅是我开始做研究工作以后的几位（也还不是全部）。我的小学、中学、大学阶段还有许多老师，除了小学阶段的有些比较模糊（个别的如仍健在的林元森老师，前两年我还去看望过）之外，中学以后的老师有很多我都还记得，他们之中有些人的音容笑貌在我脑海中还很清晰，他们虽不是什么名家、大家，但都是培养过我的辛勤园丁，我是永远不会忘记的。他们的辛勤劳动，他们对我的培育，虽然“无形”的居多（大多难以名状了），但也有“有形”的，可以勾画出来的。例如，我小学时是抗战时期，离开父母，寄住学校，得到林元森等老师在生活、学习各方面的关怀、教导，学习成绩曾获二、三名。后来初中阶段，由于自己贪玩，有三四个学期“补考”“试读”（一门功课不及格而升级），班主任（记不准当时是否如此称呼）给了我“顽心太重”的评语以示告诫，促使我发奋努力，学习成绩遂逐渐好转，高中一开始，得到了班主任（?）向希任老师（语文老师，前几年去世）“聪明多才，守规勤学”的八字评语（成绩单至今保留着），给予了表扬和鼓励。我就是这样在老师们的教导下成长的。记此以不忘师恩。而前面列举几位大师，则是为了说明另外的问题，说我在学术“路子”上所受的影响。以上几位，有的理当被称为马克思主义的哲学家和史学家，有的在文献学、在某些专业方面硕果累累，嘉惠后学，都有卓越的贡献。他们各有所特长，也有某些共同之点，从学术“路子”上说，理论和史料结合，是他们重要的共同点之一。今年七月，武汉大学为庆祝唐长孺先生八十诞辰暨从教五十五周年纪念，举行了一个学术座谈会，唐老的学生、师兄弟们在一起，回忆唐老的教导，重温唐先生的著作，大家得到一个共识：唐老和他前后的一代史学家，走的就是理论与史料结合的“路子”（这个科学的叫法应该是什么，师兄弟们还在思考、讨论，有的说叫“历史与逻辑的统一”……）。所有大师，所有这一代有成就的史学家，无一不是十分重视资料的，同时又都是有理论、观点的，虽然各有特色。吾辈后学在学术成就上不能望其项背，但或多或少走的是他们的“路子”：看来这条路子还应该走下去，无论是研究历史、研究文化史，或者是从事其他学术研究，都绝不能说空话，也不可能没有理论，不是这种理论，就是那种理论。

下面再谈谈我这本《汉唐文化史》。书已经写出来了，但我还不能给文化史下个定义，这不是谦虚，我也不轻易承认自己的无能。我没有在定义这个问题上下过功夫，但又不可能没有具体的“指导思想”。我卷入了文化史研究的行列，接受了前人和今人的一些主张和看法，我同意文化的范围是比较广泛的，我同意物质文化、制度文化、精神文化这样的分类法，我同意和接受了一种关于文化史的看法和主张，即研究文化史，主要是研究人类文化成果的发展过程，研究其原因、结果、规律、特点等等。而我这本文化史，主要讲的是精神文化，讲精神文化的发展。精神文化，即上层的学术思想，下层的风俗习惯（这是钱穆的说法），表层的文学艺术，深层的心理、性格等等（这是我的补充）。本书大体上就是按这些方面来展开的，具体分章不一定合适。我组织一批中青年写的另一本文化史，所分篇章就更多更细一些，不过仍然是围绕以上几个方面。现在把这本不完善的东西公之于世，一是表明“完成”了任务（本课题曾列入国家教委社科科研“七五”规划），二是想提供一种文化史的具体设计方案，加上汉唐文化史又还没有一本比较系统的专著，暂时可以填补一下空缺。

本书“分论”部分的量最大，“综论”几乎不能与之成比例，造成此种情况，原因在我的思想上。汉唐这一时期文化发展的特点、轨迹、规律等等是值得研究的、应该研究的。但是我在具体写了“综论”的几篇东西之后，心里总觉得有点不“踏实”，于是转向了“分论”的写作，没想到一“沉”下去，几年就过去了。回过头看，有些内容，历时数月之久，难以下笔，甚至不得不放一段时间。少数的也有比较顺利的，写得快一些，似乎“每有所得”。几年当中，和“平常”一样，无所谓严寒酷暑，无所谓节日假期，只有必要的工作、交往和生活才会有所中断，书稿是从来没有收捡过的。身体不算好，病病痛痛也较常侵扰，只要坐得住也不会停止读书和写作。大概不少学人都是如此过来的。本人确实受才、学、识的限制，写出来的东西只能是这个样子。

“文章千古事，得失寸心知。”我的东西恐怕很难成为千古“传世”之作，但有暂时“填空补缺”“抛砖引玉”的作用，由于对有些问题进行了总结，或又可以“承前启后”。至于“得失”，有多少“得”，我真说不上来，写出来的都是我的心得。“失”是比较明显的，我自己先说两大“失”：第一，深度不够。资料上的深度不够，不仅没有能“竭泽而渔”，恐怕连吞舟之鱼都有漏网的。理论上的深度更不够，不仅规律性的东西总结得太少，有些问题就是涉及了也缺乏分析和发挥。第二，缺乏文采。作品的思路应该是清楚的，大部分是文从字顺的，但写得平淡、缺乏文采，非有志于从事专业研究的人不会愿意读下去。本书之失当还有不少，这里似不宜说得太多了，否则，就有为什么要急急忙忙抛出来的问题。假如缺点能克服，是应该努力克服之后再发表的。但以上所说的两大缺失，主要不是我不努力，而是限于水平，是我自己难以克服的，所以只好“抛砖引玉”了。

这个后记写得有点拉杂，但说的都是实话。读者稍微宽容一点，是不难从这些实话中得到各种各样启发的，不知是否如此？

1991年10月13日

总后记

本人文集的编辑出版，花了他人不少时间和精力，虽不得已，但是应该铭感在心。

酝酿出版文集前后也有两三个年头了，范军、吴琦、赵国华、刘固盛等几位教授反复谋划、合计促成了此事。文集的编选、整理阶段，刘固盛教授做了大量具体的组织工作。另外还邀请了叶秋菊、肖海燕、王闯几位老师参加，博士生则有聂新、杨志昆、张盼盼、张亚伟、杜文君、魏淑贤、张艳鸽等，他们都花了许多时间和精力，仅仅规范注释，按出版的要求，就是一个很费时间的细致工作。

这里我要说明一下，实际上有些注释的格式难以完全按照出版规范统一起来。例如过去写文章，如果引用《史记·五帝本纪》《汉书·礼乐志》的内容，注释只需注明书名就可以了，但现在的规范一般要求标明出版社、出版时间和引文的页码等。是为了读者，为了编辑，还是为了“统一”、“好看”？类似的要求似乎存在某些不合理之处。如果读书、写书的人，连基本的史料例如二十四史之类都不知道，那还谈什么学问？何况有些史料没有标点本，或者有而不准确，注明出来又有何用？所以本文集在注释规范方面虽然尽了很大的力，但仍然会有那么一些并不规范之处，也是不得已，特此说明。

参考已出的一些文集，本文集也选用了一些照片，是新来的硕士生杨帆帮忙完成的，想反映一下人生经历和师友关系。师友很多，学生更是不少，也只能选用有代表性的几张合影，由于选用的数量有限，遗漏恐怕还是有的。

华中师范大学出版社从过去到现在的领导和许多成员都是我的朋友，文集的出版，有他们的关注和支持。负责本文集具体实施的冯会平同志前后也交往多年了，她工作热情积极，此次也费力不少。还有梅杰、张怀东、张建英、曾艳、庞丹、卢格蕙、陈良军编辑的辛劳，都是应该衷心感谢的。

本文集的出版得到华中师范大学中国史一流学科建设的经费支持和历史文化学院的关心，在此一并致谢。